全国旅游类专业创新应用型人才培养规划教材

# 旅游信息化导论

## LÜYOU XINXIHUA DAOLUN

黎 巎 等/编著

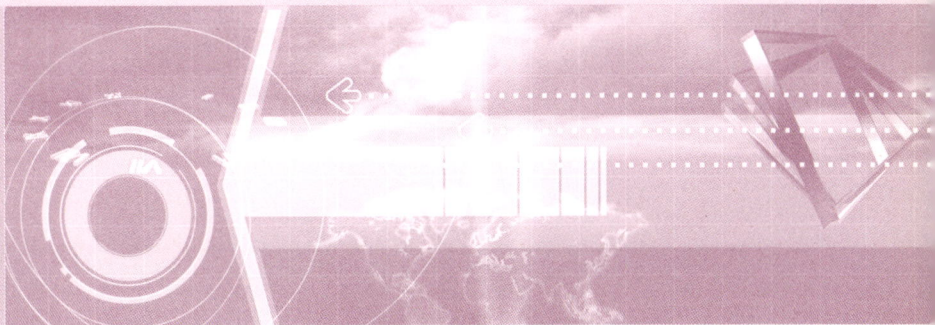

中国旅游出版社

# 全国旅游类专业创新应用型人才培养规划教材
## 编委会

# 序 言

2009 年国务院 41 号文《关于加快发展旅游业的意见》颁布，它将旅游业提升至国民经济战略性支柱产业的地位，旅游业迎来了巨大的发展机遇。2014 年的 31 号文《国务院关于促进旅游业改革发展的若干意见》指出，旅游业是现代服务业的重要组成部分，带动作用大，明确了促进旅游业改革发展，要创新发展理念，坚持深化改革，依法兴旅，坚持融合发展，坚持以人为本。旅游业是综合性强、渗透性强、涉及面广、市场潜力大、发展前景广的"朝阳产业"，同时也是各种新业态、新产品不断涌现的现代服务业。2015 年 1 月，李金早局长在全国旅游工作会议上也指出，旅游业已经发展成为综合性的现代产业，旅游业正在成为经济发展新常态下的新增长点。旅游人才如何满足日益增长且多样、多元和多变的旅游市场就业需求，这是旅游高等教育必须思考和解决的问题。

在此背景下，培养一批符合旅游市场需求，具有国际竞争力的高素质的创新应用型旅游人才成为推动旅游业发展的当务之急。依据国家高等教育方针、旅游行业需求，应用型人才可以分为三个层次：基础层次是技术（技能）应用型人才；中间层次是知识应用型人才；最高层次是创新应用型人才。创新应用型人才不同于普通高校培养的学术型、研究型人才，也不同于普通高职类院校培养的纯粹应用型、技术型人才，是介于两者之间的。正是基于这种认识，2009 年北京联合大学旅游学院申报获批为北京市旅游人才创新实验区，提出培养创新应用型旅游人才的理念，2010 年以来开始考虑和规划旅游类专业创新应用型人才培养的主干课程教材建设。

教材是体现教学内容和教学方法的知识载体，也是深化教学改革，提高教学质量的重要保证。这套旅游类专业教材体现了对近年来旅游理论与旅游实践发展的全面总结，体现了旅游理论与旅游实践的协同创新；是旅游理论知识与旅游业实践和旅游业需求充分接轨的产物，既区别于纯理论教材，也区别于纯实践教材；也是适应 21 世纪大旅游发展时期实现旅游高等教育改革与发展的产物。

在旅游产业融合发展的"大旅游"发展背景下，高素质创新应用型旅游人才除需要旅游专业的相关知识和能力外，还需要具有人文素质、经济意识、信息技术和国际视野，且掌握旅游产业前沿动态等相关知识和能力。面向大旅游新业态发展，为了使本套教材更好地体现旅游各领域的知识、能力和素质要求，减少或消除课程内容与旅游实践相脱节的现象；体现高校教学特点的同时，又充分接轨旅游业的主流方法与技术，我们在广泛听取各方面意见、建议和借鉴教育部旅游管理类专业指导委员会专业课程建设标准的基础上规划本套教材，由校企协同开发，例如，《旅游信息化导论》与携程网和 IBM 合作，《会展管理》与中国会展联合会合作，从教材建设方面，全方位提升旅游类课程内涵建设。本套教材注重理论联系实际，融知识学习与能力培养为一体；其中部分教材采用立体式教材建设模式，构建了较丰富而开放的学习资源；内容比较新颖，有的教材首次列入（如《旅游信息化导论》）。本套教材获得北京市旅游人才创新实验区项目和北京联合大学校级规划教材项目的大力支持。

　　本套教材是集体智慧的结晶，尽管编写过程中我们力图反映旅游理论知识和旅游业实践的最新成果和发展趋势，使教材既便于教师教学也能促进学生自主学习，但旅游管理这一年轻的学科发展速度如此之快，我们的经验和学识有限，教材中难免有瑕疵，敬请读者批评指正。

黄先开

2015 年 7 月 29 日

# 目 录

# 前　言

信息技术的飞速发展使得人类的生产生活发生了深刻的变革。我国旅游业在这场变革中受到了前所未有的冲击。这个过程所带来的阵痛，是信息时代背景下旅游业必然要经历的过程，其结果也必然是旅游业在信息技术支撑下的战略转型与新产业生态系统的构建。毫无疑问，信息化视角的旅游剖析有利于加强人们对信息时代旅游业面临的挑战、机遇以及信息化作为旅游发展重要手段的认识。

旅游信息化自 20 世纪 70 年代发展以来，相关研究分散在多学科多领域，研究者无法获得一个旅游信息化研究的范畴、框架以及理论体系，繁杂的旅游信息化研究有待梳理。同时，随着旅游信息化的快速发展，大量旅游从业人员和旅游专业学生希望获得一个对旅游信息化的清晰认识。然而，目前的旅游信息化教材主要是"旅游管理信息系统"，以"管理信息系统"知识体系为基础加入各种旅游管理信息系统介绍，没有提供一个以旅游为核心的信息化知识体系。对旅游信息化的相关知识和已有研究成果的系统性梳理，构建一个清晰的旅游信息化知识框架体系是非常迫切和必要的。

本书从旅游产业链的视角构建旅游信息化体系架构。旅游信息化是信息技术应用渗透到旅游产业链各个环节的过程，涉及旅游者、旅游供给、旅游中间商以及旅游公共部门。本书首先介绍了旅游信息化的基础理论和研究内容，其次分析了旅游产业链各个环节信息化的主要内容，最后给出了旅游信息化的创新方向。

第一篇为理论篇，包含 2 章。第一章介绍了信息技术的基本概念、发展定律与阶段性特征，介绍了信息技术革命的内容，辨析了信息化的基本概念。第二章剖析了旅游信息化的定义，厘清了旅游信息化的内容框架，从交叉研究视角总结分析了旅游信息化的研究内容和趋势，梳理了旅游信息化的国内外发展历程，辨析了智慧旅游的概念以及理论框架体系。

第二篇为应用篇，包含 4 章。第三章介绍了信息时代旅游者的基本概念，分析了信息时代旅游者的特征和消费过程。第四章介绍了旅游供给信息化的主要内容，包含酒店信息化、旅游景区信息化、旅游交通信息化、旅游餐饮信息化以及旅游购物、娱乐与信息化。第五章介绍了旅游中间商信息化的主要内容，包含旅行社管理信息系统、旅行社电子商务与网络营销、在线旅游服务、在线旅行社，最后介绍了国内外旅游中间商信息化的发展历程。第六章分析了旅游公共部门的界定及旅游公共部门信息化的作用，介绍了旅游电子政务、旅游目的地营销系统、旅游资源与规划管理系统以及旅游应急平台系统的基本概念、功能、评价方法以及发展现状与趋势。

第三篇为创新篇，包含 2 章。第七章介绍人工智能技术的旅游应用创新，包含虚拟现实与增强现实、情景感知、大数据的旅游应用创新。第八章介绍以移动互联网和物联网为代表的新一代网络技术和 3S 技术的旅游应用创新。

本书是一本面向高年级本科和研究生的教材。要求学生具有旅游学基础知识，不要求学生具有信息技术专业基础，目标是让学生明确旅游信息化的范围，掌握旅游信息化的内容，能够运用信息化的理念、方法分析旅游中的现象、存在的问题。

本书由黎巎负责总体与结构设计。第一章、第二章、第六章由黎巎编写；第三章由王丽编写；第四章由赵欢编写；第五章由郝志成编写；第七章、第八章由朱伟编写。最后，全书由黎巎进行统稿。

本书的编写与出版得到了北京联合大学规划教材建设项目资助，和北京联合大学副校长黄先开教授的支持，中国香港理工大学 Rob Law 教授的帮助，在此一并表示感谢。

作为旅游信息化高等教育的探索，本书一定会存在不足之处，恳请各位读者批评指教。

编者
2015 年 3 月

# 第一篇　理论篇

# 第一章

## 信息化

【本章目标】

学过本章之后，你应该能够
- 了解信息技术的基本概念、信息技术发展的四大定律
- 了解信息技术发展的阶段性特征
- 了解信息技术革命都包含哪些内容
- 理解信息化的基本概念
- 理解信息化对于社会发展的重要意义

## 第一节　信息技术

### 一、信息的基本概念

#### （一）　信息的定义

信息（Information）普遍存在于自然、社会以及人的思维中。世界上的一切事物，从微观世界到宏观世界，从无机界到有机界，从植物到动物，从机器到人，都在向外界传递各种信息，表现其自身的存在与运动。因此，信息是许多学科的研究对象，不同领域的学者从不同角度来研究信息，形成了信息的多种定义，以下列举其中几种。

1. 日常语境下的定义。《现代汉语词典》（1985），"信息"词条的第一种解释为音信或消息；《牛津现代高级英汉双解词典》（1996），"Information"是指消息、情报与知识。

2. 信息论（Information Theory）的定义。美国数学家克劳德·香农（Claude Shannon）在 1948 年发表的著名论文《通讯的数据理论》（*The Mathematical Theo-*

*ry of Communication*）中对信息做出了如下定义：信息是对事物运动状态或存在方式的不确定性的描述。即，通信的过程是一种不确定性的消除过程：原来的不确定性消除得越多，获得的信息也就越多；如果原来的不确定性没有消除，就没有获得任何信息。信息论是研究信息的数量以及信息的发送、传递和接收的科学；通过数学的运算可以计算出信息传递的能力和效率；信息论应用在通信、生理学、物理学以及信息科学等学科中。

3. 控制论（Cybernetics）的定义。美国著名数学家诺伯特·维纳（Norbert Wiener）在 1948 年《控制论：或关于在动物和机器中控制和通讯的科学》（*Cybernetics; or Control and Communication in the Animal and the Machine*）一书中指出：信息就是信息，既非物质，也非能量。即，在控制的过程中，控制系统必须及时得到外部环境的信息、系统自身各组成部分的状态信息以及控制效果的反馈信息，并对得到的信息进行加工和处理，不断发出指令信息，保证控制系统的正常运行。控制论是有关自动机器的操控和控制的科学，是以数据运算和电子学为基础，研究信息在机器的自动系统中和在动物或人体内传递的一般性问题。

4. 基于信息管理的定义。信息是用于用户决策的需要经过加工处理的数据。

5. 哲学定义。信息是以物质能量在时空中某一不均匀分布的整体形式所表达的物质运动状态和运动状态所反映的属性。

6. 基于本体论的定义。我国信息论专家钟义信认为，从主体角度来看，信息是指主体所感知（或所表述）的关于该事物的运动状态及变化方式，包括这种状态/方式的形式、含义和效用，是物质的一种属性。

由此可见，有关信息的定义由于不同学科有不同的视角而无法达成共识。从旅游研究的角度，陈志辉与陈小春对信息进行了如下定义：信息是事物的再现。并给出了进行该定义的原因。第一，信息是事物的反映，这种反映是多方面的，包括事物的运动、变化、发展状况及其规律等；第二，信息离开具体的事物便不存在，任何信息都不能脱离事物而存在，无论是正确的还是错误的信息，都是以一定的事物为反映对象的；第三，信息可能是对事物的客观真实再现，也可能是对事物虚假的再现。

**（二）　信息与相关概念的辨析**

信息是一个抽象、复杂的概念，是一个多元化、多层次、多功能的复杂综合体，要理解这一概念本身，需要区分其与几个相关概念之间的区别与联系。

1. 信息与消息

信息不等同于消息。信息是附加在消息之上的，信息是消息的内容，消息是信息的载体、具体表现形式。人们接收和传递信息，实际上就是接收和传递含有信息的消息。同一信息可以用不同的消息来表述，可以通过电视、网络、报纸等不同的消息形式来表述。一则消息也可以承载不同的信息，可能包含非常丰富的信息，也可能包含很少的信息，甚至不包含信息。

2. 信息与数据

数据与信息是两个不同的概念。数据代表真实世界的客观规律，是指原始、未加工的事实，以文字、数字、声音和图像等形式进行保存和记录。例如，旅游价格是用来表示客观事实的，对于没有旅游意图的人来说，这些数字只是一些简单的符号，所以它只是数据。当数据经过加工和处理，能够为人所用、对人有价值时，数据就成了信息。例如，当旅游价格被传送到想去旅游的人手中，作为旅游参考的依据时，它就变成了信息。

3. 信息与知识

知识是人们根据某种目的，从自然接收来的数据中整理、概括、提取得到的具有普遍性和概括性的高层次信息。知识是信息，它只是信息的一部分，但不等于信息的全体。知识是人类社会实践经验的总结，是人的主观世界对于客观世界的概括和如实反映，是人类对自然和社会形态与规律的认识和掌握。从信息的角度讲，人的认识过程就是一个信息处理过程，人们通过信息的"收集、存储、组合、输出"来认识世界、改造世界；人类一方面记录和保存原有知识，另一方面又以更快的速度不断地产生新的知识，因此，可以把知识作为经过人脑系统化了的信息，已不是原来一般意义上的信息。

4. 信息与情报

信息不等同于情报，情报是一类特定的信息，它是信息的一种。情报往往是军事学、文献学等方向的专业术语。情报与信息相比，传递具有一定的专指性，即情报只能在设定范围之内进行传递，在设定范围之外传递，就意味着情报的泄密。信息则不然，通常而言，信息传播的范围越广，信息的利用价值就越大。情报具有一定的机密性，因此情报传递的技术手段要求较高，一般情况下，情报的传递有其特定的传递路径和传递工具。而信息没有这种特定要求，公共信息都可以通过大众媒体进行传播。

## 二、信息技术的基本概念

信息技术是能够提高或扩展人类信息能力的方法和手段的总称。从古到今，人类共经历了5次信息技术的重大发展历程，每一次信息技术的变革都对人类社会的发展产生巨大的推动力。利用信息技术来满足旅游信息需求的过程一直伴随着信息技术的发展，而当信息化的概念开始出现，人类生产生活进入了信息化时代，旅游信息化从此出现并在旅游业发展中发挥重要作用。

### （一）信息技术的发展阶段

信息技术作为管理和处理信息所采用各种技术的总称，其产生最早可以追溯到语言的产生，当经历了前 4 个阶段的发展后，进入到了第五个阶段，以电子计算机为代表的信息技术掀起了人类历史上的第三次科技革命。

1. 第一阶段：语言的产生和应用。尽管存在争议，但最近的遗传学、考古学、古生物学研究认为语言大约出现在智人（现代人）时代，距今约 35000 ~ 50000 年前（后巴别塔时代）。这个时候人类经历了手巧的人、直立的人和智慧的人 3 个阶段，发展出了真正的社会系统，智力达到了一定程度，同时人的发音器官也进化到了一定的程度，能够发出一定复杂的语音来，语言就产生了。语言是人类进行思想交流和信息传播不可缺少的工具。

2. 第二阶段：文字的出现和使用。最早的文字产生于公元前 3000 多年，如两河流域的丁头字（楔形文字）、尼罗河流域的圣书字（象形文字）。文字的出现和使用使得人类对信息的保存和传播取得了重大突破，较大地超越了时间和地域的局限。

3. 第三阶段：印刷术的发明和使用。大约在 1040 年，我国开始使用活字印刷技术（欧洲人 1451 年开始使用印刷技术）。印刷术的发明和使用使书籍、报刊成为重要的信息储存和传播的媒体。

4. 第四阶段：电报、电话、广播和电视的发明和普及应用。19 世纪中叶以后，随着电报、电话的发明，电磁波的发现，人类通信领域产生了根本性的变革，实现了金属导线上的电脉冲来传递信息以及通过电磁波来进行无线通信。1837 年美国人莫尔斯研制了世界上第一台有线电报机。1864 年英国著名物理学家麦克斯韦发表了一篇论文《电与磁》，预言了电磁波的存在。1876 年美国人贝尔发明了电话，又为信息基础设施的完善增加了另一个维度——远距离语音传输。用自制的电话同他的助手通了话。1895 年俄国人波波夫和意大利人马可尼分别成功地进行了无线电通信实验。1894 年电影问世。1925 年英国首次播映电视。此外，静电复印机、磁性录音机、雷达、激光器都是信息技术史上的重要发明。

5. 第五阶段：计算机和现代通信技术的应用。1946 年美国宾夕法尼亚大学研制的第一台电子计算机诞生了，信息技术的发展进入了一个崭新的阶段。1947 年，美国贝尔实验室发明了半导体。在此之后的半个多世纪里，以微电子技术为基础，以计算机和通信技术为代表的信息技术得到了突飞猛进的发展。信息技术全面而深刻地改变了世界经济、科技、军事、教育等人类生产、交换、生活、交往的各个层面，人类生产生活进入了信息时代。作为当代最先进生产力的代表，信息技术的发展水平已经成为衡量一个国家现代化程度、综合国力和经济成长能力的重要标志。

**（二）信息技术的基本概念**

如上所述，人类历史上关于信息获取、存储、利用以及传播的技术，如远古的"烽火戏诸侯"采用的"光通信"技术，古代的印刷术，近代的电报、电话、电视等电子技术，都可称为信息技术。在这种信息技术定义下，信息技术按照不同的分类方式可以有如下类别：

**1. 按表现形态的不同**

信息技术可分为硬技术（物化技术）与软技术（非物化技术）。硬技术指各种信息设备及其功能，如显微镜、电话机、通信卫星、多媒体计算机。软技术指有关信息获取、处理、存储、传输与应用的各种知识、方法与技能，如语言文字技术、数据统计分析技术、规划决策技术、计算机软件技术等。

**2. 按工作流程中基本环节的不同**

信息技术可分为信息获取技术、信息处理技术、信息存储技术、信息传输技术及信息标准化技术。信息获取技术包括信息的搜索、感知、接收及过滤等，如网络搜索技术、卫星、遥感及传感等。信息处理技术是对信息进行描述、分类、排序、转换、浓缩、扩充及创新等的技术。信息存储技术指跨越时间保存信息的技术，如印刷术、照相术、录音术、录像术、缩微术、磁盘术及光盘术等。信息传输技术指跨越空间共享信息的技术，又可分为不同类型。如单向传递与双向传递技术，单通道传递、多通道传递与广播传递技术。信息标准化技术是指使信息的获取、传递、存储及加工各环节有机衔接与提高信息交换共享能力的技术，如元数据标准、数据交换标准、信息管理标准及字符编码标准等。

**3. 按使用的信息设备不同**

信息技术分为电话技术、电报技术、广播技术、电视技术、复印技术、缩微技术、卫星技术、计算机技术、网络技术等。

**4. 按信息的传播模式不同**

信息技术分为传者信息处理技术、信息通道技术、受者信息处理技术、信息抗干扰技术等。

**5. 按技术的功能层次不同**

信息技术体系分为基础层次的信息技术，如新材料技术、新能源技术；支撑层次的信息技术，如机械技术、电子技术、激光技术、生物技术、空间技术等；主体层次的信息技术，如感测技术、通信技术、计算机技术、控制技术；应用层次的信息技术，如商业贸易、工农业生产、社会管理中用以提高效率和效益的各种自动化、智能化、信息化应用软件与设备。

而关于信息技术的定义，还有一种"现代信息技术"的概念。这一概念的形成是在 20 世纪 70 年代初英特尔（Intel）公司发明 4004 微处理器芯片之后才逐渐形成的。在 20 世纪 70 年代之前，计算机技术和通信技术一直被视为是两个相对独立的技术。随着微电子技术、软件技术、光纤技术的发展，通信技术与计算机技术的不断融合，二者之间的区别逐渐减小，微电子技术成为计算机与通信技术快速发展与相互趋同的公共基础。尤其当通信技术由模拟技术向数字技术的转换，通信设备的交换与传输系统能够嵌入更多的软件时，其实现逻辑运算方面更像是一个计算机系统，许多具有特殊用途的通信设备看起来也更像计算机。另一方面，随着网络技术的发展，自 20 世纪 60 年代初期第一套计算机联网系统出现以来，计算机之间的数据通信得到了迅猛的发展。微电子与数字处理技术的进步，使传统的通信技术与计算机技术的区别逐渐模糊，并且产生了新的"现代信息技术"的定义。国际上判断一项信息技术是否属于"现代信息技术"，有两个标准：一是以数字技术为基础；二是基于微处理技术，或者说，使用了微处理器芯片。例如，电报、模拟电话、模拟电视不属于现代信息技术的范畴；电子邮件、网络电话、程控交换、数字电视则属于现代信息技术的范畴。

在美国，一般说"Information Technology"（IT），指的是"现代信息技术"。在欧洲，"Information and Communication Technology"（ICT），指的也是"现代信息技术"。2000 年 8 月，在八大工业国（G8）会议所通过的"全球信息社会"冲绳宪章的第一句话开始，即将信息与通信技术（ICT）缩写为"IT"。本文以下内容所提到的信息技术（IT），均指现代信息技术。

## 三、信息技术发展的四大定律

1945 年，著名的科学家冯·诺依曼（John von Neuman）在发表的一篇文章中描绘了带存储器的高速数字计算机设计的基本轮廓，对现代计算机的发展产生了极为深刻的影响并做出了极为重要的贡献。在其提出之后的 30 多年后，信息技术开始迅速发展。1971 年英特尔公司生产出的第一个微处理器芯片 4004 只有 2300 个晶体管；1999 年生产的奔腾 3 芯片就含有 950 万个晶体管。今天，一个微处理器芯片已经可以包含 10 亿个晶体管。描述现代信息技术发展趋势的主要"定律"有 4 个：摩尔定律（Moore's Law）、贝尔定律（Bell's Law）、吉尔德定律（Gilder's Law）和梅特卡夫定律（Metcalfe's Law）。

### （一）摩尔定律（Moore's Law）

1965 年，摩尔（Cordon Moore）在所发表的文章中预测，计算机芯片的性能每年增加一倍，而制造成本也会相应减少。1975 年，他将性能提高的期限修改为每 2 年。后来的发展证明，微处理器的处理能力大约每 18 个月翻一番，摩尔的预测也因此成为著名的摩尔定律（图 1 - 1）。

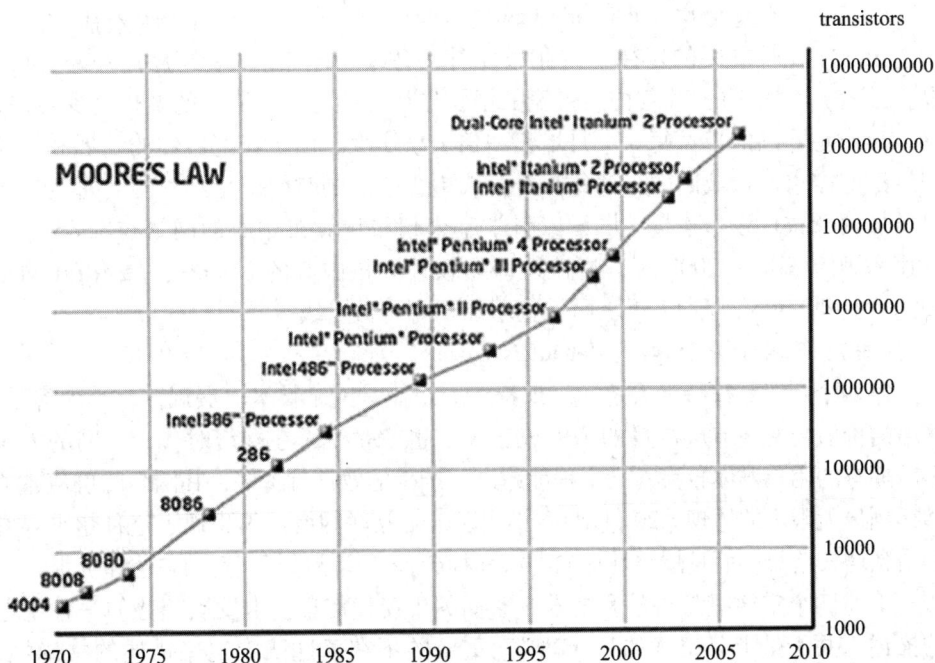

图 1-1 摩尔定律

摩尔定律归纳了信息技术进步的速度。在摩尔定律应用的 40 多年里，半导体芯片的集成化趋势一如摩尔的预测，推动了整个信息技术产业的发展，计算机从庞然大物变成多数人都不可或缺的工具，信息技术由实验室进入无数个普通家庭。摩尔本人曾经在 2002 年的时候说过，摩尔定律将仍然适用，但是微处理器处理能力的增加速度将逐渐减缓。2002 年的时候，微处理技术已经做到了 130 纳米；而在 2003 年达到了 100 纳米。2011 年以来传统的硅晶体管已接近了原子等级，达到了物理极限，由于这种物质的自然属性，硅晶体管的运行速度和性能难有突破性发展。科学家们正在研究取代目前芯片制造技术的方法，如纳米技术。因此，摩尔定律的适用性是有限的，微处理器芯片的工艺达到其物理上的极限之日，可能就是摩尔定律重新定义之时。

**（二）　贝尔定律**（Bell's Law）

1972 年，贝尔（Gordon Bell）提出：如果保持计算能力不变，微处理器的价格和体积每 18 个月减少一半，这就是著名的贝尔定律。从计算机的价格来看，自从 1995 年以来价格下降的速度在加快。1987 年的一季度至 1994 年的三季度间，计算机价格平均每年下降 12.1%；而 1994 年的四季度至 1999 年的四季度间，计算机价格则平均每年下降 26.2%。在此期间，通信设备约每年下降 2%。

### （三）　吉尔德定律　（Gilder's Law）

第三个比较重要的定律是吉尔德定律。1996 年，吉尔德出版了 *Telecosm* 一书，预言：在未来的 25 年内，带宽的增长比计算能力（CPU）的增长至少要快 3 倍，全球主干网的带宽每 6 个月增长一倍。事实上，由于光电器件的发展和互联网经济的需求，广域网的带宽每 9 个月或更少一点的时间即增加一倍，每 5 年可以增加两个数量级。连接美国国家科学基金超级计算机中心的网络在 1985 年时的速率为 56KB/s；2002 年，连接这些超级计算机中心的 NSFnet、TeraGrid 网络的速度是 40GB/s，在 17 年之内带宽增加了 6 个数量级。

### （四）　梅特卡夫定律　（Metcalfe's Law）

第四个定律是梅特卡夫定律。梅特卡夫定律是网络技术发展规律，其内容是：网络的价值与网络节点数量的平方成正比。也就是说，在网络时代，上网的人越多，拥有的用户群体越大，共享程度越高，产生的效益就越多，其网络的价值越能够得到最大限度的体现。20 世纪 90 年代以来，互联网络不仅呈现了这种超乎寻常的指数增长趋势，而且爆炸性地向经济和社会各个领域进行广泛的渗透和扩张。

上述四个定律只是科学和技术专家们关于现代信息技术发展趋势的一种定性的描述，并不是十分精确的"定理"。重要的不在于这四大定律描述的精确性，而在于其所揭示的现代信息技术发展中的某些规律性的内涵。

## 四、信息技术发展的阶段性特征

### （一）　技术角度的发展历程

过去 60 年间，信息技术及其应用的发展有清晰的阶段性特征。随着技术的进步，信息技术所处理的内容和应用信息技术的指导思想都在发生深刻的变化。就技术角度而言，信息技术的发展过程可以划分为 3 个阶段：主机阶段、微机＋局域网阶段、互联网阶段。

#### 1. 主机阶段

1946 年 2 月 14 日，世界上第一台电子计算机 ENIAC（Electronic Numerical Integrator and Computer）在美国宣告诞生。ENIAC 长 30.48 米、宽 1 米、高 2.4 米，包含 17468 个真空管，占地面积约 180 多平方米，重达 30 余吨。这样的庞然大物每秒只能执行 5000 次加法或 400 次乘法，功能远远不如后来的一个计算器，而且消耗大量的能源和散发大量的热量。但是，它的发明如同蒸汽机的发明一样，为人类发展开启了一个新时代——信息时代。自此以后，各种各样的大、中、小计算机不断出现，在技术不断进步的同时，性能也不断地提高。

20 世纪 50 年代至 70 年代末的这段时间，数字计算基本上采用集中处理的模式，即由一台主机（Main-Frame）或小型机带上若干个终端设备构成一个计算机系统，因此，这个阶段被称为主机与小型计算机的时代或主机时代。在主机时代，计算机的操作者大多是计算机专业人员，而且操作复杂。一个计算机公司不仅要负责研究的总体设计和制造，而且包揽了从硬件到软件、从主机到外部设备、从应用到维护的全部生产和使用过程。IBM（国际商用机器）公司是这个时代的"王者"。

2. 微机 + 局域网阶段

1968 年 IBM 做出了世界上第一个集成电路芯片，首次将各种电子元器件和晶体管做在同一块印制电路板上，为微处理器芯片的发明做了前期的探索。1971 年，英特尔公司的工程师霍夫（M. E. Hoff）发明了世界上第一台微处理器 4004，改变了信息技术发展的历史轨迹。1975 年，第一台供个人使用的微型计算机牛郎星（Altair）诞生，程序和显示都使用机器语言，带有 1KB 存储器。1977 年，第一个带有彩色图形显示的个人计算机 Apple II 诞生。IBM 公司于 1981 年成功地推出了第一款 IBM 微机，采用 Intel 8088 CPU，内存 64KB，操作系统是 Microsoft 提供的 MS-DOS。IBM PC 迅速发展成为个人计算机的产业标准。在微机设计过程中，IBM 首次将微机的组件生产外包给其他公司，如处理器的芯片来自 Intel（英特尔）公司、操作系统 DOS 来自只有 32 人的 Microsoft（微软）公司，从而彻底改变了计算机产业的生产方式和产业生态。这以后再没有一家公司能够生产一台计算机的全部软、硬件，计算机的生产由纵向的、集中的模式转向横向的、分工的模式，软件生产走向专业化和工业化。

微机的出现使得用户逐渐摆脱昂贵复杂的主机和小型机，计算机的应用得以普及，同时微机也成为许多办公桌上的必需品。用电缆将微机连接在一起，实现数据/信息的交换，共享软、硬件资源和外部设备成为迫切需求。1973 年，梅特卡夫（Robert Metcalfe）提出了以太网（Ethernet）的概念，并在 1979 年成立 3Com 公司，与 DEC、Intel、Xerox 公司共同合作，将以太网确定为局域网的通用标准。随后的二十几年中，以太网一直是最为广泛使用的局域网标准，对分布计算、资源共享以及现代信息技术的发展做出了巨大的贡献。

如前所述，20 世纪的 70 和 80 年代，微处理器技术快速发展，微机的性能不断提高，价格不断下降，加之局域网的发展使"微机 + 局域网"的计算格局开始形成，在 20 世纪 80 年代中后期加速了计算机系统向小型化发展的趋势，即利用微机 + 局域网取代传统的主机和小型机系统。这一趋势也促使用户可以选用各种基于微机、局域网、网络服务器和多处理器系统组成的价格低廉的解决方案，而不再选用价格昂贵、使用不便的主机系统。Microsoft 和 Intel 公司成为这个历史阶段最有成就的企业。

3. 互联网阶段

1969 年出现的 ARPA（美国国防部高级研究计划署，Advanced Research Projects Agency）网被视为互联网的雏形，最初用来验证计算机联网的不同方式。最早的 ARPA 网连接了美国的 4 所高等院校 UCLA（加利福尼亚大学洛杉矶分校）、Stanford Research Institute（斯坦福大学研究学院）、UCSB（加利福尼亚大学）和 University of Utah（犹他州大学）的 4 台主要的计算机。ARPA 网第一次实现了不同品牌、大小、型号、速度的计算机之间的数据交换。从 1970 年开始，加入 ARPANET 的节点数不断地增加。第一个公共性的 ARPA 展示出现在 1972 年的国际计算机通信大会（ICCC）中。当时 ARPA 网使用的是 NCP 协议，它允许计算机相互交流，但目的地之外的网络和计算机却不分配地址。1972 年 Robert Kahn（罗伯特·卡恩）提出了开放式网络框架，从而出现了大家熟知的 TCP/IP（传输控制协议/网际协议）。1983 年所有连入 ARPA 网的主机实现了从 NCP 协议向 TCP/IP 协议的转换。

微机出现以后，操作系统形成了事实上的工业标准，图形用户接口使计算机操作变得简单，微机应用普及到各行各业。一台微机加上一个调制解调器，通过一根电话线就可以连到主机上参加计算机数据通信。在局域网上的微机可以通过局域网与主机相连。于是成千上万台的微机连到了计算机网上，网络的威力呈现了出来。20 世纪 80 年代末期，美国国家科学基金会资助建立了 NSF 网，形成了今日互联网的骨干网。而 ARPA 网则在 1990 年完成历史使命后淡出。

1989 年，蒂姆·伯纳斯·李（Tim Berners Lee）成功开发出世界上第一个 Web 服务器和第一个 Web 客户机。虽然这个 Web 服务器简陋得只能说是电话号码簿，只是允许用户进入主机以查询电话号码，但它确实是一个所见即所得的超文本浏览编辑器。蒂姆为此发明正式定名为 World Wide Web，即我们熟悉的 WWW。Web 通过一种超文本方式，把网络上不同计算机内的信息有机地结合在一起，并且可以通过超文本传输协议（HTTP）从一台 Web 服务器转到另一台 Web 服务器上检索信息。Web 服务器能发布图文并茂的信息，甚至在软件支持的情况下还可以发布音频和视频信息。

多媒体技术在 20 世纪 80 年代末和 90 年代初的发展对互联网的急剧膨胀有推波助澜的作用。不仅数据、文字信息可以数字化，图像、声音、视频，也实现了数字化。多种形式的信息都可以通过互联网传送，快捷而经济。互联网的迅速普及和广泛应用将信息技术在人类社会的应用带入了互联网时代。由于互联网所具有的开放式的特点，使得所有的行业、所有的单位和个人都可以接入，表现出了巨大的生命力。信息网络的形成成为"信息社会"的一个主要标志和物质基础，对信息技术的发展，对人们从事经济活动和工作的方式，以及对信息化的进程产生了巨大而深远的影响。

**（二）处理内容角度的发展历程**

与信息技术的发展相对应，计算机处理的内容也经历了 3 个发展阶段：即数据管理、信息管理和知识管理。在研究计算机应用于管理领域之前，先要了解一下传统管理体制的基本结构和运行机制。无论政府、企业或任何其他单位，基本上都由一个三层金字塔式的实体构成：即决策层、管理层和操作层（图1-2）。每一层次代表了不同的控制和管理权限，同时也从不同的视角和权限覆盖范围对数据和信息提出了不同的需求。计算机在管理领域的应用发展与这样的三层结构密切相关，而且，随着信息技术的发展，经历了一个由低层次应用向高层次应用逐渐发展的过程。

决策层
Decision-
Tier

管理层
Managerial-Tier

操作层
Operational-Tier

图1-2　政府、企业或单位的三层结构

1. 数据管理

对于政府、企业或单位而言，其操作层都是直接面对具体业务和数据处理的。这里的数据包括业务相关的特定数据和由各种业务活动所生成的数据。操作层的每一成员都有明确、具体、固定的职责和业务范围，这就决定了操作层的业务内容比较单纯、目标比较明确，业务流程就比较容易实现标准化和规范化。显然，这样的业务流程比较适合于利用计算机的逻辑运算和处理。因此，计算机往往首先应用于一个单位的操作层，将单位的数据处理业务先行系统化和计算机化。

在计算机应用于管理的早期，其主要的功能就是进行数据的处理和管理，并由批数据处理逐渐走向实时数据处理。数据管理的主要内容包括：数据的采集，数据的存储和分析计算，以及数据的检索和利用等。20世纪50年代中后期，计算机强大的数据处理功能首先在银行和金融界获得了应用，随后又广泛地应用于各种企业的会计、财务管理之中。随着计算机应用范围的不断扩大，除了普查和统计数据处理系统之外，还有如财务会计数据处理系统、工资支付系统、税收数据处理系统、海关数据处理系统等都发展成为典型的数据管理系统。

2. 信息管理

在一个企业或单位之中，管理层分别负责管理、组织、监管、督查本单位必须进行和完成的各种业务或生产活动，特别是确保与单位业务相关的各种外部"输入"能够得到正确的、及时的处理，并监管这些处理的速度和质量。因此，与操作层相比，管理层所需的数据较为有限，但浓缩性和动态性更强。例如，一个企业的产品订货量有多少，对管理来说是一个重要的数据；而订货量相比上月或去年同期增减了多少，则可能反映出产品和市场变化的许多信息，而这些信息又可能要求管理层采取相应的措施，对市场的变化做出必要的反应。因此，管理层关注的并不仅仅是一个数据的采集和处理问题，更需要从数据中提炼出对管理有用的信息。这些需求推动了计算机的应用由数据管理向信息管理方向发展，用于各种业务目的的管理信息系统（Management Information System，MIS）也就应运而生。

在管理信息系统发展的基础上，决策支持系统（Decision Support System，DSS）也获得了快速的发展，并在 20 世纪 80 年代迅速发展成为一个新的学科，计算机在管理系统中的应用进一步上升到了决策层。由于决策层的责任在于制定政策和战略、提供导向和指南，而并不局限于业务流程的处理和具体任务的完成，因此决策层需要的战略数据和信息往往是高度浓缩，且具有整体性和宏观性，不涉及许多一般的、具体的业务活动。使用决策支持系统的目的主要在于使决策建立在充分掌握信息的基础之上，在实现"有信息的决策"的同时，进一步实现"科学的决策"，从而帮助决策者提高决策的效率和质量。为此，决策支持系统不仅重视战略数据和信息的获取，更重视这些数据和信息的分析利用，以从中获得决策所需要的知识。近年来，人工智能和专家系统作为决策的辅助工具发展速度很快。

3. 知识管理

20 世纪 70 年代，现代管理学奠基人德鲁克（Peter Drucker）首先提出了知识工人或知识工作者的概念。1986 年，斯威比（Karl Erik Sveiby）在他的著作中首次提出了知识管理的概念，并探索如何管理快速成长的知识型组织。

知识管理的理论形成和发展一方面与信息技术的飞速发展所带来的信息处理能力的急剧提高和信息的海量积累有关；另一方面，也与信息技术所带来的工作方式转变和全球化所造成的竞争加剧密切相关。企业的成功与失败不仅取决于企业采集和处理信息的能力，而且，更重要的还取决于企业分析和利用信息的能力，即"将信息转变为知识，将知识转变为财富"的能力。

知识管理作为一种管理哲学和一种技术现象已经获得广泛的承认，但目前大规模的成功实践还并不多。随着知识管理实践层面的一系列问题的逐步解决，知识管理的必要性和意义渐渐为大多数企业所承认。

### （三） 应用指导思想角度的发展历程

信息技术的不断发展，使其应用的广度和深度得以不断延伸，并相应地影响了应用信息技术的指导思想。与技术角度和处理内容角度的信息技术发展的阶段性特征相对应，应用信息技术的指导思想也有着明显的阶段性特征，经历了计算机化、业务流程再造、机构改造3个不同的发展阶段。

#### 1. 计算机化

发明数字计算机的初衷就是为了科学计算。20世纪80年代以前，计算机应用的指导思想是在生产和管理的过程中，尽可能地用计算机取代原有手工计算、处理的业务，即将原有的业务流程"计算机化"（Computerization），以达到提高工作效率和管理水平的目的。除了科学计算之外，最早的典型应用就是财会和各种统计信息的处理，如前面所提到的各种数据处理系统。管理信息系统的发展使计算机不仅完成数值计算，而且也完成各种逻辑运算，包括对信息的处理和分析。迄今为止，计算机化仍然是信息技术应用的一个重要目标，例如，利用计算机进行各种复杂的科学计算和计算机仿真，即所谓的"高端计算"仍然是信息技术应用最重要、最先进的领域之一。

#### 2. 业务流程再造

一方面，20世纪六七十年代以来，发达经济体市场竞争日益激烈。在这个背景下，1990年，哈默（Michael Hammer）和钱皮（James Champy）首次提出了"业务流程再造"（Business Process Reengineering，BPR）的概念。BPR是对企业的业务流程做根本性的思考和彻底重建，其目的是在成本、质量、服务和速度等方面取得显著的改善，使得企业能最大限度地适应以顾客（Customer）、竞争（Competition）、变化（Change）为特征的现代企业经营环境。

另一方面，随着20世纪80年代中期微机、局域网技术的发展和普及，技术上的发展使人们应用信息技术于生产和管理的指导思想有了重要的变化，即从计算机化的业务流程转向如何对原有的业务流程进行重新设计，使其更精简、更有效、更合理，更能充分发挥现代信息技术的潜力。

在20世纪80年代后期和90年代初期，"业务流程再造"在许多发达国家的企业和政府中风靡一时。在业务流程再造的过程中，许多企业和政府部门精简和裁撤了传统的中间管理层，缩减了工作岗位的分类，组织了新的工作团队，培训了具有"一专多能"的雇员，压缩和简化了各种业务流程，并且进一步使行政管理的流程合理化，取得了非常显著的效果。

#### 3. 机构改造

互联网技术的发展和普及应用，使人们在应用信息技术的观念上产生了一次新的飞跃。因此，可以将整个单位机构的业务置于互联网和全球化这个大环境中来研究，研究如何利用包括互联网技术在内的信息技术对现有的、工业时代的组织形态和结构进行信息化的"机构改造"（Transformation of Organization），使其能够适应于信息时代的要求。无论对于政府还是对于企业而言，"机构改造"都将是一个漫长的、逐渐演变的过程，是一个不断探索和进步的过程。信息技术还在不断发展，信息革命也在继续不断地深化，这些都将给人类生产、生活和学习的方式带来新的变化，给信息技术的应用创造新的机遇。

"计算机化""业务流程再造"以及"机构改造"三者并不是互相排斥与替代的关系，而是一种相互补充并促进应用水平提升的关系。在什么情况下应该采纳哪一种指导思想，推进哪一个层面的应用，需要根据具体应用对象情况的分析而定。其中，信息技术应用的一个指导原则是：充分发挥信息技术的潜力，用最少的投资取得最大的效益。

# 第二节　信息技术革命

人类社会在经历了第一次蒸汽技术革命和第二次电力技术革命之后，进入了第三次科技革命。第三次科技革命以原子能、电子计算机和空间技术的广泛应用为主要标志，是涉及信息技术、新能源技术、新材料技术、生物技术、空间技术和海洋技术等诸多领域的一场信息控制技术革命，是人类文明史上继蒸汽技术革命和电力技术革命之后科技领域里的又一次重大飞跃，极大地推动了人类社会经济、政治、文化领域的变革，影响了人类生活方式和思维方式，是人类文明史上不容忽视的一个重大事件。

进入新世纪以来，信息技术仍然处于高速发展的阶段，信息科学、技术和应用正在酝酿新的、更大的突破。在可以预见的将来，或者说 21 世纪中叶之前，信息技术仍将保持它在全球高技术中的先导地位，持续不断地影响和决定着其他科学技术领域，同时也影响着人类社会的发展。信息技术革命方兴未艾。

## 一、微电子与纳米技术

### （一）硅晶体管与多核技术

正如"摩尔定律"所预言的那样，虽然 1971 年 Intel 公司研制成功的第一个微处理器芯片 4004 仅仅容纳 2000 多个晶体管，但是到了 2003 年 3 月，英特尔的奔腾处理器已经有 7700 万个晶体管，32 年间微处理器芯片容纳的晶体管数目增加了近 4 万倍。早期微处理技术的焦点集中在如何增加单位空间的晶体管数量上。随着单位空间所能容纳的晶体管数量逐渐逼近芯片的物理极限，科学家们开始谋求通过提高处理器的"主频"，以实现在较小体积的芯片上获得大体积芯片具有的处理速度。2000 年时，桌面 PC 处理器主频达到了 1GHz，2001 年为 2GHz，2002 年达到 3GHz。2010 中国计算机大会上，IBM 宣布 z196 处理器的主频达到 5.2GHz。

但是目前，伴随着主频的提升，功耗和发热的问题突显出来。面对提升主频之路的山穷水尽，科学家们的解决方案是增加 CPU 处理内核的数量。"双核"的概念最早由 IBM、HP、Sun 等支持 RISC 架构的服务器制造商提出。理论上，在充分使用两个处理器内核执行单元的情况下，双核处理器的能力可以提高一倍。但是由于产品价格昂贵，早期的双核处理器仅少量用于高端服务器。近年来，AMD（Advanced Micro Devices Inc.）和 Intel 开始研究与采用基于 x86 开放架构的双核技术。2005 年 5 月，英特尔的双核"奔腾 D 处理器"诞生，含有 2.3 亿个晶体管。2006 年 7 月，英特尔的"安腾 R2 双核处理器"发布，含有 17.2 亿个晶体管。AMD 的 Athlon 双核芯片也在 2005 年问世。2007 年 2 月，英特尔开发出一种由 80 个简化"核"构成的"多核"芯片，每秒可完成 1 万亿次浮点运算。2014 年，英特尔宣布，面向服务器系统推出新款 15 核高端芯片 Xeon E7 v2，以帮助大型企业更好地应对"大数据"处理需求。台式 PC 和笔记本电脑利用"双核""四核""八核"甚至"多核"芯片，不断提高计算机的性能。处理器的竞争也由此从主频竞争转为处理器内核数的竞争。

影响"多核"技术发展的关键因素并不仅在于微处理技术，对软件技术也有新的要求。由于多核处理器需要通过软件在各个处理器之间分配计算任务，传统的操作系统将被改造或重新构建，而操作系统的功能需要采用新的软件设计技术来实现。并不是所有的计算任务都可以很容易地分解为若干个小的任务，交给不同的处理器分别同时完成，因此，对软件设计人员的智慧是一个很大的挑战。

**（二）纳米技术与纳米芯片**

如前所述，科学家们正在研究取代目前芯片制造技术的方法，其中纳米技术最为突出。1 纳米是 1 米的 10 亿分之一，大约为 3~4 个原子的宽度。通常所说的纳米技术是指研究结构尺寸在 1 纳米至 100 纳米范围内材料的性质和应用的一种技术。

1990 年 7 月，第一届国际纳米科学技术会议在美国巴尔的摩举办，标志着纳米科学技术的正式诞生。1991 年，碳纳米管被人类发现，它的质量是相同体积钢的 1/6，强度却是钢的 10 倍，成为纳米技术研究的热点。科学家们认为，碳纳米碳管将是未来最佳纤维的首选材料，也将被广泛用于超微导线、超微开关以及纳米级电子线路等。利用尺寸和结构的差异，可以做出性能各不相同的碳纳米管，以满足不同的应用需求。由碳纳米管制成的晶体管，可以应用于大规模集成电路，制造纳米芯片，有助于研发具有超级运算速度和低能耗的微处理器。1997年，美国科学家首次成功地用单电子移动单电子，利用这种技术可望在2017年后研制成功速度和存储容量比现在提高成千上万倍的量子计算机①。

在利用纳米技术制造大规模集成电路和计算机不断取得进展的同时，纳米技术对环境、人类健康、社会安全的影响也成为日益受到关注的重要问题。

## 二、电子通信技术

### （一）光通信与光网络

光通信技术是一种以光波为传输媒质的通信方式。光波和无线电波同属电磁波，但光波的频率比无线电波的频率高，波长比无线电波的波长短。因此，具有传输频带宽、通信容量大和抗电磁干扰能力强等优点。光纤通信是一种有线通信，光波沿光导纤维传输。光源可以是激光器，也可以是发光二极管。

目前，光通信和光网络技术发展的基本思路是：突破光技术与电子计算机技术之间的壁垒，从而更充分地利用电子计算机技术已经取得的成果，加快光通信和光网络技术的发展；同时，要将光子技术由一种静态技术（固定激光、固定信号模式）改造为动态技术，实现光子系统的电子控制，使任何距离之间的光通信更具灵活性和动态性，以利于不同拓扑结构、不同通信协议、不同传输规则的网络之间的互联互通，推动光网络的发展。

近年来，光通信技术的发展已经取得了很多进展。例如，光纤技术已经从一根光纤的单通道应用发展到点对点之间的波分多路复用（Wavelength Division Multiplexing，WDM），又发展到密集波分多路复用（Dense Wavelength Division Multiplexing，DWDM），再发展到具有多个可增减节点的波分多路复用与密集波分多路复用网络。近期光技术创新的重点在于提高传输能力，改善配置能力，加强以固定光纤为基础的网络的适应性，同时大幅度地降低成本。

突破光技术与电子计算机技术之间的壁垒的关键核心技术是发展光子集成电路（Photonic Integrated Circuits，PICs）技术，即将大量的光逻辑线路置于一块集成电路之中。研发和制造尺寸更小、技术更复杂、而耗电越来越少的光子集成电路成为目前光通信和光网络技术发展面临的主要挑战。只有借助计算机技术实现PICs的可编程化，才有可能实现PICs的智能化。

### （二）移动通信

1978年年底美国贝尔试验室就研制成功了先进移动电话系统（AMPS），建

---

① 资料来源：纳米技术. 百度百科，2015－01－30

成了蜂窝状移动通信网，但是直到1985年才扩展了约10万用户。不过这之后发生了惊人的变化：到2007年上半年，全球移动通信用户已经超过29亿，普及率达到44%；与1985年相比，移动通信的用户增长了近3万倍，是人类历史上普及最快、范围最广、最为大众化的技术；移动通信技术由20世纪80年代中期的第一代（1G）技术向第三代（3G）技术、第四代（4G）技术发展。可以说，没有微电子技术，没有通信技术与计算技术的融合，就不会有移动通信技术如此快速的发展。

"通信"数字化的根本意义是使通信走出了"语音通信"的局限，向着"数据通信"业务的方向发展。"数据"所代表的物理含义，既可以是数字，也可以是文字、语音、图像和视频，由"语音通信"走向"数据通信"无疑是一个巨大的技术进步。采用计算机处理"数据"信息的简便性，远非模拟信息的各种处理方式可比。移动通信和固定通信一样，都经历了从模拟向数字转换的过程。全球移动通信系统（Global System for Mobile Communication，GSM）和码分多址（Code Division Multiple Access，CDMA）是这个发展趋势中具有代表性的拐点。GSM较之它以前的标准最大的不同是它的信令和语音信道都是数字式的。CDMA则是在数字技术的分支——扩频通信技术上发展起来的，即将需传送的具有一定信号带宽的信息数据经过一个带宽远大于信号带宽的高速伪随机码进行调制与解扩，使原数据信号的带宽被扩展，以实现更大的通信容量。

在移动通信实现了从模拟到数字的转换之后，人们为移动通信的发展设定了3个方向，一是将移动通信与全球定位系统结合，实现多媒体信息的全球漫游和定位；二是实现移动互联网服务，使用户不仅可以浏览互联网和查阅电子邮件，还可以从互联网上下载软件、文件和内容到手机或其他设备上；三是将移动通信系统嵌入各种设备和系统之中，大大地增加设备和系统在运动中获取信息的功能。这些基本上都是第三代移动通信（3G）发展的目标。3G标准最早于1985年由国际电信联盟（ITU）提出，是指支持高速数据传输的蜂窝移动通信技术。3G服务能够同时传送声音及数据信息。国际电信联盟确定3个无线接口标准，分别是美国CDMA2000、欧洲WCDMA、中国TD-SCDMA。3G主要特征是可提供移动宽带多媒体业务。

第四代移动通信技术即4G。4G技术包括TD-LTE和FDD-LTE两种制式，集3G与WLAN（Wireless Local Area Networks，无线局域网）于一体，能够快速传输数据、高质量、音频、视频和图像等。4G有通信速度快、网络频谱宽、通信质量好、智能性高的特征。4G系统传输速率可达到20Mbps，甚至最高可以达到100Mbps，这相当于3G手机传输速度的50倍。2013年年底，工信部已向中国移动、中国电信、中国联通三大电信运营商正式发放TD-LTE牌照，标志着中国电信产业正式进入了4G时代。

### （三）  基于 IP 和 IPv6

互联网能够全球迅速普及的关键原因在于它的开放性，在于数以千万计的使用不同操作系统和不同应用程序、处于各种不同应用网络中的计算机都能够彼此交换信息，而不管这些计算机是在一个局域网上还是在地球的另一个地方。而实现这种开放性的技术手段就是互联网的网络通信协议——TCP/IP（Transmission Control Protocol/Internet Protocol）。

为了实现网络节点之间的通信，存在两种完全不同的网络技术，即电路交换技术和分组交换技术。前者为传统电话所使用，后者则为基于 IP 的网络所使用。基于 IP 的网络采用的则是分组交换技术，将一个需要传送的信号分解为不同的数据包（Packet），每一个数据包都包含有始发地和目的地的地址信息和需要传送的信息的某一个片段。要理解每一个数据包并且实现按原样将它们组合在一起，完全、准确地复原出这个需要传送的信号的原意，就需要通信协议。互联网的 IP 协议（the Internet Protocol），就是网间互联通信协议的基础，是世界上使用最为广泛的网络通信协议。按照 IP 协议进行分组的数据包称为 IP 包；而网络中的任何一个电子设备只要有一个唯一的识别号码——IP 地址，就可以发送或接收 IP 包。为了保证每一个 IP 数据包都能够准确和完整无损地到达目的地，还有一个与 IP 同属一个通信协议家族的网络传输协议，即 TCP（the Transport Control Protocol）。因此，通常都将 TCP/IP 表述为互联网的网络通信协议。

TCP/IP 协议是 Internet 最基本的协议，Internet 国际互联网络的基础，由网络层的 IP 协议和传输层的 TCP 协议组成。TCP/IP 定义了电子设备如何连入 Internet，以及数据如何在它们之间传输的标准。通俗而言，TCP 负责发现传输的问题，一旦有问题就发出信号，要求重新传输，直到所有数据安全正确地传输到目的地。而 IP 是给 Internet 的每一台联网设备规定一个地址。任何一种网络应用，包括电话、文件传送、电视等，无论其原有的体系结构如何，只要其支持 TCP/IP 协议，就可以在任何基于 IP 的网络中进行通信。互联网协议的这种开放性，将所有的传输层通信协议都纳入一个单一的、标准的协议架构之中，具有了极大的生命力。

目前互联网普遍使用的协议为 IP 协议第四版（IP version 4，IPv4），可以提供的 IP 地址是 2 的 32 次方，大约为 43 亿个。随着互联网的发展，地址的需求量也随之急剧膨胀，全球因而面临 IP 地址枯竭的危机。下一代互联网的核心内容之一是互联网 IP 协议第六版（IP version 6，IPv6）。IPv6 可以产生 2 的 128 次方个 IP 地址，地址资源极为丰富。下一代互联网的主要特点是：地址容量更大，几乎可以给每一个物件分配一个 IP 地址，为实现人与人、人与物、物与物之间的互联网信息交换创造了条件；传输速度可以提高 1000 倍，传输方式则采用端到端传输，效率更高；可以采用更严格的管理规范，包括身份识别与 IP 地址捆绑，确保网络的安全管理，防范黑客和病毒攻击；此外，网络的巨大容量，为普适计算（见下文）提供了条件，将对人类社会生活、工作方式产生巨大的影响。

## 三、对等网络、网格计算与 Web2.0

### （一） 对等网络 （P2P）

在下一代网络技术方面，特别值得重视的是对等网络（Peer-to-Peer，P2P），又称点对点技术，是无中心服务器、依靠用户群（Peers）交换信息的互联网体系。在 P2P 网络中，每个用户端既是一个节点，又有服务器的功能。P2P 网络的一个重要的目标就是让所有的客户端都能提供资源，包括带宽、存储空间和计算能力。因此，当有节点加入且对系统请求增多，整个系统的容量也增大。这是具有一组固定服务器的 Client-Server 结构不能实现的，因为在 Client-Server 结构中，客户端的增加意味着所有用户的数据传输会更慢。P2P 网络的分布特性通过在多节点上复制数据，也增加了防故障的健壮性，并且在纯 P2P 网络中，节点不需要依靠一个中心索引服务器来发现数据，因此系统也不会出现单点崩溃。

P2P 主要应用在各种格式的音频、视频和数据文件共享以及即时消息传送中。

### （二） 网格计算

网格计算（Grid Computing）也是互联网技术发展的一个热点，可以看作是对等网络（Peer-to-Peer Networks，P2P）发展的一个重点方向。一方面，随着计算机的普及，个人计算机开始进入千家万户，与之伴随产生的是越来越多的计算机处于闲置状态，即使在开机状态下 CPU 的潜力也远远不能被完全利用。互联网的出现，使得连接调用所有这些拥有闲置计算资源的计算机系统成了现实。另一方面，科学家们对于大规模计算的需求也在持续增长。例如，传送和处理欧洲粒子物理研究所（CERN）的大型强子对撞机每年所产生的数百万 GB 的数据。

网格计算研究如何把一个需要非常巨大的计算能力才能解决的问题分成许多小的部分，然后把这些部分再分配给许多计算机进行处理，最后把这些计算结果综合起来得到最终结果。网格计算的基本思路就是通过共享计算机资源，将异地的传感器和计算机互联，以互联网为通信手段，将大量的数据流从网格上的数据库或科学仪器送至远程的计算机，以创造一个共享、合作的计算环境，使异地的科学家、计算机和大容量存储系统构成一个有机的整体。

目前一些较大的网格计算项目的处理能力已经可以达到甚而超过目前世界上速度最快的巨型计算机。假设目前全世界的网民共有 1 亿台 PC，每台计算机的 CPU 只有 100MHz，硬盘只有 100MB，则将全球网民的 PC 构成一个大网格后，这个网格上任何一台 PC 的极限处理能力将是 100 亿 MHz （$10^8 \times 100\text{MHz} = 10^{10}$

MHz），而存储能力将是 100 亿 MB（$10^8 \times 100MB = 10^{10}MB$）。这样大的计算能力是目前的任何一台超级计算机都无法实现的，网格计算的巨大潜力由此可见一斑。因此，科学家们普遍认为网格计算技术可以帮助人类迎接 21 世纪科学计算的挑战，对于科学的未来发展极为重要。当然若要发挥"网格计算"的巨大计算潜力，必须解决网络规范化机制、软硬件设备以及计算机安全等一系列问题。

（三）Web 2.0

Web 2.0 的概念由奥瑞利（Tim O'Reilly）于 2004 年首次提出，是相对于 Web 1.0 而言的新一类互联网应用的统称。奥瑞利认为，Web 1.0 与 Web 2.0 二者之间的主要差异在于互联网上软件销售和商业模式的转变，即由软件产品的销售转向软件的服务，由一对多的服务转向多对多的服务；而这种转变的核心是扩大了用户的参与度，或者说每一个网民的参与度。Web 1.0 的主要特点在于互联网的用户通过浏览器浏览互联网信息，互联网的信息由专业人员（网站编辑人员或站长）制作，比如各门户网站。Web 2.0 则强调用户参与，互联网用户从被动接收互联网信息转向主动提供与创造互联网信息，既是网站内容的浏览者，又是网站内容的制作者；而互联网从由专业人员织网转向由所有互联网用户参与织网。

对 Web 2.0 可以进一步地理解如下：①Web 2.0 强调集体智慧和用户参与：与 Web 1.0 网站信息发布的模式不同，Web 2.0 网站的内容通常是用户发布的，使得用户既是网站内容的浏览者也是网站内容的制造者。②Web 2.0 与 Web 1.0 没有绝对的界限：一些在 Web 2.0 概念之前诞生的网站本身也具有 Web 2.0 特性（表 1–1），如 B2B 电子商务网站的免费信息发布和网络社区类网站的内容也来源于用户。③Web 2.0 的核心不是技术而在于指导思想：Web 2.0 技术本身不是 Web 2.0 网站的核心，典型的 Web 2.0 技术体现了具有典型 Web 2.0 特征的应用模式，Web 2.0 是互联网应用思想的革命。

表 1–1　Web 2.0 与 Web 1.0 的应用比较

| | Web 1.0 | Web 2.0 |
|---|---|---|
| 1 | DoubleClick | Google Adsense |
| 2 | Ofoto | Flickr |
| 3 | 大英百科全书在线（Britannica Online） | 维基百科全书（Wikipedia） |
| 4 | 个人网站 | 博客（Blogging） |
| 5 | 域名投资 | 搜索引擎优化 |
| 6 | 屏幕抓取 | 网络服务（Web services） |
| 7 | 发布 | 参与 |
| 8 | 目录（分类） | 标签（tag） |
| 9 | 黏性 | 聚合 |

Web 2.0 以网络社会化为核心的互联网发展理念，其理论基础包含六度分隔、长尾理论等理论。①六度分隔理论（Six Degrees of Separation）。六度分隔理论是由美国哈佛大学社会心理学家斯坦利·米尔格伦（Stanley Milgram）提出的。该理论认为：你和任何一个陌生人之间所间隔的人数不会超过 6 个，即最多通过 6 人你就能够认识任何一个陌生人。这一理论很好地解释了 Web 2.0 的社会性。②长尾理论。长尾理论由安德森（Chris Anderson）提出：只要存储和流通的渠道足够大，需求不旺或销量不佳的产品共同占据的市场份额就可以和数量不多的热卖品所占据的市场份额相匹敌甚至更大。在 Web 2.0 时代下，公司的利润不再单纯依赖传统的 20% 的"优质客户"，而是许多原先被忽视的大量小客户。长尾理论是 Web 2.0 营销的理论基础。

发展 Web 2.0 的核心意图是将互联网视为一个平台，通过提供服务让所有的网民参与其中，从而充分利用安德森提出的"长尾理论"，即通过利用众多小网站，甚至小网民的集体的力量来提供互联网的大多数内容和服务。因为，这样才有可能将服务体系的触角延伸到整个互联网，延伸到占互联网用户 80% 上的"长尾"，而不仅仅是互联网的"头部"或"大户"。

## 四、普适计算与射频识别

### （一）普适计算

普适计算（pervasive computing）也被称为泛在计算（ubiquitous computing）或环境智能（ambient intelligence），是微处理技术、传感技术、计算技术、网络技术、无线通信技术等不断发展和融合的结果，是正在酝酿之中的重大技术革命之一，对人类的生产、生活乃至经济社会变革，均将产生极为深刻的影响。普适计算为后 PC 时代，人与计算机的互动提供了一种新的模式，将信息的采集、处理和交换直接、彻底地嵌入任何物品之间或人与物品之间的互动之中，随时随地进行；然而，在普适计算的过程中，人们却并不一定意识到它的存在。普适计算不仅可以大大地提高劳动生产率，而且可以大大地改进我们生活的质量。

普适计算的概念首先由美国 Xerox 公司的技术专家魏瑟（Mark Weiser）提出。普适计算技术的核心，一是微处理器件的小型化、强功能、低价格，使之能嵌入任何物体之中，如生产设备、汽车、家电、玩具、工具、服装、笔、纸等，使各种装备乃至日用物品实现智能化，既感测信息，又处理信息；二是无处不在的通信技术，尤其是无线通信技术，能够将处理后的信息送达相关的控制或调节设备。本质上，普适计算技术的使用将一般的物品变成了智能化的物品。

任何一个"普适计算"系统实际上包括四个组成部分，即自动信息采集（数字传感器）、自动信息处理（逻辑计算和决策判定）、自动信息交换（利用普适计算网络）、自动指令执行；而这四个组成部分在物理上不必是一个整体，可以分布在世界的任何一个角落。因此，普适计算系统是一个全功能的数字化、网络化、智能化的自动化系统，实现系统的设备与设备之间全自动的数据、信息处理，全自动的信息交换，极大地减少数据采集和人工处理的成本。

当然，普适计算的应用需要业务模式的设计和创新，需要有新的标准和规范，需要尊重和保护个人的隐私，需要符合社会道德和伦理规范等。可以预期，普适计算在为人类社会提高劳动生产率和生活品质的同时，也一定会带来许多新的法律和道德问题。

### （二） 射频识别

射频识别（Radio Frequency Identification，RFID）技术，又称无线射频识别，是一种通信技术，可通过无线电信号识别特定目标并读写相关数据，而无须识别系统与特定目标之间建立机械或光学接触。RFID 已经成为信息技术和物流发展方向的代表，是信息技术所引起的一场关于"物"的管理革命。

一个基本的 RFID 系统至少包括：一个带有天线的电子标签（tag）或电子卡（card），其中的芯片用于储存物品的信息；一个射频询问器（interrogator）或识读器（reader），用于读取电子标签中的信息；以及一个用于数据处理和管理的计算机和网络系统。RFID 技术利用无线传输的射频信号、以非接触的方式、自动地读取或写入电子标签中所需要的数据和信息，如产品名称、属性、时间、地点、处理情况等，不仅使用极为方便，而且隐蔽性好，抗干扰能力强。

信息技术正在对现代物流业的发展产生深刻的影响，事实上，RFID 并不仅仅是一个"电子标签"，或者一个"芯片代替条形码"的问题，而是一个集生产、仓储、运输、分配、管理于一体的巨型系统工程。RFID 技术和智能卡技术一旦与全球定位系统以及计算机和网络技术等结合，就可以构造各种商品辨识系统、物流运输管理系统、物流信息跟踪系统等，在交通运输、仓储设施、信息通信、物流包装与搬运等各个环节以及物流运作模式和物流装备设施等各个方面优化对物流的管理，降低包括运输、保管和管理在内的物流成本，从而对提高整个社会经济系统运行效率有着重大意义。

## 五、三网融合

20 世纪 90 年代以来，由于微处理器芯片计算速度和处理能力的大幅增强，大规模存储器存储容量的急剧扩张和以光纤通信为基础的宽带技术的快速发展，就技术本身而言，已经可以解决人类 5 种基本信息形态，即数字、文字、语音、图像和视频，在同一个电信载体和计算机网络系统中的传输和处理问题。"三网融合"也就随之成为当代信息化发展的一个重要趋势。

三网融合是指电信网、广播电视网、互联网在向宽带通信网、数字电视网、下一代互联网演进过程中，三大网络通过技术改造，其技术功能趋于一致，业务范围趋于相同，网络互联互通、资源共享，能为用户提供语音、数据和广播电视等多种服务。三合并不意味着三大网络的物理合一，而主要是指高层业务应用的融合。

三网融合的本质是"数字融合"（Digital Convergence）。数字化"模糊"了电信信号的物理属性。数字、文字、语音、图像、视频等不同的信息类型均可变换为以二进制为基础的数字信号在网络上进行处理和传输。

三网融合应用广泛，遍及智能交通、环境保护、政府工作、公共安全、平安家居等多个领域。三网融合是几十年来现代信息技术不断发展和创新的结果，在当代信息革命的发展史上具有里程碑式的意义，对人类社会先进生产力的发展和社会进步将产生难以估量的重大影响。

## 六、大数据技术

进入 2012 年以来，大数据（Big Data）一词越来越多地被提及，人们用它来描述和定义信息爆炸时代产生的海量数据，并命名与之相关的技术发展与创新。同时，人们也以"大数据时代"来描述目前的信息爆炸现状。目前对大数据并没有一个统一的定义。一种普遍的说法是指那些已经超出了传统意义上的尺度，一般的软件工具难以捕捉、存储、管理和分析的数据。然而，具体多大的数据才能称为"大"，并没有普遍适用的定义，一般认为大数据的数量级应该是"太字节（$2^{40}$）"（表 1-2）。随着技术的进步，数据的规模不断扩大，目前的数量级是否能称为"大"还未可知。此外，对于各个不同的领域，"大"的定义也是不同的。社会学将"大数据"之"大"，定义为"全样本"，"全样本"可以"容量大"，也可以不大。因此，大数据更多的意义在于，当人类可以"分析和使用"的数据在不断大量增加，通过这些数据的交换、整合和分析，人类可以发现新的知识、创造新的价值。正如研究机构 Gartner 给出的"大数据"定义："大数据"是需要新处理模式才能具有更强的决策力、洞察发现力和流程优化能力的海量、高增长率和多样化的信息资产。大数据技术的战略意义不在于掌握庞大的数据信息，而在于对这些含有意义的数据进行专业化处理。换言之，如果把大数据比作一种产业，那么这种产业实现盈利的关键，在于提高对数据的"加工能力"，通过"加工"实现数据的"增值"。

大数据需要特殊的技术，以有效地处理大量的容忍经过时间内的数据。适用于大数据的技术，包括大规模并行处理（MPP）数据库、并行数据挖掘、分布式文件系统、分布式数据库、云计算平台、互联网和可扩展的存储系统等。

表 1 – 2　数据的存储单位①

| 单位 | 英语标识 | 大小 | 含义和例子 |
|---|---|---|---|
| 位 | Bit | 1 或 0 | 计算机用二进制存储数据，1 位指一个二进制数位：0 或 1 |
| 字节 | Byte | 8 位 | 计算机存储信息的基本物理单位，存储一个英文字母的大小就是一个字节 |
| 千字节 | KB | 1024 字节或 $2^{10}$ 字节 | 一页纸的文字大约 5000 字节 |
| 兆字节 | MB | 1024 千字节或 $2^{20}$ 字节 | 一首 MP3 格式的歌曲大约是 4 兆字节 |
| 吉字节 | GB | 1024 兆字节或 $2^{30}$ 字节 | 一部电影大约是 1 吉字节 |
| 太字节 | TB | 1024 吉字节或 $2^{40}$ 字节 | 美国国会图书馆所有登记的印刷版书本的信息量为 15 太字节。截至 2011 年年底，网络备份的数据量为 280 太字节，这个数据还在以每个月 5 太的速度递增 |
| 拍字节 | PB | 1024 太字节或 $2^{50}$ 字节 | 美国邮政局一年处理的信件大约 5 拍，谷歌每小时处理的数据为 1 拍 |
| 艾字节 | EB | 1024 拍字节或 $2^{60}$ 字节 | 相当于 13 亿中国人人手一本 500 页的书加起来的信息量 |
| 泽字节 | ZB | 1024 艾字节或 $2^{70}$ 字节 | 截至 2010 年，人类拥有的信息总量大约是 1.2 泽字节 |
| 尧字节 | YB | 1024 泽字节或 $2^{80}$ 字节 | 超出想象，难以描述 |

## 七、多媒体信息处理

数据、文字、声音、图像和视频是人类日常生活中常见的 5 种信息形态。其中，早在电子计算机发明的时候，就已经解决了数据的数字化处理问题。

文字转换为二进制的数字信号有人工录入和光学字符识别（OCR）技术。拼音文字的光学识别相对容易；而汉字的光学字符识别技术虽然已经有了长足的发展，但误码率还需要降低。特别是手写汉字识别技术的能力还需要进一步提高。

语音识别技术已经有了很大的发展。语言的数字录音和数字播放都没有问题，但是语音数字文件的可处理性并没有解决。MP3 已经实现了音乐作品的数字化，但是 MP3 的乐曲还不能编辑。要实现音乐作品的数字可处理化，必须对每一个音调、每一个音符、每一个节奏、每一种乐器、每一种嗓门等都赋予一个标准化的数字代码，以此为依据进行音乐的数字化，才有可能实现数字化音乐作品

---

① 涂子沛. 大数据［M］. 桂林：广西师范大学出版社，2012

的可处理性。

图像文件的数字化随着数码照相机的成熟已经有了很大发展。然而，虽然用与照片处理相关的软件可以进行某种程度、某种性质的编辑和处理，但是距图像的数字化处理还有很长距离。图像数字化变换和可处理技术仍然有巨大的发展空间。

视频文件的数字化可处理性的实现难度则更大。虽然数字摄像机已经普及，但是这些视频文件仍然不具备数字化意义下的可处理性。对视频文件中的内容和特征参数进行编辑处理就更为复杂。

人类的嗅觉、味觉和触觉中同样也包含大量的信息，这些信息也需要数字化，以便于计算机和网络进行处理。如果嗅觉信息可以实现模数、数模的转换，气味就可以利用计算机进行处理、利用网络甚至手机进行传递。

## 八、计算科学与高端计算

计算机发明之后，很快地就被用于社会生活和管理活动中的数据与信息处理，用于生产过程的自动化和智能化、生产流程的管理，并在微机发明和互联网普及应用之后渗透到人类生活的方方面面。而计算机发明的初衷——大规模计算，却被一定程度地忽视了。早在 1982 年 12 月，美国"科学与工程中的大规模计算"专家小组就认识到这个问题，提出了立即启动一个由政府、高等院校以及企业参与的、全国性的、长期的发展大规模计算计划的建议。美国总统信息技术顾问委员会（PITAC）在 2005 发表的《计算科学：确保美国的竞争力》报告中，呼吁美国人对此问题的重视。计算科学和高端计算涉及科学、工程、技术等领域内许多无法用解析方法解决的非常复杂的建模和计算问题，是现代科学技术创新不可或缺的手段。计算科学和高端计算可以看作是信息化向着高端和深化两个方向发展的标志，拥有先进的计算科学和高端计算技术则是一个国家科学技术发展和信息化走向成熟的标志。

计算科学（Computational Science）与计算机科学（Computer Science），虽然只有一字之差，却是完全不同的两个概念，内涵也完全不同。PITAC 定义计算科学是一个迅速成长的、利用先进的计算能力去认识和解决复杂问题的多学科合成的领域。PITAC 认为，计算科学"融合"了 3 个不同的元素：第一，算法、建模和模拟软件，用以解决科学（如生物学、物理学、社会学等）、工程以及人文学科中的各种问题；第二，计算机与信息科学，发展和优化各种系统硬件、软件、网络及数据管理等要素，以解决计算中需要解决的各种问题；第三，计算的基础设施，用以支持各种科学和工程问题的解决和计算机与信息科学自身的发展。

高端计算（High-end Computing）是一个时期以开发和应用高性能计算机系

统为主要目标的计算技术的统称。高端计算应用于国民经济的许多重要领域，包括：核武器模拟与核材料的储存，全球与区域气候建模，天气与海洋预报，地球物理学（地震、火山、山崩、板块构造理论、磁动力学），天体物理学（星体与星系动力学），环境保护技术，高度复杂的物理系统，先进的成像与多媒体信号处理技术，信号与图像处理，加密技术与情报智能等。从高端计算的应用举例可以看出，无论国防、国家安全，还是经济建设、科技创新、社会发展，都离不开高端计算。

随着计算科学的发展，"计算机建模与模拟"已经成为与"理论"和"实验"具有同等重要性的现代科学和技术发展的支柱，使许多过去看来在理论上无法进行解析计算，或者数据量极为庞大，人力无法处理的问题，或者在实验室无法再现和进行试验的问题，现在有了新的求解的希望。因此，计算科学与高端计算为国家的科学、技术、工程和各种专业业务的信息化改造提供了新的机遇，成为各个领域创新的战略工具，对于提高一个国家和民族的创新能力，推动国家科学和技术的发展，具有极为重要的意义。

# 第三节　信息化的基本概念

## 一、信息化的定义

信息化这一概念最早由日本提出。1963 年，日本学者梅棹忠夫（Tadao Umesao）在其所著《信息产业论》一书中首次提出了信息化（日语 Johoka）的概念，指出信息化是通信现代化、计算机化和行为合理化的总称。其中，通信现代化是指社会活动中的信息交流基于现代通信技术基础进行的过程，计算机化是社会组织和组织间信息的产生、存储、处理（或控制）、传递等广泛采用先进的计算机技术和设备管理的过程，行为合理化是指人类按公认的合理准则与规范进行各种活动。该书向人们描绘了信息革命和信息化社会的前景，并预见到了信息技术的发展和应用将会引起一场全面的社会变革。1967 年，日本政府的一个科学、技术、经济研究小组在研究经济发展问题时，依照工业化概念，正式提出了信息化的概念，并从经济学角度下了一个定义："信息化是向信息产业高度发达且在产业结构中占优势地位的社会——信息社会前进的动态过程，它反映了由可触摸的物质产品起主导作用向难以捉摸的信息产品起主导作用的根本性转变。"

"信息化"一词在我国的广泛使用随着我国改革开放和经济起飞的历史进程而展开。1997 年，首届全国信息化工作会议将信息化定义为："培育、发展以智能化工具为代表的新的生产力并使之造福于社会的历史过程"；将国家信息化定义为："在国家统一规划和组织下，在农业、工业、科学技术、国防及社会生活各个方面应用现代信息技术，深入开发广泛利用信息资源，加速实现国家现代化进程"。会议还进一步指明，实现信息化就要构筑和完善包含开发利用信息资源、建设国家信息网络、推进信息技术应用、发展信息技术和产业、培育信息化人才以及制定和完善信息化政策6个要素构成的国家信息化体系。2006年，中共中央办公厅与国务院办公厅印发的《2006—2020年国家信息化发展战略》对信息化的定义为"充分利用信息技术，开发利用信息资源，促进信息交流和知识共享，提高经济增长质量，推动经济社会发展转型的历史进程"。该定义被认为是目前我国关于信息化较为正式的定义。

对于信息化的理解有几点不容忽视的问题。首先，信息化不仅仅是一个技术发展的进程，或简单的现代信息技术的应用问题，更为重要的是，信息化是一个社会发展和演变的进程。其次，信息化不仅仅意味着生产力（生产技能与生产工具）的发展，更为重要的是，信息化意味着生产关系（管理流程和组织机构）的变革。由此，根据恩格斯关于产业革命的定义，信息化可以定义为：利用现代信息技术对人类社会的信息和知识生产进行全面的改造，并因而导致人类社会生产体系的组织结构和经济结构发生全面变革的一个过程，是一个推动人类社会从工业社会向信息社会转变的社会转型的过程。从目前世界各国利用现代信息技术的种种努力及其所追逐的目标来看，信息化本质上是一个推动社会转型的过程，一个从工业社会向信息社会转变的过程。从这个意义上来说，信息化不是目的，而是一个过程，是一场产业革命的过程，这个过程可能会持续上百年，而信息化最终导致信息社会的实现。

值得注意的是，由于信息化一词起源于日语，对应英文 informatization 又源于法语（1978年，两位法国专家西蒙·诺拉（Simon Nora）和阿兰·明克（Alain Minc）在报告"L'Informatisation de la société：Rapport à M. le Président de la République"（《信息化社会：给法国总统的报告》）中创造了术语"informatisation"），我国常用的信息化英文翻译"informatization""informatisation"以及"informationlization"，主要在亚洲以及非英语国家被使用，但在英文背景文化圈中是否得到承认或采纳还有待证实。

## 二、信息化的内容

1996年，国务院信息化工作领导小组确定了国家信息化体系的6个要素：①信息资源，信息资源的开发和利用是信息化的核心建设任务，其程度是衡量国家信息化水平的重要标志，在满足信息技术应用提出的需求的同时，对其他4个要素提出需求。②信息技术应用，是指把信息技术广泛应用于经济和社会的各个领域，信息技术应用是信息化体系中的龙头，是信息化建设的主要阵地，集中体现信息化建设的需求和效益；信息技术向其他5个要素提出需求，而其他5个要素又反过来支持信息技术应用。③信息网络，是信息资源开发利用和信息技术应用的基础，是信息传输、交换和共享的必要手段；目前将信息网络分为电信网、广播电视网和计算机网，这三种网络相互交叉又互为补充。④信息技术和产业，是我国进行信息化建设的基础，也是我国信息化立足于自主发展的支柱；一些关键的信息技术与装备需要由我国自行研究、制造以及供应，信息产业的做大做强才能为我国全面信息化提供坚实、安全的基础。⑤信息化人才，信息化体系各要素的建设需要多门类、多层次人才的支持，信息化人才对其他各要素的发展速度和质量有着决定性的影响，只有建立结构合理、高素质的研究、开发、生产、应用和管理队伍，才能适应国家信息化建设的需要。⑥信息化政策法规和标准，用于规范和协调信息化体系各要素之间的关系，是我国信息化快速、有序、健康发展的保障。

左美云（1998）从企业信息化角度提出"七化"：①信息设备装备化，即各级组织、机构、团体、单位将越来越多的计算机设备、通信设备、网络设备等应用于作业系统，辅助作业顺利完成。②信息技术利用化，如利用信息获取技术、信息传输技术、信息处理技术等改进作业流程，提高作业质量。③信息内容数字化，一方面将设计信息、生产信息、经营信息、管理信息等各类作业系统信息生成和整理出来；另一方面使上述各类信息规范化、标准化或知识化，最后进行数字化，以利于查询和管理。④信息服务完善化，即建立起信息服务体系，比如联机服务、咨询服务、系统集成等，通过信息服务将信息设备、信息技术、信息内容形成一个整体，并使其发挥出"整体大于部分之和"的功效。⑤信息人才递增化，即加强对各类信息人才的培养与重视，使信息人才的比重日益增加。⑥信息投资倾斜化，即对信息化的投资给予倾斜，支持信息人才的培养、信息设备的装备、信息技术的利用、信息内容的开发和信息服务体系的完善，有目的、有计划地快速推进信息化建设。⑦信息政策合理化，即制定各项规章、制度、条例，并使这些政策体系化，相互配套、合理、完善，不留漏洞，为各项信息工作提供指导和规范，为信息化提供良好的约束机制和外部环境。

## 三、信息化的层次

从信息化的发展历程看，信息化的层次包括：信息产业化、产业信息化、经济信息化以及社会信息化（吴慰慈，2003）。

### （一）信息产业化

信息产业化是信息化发展的初级阶段。信息产业化是指由分散的信息活动演变成整体的信息产业的过程，是社会信息活动逐步走向产业化道路的必经阶段。信息产业化要求按照信息活动的客观经济规律办事，以市场需求为导向，将过去分散在传统国民经济三次产业和各行业部门中与信息生产、分配、流通、交换等直接相关的单位和资源进行优化整合，以便把各种类型的信息活动按产业发展要求重新进行组织，从而在微观上形成专门从事信息活动的经济实体，在宏观上形成一个具有相对独立地位的产业——信息产业。信息产业化主要表现为信息产品商品化、信息机构企业化、信息服务产业化。信息产业的出现不仅改变了已有的经济结构，而且还为传统产业改造提供了先进的技术设备和信息资源，并在改造传统产业的过程中促使其向扩大信息消费的更高阶段发展。所以，在信息产业化的同时必然出现产业信息化的现象。

**（二）　产业信息化**

从产业整体来看，产业信息化指农业、工业、服务业等传统产业广泛利用信息技术，大力开发和利用信息资源，实现产业内各种资源、要素的优化与重组，从而实现产业升级的过程。从产业内部来看，产业信息化是指产业部门内的企业在产品的设计、开发、生产、管理、经营等多个环节中通过大量采用信息技术而提高劳动生产率和产业效益的过程。产业信息化与信息产业发展是相互促进的，产业信息化使产业部门的组织结构、管理体制、经营模式发生了变革，促进了产业的转型升级，而同时又使信息需求得以极大扩展，带动了信息产业的发展壮大。产业信息化主要表现为生产过程自动化、经营管理智能化、商业贸易电子化。

**（三）　经济信息化**

经济信息化是在信息产业化和产业信息化的基础上发展起来的，它是指通过对社会生产力系统实施信息化，从而在社会经济生活和国民经济活动中逐步实现信息化的过程。从发展层次上看，经济信息化是信息产业化和产业信息化的互补共进过程，其结果是传统产业因信息产业的不断渗透而得到改造并向深度发展，信息产业则由于传统产业的支持继续向广度发展，并逐渐成为国民经济第一大产业，最终达到整个国民经济的信息化。经济信息化主要表现为信息经济所创造的价值在国民生产总值中所占的比重逐步上升直至主导地位。

**（四）　社会信息化**

社会信息化是信息化的高级阶段，是指信息技术及信息设备、信息应用等装备包含经济、科技、教育、医疗、军事、政务、日常生活等在内的整个社会体系，使信息资源作为社会的最基础资源得以充分开发并畅通流动。社会信息化是以信息产业化和产业信息化为基础、以经济信息化为核心向人类社会活动的各个领域逐步扩展的过程，其最终结果是人类社会生活的全面信息化。当人类社会进入了一个全面的信息化阶段，则被称为信息化社会。信息化社会主要表现为信息成为社会活动的战略资源和重要财富，信息技术成为推动社会进步的主导技术，信息人员成为领导社会变革的中坚力量。

## 四、信息化的理论模型

从信息化的定义可以看出，信息化这个术语描述的是人类迈向信息社会的这样一个历史进程或者一个历史现象，定义所表征的人类社会的这种努力只是我们理解信息化的一个方面；而从信息化的内容和层次可以看到，信息化是一个非常复杂和庞大的社会工程，从这样庞杂的事物中剥离表象并深入理解其基本内涵，需要借助一个抽象的信息化的理论模型（图1-3）。

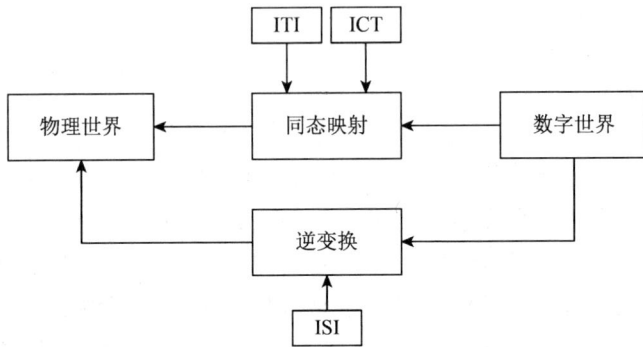

**图1-3  信息化的理论模型①**

ITI—信息技术产业；ICI—信息内容产业；ISI—信息服务产业

信息化首先要解决信息的数字化问题。信息数字化的结果使得在我们生活的物理世界之外，又产生了一个数字世界（或者说虚拟世界）。过去，仅仅是数据和文字进入了数字世界，现在，图片、语音、视频也进入数字世界，只是已经发生的事情进入了数字世界；现在，通过即时通信、Web 2.0、流媒体、IPTV 等新的技术，正在发生的事情也进入数字世界了。也许过不了多久，随着技术的发展，物理世界的任何要素能都进入数字世界。这些数字化的结果通过数据库、服务器、网络等构成一个庞大无比的数字世界，成为我们的现实生活在数字世界的映射。同时，人们通过对数字化结果的处理、分析以及开发利用，生产出对人们有用的工具，供人们生产与生活之用。这些工具以产品的形式存在，有的是以设备为代表的典型物理形态，有的是需要安装或者依赖于硬件设备的软形态，实际

---

① 周宏仁. 信息化论［M］. 北京：人民出版社，2008：97

上都可理解为数字形态经过逆变换的物理形态。因此，理论上，信息化是一个物理世界到数字世界的同态映射过程；同时，又是利用逆变换将数字世界转换至物理世界，使得数字世界的内容能够成为我们认识和改造物理世界的工具的过程。其中，同态映射过程利用的是信息时代的核心产业即信息技术产业（包括微电子、计算机、通信与软件产业）和信息内容产业（生产各种数字内容）；逆变换依赖的主要是信息服务产业（在信息技术的支持下，通过各种形式向用户提供需要的信息、内容、知识）。物理世界与数字世界之间的映射和逆变换需要由物理世界的每一个人参与其中，共同完成。

## 五、信息化的作用

随着信息技术的快速发展，世界范围内正在掀起一场迅猛的信息化浪潮。信息化对经济社会发展的带动和促进作用越来越强，对人类生产和生活方式的影响越来越大，信息化成为当今世界科技、经济与社会发展的重要趋势，是生产力发展的重要核心和国家战略资源。在激烈的国际竞争中，信息化水平的高低成为衡量一个国家或地区综合实力和竞争力的重要标志。信息化的重要作用表现为信息产业在国民经济、生产与生活中的重要作用。

### （一）信息产业在国民经济中起主导产业作用

根据产业经济学的观点，主导产业是指国民经济中居于主导地位的产业部门。信息产业作为主导产业与其他产业的区别表现在：信息产业是高新技术产业群的主要组成部分，具有远超其他传统产业的发展速度，拥有巨大的市场潜力和发展前景，具有显著的关联带动和扩散效应，对其他产业的发展具有带动作用。

### （二）信息产业在国民经济中起优化产业结构的作用

在世界经济发展史中，每个国家的历史推进过程和产业结构优化升级都伴随着科技进步。在信息化迅速发展的今天，推动产业结构升级的主导性技术是信息技术。第一，信息技术的发展形成效率高、资源消耗少、对社会贡献大的生产和服务领域，创造出新的产业门类。第二，信息技术使传统产业的生产率以及资源的利用率得到前所未有的提高，并能够改变传统产业的产品成分构成以及供应链结构。第三，信息产业的极强带动性使得其能够为相关产业带来巨大的市场需求，引导其他产业的发展。第四，信息技术大大提高劳动生产率，使劳动力逐步从第一向第二、第二向第三产业发生转移，优化产业结构。

### （三）信息产业对其他产业的高渗透性作用

信息技术是一种具有较强渗透性、带动性，同时又具有较高共享性特征的高新技术形式。信息产业的传播、信息技术与信息产品的多样以及应用的广泛性，使得信息产业广泛深入地渗透于社会和各产业部门。信息产业为传统产业提供了先进的技术和装备，使传统产业的信息环境改善，从而使传统产业的经营方式与管理方式发生变化，使企业决策科学化、合理化，使企业产品质量和效益提高。

**（四）　信息产业在国民经济发展中的推动作用**

信息产业已经成为世界各国经济发展的主要动力和社会再生产的基础。信息产业是推进国家信息化、促进国民经济增长方式转变的核心产业。这一作用体现在3个方面：①通信网络和信息技术装备是国家信息化的物资基础和主要动力；②信息技术的普及和信息产品的广泛应用，将推动社会生产、生活方式的转型；③信息产业的发展大量降低物资消耗和交易成本，对实现中国经济增长方式向节约资源、保护环境、促进可持续发展的内涵集约型方式转变具有重要推动作用。

**（五）　信息产业对国家的战略作用**

信息产业是关系国家经济命脉和国家安全的基础性和战略性产业。这一作用体现在以下几个方面：①通信网络是国民经济的基础设施，网络与信息安全是国家安全的重要内容；强大的电子信息产品制造业和软件业是确保网络与信息安全的根本保障。②信息技术和装备是国防现代化建设的重要保障；信息产业已经成为各国争夺科技、经济、军事主导权和制高点的战略性产业。③信息技术的广泛应用，将缩短技术创新的周期，极大提高国家的知识创新能力，提高国家的技术竞争力。④抓住机遇加快信息化发展速度，以信息化带动工业化，将发挥信息化建设的"后发优势"，推动经济的快速发展和社会的全面进步，加快促进我国缩小与发达国家差距。


# 【案例分析】

## 美国政府以国家战略应对大数据时代[①]

美国加利福尼亚州斯坦福大学助理教授贾斯廷·古力马，正尝试把数学应用到政治学研究中，通过电脑对互联网上的海量博客文章、议会演讲、新闻报道加以统计分析，从而展开趋势判断。在这个29岁的青年政治学者眼中，"政治学已经日益成为一个数据密集型学科"。其实，成为"数据密集型学科"的远不止政治学，科学、广告、体育、公共卫生等大量学科和领域都正在从大数据技术中获益。

随着互联网上数据的不断增多，海洋一般浩瀚的网络数据已成为一种战略资源。大数据技术的目标，就是从这些数据中挖掘信息、判断趋势、提高效益。在科技发达的美国，一些大型互联网公司最先注意到了大数据技术的无穷魅力，并尝试在经营活动中加以运用。社交网站"脸书"和视频网站"网飞"便通过搜集、整理用户在网络上留下的"足迹"，分析用户偏好、兴趣和需求，向用户推荐联系人信息或感兴趣的视频内容。

---

① 　陈一鸣．美国政府以国家战略应对大数据时代［N］．人民日报，2013-02-28

对大数据技术的成功运用，将改变日常生活、企业决策和国家治理的面貌，带来惊人的经济和社会效益。美国著名摄影师兼作家里克·斯莫兰便认为，大数据将成为人类的仪表盘，一个帮助人们对付贫困、犯罪和污染的智能工具。哈佛大学定量社会学研究所主任盖瑞·金，以"一场革命"来形容大数据技术给学术、商业和政府管理带来的变化，认为"大数据技术将触及任何一个领域"。

2011年，美国总统科技顾问委员会提出政策建议，指出大数据技术蕴含着重要的战略意义，联邦政府应当加大投资研发力度。作为对这一建议的回应，白宫科技政策办公室在2012年3月29日发布了《大数据研究和发展计划》，同时组建"大数据高级指导小组"，以协调政府在大数据领域的2亿多美元投资。此举标志着，美国把应对大数据技术革命带来的机遇和挑战，提高到国家战略层面，形成了全体动员格局。

《大数据研究和发展计划》提出，应当通过对海量和复杂的数字资料进行收集、整理，从中获得真知灼见，以提升对社会经济发展的预测能力。根据这一计划，美国希望利用大数据技术在多个领域实现突破，包括科研教学、环境保护、工程技术、国土安全、生物医药等，具体的研发计划涉及了美国国家科学基金会、国家卫生研究院、国防部、能源部、国防部高级研究局、地质勘探局等6个联邦部门和机构。

在美国政府的实际运作中，大数据技术已经进入了应用阶段。上个月，美国中央情报局的首席技术官格斯·汉特便在旧金山举行的一次讨论会上透露了大数据技术对追踪恐怖分子和监控社会情绪的作用。汉特说，就像可口可乐等消费公司借助数据分析掌握消费者习惯一样，中情局也通过大数据技术来寻找恐怖分子的踪迹。此外，他还以"阿拉伯之春"举例说，大数据分析可以了解多少人和哪些人正在从温和立场变得更为激进，并"算出"谁可能会采取对某些人有害的行动。

麦肯锡全球研究所的一份报告说，美国需要150万精通数据的经理人员，以及14万~19万深度数据分析方面的专家。目前，已有美国大学专门开设了研究大数据技术的课程，培养下一代的"数据科学家"，一些美国公司也在向大学提供研究资助，并赞助与大数据有关的比赛。目前美国正在握紧大数据这个人类科技领域的最新仪表盘，以求继续保持科技领先地位。

**【案例提示】**

1. 在历史上的几次科技革命中，比较、分析以及评价中美两国各自承担的角色，思考这些分析结果对于我国信息化的启示有哪些。

2. 思考美国为什么将大数据技术及其应用上升到了国家战略的高度。

3. 思考我国在正在进行中的全球信息技术革命中的责任和使命。

# 第二章

## 旅游信息化

【本章目标】

学过本章之后，你应该能够
- 掌握旅游信息化的基本概念
- 了解旅游信息化研究的内容与趋势
- 掌握旅游信息化的发展历程
- 了解智慧旅游的提出背景
- 理解智慧旅游对于旅游发展的意义

## 第一节　旅游信息化的基本概念

### 一、旅游信息的基本概念

#### （一）旅游信息的定义

旅游信息是信息的一种。同信息的定义类似，关于旅游信息的定义，目前没有被一致认可的提法。我国从 20 世纪 80 年代开始探索旅游信息的含义。王彦峰（1986）认为，旅游信息包括旅游者、旅游资源以及连接两者的组织 3 方面的信息。龚玉明（1994）基于系统论的观点，认为旅游信息属于社会信息，其中相当一部分有经济信息的属性。这两种提法是对旅游信息的解释、说明，尚不属于科学定义。李天顺等（1998）将旅游信息定义为：反映旅游活动及其发展变化情况的各种消息、情况、资料的总称。刘晓虹等（2001）将旅游信息理解为：包括各种旅游景区、景点、各旅行社、旅游人数、旅游交通工具、餐饮住宿、气象等多种要素所构成的数据、消息和情报的总称。这两种定义是把数据、消息、情报以及资料与信息的概念混淆了（见第一章信息与相关概念辨析）。

目前学界对旅游信息较为科学的定义并不多见。陈志辉、陈小春在《旅游信息学》中将旅游信息定义为：旅游信息是对旅游活动运动、变化、发展的状况、特征、本质与规律的反映，即旅游信息就是旅游活动的再现。李君轶、张柳、孙九林、杨敏将旅游信息定义为：旅游信息是旅游活动中旅游主体、客体和介体的本质、特征和运动规律的属性。其中，旅游活动的本质是指旅游活动本身所固有的、决定事物性质和发展的根本属性；旅游活动的规律是指旅游活动各构成要素之间的内在必然联系，这种联系在一定条件下会不断重复出现。对旅游信息的这两种定义可做如下理解：旅游信息是对旅游活动状况的一种客观的最新描述，是对旅游活动运动、变化、发展的客观描述，是对旅游活动本质与规律的真实反映。

**（二）　旅游信息的分类**

旅游信息可按照两大角度进行分类。一为旅游信息的本身特征，包含旅游信息的内容、旅游信息的时态、旅游信息形式及旅游信息的特征；二为旅游信息的组织，包含旅游信息加工的程度、旅游信息反映面、旅游信息传递范围及旅游信息组织管理（陈志辉，陈小春，2003）。见表2-1。

**表2-1　旅游信息的分类**

| 划分角度 | 角度细分 | 类别 | 说明 |
|---|---|---|---|
| 旅游信息的本身特征 | 旅游信息的内容 | 直接旅游信息 | 对旅游活动进行直接描述的信息，包括旅游者信息、旅游目的地信息、旅行社信息等多方面的旅游信息 |
| | | 间接旅游信息 | 与旅游活动有密切联系的相关信息，如自然环境信息、政治环境信息、经济环境信息、文化环境信息、法律环境信息、科技环境信息等，它们制约着旅游活动的发展 |
| | 旅游信息的时态 | 过去旅游信息 | 表征已经发生的旅游活动的状况与过程的信息。它经过分析、开发、评价后，常以资料库的形式进行存储，形成旅游档案信息，如统计资料、调查报告等。此类旅游信息对于总结经验、预测未来发展具有重要的借鉴意义 |
| | | 现在旅游信息 | 表征正在发生的旅游活动的状况与过程的信息，又称即时性旅游信息。此类信息的时效性、动态性强，对于及时指导、控制、协调旅游活动中的各个构成要素之间的关系具有十分重要的作用。如实时交通信息、住宿信息等 |
| | | 未来旅游信息 | 揭示、预测未来旅游活动运动、变化、发展的趋向的信息，又称预测性旅游信息。此类旅游信息具有预测性、前瞻性特征。如对假日旅游的客流量、宾馆入住率、旅游交通的需求量等预测信息 |

| 划分角度 | 角度细分 | 类别 | 说明 |
|---|---|---|---|
| 旅游信息的本身特征 | 旅游信息形式 | 有形旅游信息 | 用文字图像记载与传递的旅游信息，又称文件式旅游信息。此类信息种类多，数量大，易于采集、整理、加工、存储、检索与传递 |
| | | 无形旅游信息 | 用口头语言进行传递的旅游信息，又称非文件式旅游信息。如交谈、口头汇报、电话传递等。此类信息传递快，反馈及时 |
| | 旅游信息的特征 | 定性旅游信息 | 以非计量的形式描述旅游活动的状况，分析旅游活动的过程与特征，揭示旅游活动的本质，总结旅游活动的规律的信息 |
| | | 定量旅游信息 | 以计量的形式描述旅游活动的信息。它侧重于揭示旅游活动量的规率性。如入境旅游人数、外汇收入等 |
| 旅游信息的组织角度 | 旅游信息加工的程度 | 一次旅游信息 | 又称原始旅游信息。它是对旅游活动所作的最初的直接记载，是构成旅游信息系统最基本、最常见、最丰富的基础信息。原始旅游信息是零星、分散、无序的，因此，需要进行整理、加工、存储 |
| | | 二次旅游信息 | 在原始旅游信息整理加工后所形成的信息。这种信息已经变成有序的信息。它易于存储、检索、传递与利用，有较高的使用价值 |
| | | 三次旅游信息 | 在一次、二次旅游信息的基础上，经过分析、挖掘、研究的新的旅游信息。这类信息对于旅游活动极具指导性与决策参考性 |
| | 旅游信息反映面 | 宏观旅游信息 | 从全面的角度反映旅游活动的状况、特征、本质与规律的旅游信息。它具有全局性、综合性、战略性的特点，可以为宏观决策提供依据 |
| | | 微观旅游信息 | 从局部的角度反映旅游活动的状况、特征、本质与规律的旅游信息。它具有个别性、局部性的特点，可以为微观决策提供依据 |
| | | 中观旅游信息 | 介于微观旅游信息与宏观旅游信息之间的一类旅游信息 |
| | 旅游信息传递范围 | 公开旅游信息 | 不受任何条件限制，只要具备技术上的可行性，可以任选传递工具向任何地方传递的旅游信息。如电视、广播播放的旅游信息，公开发行的书刊报纸上所发布的旅游信息等 |
| | | 内部旅游信息 | 只在一定的范围内进行传递，不对范围之外公开发布的旅游信息。它的传递范围介于公开旅游信息与保密旅游信息的中间。尽管传递范围有一定的局限，但它并不拒绝范围之外的信息用户 |
| | | 保密旅游信息 | 严格地在确定的范围之内进行传递，并且界定范围之外的信息用户。按照密级的不同，又可以分为秘密旅游信息、机密旅游信息、绝密旅游信息。在一定条件下，不同密级的旅游信息可以转化。另外，保密旅游信息在一定的条件下也可能转变为内部旅游信息与公开旅游信息 |

| 划分角度 | 角度细分 | 类别 | 说明 |
|---|---|---|---|
| 旅游信息的组织角度 | 旅游信息组织管理 | 经营性旅游信息 | 按照各项规定、制度、方向、传递间隔或期限、指定形式所产生和传递的旅游信息。这种信息不但数量大，时效性强，而且相对呈系统性。通过对这类系统化的旅游信息进行长期观察与分析，可以揭示旅游活动的本质与规律 |
| | | 偶发性旅游信息 | 即完全地或部分按照上述规定或模式产生或传递的旅游信息。这类信息随机性和可变性较大。 |

**（三）　旅游信息的特性**

旅游信息作为一种信息，首先具有与其他信息相同的信息的一般特征，其次旅游信息是对旅游活动的运动、变化、发展的客观描述，具有区别于其他信息的独特特征，具备自身的特性。

1. 旅游信息的一般特征

（1）依附性：信息必须依附于某种载体而存在，首先，信息需要被表现出来，语言、文字、声音、图像和视频等都是信息的表现形式；其次，信息需要载体，纸张、胶片、磁带、磁盘、光盘，甚至人的大脑等，则是承载信息的载体。

（2）传递性：信息可以通过各种手段、方式以及媒介进行传递。信息可以通过面对面进行直接交流，也可以通过电报、电话、书信、传真来沟通，还可以通过报纸、杂志、广播、电视、网络来传递。

（3）共享性：信息是可以共享的。对于实物，由于其唯一性，某一实物被一方使用必然使得另一方不能使用；而信息则不然，信息可以被不同的个体或群体在同一时间或不同时间接收和使用，也不会因为接收者的增加或者使用次数的增加而损耗。信息共享的特点使得信息资源能够发挥最大效用，同时能使信息资源生生不息。

（4）时效性：信息作为对事物存在方式和运动状态的反映，随着客观事物的变化而变化，是有时效的。大多数情况下，信息从信源出发，到达信宿的时间间隔越短，传播得越快，被使用得越及时，使用程度越高，则时效性越强。某种情况下，某些历史信息的价值虽然时效低，但却具有较高价值。

（5）价值相对性：信息具有使用价值，能够满足人们某一方面的需要。但信息使用价值的大小并不是一个定值，取决于使用者的需求及其对信息的理解、认识和利用能力。

（6）可伪性：由于人们在认知能力上存在差异，对于同一信息，不同的人可能会有不同的理解，形成"认知伪信息"；或者由于传递过程中的失误，产生

"传递伪信息";也会有人出于某种目的,故意以篡改、捏造、欺骗、夸大、假冒等手段,制造"人为伪信息",造成对社会信息的污染与危害。

2. 旅游信息的独特特征

(1)泛在性。由于旅游活动涉及自然、社会生活的方方面面,因此反映旅游活动运动、变化、发展的状况、本质与规律的旅游信息也是广泛的、多层次的、复杂的以及海量的。旅游信息包含自然信息、社会信息、经济信息等广泛的信息,还包含目的地信息、旅游企业信息、旅游者信息,而旅游者信息又包含其人口学特征、旅游流以及旅游者在社会生产、生活各个方面及其相互交互的各种复杂以及海量信息。

(2)时空性。旅游活动开展离不开空间区域的依托,而且旅游活动又有历时性的时间特征,因而时空性是旅游活动的基本形式。旅游信息作为旅游活动这一基本形式的反映,也具有时空性。由于旅游者的移动性,因此在一个正在进行的旅游活动中,旅游者的时空信息是动态变化的。

(3)不对称性。在旅游市场交易中,目的地与客源地之间、供求双方之间拥有旅游信息的状态是不对称的。通常旅游产品的拥有方对自己所产生或提供的产品拥有更多的信息,而旅游者对所要购买的产品的信息知之甚少。地域差异也是造成供求双方信息不对称的原因之一。

**(四)　旅游信息需求**

旅游业是信息密集型和信息依托型产业,信息是旅游业内部各环节相互连接的纽带,旅游业的运行依赖于信息的流通,信息对于旅游业至关重要(图2-1)。首先,旅游服务无法预先被试用、观察、展示以及质检,消费者无法预知供应方的服务质量,而同时,服务方也无法预知消费者在被服务过程中的行为,旅游服务消费是供应商与消费者之间的一种无法预知的交互过程,具有非常大的不确定性。旅游服务实际上是一种体验或信息产品,因而服务供应方与消费方都对对方有强烈的信息需求,信息能够消除旅游服务的不确定性以及信息的不对称。其次,从系统论的角度来分析旅游业,旅游产品总是由一系列复杂的不同类型的物理组件(交通设施、住宿、餐饮、目的地基础设施等)和服务组件(旅行社的信息提供、客房服务等)集成而来,在这个过程中形成的价值链将这些不同的物理组件联系在一起,形成了一个复杂的价值系统,这个价值系统不同于一般意义的行业或产业,需要通过信息来减少旅游产品组合的复杂性。最后,旅游信息对于旅游企业快速发展并向现代企业转型升级,旅游行业的强化规范、有效监管以及有序发展,旅游公共管理与服务水平以及旅游行政管理水平的显著提高具有关键重要意义。

旅游信息与其他垂直服务行业信息不同。其他垂直服务行业,比如金融、电

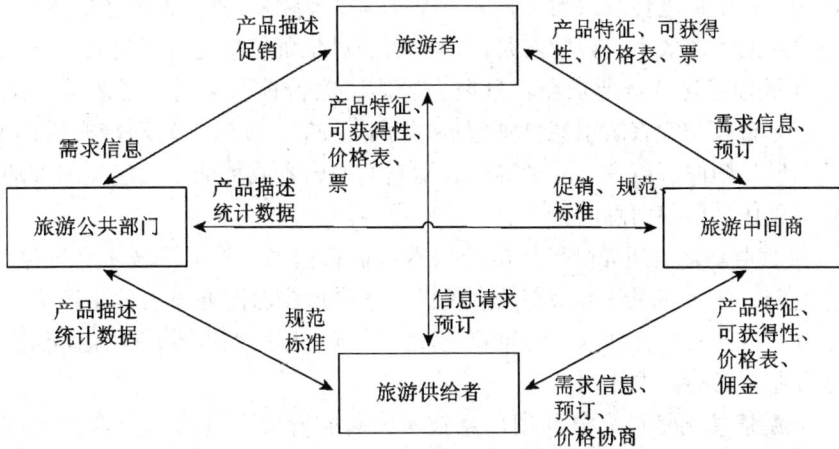

**图2-1 旅游中的信息需求**

信，其行业信息标准化、规范性以及集中性好，信息需求，如获取、分析以及利用，通过行业的垂直渠道均可以便利地开展。旅游信息具有泛在性，旅游信息涉及的内容范围广，涉旅企业、机构、部门组成的是一个复杂的旅游系统，而不是典型的与金融、电信相似的垂直行业，旅游系统中涉及的旅游信息既包含酒店、景区、旅行社多业态信息，又包含交通、气象、地理等公共信息，还包含社会层面信息，比如反映在互联网的海量游客行为信息。旅游信息的这种内容广且分散的特点决定了其不会被较为容易地获取、分析以及利用。

## 二、旅游信息化的基本概念

随着旅游业的发展，旅游信息的获取、处理、存储、传输以及传播等能力需要不断提高以满足日益增长的旅游信息需求。信息技术是能够提高或扩展人类信息能力的方法和手段的总称。利用信息技术来满足旅游信息需求的过程一直伴随着信息技术的发展，而当信息化的概念开始出现，人类生产生活进入了信息化时代，旅游信息化的概念出现了，并从此在旅游业发展中发挥着重要作用。

### （一）旅游信息化的定义

随着信息技术的不断发展，信息化进程渗透到人类生产与生活的各个方面，涉及各个领域，旅游业是其中受到影响较为深刻的领域之一，旅游信息化的概念应运而生。然而，目前对旅游信息化这一概念并没有统一与标准的定义。以下是几种旅游领域较为广泛使用的提法：

1. 旅游信息化是指充分利用信息技术、数据库技术和网络技术，对旅游有关的实体资源、信息资源、生产要素资源进行深层次的分配、组合、加工、传播、销售，以便促进传统旅游业向现代旅游业的转化，加快旅游业的发展速度，提高旅游业的生产效率。该定义是从产业层面对旅游信息化进行定义。

2. 旅游信息化就是把景点、景区、饭店、旅行社、交通、气候等与地理位置和空间分布有关的旅游信息，通过技术手段采集、编辑、处理转换成用文字、数字、图形、图像、声音、动画等来表示它们的内容或特征。该定义的本质是认为旅游信息化是旅游信息的数字化。

3. 旅游信息化是指充分利用电子技术、信息技术、数据库技术和网络技术，收集、整理、整合利用各类旅游信息资源，使之成为旅游业发展的生产力，成为推动旅游产业发展和管理水平的重要手段。该定义深层次地界定了旅游信息化对推动旅游业发展的动力作用。

4. 旅游信息化是指充分利用信息技术，对旅游信息资源和要素资源进行深层次的加工、组合、传播、销售，并以此优化旅游组织的业务流程，强化产业链协作，从而改善游客体验，促进旅游业由传统服务业向现代服务业转型升级的过程。该定义强调了旅游信息化对于提升游客体验以及旅游业向现代服务业的转型升级的重要作用。

上述定义界定了旅游信息化的技术基础（如信息技术）、实施方式（如采集、处理数据）、作用对象（如旅游产业、企业、游客）以及目标（如产业发展、企业发展）等，对于理解旅游信息化有一定的作用。然而，正如信息化的定义一样，旅游信息化的定义也在一定程度上因过于宏观而令人无法具象。因此，人们试图从旅游信息化的内涵、所包含的内容、表现形式等方面来进一步解释旅游信息化，以加深人们对旅游信息化的了解。

（二）　旅游信息化的内容

由信息技术的定义与分类可知，信息技术可应用在旅游的各个层面与各个方面，信息技术在旅游中的各种应用以及对这些应用的各种支撑保障即为旅游信息化的内容。对于旅游信息化内容的具体描述，目前较为常见的说法是旅游信息化包含旅游企业信息化、旅游电子商务、旅游电子政务这3项内容。然而，随着信息技术在旅游发展中的不断深入与渗透，这3项内容不足以涵盖旅游信息化的全部内容。

信息技术在旅游中的应用渗透到了旅游产业链的各个环节，当将旅游产业链中的关键实体界定为旅游者、旅游供给、旅游中介以及旅游公共服务部门时，旅游信息化所涵盖的内容框架如图2-2所示，包含如下内容：

旅游Web 2.0

旅游者

旅游目的地营销系统

B2C旅游电子商务

旅游电子政务、
旅游应急平台系统、
旅游资源管理系统、
旅游信息化法律法规

旅游公共部门

旅游目的地
营销系统

B2C旅游电子商务
虚拟旅游网站

旅游中间商

旅游管理信息系统

旅游目的地营销系统

旅游供给

B2B旅游电子商务

旅游管理信息系统

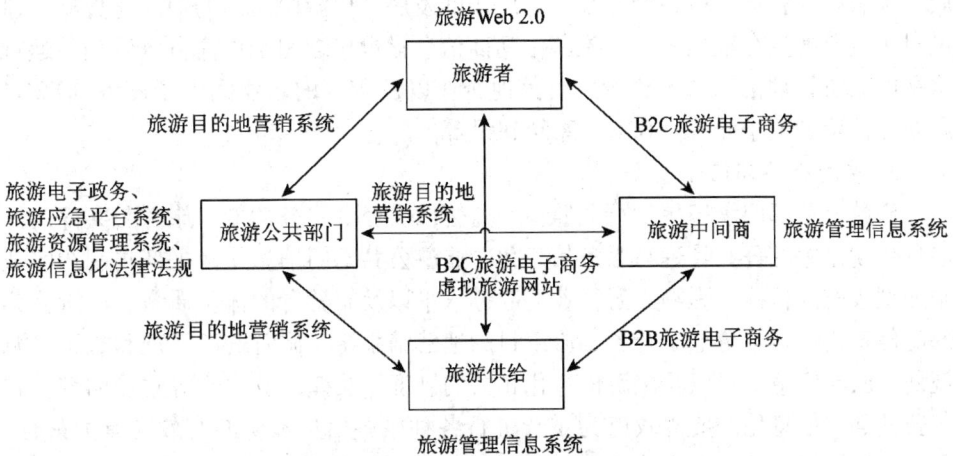

**图2-2 旅游信息化的内容框架**

1. 旅游供给信息化

旅游供给包含景区（含非企业制）、交通（航空、公路、铁路、航运等）、酒店、购物、餐饮等各类企业（单位）。旅游供给信息化是旅游信息化的基础，提供基础旅游信息；旅游供给的信息化水平低，则有关旅游的相关信息都无法获取，即旅游业缺乏信息源，旅游信息化就缺乏根基。旅游供给的信息化包含企业自身的旅游管理信息系统建设、与其他企业之间的企业间电子商务（B2B）和与游客之间的企业消费者电子商务（B2C）系统建设，如酒店管理信息系统，以及为了加强自身的宣传与营销开展的虚拟现实技术与新媒体技术应用建设，比如博物馆的虚拟现实仿真，景区的网上虚拟旅游。同时，信息技术应用到旅游供给中不仅改善了传统企业的运行效率与市场竞争力，还融合出了一些区别于传统景区、酒店等旅游供给的新形式，比如，虚拟太空旅游实际上已经并非实体旅游吸引物的网络营销宣传，而是一种网络（线上）的旅游供给。此外，一些网络游戏公司还以线上游戏为模板建造实体（线下）的主题公园，将线上与线下融合为一体化的旅游供给新业态。

2. 旅游中间商信息化

旅游中间商包含旅行社、票务代理、酒店预订、旅游信息服务等中介企业。旅游中间商信息化水平影响旅游中介对旅游资源信息的获取、整合以及利用能力，影响其接待与服务质量，以及旅游产品营销。在线旅游企业（OTA）作为随着互联网而发展起来的新兴旅游中间商近些年发展迅速，2014年在线旅游企业增长的销售额与传统线下旅行社形成了强烈反差，这意味着在随着信息技术的发展、互联网与智能手机各种在线预订应用的发展，旅游中间商的信息化战略与建设对于企业的生存至关重要。旅游中间商信息化也包含用于提高自身管理与运行水平的旅游管理信息系统建设、与其他企业以及游客的企业间电子商务（B2B）和企业消费者电子商务（B2C）系统建设等。

3. 旅游公共部门信息化

旅游公共部门承担旅游行业监控、监管以及公共服务功能，旅游公共部门的信息化就是旅游公共管理与服务信息化。旅游公共部门信息化水平低将制约实现服务型政府的目标，影响旅游行业的服务水平以及旅游者的体验质量。旅游公共部门信息化包含旅游电子政务、旅游目的地营销系统、旅游资源管理和旅游资源规划、旅游应急平台以及旅游信息化相关的制度、法律以及法规等建设内容。旅游公共部门信息化需要以政府为主导进行各种旅游信息资源的有效与有力整合，实现既能够提升政府自身管理效率，向旅游企业与旅游者提供高质量服务，又能够从城市、旅游目的地、区域等层面确保旅游的可持续发展。

4. 旅游者的信息技术应用

信息技术的发展与普及，对人们生活的渗透已经使旅游者行为并非仅包含传统意义的旅游活动，还包含一种网络在线（Online）行为。一方面，这种网络在线行为是一种消费行为，比如选择旅游产品、比价、购买等；另一方面，这种网络在线行为构成了旅游供给的一部分，通过网站、社交媒体等向其他旅游者提供旅游信息、传递旅游目的地形象、产生营销影响、构建网络旅游社区，这就是旅游 Web 2.0。旅游者的信息技术应用行为对于旅游企业、旅游管理部门以及其他旅游者是非常重要的，它决定了旅游企业的管理、服务决策以及市场战略，影响旅游管理部门的监管与服务目标，影响其他旅游者的消费行为。

图 2-1 中所列的各种应用系统用于旅游信息化内容的示例，并非包含旅游信息化的所有内容。同时，信息技术与其旅游应用之间是一种双向的互动关系，在双方不断发展的互动中，会形成越来越丰富的旅游信息化内容。

（三）　**旅游信息化的作用**

1. 促进旅游产业结构调整、优化与重构

信息技术与旅游产业的融合发展，将深刻改变旅游产业链的结构形态。世界旅游强国的实践证明，信息技术在旅游资源整合、市场营销、企业管理、咨询服务、电子交易等方面的广泛、深入应用，促成了旅游发展战略、经营管理理念、产业格局的创新，从产业链结构上根本改变了旅游产业的发展方式。目前，从接待人数上看，我国已经成为世界旅游大国，但在经济效益上与世界旅游强国相比，还存在较大的差距。旅游信息化为旅游产业适应时代变革、转变增长方式、寻求新的发展模式提供了强有力的工具。旅游产业的发展将以信息技术为核心，以产业融合和制度创新为两翼，重构旅游行业管理和旅游产业体系，实现旅游产业发展质的飞跃。

2. 提升旅游企业市场竞争力

我国大型骨干旅游企业集团盈利水平不高，竞争能力不强，造成我国旅游业整体效益落后于世界旅游发达国家。我国旅游业的实践已经证明，依赖传统的发展路径不利于旅游企业的做大做强，也难以达到建设世界旅游强国的既定目标。目前，旅游企业信息化进程已经从办公自动化走向了企业流程再造。旅游企业信息化不再是简单地解决手工劳动、自动化业务操作流程，而是面向全面提升企业竞争力的优化企业业务流程、改善企业经营管理、提高面向旅游者的服务水平、提高企业的市场应变能力等功能。相比我国其他现代服务业，如金融、电信，旅游企业的信息化水平不高。旅游企业应该抓住目前我国旅游业大发展的良好契机，从企业内部入手，以信息技术为手段进行业务治理、流程再造、产品与服务创新，加强企业内部功能，创造竞争优势，全面追赶世界旅游强国企业。

3. 提升旅游目的地营销能力

旅游客源地与目的地之间的空间差异造成了旅游者对旅游目的地的认知水平较低。旅游者对旅游目的地的认知水平越低，对旅游目的地的形象便越模糊。这必将影响旅游者的决策行为。信息技术，特别是互联网、通信、虚拟现实技术，能够减小旅游者与旅游目的地形象感知的时间、空间距离，使目的地形象在旅游者头脑中生动、鲜活，对旅游者产生巨大吸引力。同时，信息技术也能满足旅游者不断上升的"全程"旅游信息服务需求。旅游前，旅游者能够通过互联网得到各种动态旅游目的地的信息、产品信息、咨询服务，比如产品价格及价格比较、线路推荐、预订等；旅游中，旅游者能够通过无线通信手持终端获得在途服务，如天气信息、交通状况信息、导航服务等；旅游后，旅游者能够通过博客、微博、网络社区发布自己的游记、分享自己的心得，以及到旅游管理部门进行投诉、建议等。信息技术能够使旅游目的地的营销与旅游者的满意度两个方面相互促进并进入良性循环，极大提高旅游目的地形象，促进我国旅游目的地管理能力、营销水平、服务水平快速提高。

# 第二节　旅游信息化研究

## 一、旅游信息化研究的学科交叉性

交叉研究或跨学科研究一词源于 1926 年美国哥伦比亚大学心理学家伍德沃

斯（Woodworth）创建的英文形容词：Interdisciplinary（跨学科的），指超过一个学科范围的研究活动。旅游信息化研究是一种交叉学科研究，首先是旅游与信息学科的交叉，同时又是其他多学科的交叉；可以看成是这些学科进行交叉后的一个边缘研究方向。从更广泛的学科范围而言，旅游信息化研究是社会科学与自然科学的交叉研究。

**（一） 旅游与信息学科的交叉**

信息科学是一种横断科学与方法科学，在信息科学与技术所涉及的 4 个方面研究[①]中，3 个方面都与旅游研究在研究对象上发生交叉（表 2－2）；而同时旅游研究也在不断采用信息科学的理论、方法与技术去解决旅游问题，体现了旅游信息化研究的交叉研究和跨学科特征。旅游研究一直是一个开放的体系，吸收着其他学科的营养；信息科学与旅游研究的交叉与融合为解决旅游领域的新矛盾、新问题，探索新规律、新原理提供了新的思维方式和科学的研究方法，是信息时代旅游发展的产物与趋势。

**表 2－2 信息与旅游的交叉研究**

| 信息科学研究范畴 | 与旅游的交叉研究示例 |
| --- | --- |
| 电子科学与技术、信息与通信系统、信息获取与处理 | 游客手持终端系统，GPS 游客以及车辆追踪 |
| 计算机科学与技术、网络与信息安全 | 旅游管理信息系统，基于 GIS 的信息系统 |
| 控制理论与工程、系统科学与工程、人工智能与智能系统 | 基于人工智能的旅游预测，旅游博客数据挖掘，客流计算机仿真，旅游推荐系统 |
| 半导体科学与信息器件、信息光学与光电子器件、激光技术与技术光学 | 暂无 |

**（二） 旅游信息化研究涉及的学科**

由于旅游本身就是一个综合的交叉学科，当进行旅游信息化研究即旅游与信息技术的交叉研究时，就涉及了许多学科。同时，又由于旅游信息化是一个信息技术向旅游领域不断渗透的过程，这个动态过程使得旅游信息化研究涉及不同于传统旅游学科的研究对象、现象、方法以及工具。因此，旅游信息化不仅仅是旅游与信息的学科交叉，还是更多学科的交叉，涉及很多其他学科的知识，包含信息科学、社会学、地理学、经济学、管理学、市场学、交通运输学等，旅游信息化研究者要学习、掌握这些学科与旅游信息化相关的基本知识。

---

① 信息科学的研究内容参照《2012 年度国家自然科学基金项目指南》中信息科学部对信息科学的领域划分。

## 二、社会科学视角的旅游信息化研究

社会科学视角有关旅游信息化的研究主要涉及如下关键字：电子商务、网站评估、在线消费者行为、人工智能、移动通信、地理信息系统、旅游网站空间、系统评价、网络营销、应用系统、Web 2.0、计算机仿真、推荐系统、Web 服务、语义网与本体。其中，最受关注的研究主题是电子商务、网站评估以及在线消费者行为。对这些研究的进一步分析表明，社会科学视角有关旅游信息化的研究主要涉及 6 个方面。

### （一）　信息技术对旅游的影响与作用

信息技术对旅游的影响与作用是旅游领域较为关注的问题。由于信息技术对旅游的渗透是多层次和多方面的，信息技术对旅游的影响与作用的研究范围较为广泛。例如，从旅游产业层面研究信息技术对价值链、分销渠道的影响；在旅游企业层面，研究信息技术或电子商务（包含移动商务）对企业运行及运营效率的影响，研究信息技术在遗产保护中的作用；在消费者层面研究旅游者对网站、手机旅游 APP 的使用态度等。

### （二）　信息技术在旅游中的应用模式

信息技术在旅游中应用的开展、深化以及可持续发展需要商业模式的支持。例如，一个电子商务系统在开发部署后，好的商业模式才是其存活的关键。目前，模式研究主要包含电子商务模式、网络营销以及 Web 2.0 等。旅游电子商务模式研究包含区域合作、现状研究、趋势研究等。网络营销是除了电子商务之外信息技术在旅游中最主要的应用模式。网络营销研究多围绕网站展开，如网络营销使用研究、网络促销、网站客户需求研究。在线客户关系管理也是网络营销的一种形式。随着互联网技术的发展，Web 2.0 作为一种新型的互联网应用模式受到了旅游领域的高度关注，相关研究包含基于 Web 2.0 的网络营销、旅游者行为与服务（如 Web 2.0 下网络旅游消费行为模式、用户个性化定制以及旅游情感研究）以及网站等。此外，旅游信息资源整合与使用的模式、机制、体制、标准以及法律法规也可纳入信息技术在旅游中的应用模式研究中。

### （三）　旅游信息化应用系统评价

网站评价是旅游领域中旅游信息化应用系统评价研究中最主要的研究内容。从评价对象上看，相关研究涉及官方旅游网站、目的地营销组织网站、各国及地区旅游网站等。从评价内容上，包含有效性评价、可用性评价、使用分析、功能分析、网站设计评价、网站旅游本体分析、游客价值以及网站访问者分析等。从评价方法上有调查法、启发式方法、数据包络分析法、内容分析法、网站日志分析法、领域本体分析法等。随着移动通信技术的发展，移动应用在旅游领域得到了广泛应用，针对移动应用系统的评价研究也受到研究者的关注，如从用户角度对移动应用进行评价、各种移动旅游者指南功能与可用性评价等。

### （四）　信息社会视角下新的旅游研究对象

较传统旅游研究对象，如旅游资源、旅游企业以及旅游者等，信息社会视角下的旅游研究对象发生了扩展，如从旅游者的地理时空变化扩展到了在线旅游者行为变化，从旅游资源的空间格局扩展到了旅游网站的网络结构等。在线旅游者行为研究中最受关注的是消费行为研究，如消费影响因素与满意度、忠诚度与推荐行为、在线分享行为等。随着社会网络的形成，在线旅游者的情绪研究得到关注，如通过旅游者在论坛、博客（微博）上发布的评论分析旅游者情绪，相关方法包含内容分析、统计与语言学分析、人工神经网络方法以及数据挖掘技术等。一项研究还将旅游者的博客进行了计算机可视化，用来辅助其他旅游者的旅行计划。此外，旅游目的地营销组织网站的旅游者在线行为也受到研究者的关注。目的地地理尺度的旅游网站空间结构也受到研究者的关注，主要包含方法研究与案例研究。方法研究有统计方法以及网络拓扑图方法等；案例主要为区域，如欧洲、意大利厄尔巴岛以及河北省等。旅游虚拟社区是社会信息化背景下形成的新型社区，部分旅游研究者对其给予了关注。

### （五）　社会信息化下新的旅游研究方法

社会信息化下的旅游研究方法包含两个方面的含义。一是指传统旅游研究方法可借助社会信息化背景进行扩展，如网络调查方法扩展了传统现场发放问卷的调查方法；基于射频识别（RFID）与全球定位系统（GPS）技术的追踪系统扩展了传统旅游者游憩行为问卷调查方法并提高了数据的精度；遥感与地理信息系统（GIS）技术的采用可提高旅游资源监测的准确性等。

二是指旅游研究方法对于信息科学方法与技术的借鉴。人工智能是旅游研究中采用最多的信息科学方法与技术，其在旅游研究中的应用可以分为以下几个方面：①需求预测，如人工神经网络技术、时间序列预测方法、遗传算法、灰色理论等；②在线行为分析，如基于机器学习（Machine Learning）、数据挖掘的游客行为分析；③基于主体（Agent）的旅游系统仿真研究，采用人工智能研究领域的重要分支——多主体系统（Multi-Agent System，MAS）对多层面、多地理尺度旅游系统进行计算机仿真，探索旅游主体之间的相互作用与规律，如旅游空间结构演化、旅游者在目的地以及景区动态性研究等。计算机仿真方法与技术在旅游研究中的应用也受到了旅游研究者的关注，研究包含：①预测，如旅游收入；②旅游经济研究，如基于系统动力学的区域旅游经济分析；③旅游主体行为研究，如旅游系统仿真等。地理信息系统（GIS）是信息科学与地理科学的交叉研究领域，作为旅游研究的一种研究方法或工具，主要被用于旅游资源评价。

### （六） 旅游领域中的信息技术研究

随着移动终端设备在旅游者中的普及，旅游研究者对移动应用的相关研究给予了较大关注，如上下文相关性与适应性的移动、多媒体等应用系统设计。语义网与本体是信息技术的前沿研究领域，而由于其对于提升面向旅游者的网络服务质量具有非常重要的作用，也受到了旅游研究者的关注，如用于搜索引擎的旅游领域语义表示研究。智能系统作为信息技术的前沿领域，在旅游研究中也受到了关注，除了综述性研究外，还出现了有关智能系统设计方面的研究。应用系统的规划建议与系统结构设计是旅游研究者较为关注的信息技术研究，其中以我国的相关研究为最多。数字旅游是一种典型的旅游与信息技术的综合性交叉研究主题，在我国旅游研究领域受到了关注，既包含偏重技术的研究，如数字旅游的体系框架，也包含围绕数字旅游系统建设的保障体系研究，如相关政策法规方面的研究等。

## 三、自然科学视角的旅游信息化研究

自然科学视角的旅游信息化研究主要来源于信息领域，部分来源于地理研究领域。这类研究的问题来源于旅游领域，或者旅游领域是某种正在研究的信息技术最为典型的应用。信息领域的旅游信息化研究几乎涉及了信息科学研究范畴的各个方面，而许多研究更是体现了信息科学领域较新及较前沿的研究方向与热点。相关研究主要涉及如下关键字：应用系统、人工智能、地理信息系统、移动应用、推荐系统、语义网与本体、Web 服务、虚拟现实、普适计算、计算、仿真、信息技术与旅游的研究综述、人机交互、可视化、旅游者摄影图片分析、在线旅游地图研究、在线旅游者行为、旅游信息资源管理、网站评估、网络安全、计算机辅助多语言翻译等。其中，最受关注的研究主题是应用系统、人工智能、地理信息系统、移动应用、推荐系统以及语义网与本体。

### （一） 应用系统

应用系统指面向各种终端设备（计算机、手机、PDA、电话等）使用者的可用人机交互系统，也包含网站（Web）应用系统。本文为了强调移动应用和推荐系统两类特殊的应用系统，在本类研究主题统计中将其排除，另列类别。应用系统研究占据了面向旅游的信息科学研究的较大比重。这一方面是因为信息科学向旅游研究中进行渗透的最初方式正是其在旅游行业中的实际应用；另一方面是入选文献中我国研究占据较大比重且较集中于该类研究。应用系统的相关研究包含战略设计或实施建议、技术架构设计以及系统设计与开发等。

### （二） 人工智能

人工智能（Artificial Intelligence，AI）是研究与开发用于模拟、延伸和扩展人的智能的理论、方法、技术及应用系统的一门科学，是计算机科学的一个分支。涉及知识表示、自动推理和搜索方法、机器学习和知识获取、知识处理系统、自然语言理解、计算机视觉、智能机器人、自动程序设计等方面的研究内容。人工智能是信息领域中旅游信息化研究较多采用的方法与技术，其研究内容与旅游领域的研究内容较为相似，但侧重于方法与技术本身。相关研究包含旅游推荐系统、旅游突发事件预测、旅游消费者分析、旅游博客挖掘；决策支持系统等。

**（三） 地理信息系统**

旅行活动是一种人地关系，地理信息是设计与开发各种旅游应用系统的重要信息资源，地理信息系统就是为这些应用系统提供地理信息使用接口的重要支撑系统。各种推荐系统、导航系统、位置服务系统、旅游资源系统以及古建筑信息系统等应用系统都离不开地理信息系统的支撑。上述"应用系统"主题研究中，几乎所有面向目的地与区域的管理信息系统的设计与开发都离不开地理信息系统。有关旅游地理信息系统本身的研究也较为活跃，如各种基于 WebGIS（万维网地理信息系统）的旅游地信息系统研发等。

**（四） 移动应用**

移动通信技术，特别是移动终端技术的快速发展使得面向旅游者手持终端（如手机、PDA 等）的各种移动应用得到了迅猛发展。相对于传统的计算机应用，移动应用较好地体现了旅游"人为中心"而不是计算机为中心的理念。相关研究主要集中于面向旅游者服务的信息推送与搜索、导航、实时路线及目的地推荐；并向着普适计算方向进行扩展，如手机电子门票、基于全球定位系统的车辆监控与导航以及手机与环境之间的交互游戏等。除了面向旅游者服务，移动应用研究还包含面向旅游研究者、旅游公共管理与服务部门以及旅游企业的旅游行为数据采集与分析，如可通过基于手机数据的散客流分析，对目的地住宿的可容纳量进行估算。移动应用中与位置信息相关的应用也被称为位置服务，如位置信息服务、导航以及实时路线推荐等。

**（五） 推荐系统**

推荐系统是为解决互联网"信息过载"问题而提出的一种个性化服务，帮助用户从大量信息中发现其可能感兴趣的或者满足其需求的资源，如信息、服务以及商品等，并自动生成个性化推荐。目前推荐系统在旅游中的典型应用为旅游行程规划，可面向旅游电子商务用户，也可面向互联网用户；可规划旅行的时间、地点以及活动等全套行程规划，也可推荐旅游目的地、餐厅以及住宿等。推荐系统主要采用人工智能、语义网、移动应用、定位与地理信息系统等技术。相关研究还涉及用户个性语义模型、系统架构设计等方面。

### （六） 语义网和本体

语义网（Semantic Web）是传统网站（Web）的一种扩展。在语义网中，信息具有明确的含义——语义，人类语言与机器语言之间能够相互理解，机器能够自动地处理和集成网上对于人而言可用的信息，使得人与机器之间的交流变得像人与人之间交流一样顺畅。本体（Ontology）是用来描述网络文档中术语的明确含义及其之间关系的技术，能够实现语义网信息处理的自动化，提高网站（Web）搜索的准确性以及网站（Web）服务质量。旅游领域是语义 Web 与本体研究的问题来源与典型应用对象，如基于语义 Web 与本体技术的旅游中小企业间信息交换、动态生成客户供给的客户关系管理、旅游网站信息系统、旅游目的地管理系统以及旅行推荐系统等。这些系统能够对旅游领域知识进行本体表达，从而集成对于用户有用的或者满足用户需求的语义信息。其中，旅游知识域的本体表达、行程规划的语义信息推理是实现这些系统的关键技术。

### （七） Web 服务

Web 服务（Web Services，万维网服务）是 Web 上数据和信息集成的有效机制，是解决 Web 上各种应用系统高维护与更新代价的最为合理的解决方案。因此，Web 服务在旅游中主要用于信息集成、交换以及系统之间的互操作。Web 服务技术对于旅游目的地管理而言非常重要，能够实现旅游目的地营销系统与旅游企业之间以及目的地旅游企业之间的异构数据交换、共享以及集成。Web 技术是Web 推荐系统的重要技术之一，能够获取推荐系统所需的动态与实时的万维网数据。

### （八） 虚拟现实

虚拟现实技术主要用于旅游目的地、景区、景点的市场营销，以及旅游开发与遗产保护。国内的相关研究集中于旅游目的地、景区及景点等的虚拟展示，作为旅游产品的虚拟试用体验。而国外的相关研究则侧重于游客的现场体验，特别针对历史文化遗产与遗迹。

## 四、旅游信息化研究的趋势

从国内外旅游信息化研究的发展轨迹和研究现状来看，随着研究队伍的不断扩大，旅游信息化研究将是旅游研究的重要领域。随着信息技术和旅游研究的发展，以下几个方面必将成为旅游信息化研究关注的热点：

### （一） 人工智能的旅游应用研究

人工智能方法与技术是信息技术发展的高级阶段。目前人工智能在旅游中的应用研究以旅游需求预测研究为主，然而人工智能较为深入的相关理论、方法与技术并没有在旅游领域中得到充分应用。利用人工智能方法与技术，可以有效处理与使用旅游数据、信息与知识，可以深入挖掘旅游者行为特征、模式、偏好，为游客提供更为个性化的服务，为旅游企业提供精准营销决策支持与服务，可以深入获取与分析旅游企业、行业、产业运行信息，为旅游行业监管以及公共管理与服务提供决策支持，可以探索人机交互的理论、方法与技术，为旅游者提供新奇的交互式互动体验等。人工智能的理论、方法与技术是旅游信息化研究中较为迫切与前沿的问题。

语义网与本体研究是信息科学领域的前沿领域，是海量网络信息之间相互理解的基础。互联网的发展使得传统面向旅游者的"线下"服务扩展至"线上"，包含以传统计算机为中心的和以新兴各种移动终端为中心的"线上"服务，"线上"服务质量对于信息时代的旅游者体验是非常重要的。基于语义网与本体技术的旅游推荐系统正是提升网络服务质量的有效方法与工具，如何将语义网、本体技术以及旅游推荐系统进行理论、方法以及应用上的有效集成，使其对旅游者具有实际应用价值，是旅游信息化研究中的另一个前沿问题。

**（二）普适计算（物联网、移动互联）的旅游应用研究**

普适计算是我国目前形成研究热点的物联网应用的基础。随着平板电脑、智能手机等移动终端设备及其应用的发展，传统以计算机为中心的网络服务扩展至以移动终端——旅游者为中心，基于普适计算模式的连接物与物、人与物、人与人的物联网以及各种移动应用系统（APP）在旅游研究与实际应用中得到了重视。具体而言，社会的发展与时代进步使人们可自由支配的收入与闲暇时间大幅增加，旅游次数增多，个性化需求不断增加，散客游和自助游成为出游的主要发展趋势；同时，移动互联网已经深入旅游的全过程中，从旅行计划、预订、服务、用户互动和分享等方面改变着旅游者的行为习惯。在这种趋势下，如何基于物联网、移动互联技术，充分利用移动终端设备，结合标签识别、传感器网络以及无线定位等技术，实现旅游行为可标记，游览对象可辨识，满足游客在旅游过程中对目的地信息的动态性、差异性、位置相关性和互动性需求，并为旅游管理、旅游营销、旅游商业模式等提供方法、工具以及模式上的创新，成为旅游信息化研究亟待解决的课题。

普适计算与旅游的研究难点在于：首先是"内容研究"的缺乏，即满足游客需求的旅游资讯、营销广告、多媒体宣传内容、旅游地图等信息在手机和智能移动终端的内容组织和展现问题；其次是"连接"后的应用问题，物联网的基础设施首先能够解决目标对象的连接问题，如车联网，然而车辆联网后的应用目前以车辆监控监管应用为多，并未开发出更多旅游应用方面的创新，如针对游客的车辆信息服务等，物联网的旅游应用创新仍有待学业界的积极探索；最后，无论是普适计算还是物联网，在信息科学研究中都是前沿领域，存在许多未解问题，需要信息技术领域与旅游领域交叉合作，以旅游为问题域，不断深入探索问题的答案。

### （三） 旅游大数据研究

大数据技术是目前信息技术研究领域的热点，大数据的旅游应用研究被视为旅游信息化研究的一个重要里程碑。旅游业涵盖了"食、住、行、游、购、娱"多方面，影响、带动和促进的相关行业多达 110 个，产生了海量多模态旅游大数据。这些大数据的分析以及利用对于旅游公共管理与服务水平、旅游企业竞争力、游客满意度的提升以及旅游产业升级具有重要作用。旅游大数据具有量大、分散、多模态、跨媒体、跨行业等特征，传统的数据处理技术难以进行感知、分析以及应用。在旅游大数据的感知方面，与旅游相关的群智（Swarm intelligence）① 理论尚处于起步阶段；在旅游大数据的分析方面，现有的技术对跨媒体、多模态旅游大数据的自然属性、社会属性以及交互行为等上下文之间存在的复杂关系建模不能提供有力支持，难以处理旅游大数据格式以及内容理解的主观性与多义性，不能从分布的、超大规模、超高维度、不完全的、有噪声的、模糊的、随机的旅游大数据中挖掘出可理解的知识模式；在旅游大数据的应用方面，基于旅游大数据的旅游服务质量评价方法、品牌与精准营销、面向游客的服务及其实现机制的研究尚属空白。目前，旅游与信息技术学界均缺乏针对旅游问题域的大数据关键技术及其旅游应用的系统性研究，旅游大数据研究将是目前以及未来一段时间旅游信息化研究的热点。

### （四） 新信息化阶段的旅游影响与模式研究

社会化媒体如微博、社交网络、虚拟旅游社区等掀起了一场信息分享的革命，旅游业作为一个与人们的日常生活紧密相关的产业，也受到社会化媒体发展带来的影响，社会化媒体对旅游业的影响成为旅游信息化研究的一个重要方向。未来需进一步深入探讨社会化媒体对旅游者消费、决策等行为的影响机制，旅游业中社会化媒体的营销机理和营销效果测量，社会化媒体与旅游者、旅游企业的互动机制，社会化媒体与旅游网站、旅游电子商务的融合与发展等问题。

旅游网络化和社会化的趋向将旅游者带入一个全新的领域，用户生成内容（UGC）方式改变了信息传播模式，旅游者从过去单一被动接收角色向供给角色的身份转换，正在进一步地改变着消费者的信息接收习惯。与此同时，旅游者决策行为、信息需求、用户感知行为、个性化、消费习惯的变化等相关议题在未来旅游与信息技术交叉研究过程中应进一步受到关注。

---

① 群体智能（Swarm intelligence，SI）这一概念由 Gerardo Beni 和 Jing Wang 于 1989 年提出，指分散的、自组织的自然或人工系统的集体行为，用于人工智能领域的细胞机器人系统研究。

现阶段旅游电子商务企业的类型越发多样，旅游预订类、旅行计划类、旅行社交类、旅游资讯类等旅游电子商务企业层出不穷。未来关于旅游电子商务企业的商业模式、旅游电子营销方式及效果测量、旅游电子分销渠道的变化等相关议题探讨，有利于从理论上进一步促进旅游电子商务业的发展。

# 第三节　旅游信息化的发展历程

## 一、国外旅游信息化的发展历程

1959 年年末和 1960 年年初，美国航空公司（American Airlines）与美国国际商用机器公司（International Business Machines Corporation，IBM）联合推出了世界上第一个计算机定位系统 Sabre（半自动业务研究平台），标志着世界旅游信息化的开端。到 20 世纪 60 年代中期，Sabre 仅次于美国政府 SAGE（Semi-Automatic Ground Environment，半自动地面环境）系统的最大的实时数据处理系统。1976 年，美国航空公司将 Sabre 推向美国的旅行社，遍布美国以及世界各地的旅行社、旅游代理安装了 Sabre 系统终端，通过局域网访问 Sabre。1985 年，美国航空公司建设了 easySabre 系统，使消费者能够通过互联网访问系统。1986 年，Sabre 再次取得了突破，推出了第一个收入管理系统，能够计算售出的每张机票的获利情况。1996 年，Sabre 的 Travelocity 网站上线。2000 年，Sabre 从美国航空公司脱离，成立了 Sabre 控股公司。Sabre 由最初的计算机定位系统发展成了能够提供交通、住宿、娱乐、支付等旅游相关服务的全球分销系统（Global Distribution System，GDS），接入企业由最初的旅行社、旅游代理发展至饭店集团及旅游相关企业，使美国整个旅游业发生了革命性变化，标志着旅游服务综合系统的开端，并被看成是 20 世纪 90 年代飞速发展且在当今广泛使用的电子商务的前身。

饭店集团是进入信息化进程中较早的旅游企业。假日饭店集团（Holiday Inn）于 1965 年建立了世界上最早的饭店中央预订系统——假日电讯网（Holidex-I），对集团下属所有饭店的订房实现统一管理。饭店中央预订系统一方面能够集中资源以提高饭店集团整体预订量；另一方面能够摆脱过度依赖分销商的被动局面，全面控制价格体系，并最终能够基于整体业务数据资源为集团运营提供辅助决策信息。美国希尔顿（Hilton）的 Hiltron 和 Hilstar 系统、洲际集团（InterContinental Hotels Group PLC，IHG）的 Global Ⅱ系统、法国雅高集团（Accor）的 Accor 系统等均为饭店中央预订系统的最佳实践。20 世纪 80 年代以来，全球分销系统已经成为饭店业市场营销的关键环节，全球主要饭店集团以及许多单体饭店都建立了与全球分销系统的连接，实现了产品的全球营销。

20世纪90年代，随着个人计算机与互联网的普及，旅游电子商务开始迅速发展。根据美国有线新闻网（Cable News Network，CNN）公布的数据，1999年旅游电子商务销售额突破270亿美元，占全球电子商务销售总额的1/5。世界主要航空公司、假日服务公司、大型传统旅行社、铁路、汽车租赁、饭店、商业门户网站等也都提供在线旅游服务。其中，最值得注意的是在线旅游代理商的迅猛发展，已经逐渐成为在线零售业的巨头之一。2004年，在线旅游预订占全部旅游预订的25%，并以每年30%~40%的速度在增长。2009年，美国在线旅游代理商的营业额达到2300亿美元，相比传统旅行社营业额的350亿美元，优势已经相当明显。目前，一些在线旅行社扩张迅速，如Travelport、Travelocity、Expedia等，有的已经跻身于全球前10大旅行社的行列。

20世纪70年代，世界部分旅游目的地营销组织（Destination Marketing Organization，DMO）已经开始应用信息技术，开始了旅游目的地信息化的进程。20世纪80年代，信息技术主要被用于存储、处理、查询复杂的旅游产品数据。20世纪90年代，荷兰、丹麦、英国等国家开始建立旅游目的地信息系统，标志着旅游目的地开始大规模应用信息技术以提高目的地管理能力与水平。此后，旅游目的地信息系统开始被越来越多的国家和地区采用，并逐渐发展成为目前的旅游目的地营销系统。目前，英国、新加坡、澳大利亚、瑞士、奥地利、芬兰等国家的旅游目的地信息（或营销）系统已经成为世界旅游目的地信息化的最佳实践。

随着信息技术的快速发展，以云计算、物联网、下一代移动通信以及人工智能等技术为代表的新一代信息技术出现，国际旅游发达地区在新一代信息技术的旅游业应用研究和实践上也开展得较早，如欧盟早在2001年的"创建用户友好的个性化移动旅游服务"项目，韩国旅游局的"移动旅游信息服务项目"，以及日本NTT DoCoMo公司的"i-mode"手机服务项目等。美国在2006年就在宾夕法尼亚州波科诺（Po-cono）山的度假区引入射频识别（RFID）手腕带系统；2014年3月宣布美国佛罗里达州的迪士尼世界度假区正式启用耗资10亿美元的电子腕带系统。欧洲目前正在全面应用开发远程信息处理技术，计划在全欧洲建立专门交通无线数据通信网，重点包括旅行信息系统及车辆控制系统等。

目前，随着互联网、移动智能终端的普及以及大众在Web 2.0中的重要作用，国际范围的旅游信息化更关注旅游者，即如何通过信息技术更多更深地了解消费者，为其提供更为精细化与个性化的服务以及吸引更多的消费者，如旅游企业通过社交媒体（如Facebook、Twitter）进行精准营销，重视旅游社交媒体（如Tripadvisor）的消费者评论。此外，国际旅游业发达地区对新一代信息技术进行了有效应用，3G技术已经得到了广泛应用，Wi-Fi覆盖率很高，智能手机旅游

APP 产品丰富，物联网技术正在迅速被推广使用。

## 二、国外旅游信息化的发展趋势

### （一）　新的市场营销

信息时代下，利用信息技术进行市场营销是一种营销的新手段、新课题以及新选择。随着互联网、移动终端的迅速普及以及 Web 2.0 的发展，旅游者不仅是产品的消费者，而且成为围绕产品的"内容"创造者。这种旅游消费者产生的内容正在产生比以往各种营销手段更强大的说服力。信息技术将提供越来越多样的工具，支持和促进这种旅游产品生产者与消费者之间联合创造的过程，如目前国内外营销中越来越多的交互式视频以及私有云、网络电视、面部、图形、图像识别等提供的各种交互及可视化方式。其中，研究可关注以下几个方面的内容：一是策略，旅游企业与组织如何建立在线营销策略，重新对其品牌在互联网中进行定位，并同时满足客户的需求；二是内容，如何组织以及丰富用户生成的内容，使其更有价值，更有针对性和个性化；三是传播，如何让多媒体营销信息在不同的社会媒体或平台上进行有效传播；四是口碑，如何与客户通过交互共同建立对品牌的一致理解，从而维护品牌的在线口碑。

### （二）　增强的旅游体验

有意义和难忘的旅游体验的创造是目前旅游业的一个关键概念。将新兴信息技术集成在消费者的日常生活中和旅游活动中能够使成功的旅游体验贯穿于旅游的每个阶段和每个接触点。研究应关注如何战略性地将信息技术作为一种创新、差异化战略以及竞争优势。旅游业将受益于通过加强客户共建、一对一参与以及个性化而创造的高触感、技术增强的旅游体验。

### （三）　实时服务

随着互联网、移动终端的迅速普及以及 Web 2.0 的发展，旅游者通过社会媒体和移动互联网终端设备，在消费的每个阶段分享他们对于产品与品牌的经验、意见和情绪。因此，追踪社会媒体，同时响应客户需求或主动与客户沟通接洽对市场竞争而言是至关重要的。基于社会媒体，实时服务包括即时适应的和个性化的服务，服务故障的迅速恢复，积极发展现场的客户惊喜与快乐等内容。这种"现在的服务"（Service of Now）的概念，需要全员广泛参与到社会媒体中。

### （四）　增强现实与游戏

与"实时服务"一起，用与环境高度相关的、个性化的以及语境化的内容强化体验环境是创造有意义和独特目的地体验的基础。智能的、基于位置的和上下文相关的增强现实（Augmented Reality）系统是实现这一愿景的关键。增强现实具有能够加强某些活动以及不同类型环境（酒店、公园、机场）和服务（娱乐、教育）的能力。进一步的研究将侧重于设计和实施能够实时捕捉用户环境、需求、动机以及态度的增强现实信息服务。手机游戏也在增加现实中发挥重要作用，如对游客讲现场故事、让游客参与角色扮演、与其他游戏玩家进行挑战与社交互动等。增强现实与游戏相结合给游客提供了更多参与到目的地历史、建筑、文化遗产和传统中的机会，不仅与物理环境且和其他人（居民和游客）相互交互。通过在目的地访问挑战玩家，增强现实游戏可以合并虚拟与物理世界，以一种有趣、愉快并且更重要的是难忘和独特的方式来增强游客体验。

## 三、国内旅游信息化的发展历程

我国旅游信息化总体上落后于国际旅游信息化发展程度较高的地区和国家。我国旅游信息化的发展历程可划分为 4 个阶段（闫德利，张健，2013）。

### （一）　萌芽阶段：1978 年至 1992 年年初

旅游信息化的萌芽受到了 3 个方面的推动：①1978 年的改革开放促进了入境旅游市场的迅速发展，入境旅游市场的发展是航空公司、涉外酒店、旅行社信息化的需求动力；②1981 年 IBM 正式推出了第一台 PC，相比之前的大型机应用，PC 的出现降低了旅游信息化的门槛，使得旅游业广泛应用信息技术成为可能；③1978 年至 1992 年邓小平视察南方之前，政府在经济社会各个层面发挥着重要作用，通过直接投资的方式主导和推动我国旅游信息化的发展。

#### 1. 民航信息化

1980 年 3 月，中国民航局脱离军队建制，从隶属空军改为国务院直属机构，实行企业化管理；这期间中国民航局是政企合一，既是主管民航事务的政府部门，又是以"中国民航"（CAAC）名义直接经营航空运输、通用航空业务的全国性企业。1987 年，中国民用航空计算机中心成立，为民航信息化提供了组织保障；7 月，我国 ICS 系统（航空公司控制系统）初步建成，开始取代原有手工订票业务。

#### 2. 酒店信息化

1984 年，上海锦江饭店引进了美国 Conic 公司的计算机系统，用于饭店预订、查询以及客账处理等业务。同年，北京丽都假日酒店在全国率先引进了假日集团（Holiday Inn）的酒店管理系统（PMS）和基于电话网络的全球预订系统（HOLIDEX）。在自主研发方面，这一时期在原国家科委的支持下，我国一大批科研院所开始酒店信息系统的研发工作，主要有清华大学、原机电部六所、浙江省计算技术研究所、浙江大学人工智能研究所等。其中，浙江省计算所从 1982 年开始研发国内的第一套 PMS 酒店管理系统，并于 1984 在杭州香格里拉试用，其主要功能包括前台接待和排房处理，功能较为单一。1984 年，清华大学的金国芬教授自主开发了国内第一套酒店软件管理系统。1987 年，金国芬组建成立了华仪软件系统工程有限公司，这是国内首家从事酒店管理软件开发和经营的专业公司。

3. 旅行社信息化

该阶段旅行社信息化以中国国际旅行社总社（国旅总社）为代表。1981 年，国旅总社引进了美国 PRIME550 型超级小型计算机系统，用于旅游团数据处理、财务管理以及数据统计。1983 年，国旅总社设立了中国旅行社领域的首家计算机中心，将旅游团队旅费结算纳入计算机系统管理，实现财务电算化。1992 年，国旅总社通过与澳大利亚 JETSET 联网运营加入了全球预订系统（GDS）。

该阶段是我国旅游信息化的萌芽阶段，旅游信息化意识程度不高，仅有少数大型机构进行初步尝试，以代替手工操作，提高工作效率。旅游信息化建设主要是靠引进国外设备和信息系统，或成立专门课题组，几乎没有本土的面向旅游信息化应用的 IT 厂商。

（二）起步阶段：1992 年年初至 2001 年年初

与萌芽时期比较，推动旅游信息化发展的 3 个方面的推动力发生了变化，旅游信息化从萌芽阶段迈向起步阶段。第一，我国国内游市场开始蓬勃发展。这一发展得益于 1992 年邓小平视察南方重要讲话以及党的"十四大"确立了社会主义市场经济体制的建设目标后，改革开放步伐加快，现代化建设进入新的发展阶段。其次，我国信息技术开始蓬勃发展又促进了我国旅游信息化真正的起步。20世纪 90 年代初期，我国的各种软件公司纷纷创立，PC 走进普通百姓家庭。1994年 4 月我国接入国际互联网，开启了我国的互联网时代。1996 年，IBM 提出了电子商务的概念；1999 年，阿里巴巴、易趣网和 8848 等一大批电子商务网站纷纷创立。最后，我国政府在国家层面上加强了信息化工作的组织领导，促进了旅游电子政务工作的起步。1993 年 12 月，国务院成立国家经济信息化联席会议，统一领导全国信息化工作；其后，国家信息化专家组、国务院信息化工作领导小组、信息产业部等机构相继成立。该阶段，政府推动仍是旅游信息化发展的重要驱动力之一。不过，推动的主体已由业务部门向信息化部门转变，政府在信息化建设中由直接建设转向宏观指导、加强基础设施建设。

1. 民航信息化

1994 年，中国航空结算中心推出航空收入结算系统、航空货运系统（ACS）；1996 年，代理人分销系统（Computer Reservation System，CRS）与航空公司订座系统（Inventory Control System，ICS）分离，国内代理人分销行业得到迅猛发展；2000 年 10 月，中国民航信息网络股份有限公司成立，航空公司开始加快信息化建设。南方航空开始使用常旅客系统、飞行运行控制系统、电子客票以及收益管理系统。

### 2. 旅游电子商务

在第一次互联网发展浪潮背景下，我国旅游企业开始涉足电子商务领域，旅游信息化进入了互联网时代。①龙头旅行社开始建设电子商务网站。1997 年 10 月，国旅总社参与投资的华夏旅游网成立，开了我国旅游网站的先河。2000 年，中青旅股份有限公司（以下简称中青旅）成立中青旅电子商务有限公司，推出的"青旅在线"网站开通；中旅总社投资组建了意高神州电子商务公司。②旅游电子商务专业公司开始涌现。1999 年艺龙旅行网、携程旅行网相继成立，成为国内旅游电子商务的龙头企业。③入境旅游电子商务发展奠定格局。1997 年 12 月，西安马可孛罗国旅旗下英文网站 Warriortours 上线，开了我国入境旅游电子商务的先河。1998 年，桂林国旅 Chinahighlights、马可孛罗 Travelchinaguide 相继上线；2000 年，Tour-Beijing、WildChina 在北京创建。这些网站已发展成为我国最优秀的入境旅游电子商务网站。

### 3. 旅游电子政务

1992 年，国家旅游局与国家信息中心联合，启动了中国旅游信息资源库的建设。1993 年年底，国民经济信息化的起步工程"三金工程"正式启动，为旅游信息化发展奠定了坚实基础。1994 年，国家旅游局信息中心成立，旅游电子政务工作有了组织保障。1997 年，国家旅游局开通了中国首家旅游咨询网站——中国旅游网（www. cnta. gov. cn）。

### 4. 旅游 IT 厂商大量涌现

尽管我国首家酒店 IT 厂商华仪软件早在 1987 年就已成立，但直到 1992 年开始，我国旅游 IT 厂商才开始集中涌现。在酒店领域，劳业电脑、泰能软件、西软科技、奥普软件、中软好泰、石基信息等一大批 IT 厂商相继成立，目前它们都已成为酒店信息化领域的著名厂商。在旅行社领域，1992 年我国第一家旅行社软件专业开发公司——棕榈电脑成立，目前已经成长为我国最著名的旅行社 IT 厂商。

在该阶段，信息化的重要意义和巨大作用开始日益受到人们重视。但是，信息化的应用还不够普及，主要应用在少数大中型机构的部分业务中。然而，该阶段也出现了很多重要的信息化应用和商业模式，如电子商务、经济型连锁店、CRS、电子客票等，对以后旅游信息化的发展产生了深远影响。

### （三）成长阶段：2001 年年初至 2009 年 11 月

进入 21 世纪后，随着经济的发展和国家信息化战略的推进，我国旅游信息化开始进入快速成长与全面发展阶段。首先，我国经济社会快速发展，人民生活水平日益提高，国内游快速发展。2001 年我国加入了 WTO，经济社会加快了融入世界的步伐，出境游开始迅速发展；我国形成了出境、入境以及国内三大旅游市场，旅游需求强劲。其次，随着科技进步，新理念、新模式以及新技术的不断涌现，特别是互联网的迅速以及大范围普及，极大地推动了旅游信息化的发展。2004 年 3 月，O'Reilly 公司 CEO 提姆·奥莱理提出了 Web 2.0 的概念，互联网发展进入新的时期，社会化媒体成为互联网的最新时代特征。一大批社会化媒体公司纷纷成立，2004 年 Facebook 成立，2006 年 Twitter 正式推出，2009 年 8 月新浪微博开始内测。2006 年 8 月，Google 首次提出"云计算"（Cloud Computing）的概念。基于创新的商业模式和交付方式，云计算推动了 IT 产业的变革，降低了信息化的建设成本。2008 年，IBM 提出了"智慧地球"（Smart Planet）理念，指出智慧地球的核心是以一种更智慧的方法通过利用新一代信息技术来改变政府、公司和人们相互交互的方式，以便提高交互的明确性、效率、灵活性和响应速度；从此各种"智慧"概念层出，包含"智慧城市""智慧旅游"等的新一代信息技术应用得到了政府的高度重视。2009 年 8 月，温家宝总理提出"感知中国"，物联网在中国受到了极大的关注，我国物联网产业进入了快速发展阶段。2009 年 1 月，工信部发放 3G 牌照，我国进入 3G 时代，移动互联网产业站上了崭新起点，面临着全新机遇。信息技术，特别是互联网技术的发展和广泛应用，不仅推动了产业发展和经济繁荣，而且使人们的生产方式、生活方式发生了巨大变化，极大地推动了社会形态的深刻变革。人们称这种由信息技术强烈渗透而推动发展的社会形态为信息社会。以网民规模为例，根据 CNNIC（China Internet Network Information Center，中国互联网络信息中心）数据，2002 年我国网民规模突破 5000 万，2009 年达到 3.84 亿；手机上网成为潮流，2009 年手机网民突破 2 亿。再次，国家层面进一步加强了对信息化工作的领导。2001 年 8 月中共中央、国务院批准成立国家信息化领导小组，同时单设办事机构——国务院信息化工作办公室也正式成立。2006 年 5 月，中共中央办公厅、国务院办公厅印发了《2006—2020 年国家信息化发展战略》。2008 年，国家大部制改革，工业和信息化部成立。最后，这一时期，由于市场化的发展，资本市场也开始蓬勃发展，龙头企业上市融资以实现更规范、更长远的发展。我国旅游企业开始受到资本市场的热捧，航空公司、经济性连锁酒店、旅行社、旅游电商中的龙头企业纷纷进行 IPO。资本市场成为推动我国旅游市场信息化发展的重要力量。

### 1. 民航信息化

2001 年 12 月，中国航信承建的中国 GDS（Global Distribution System，全球分销系统）主体验收，民航信息化完成了由区域能力（CRS）向全球分销能力（GDS）的转变。自 2000 年我国诞生第一张电子客票到 2004 年，电子客票的推广工作进展缓慢；2005 年 4 月，中国航信与国际航空运输协会（IATA）签署了

"简化商务"战略合作协议，提出了在 2007 年年底之前在国内实现 100% BSP（Billing and Settlement Plan，开账与结算计划）电子客票（BSP 是 IATA 根据协会会员航空公司的要求，为适应国际航空运输的迅速发展，扩大销售网络和规范销售代理人的行为而建立的一种供销售代理人使用中性客票销售和结算的系统）。的目标，从此我国电子客票进入了快速发展时期。同年，国航、东航和南航三大航空公司全部加入了 BSP 电子机票系统。2008 年 6 月 1 日，电子客票全面取代纸质客票。我国民航业实现 100% 电子客票，推动了旅游电子商务的发展。

2. 酒店信息化

进入 21 世纪，速 8、宜必思等国外经济型连锁酒店品牌纷纷进入我国；来自 IT 行业的经济型酒店创业者学习了国际品牌酒店管理集团的管理精髓：网络预订平台、会员体系、轻资产，使得我国经济型酒店蓬勃发展。2002 年如家连锁酒店创立，2005 年汉庭酒店、7 天连锁酒店相继成立，这些经济连锁性酒店具有较强的 IT 基因，极大地推动了酒店信息化水平向前发展。2005 年，锦江酒店集团网络版 CRS（中央预订系统）上线；2006 年，南京金陵集团与杭州西湖软件科技公司联合推出了我国第一套饭店集团中央预订系统。2007 年 12 月，中国酒店行业第一个基于 SaaS（软件即服务）模式的产品"中软酒店管理系统 SaaS 版"发布；其后，罗盘、石基、德比等 IT 厂商纷纷推出了云计算解决方案。到 2009 年，我国进入全球分销系统的饭店达 4000 多家。

3. 景区信息化

2002 年 7 月，九网旅游电子商务网的上线运行开了中国景区电子商务的先河。然而，其后数年内仅有几家景区上线了电子商务系统，景区电子商务的发展一直十分缓慢。2004 年，黄山和九寨沟被纳入国家"十一五"科技攻关计划重点项目的子课题——《数字景示范工程》，次年通过科技部一期工程验收，拉开了数字景区建设的序幕。2006 年年初，原建设部确定北京八达岭等 18 处国家级风景名胜区为数字化建设试点单位，后来扩大到 24 家；同年 4 月，原建设部出台《国家重点风景名胜区数字化景区建设指南（试行）》，以指导风景名胜区的信息化工作，该指南极大地推动了我国风景名胜区的信息化建设。

4. 旅行社信息化

这一时期，我国旅行社不断实现信息化的升级换代。2001 年 4 月，中青旅 ERP（Enterprise Resource Planning，企业资源规划）一期项目正式启动，成为国内首家全面引入 ERP 的旅行社。2001 年，我国最大的旅游预订网"携程旅行网"开始盈利，并于 2003 年 12 月在美国纳斯达克上市。2002 年 10 月，艺龙旅行网也在纳斯达克上市。这一阶段，同程网、去哪儿网、途牛、到到网等一大批旅游电子商务网站相继成立。电信运营商也纷纷涉足旅游预订领域，12580、118114、

116、114 等项目上线。以携程、艺龙为代表的在线预订网取得的巨大成功使得传统旅行社日益感受到竞争压力，纷纷发展电子商务业务。2004 年，国旅总社制定了发展电子商务的战略决策；次年成立电子商务部，上线电子商务平台。2005 年，中青旅将信息技术作为重点工作，5 月与美国胜腾集团联手打造的遨游网成立。2007 年 8 月，中青旅将遨游网和青旅在线合并成立中青旅遨游网。2006 年 3 月，港中旅旗下芒果网站正式开业。

5. 旅游电子政务和目的地营销

1999 年 1 月，我国启动了"政府上网工程"。2000 年 12 月，国家旅游局正式发文《关于建设"金旅"工程，推进旅游业信息化工作上水平的意见》，2001 年 1 月"金旅工程"正式启动，全国旅游电子政务建设开始全面推进加速。2001 年年初，北京金旅雅途信息科技有限公司成立，负责"金旅"工程中公共商务网的建设和运营。2002 年，公共商务网经过对运营模式的重新思考，提出了将"中国旅游目的地营销系统"作为"金旅"工程电子商务部分的发展重点。2002 年 10 月，第一个旅游目的地营销系统——南海 DMS 宣布建成。2002 年至 2003 年，广东南海区、大连市、三亚市等试点城市的"旅游目的地营销系统"已陆续整合开通。2004 年起连续举办了两届国内国际旅游网上博览会，2005 年中国国际旅游网络博览会实现了传统旅展和网络营销的结合，吸引了 20 多个国家、地区的 200 多家旅游机构参展。2008 年，国家旅游局信息中心编撰完成了《旅游电子商务网站标准》等旅游信息化领域的国家标准，开通了 12301 旅游服务热线，同时配合国家科技部"十一五"科技支撑计划课题《黄山数字旅游现代服务业建设》，拟定了旅游地理信息规范、旅游遥感信息规范、旅游卫星定位信息规范等多项行业规范。

在这个阶段，我国信息化意识变得比较强烈，旅游信息化应用非常普及，旅游企业开始制定信息化总体规划，进行企业流程重组，ERP/SCM/CRM 等"企业级"应用系统开始出现，电子商务蓬勃发展。

**（四）提升阶段：2009 年 12 月至今**

2009 年 12 月，《国务院关于加快发展旅游业的意见》发布，确立了把旅游业培育成国民经济的战略性支柱产业和人民群众更加满意的现代服务业的发展目标。要实现这一目标，离不开信息化。由此我国旅游信息化进入了一个快速提升的阶段。技术进步、社会变革、政府以及资本推动仍然是推动旅游信息化提升的动力。

技术进步方面，2010 年 10 月，《国务院关于加快培育和发展战略性新兴产业的决定》发布，新一代信息技术产业位列七大战略性新兴产业之一；以云计算、物联网和移动互联网为代表的新一代信息技术开始蓬勃发展，成为继大型机、PC、互联网之后的第四次 IT 产业革命。

社会变革方面，信息社会深入发展。信息技术日益融合到各行各业中，信息成为人们生产、生活中的主要要素之一，宽带、无线网络、数据中心等 IT 基础设施成为继水、电、气、交通之后的经济社会第五基础设施。信息社会深入发展，网民与公民的界限日益模糊。根据 CNNIC 数据，2012 年我国网民规模达到5.64 亿，互联网普及率达到 42.1%；手机网民规模达到 4.2 亿；网民平均每周上网时长为 20.5 个小时。

政府方面则以试点示范推动旅游信息化的发展。2010 年 7 月，国务院办公厅印发《贯彻落实国务院关于加快发展旅游业意见重点工作分工方案》，确立了各部门协作推动旅游业发展的工作机制。其中，明确规定"积极开展旅游在线服务、网络营销、网络预订和网上支付，全面提升旅游企业、景区和重点旅游城市的旅游信息化服务水平"这一任务由"旅游局、工业和信息化部、人民银行负责"，由此确立了由国家旅游局和工信部共同推进旅游信息化的工作机制。2010年年初，国家旅游局首次提出了"智慧旅游"的概念，以"智慧旅游"作为推动旅游信息化的抓手。2011 年 6 月，国家旅游局正式同意在镇江建设"国家智慧旅游服务中心"。2012 年 5 月，国家旅游局发布"国家智慧旅游试点城市"名单，北京等 18 个城市入选；11 月，公布颐和园等 22 家景区为"全国智慧旅游景区试点单位"。智慧旅游成为各地旅游信息化建设的重点。2014 年被国家旅游局确定为"智慧旅游年"。在智慧旅游被提出后不到 5 年时间，产业界已经形成了对"智慧旅游产业"的认同，各种智慧旅游产业联盟不断出现，大型信息技术厂商开始注意智慧旅游产业的市场需求，并已经或者正在进入智慧旅游领域。住建部也加强了对数字景区建设的指导工作。工信部从信息化建设全局和"大旅游"角度，拟通过"旅游信息化试点示范城市"来推动旅游信息化发展。2010年 8 月，住建部发布《关于国家级风景名胜区数字化景区建设工作的指导意见》。

资本方面，我国旅游电子商务有着巨大的发展潜力，自 2009 年以来日益受到 PE（Private Equity，私募股权）/VC（Venture Capital，风险投资）的青睐。PE/VC 成为旅游电子商务发展的动力之一。特别是 2011 年，我国旅游电子商务行业投资事件密集，去哪儿网、驴妈妈、逸行旅行网、乐途旅游网、蚂蜂窝、航空管家、途牛旅行网、酒店达人等企业均获得投资，投资金额创历年新高。

旅游信息化建设进入较高级的发展阶段。信息化由普及应用向深化应用发展，"创新发展、产业链竞争"成为重点。旅游企业更加重视产业链协同，基于新技术的创新模式不断涌现。

## 四、国内旅游信息化的发展趋势

### （一） 旅游业与信息化的融合发展

2014 年 8 月，国务院印发《关于促进旅游业改革发展的若干意见》。该意见是继《国务院关于加快发展旅游业的意见》《全国红色旅游发展规划纲要》《国民旅游休闲纲要（2013—2020年)》和《旅游法》颁布实施以来，党中央、国务院对旅游业改革发展做出的又一重大部署。该意见提出："坚持融合发展，推动旅游业发展与新兴工业化、信息化、城镇化和农业现代化相结合，实现经济效益、社会效益和生态效益相统一"，并就"建立互联互通的旅游交通、信息、服务网络和多语种的国家旅游宣传推广网站，制定旅游信息化标准，加快智慧景区和智慧旅游企业建设，完善旅游信息服务体系"等明确了目标任务并进行了部署。

旅游业与信息化的融合发展已经经历了信息设备应用、手工劳动解放、操作自动化以及网络传输技术应用等初、中级阶段，信息技术应用正在向社会层面全面展开，人们的生产、生活、社会交往等方式逐步被信息化渗透，以及人类的思想观念和思维方式由此受到根本性影响等高级阶段发展。当这一发展趋势导致信息化对旅游业产生革命性的影响时，旅游业的生产、旅游者的消费、生活以及思维方式必将发生变化，旅游体验需求、旅游消费方式、旅游经营服务、旅游组织管理以及旅游产业形态等也将发生变化。旅游业与信息化的融合发展必将创新旅游发展理念，加快旅游业转型升级。

**（二） 工具化和协同化**

旅游信息化的建设门槛大大降低。长期以来，信息化建设对资金、技术、人才有着非常高的要求，这对旅游企业来说是一笔巨额投资，广大中小企业负担沉重。但是，随着云计算的快速发展和ICT专业服务能力的不断提升，信息化将成为一种商品和工具，旅游信息化的建设门槛将大大降低。云计算的服务模式是将自给自足的IT"自然经济"转换为IT"商品经济"，它让服务提供商各尽所能，用户各取所需。旅游企业可以像使用水电一样使用IT，而无须关心IT的实现过程，这使旅游企业信息化建设的门槛大大降低。近年来，云计算在我国得到了快速发展，资源动态分配、随需而变、按需付码等在我国得到了快速发展。

随着信息化的不断深入发展以及产业链间的竞争加剧，企业信息化将从单项系统建设向集成化系统建设发展，协同发展日益成为信息化建设的趋势。在内部，旅游企业将努力实现各业务信息系统的无缝连接。企业将对信息化建设进行统一规划和全面部署，整体化解决方案日益受到重视。同时，企业将整合原有信息系统，增强各系统间的兼容性，提高数据传输的实时性。在外部，企业更加重视与供应链上下游企业间的信息共享、信息协同，航空公司、酒店、旅游电商等有条件的企业将加大系统直连的力度。

**（三） 网络化与移动化**

互联网与传统旅游企业深度融合是信息化在当前阶段的集中体现，是旅游信息化发展的时代特征。我国旅游企业进一步深化网络应用，加快实现由"线下"

到"线上"以及"线上"与"线下"融合的转变。随着信息化的深入发展和企业转型升级的压力,租车公司、酒店、景区、旅行社等旅游企业迫切需要利用互联网平台加强市场营销。未来几年,旅游企业全面互联网化成为发展趋势。旅游电子商务企业也加强了对线下资源的争夺,大量零散的线下供应商资源成为整合的对象。同时,平台化和开放化成为旅游电子商务的重要趋势。

移动互联网成为竞争焦点。随着智能手机的兴起和3G技术的发展,移动互联网发展进入了井喷阶段。旅游业和移动性有着先天的紧密结合,移动互联网的发展正在为整个行业带来深刻变革。2011年以来,我国无线旅游开始蓬勃发展,航空公司、经济型酒店、旅游电商纷纷推出手机客户端,一大批APP创业公司迅速涌现。目前,各大公司已初步完成移动互联网的布局,今后它们将在这一领域展开激烈的争夺。移动互联网是一个具有无限想象力的领域,预计将诞生数家新的领导厂商。

**(四)　社会化媒体应用**

在社会信息化的大发展趋势下,旅游业逐步认识到旅游者的消费需求与消费环境均发生了变化,从线下的旅游宣传手册阅读到线上的旅游信息搜索,从信息不对称到实时、动态以及交互信息需求,从观光到注重旅游体验,从团队为主向散客为主转变,传统营销手段已经无法满足旅游者需求,无法应对旅游业日益激烈的市场竞争。社会化媒体颠覆了传统媒体"广播式"的单向传播方式,代表了传媒领域的发展方向,各类旅游企业和旅游局已充分认识到社会化媒体的巨大作用,纷纷推出"社会化"战略。

微博作为一种新型的社会化媒体,已经成为一种新型的信息传播途径,是现今人们关注的新热点。据统计,目前微博已经成为互联网增长速度最快且热度最高的营销渠道之一。随着微博的发展,微博营销已经广泛深入到了旅游业链的各个环节,成为旅游企业和旅游局的"第二官网",航空公司、酒店、旅行社、旅游管理部门、旅游网站以及频道纷纷开通了官方微博,与消费者、目标客户建立更为直接的接触和互动,并通过相关互动话题、活动策划去提高自身品牌的知名度与美誉度。未来,旅游业对微博的运用将会越来越广泛与深入。同时,微博不仅为商家面向用户提供了营销平台,也为产品质量和用户满意度提供了监测平台。

社交网络社区(SNS)是一种新型社交媒介,社交网络旅游营销的本质是社交网络社区与用户旅游推荐系统的结合,以社交网络社区为环境,以用户生成内容(UGC)服务吸引用户,为更多旅游者提供消费决策帮助。包含旅游点评、旅游攻略等在内的旅游社交网站让用户查询点评攻略、制订旅行计划、分享旅程见闻,是社交、用户生成模式在旅游业的突破,同时满足旅游目的地需要了解旅游者以及旅游者也需要了解目的地信息的需求。旅游社交网站与旅游者的互动贯穿游前、游中以及游后。对于旅游者来说，出游前在旅游攻略网站下载攻略，旅途中通过移动终端查询目的地的交通、天气信息，出游后在旅游点评网站发布点评，在社交网站上分享旅游经历，这一过程中旅游者每一阶段的行为分析对于旅游营销特别是精准营销、个性化营销都至关重要。通过社交网络，旅游网络营销将向个性化与精准化方向发展。

此外，旅游企业纷纷利用微信发展预订业务，并取得了良好效果。社会化媒体也开始与电子商务融合，旅游产品的用户点评成为旅游网站的另一标配，社会化电商开始登上舞台。随着社会化媒体和电子商务的发展，SNS、微博、微信、类 Pinterest 网站将成为旅游电子商务的重要入口。

### （五） 智慧化与智慧旅游

新兴信息技术将得到创新。应用信息技术是推动旅游信息化发展的动力之一，每次新技术的出现都会推动旅游信息化的深刻变革。当今，新一代信息技术革命方兴未艾，各种创新应用端倪初显。智能终端、二维码、LBS、物联网、云计算等技术在旅游信息化领域已得到初步应用。随着技术的不断成熟和需求的释放，新技术将在旅游信息化中得到创新应用。特别是随着智慧城市、智慧旅游的大力推进，旅游信息化向智慧化方向发展，将引领旅游业的深刻变革。

目前，在国家旅游局的大力推动下，我国各地在抓紧开展"智慧旅游"的建设。随着"智慧旅游"建设的不断推进，未来 5～10 年必将是智慧旅游建设从破题、发展、深化到成熟的过程。随着旅游业产业地位的进一步提升，信息化浪潮的推动，游客个性化需求的日益强烈，尤其是随着旅游市场结构变化和旅游者行为方式变化，游客对信息服务的诉求大幅提升，智慧旅游未来也将在游客定制化服务、旅游企业业务流程再造与行业监管、公共信息与信息的整合与共享方面发挥重要作用，并有着广阔的发展前景。

### （六） 旅游信息化发展的软环境

随着我国旅游信息化发展的强劲需求，支撑旅游信息化发展的相关政策、法规、机制、标准以及人才等软环境要素建设变得日益紧迫。我国旅游信息化发展的软环境相对薄弱，应是今后的重点建设方向。国家、地方需要加紧制定一系列政策、法规、标准、规范等促进旅游信息化进程。有关旅游信息化发展的全局性和长远性的发展战略、总体规划以及实施方案，有关旅游信息化的投资与扶持政策，有关数据资源、硬件、软件、网络及电子信息服务、企业现代化管理的一系列国家技术标准将相继出台。旅游业信息化建设是一项系统工程，需要出台相应体制、机制以及激励措施保障各地区以及与其他行业的相互协作，例如，纵向上国家、省区、地市三个层次需要协作，横向上旅游业与金融业、电信业、信息产业需要协作，东、中、西三个区域需要协作等。同时，旅游信息化人才培养以及智库建设将提速。旅游信息化发展需要大批交叉专业、学科的复合型人才，各旅游院校将加速开展旅游信息化人才培养以及旅游信息化人才高地的建设；各级旅游管理部门将开始重视科学研究在旅游信息化建设相关决策制定中的作用，将有更多的旅游信息化专家、学者进入政府智库。

# 第四节　智慧旅游

## 一、智慧旅游的提出

"智慧旅游"一词的中文提法并不像其他大多名词或概念一样由国外直接引进，而是因受到了智慧地球（Smarter Planet）和智慧城市（Smarter Cities）这两个引进概念的启发，由我国政府提出。尽管当根据我国提出的智慧旅游中文一词被翻译成英文"Smart Tourism"后，发现国外旅游发达国家较早也有"Smart Tourism"的说法，但其与中文智慧旅游具有完全不同的含义。因此仍然认为，就智慧旅游中文这一提法本身及其在我国提出时的内涵，智慧旅游这一名词提出于我国，而非舶来品。

2008 年国际商用机器公司（International Business Machine，IBM）首次提出了"智慧地球"的概念，指出智慧地球的核心是以一种更智慧的方法通过利用新一代信息技术来改变政府、公司和人们相互交互的方式，以便提高交互的明确性、效率、灵活性和响应速度。当"智慧地球"从理念落地到城市时，"智慧城市"出现了，并在中国得到了各级政府的重视，各地开始大规模开展"智慧城市"建设。IBM 认为 21 世纪的"智慧城市"（Smarter Cities）能够充分运用信息和通信技术手段感测、分析、整合城市运行核心系统的各项关键信息，从而对于包括民生、环保、公共安全、城市服务、工商业活动在内的各种需求做出智能的响应，为人类创造更美好的城市生活。国家信息化专家咨询委员会副主任、中国工程院副院长邬贺铨认为，智慧城市就是一个网络城市，物联网是智慧城市的重要标志；两院院士、武汉大学教授李德仁形象的说法是：数字城市＋物联网 ＝智慧城市。新加坡提出 2015 年建成"智慧国"的计划；我国台北市提出建设智慧台北的发展战略；上海、深圳、南京、武汉、成都、杭州、宁波、佛山、昆山等城市相继推出了"智慧城市"的发展战略。

在这股"智慧城市"的建设大潮影响下，当 2009 年国务院发布《关于加快发展旅游业的意见》提出要把旅游业培育成国民经济的战略性支柱产业和人民群众更加满意的现代服务业后，各级旅游主管部门、地方政府开始积极探索加快旅游发展的途径，基于信息技术的"智慧旅游"（Smart Tourism）应运而生。2010年3月，国家旅游局局长邵琪伟与镇江市委书记许津荣等一行在京商讨镇江加快旅游发展、打造旅游强市的途径与方法。邵琪伟针对镇江城市概况和近年来的旅游业发展状况，提出希望镇江要进一步推广产业转型，在建设"智慧旅游"、推进物联网应用上做文章。这是"智慧旅游"这一概念在我国首次被正式提出。

　　智慧旅游发展的推动力依托以下 6 个方面：①全球信息化浪潮促进了旅游产业的信息化进程；②旅游产业的快速发展需要借助信息化手段，尤其是旅游业被国务院定位为"国民经济的战略性支柱产业和人民群众更加满意的现代服务业"以来，旅游业与信息产业的融合发展成为引导旅游消费、提升旅游产业素质的关键环节；③物联网/泛在网、移动通信/移动互联网、云计算以及人工智能技术的成熟与发展具备了促成智慧旅游建设的技术支撑；④整个社会的信息化水平逐渐提升促进了旅游者的信息手段应用能力，使得智能化的变革具有广泛的用户基础；⑤智能手机、平板电脑等智能移动终端的普及提供了智慧旅游的应用载体；⑥最为重要的是随着旅游者的增加和对旅游体验的深入需求，旅游者对信息服务的需求在逐渐增加，尤其是旅游在开放性的、不同空间之间的流动，旅游过程具有很大的不确定性和不可预见性，实时实地、随时随地获取信息是提高旅游体验质量的重要方式，也昭示了智慧旅游建设的强大市场需求。智慧化是社会继工业化、电气化、信息化之后的又一次突破。智慧旅游已经成为旅游业的一次深刻变革。

## 二、智慧旅游的定义

　　尽管目前我国正在大范围开展智慧旅游建设，但由于对智慧旅游缺乏理论研究，目前智慧旅游的概念并没有得到一致认可的科学定义。以下列举其中的几种提法：

　　（一）智慧旅游是基于新一代信息技术，为满足游客个性化需求，提供高品质、高满意度服务，而实现旅游资源及社会资源的共享与有效利用的系统化、集约化的管理变革。

　　（二）智慧旅游就是利用云计算、物联网等新技术，通过互联网/移动互联网，借助便携的终端上网设备，主动感知旅游资源、旅游经济、旅游活动、旅游者等方面的信息，及时发布，让人们能够及时了解这些信息，及时安排和调整工作与旅游计划，从而达到对各类旅游信息的智能感知、方便利用的效果。

　　（三）智慧旅游是通过现代信息技术和旅游管理、旅游服务、旅游营销的融合，以游客互动体验为中心，使旅游资源和旅游信息得到系统化整合和深度开发应用，并服务于游客、企业和政府的旅游信息化的新阶段，包括智慧旅游管理、智慧旅游服务和智慧旅游营销三大体系。

（四）智慧旅游是通过现代信息技术和旅游服务、旅游管理、旅游营销的融合，以游客互动体验为中心，使旅游资源和旅游信息得到系统化整合和深度开发应用，并服务于公众、企业和政府的旅游信息化的新阶段。

尽管存在表述差异，以上以及业界、学界的其他相关提法均没有本质差别。综合而言智慧旅游包含了以下含义：智慧旅游是信息技术的旅游应用，特别注重以物联网、云计算以及下一代通信技术为代表的新一代信息技术的旅游应用；智慧旅游的核心工作是对旅游信息广泛而深入的利用；智慧旅游的目标在于旅游产业转型升级，旅游管理与服务水平提高，游客的满意度提升，即助力旅游业建成为人民群众更加满意的现代服务业；智慧旅游强调游客为中心、游客的个性化服务、信息的主动感知等与人工智能技术应用密切相关的功能；智慧旅游至少包含智慧管理、智慧服务以及智慧营销三个方面；智慧旅游建立在旅游信息化的基础之上，是旅游信息化的新阶段。

综上，本文给智慧旅游所下的定义如下：智慧旅游是信息技术面向旅游业的集成创新和应用创新，是为满足游客个性化需求，提供高品质、高满意度服务，促进旅游产业发展，而实现旅游资源及社会资源的共享与有效利用的系统化、集约化的管理变革，是旅游信息化发展的高级阶段。

## 三、智慧旅游与相关概念辨析

### （一）智慧旅游与旅游信息化

旅游信息化是一个随着信息技术的发展而不断演进的过程。从旅游信息化的发展进程来看，21世纪已经进入到了旅游信息化的提速阶段（图2-3）。智慧旅游正如本文中的定义所言，是旅游信息化的高级阶段，不是旅游电子政务、旅游电子商务、数字化景区等用"智慧化"概念的重新包装，而是要解决旅游发展中出现的新问题，满足旅游发展中的新需求，实现旅游发展中的新思路以及新理念。一方面，智慧旅游以旅游信息化已有成果为基础，即传统旅游信息化的主要内容，旅游企业信息化、旅游电子政务以及旅游电子商务等，为智慧旅游的建设和发展奠定了基础；另一方面，智慧旅游是旅游信息化的升级，从技术层面上讲，注重信息技术的集成与应用创新、新一代信息技术以及人工智能技术的应用，从应用层面上讲，在社会信息化大背景下，通过智慧景区、智慧酒店、智慧交通等各类业态信息化创新，横向智慧旅游城市、智慧乡村等资源整合与应用创新，以及各种包含旅游垂直搜索引擎、在线虚拟旅游、个性化行程定制、旅游众包等创新业态、创业企业以及创新模式的不断出现，实现旅游信息化向高级阶段发展的历史进程。

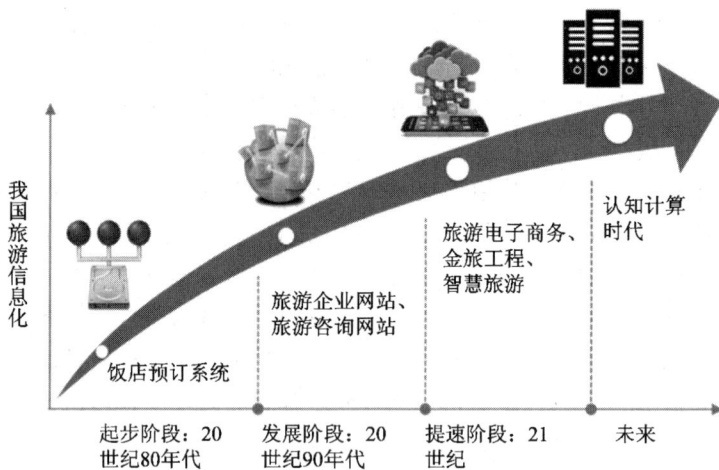

我国旅游信息化

认知计算
时代

旅游电子商务、
金旅工程、
智慧旅游

旅游企业网站、
旅游咨询网站

饭店预订系统

起步阶段：20
世纪80年代

发展阶段：20
世纪90年代

提速阶段：21
世纪

未来

图2-3　智慧旅游与旅游信息化的关系

### （二）　智慧旅游与智慧城市

关于智慧城市与智慧旅游之间的关系，目前有不同看法。一种是把智慧旅游看成智慧城市的一部分：IBM的智慧城市理念把城市本身看成一个生态系统，城市中的市民、交通、能源、商业、通信、水资源构成了子系统；这些子系统形成一个普遍联系、相互促进、彼此影响的整体，智慧旅游就是智慧城市信息网络和产业发展的一个重要子系统。另一种认为智慧旅游和智慧城市是交叉的关系，智慧旅游不仅是城市，城市之外有乡村、有道路，智慧旅游落到城市部分，和智慧城市发生交叉，这就是智慧旅游城市。还有一种观点认为智慧旅游是智慧城市的展示窗口，智慧旅游建设基于智慧城市的建设成果的旅游服务功能，作为展示智慧城市成果的最有代表性的成果。

本书认为，从城市角度，将智慧旅游视作智慧城市的一个重要子系统有助于智慧旅游对智慧城市已有成果的借鉴与利用；同时，智慧旅游建设中很重要一部分是关系公共管理与服务的为民工程，将智慧旅游在城市视角下纳入智慧城市有助于明确建设主体并集约资源。更进一步，智慧旅游城市可视为智慧旅游从理念到实际落地在城市的具体体现。然而，由于旅游者与城市居民的特性与需求差异，智慧旅游与智慧城市体系下的"旅游"是不相同的两个概念：旅游并不仅发生在城市，前者要比后者具有更广泛的内涵，因此，智慧旅游、智慧城市以及智慧旅游城市三者之间的关系如图2-4所示。

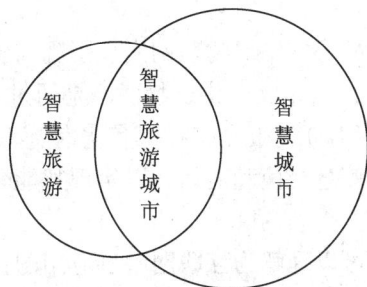

**图 2-4  智慧旅游与智慧城市、智慧旅游城市之间的关系**

　　智慧旅游城市与智慧城市建设具有一定的重合性，特别是在城市信息基础设施层面以及满足城市居民与外来游客共同需求方面，如智慧旅游城市离不开智慧交通、智慧城管、智慧气象等，其发展水平依赖智慧城市的发展成果。然而，智慧旅游城市建设的重点主要是在与旅游密切相关的方面，以满足外来游客、涉旅企事业单位、组织以及旅游主管部门需求为主；而智慧城市则主要以满足本市居民以及与城市发展相关的市政建设、公共管理、商业服务等需求为主。因此，智慧旅游城市建设与智慧城市建设，既应保持有机整体性，又要突出功能差异性的特征。在目前我国正在兴起的智慧旅游试点城市建设中，试点城市的智慧旅游建设可作为智慧城市建设的有机组成部分，某些建设内容可借助或共享智慧城市的已有成果，既能够满足游客和旅游业需要，又能够将外来游客与城市居民、旅游发展与城市建设形成有机统一体。

## 四、智慧旅游的核心技术

　　信息通信技术是智慧旅游这个旅游变革的基础。大部分观点认为智慧旅游基于云计算和物联网、互联网。黄超等认为智慧旅游技术层包括信息技术（RFID技术、空间定位技术、SOA 技术、SaaS 技术、云计算技术）、物联网技术、互联网技术（Web 2.0 技术、三网融合技术）、3G 移动通信技术、传感技术等。刘军林等认为智慧旅游技术支撑是云计算、物联网、高速无线通信技术、地理信息系统、虚拟现实技术等。已有论述一方面混淆了信息技术的层次，将位于技术体系不同层面的技术以及技术大类与其子类平行罗列，造成概念上以及技术应用上的混乱；另一方面未明晰智慧旅游区别于数字旅游以及其他传统信息系统的特有核心技术。本文认为智慧旅游区别于一般信息系统或工程的核心技术是云计算、物联网、移动终端通信以及人工智能四大技术的集大成者，是新一代信息技术的集成创新和应用创新。

### （一）物联网技术

物联网是智慧旅游的核心网络。物联网实现了物与物、人与物、人与人的互联（国际电信联盟，ITU）。从定义上讲，物联网是通过射频识别（RFID）、红外感应器、全球定位系统（GPS）、激光扫描等信息传感设备，按约定的协议，把物品与网络连接起来进行信息交换和通信，以实现智能化识别、定位、跟踪、监控和管理的一种网络。

智慧旅游中的物联网可以理解为互联网旅游应用的扩展以及泛在网的旅游应用形式。如果称基于互联网技术的旅游应用为"线上旅游"，那么基于物联网技术的旅游应用则可称为同时涵盖"线上"与"线下"的"线上线下旅游"。物联网技术突破了互联网应用的"在线"局限，而这种突破是适应旅游者的移动以及非在线特征的。泛在网是指无所不在的网络，即基于个人和社会的需求，利用现有的和新的网络技术，实现人与人、人与物、物与物之间无所不在的按需进行的信息获取、传递、存储、认知、决策及使用等的综合服务网络体系。基于物联网的旅游应用的"线上""线下"融合体现了泛在网"无所不在"的本质特征，而这种本质也是适应旅游者的动态与移动特征的。

### （二）移动通信技术

移动通信是物与物通信模式中的一种，主要是指移动设备之间以及移动设备与固定设备之间的无线通信，以实现设备的实时数据在系统之间、远程设备之间的无线连接。因此，移动通信可理解为物联网的一种物与物连接方式，是支撑智慧旅游物联网的核心基础设施。

移动通信技术作为物联网的一种连接方式之所以被特别提出，是因为随着移动终端设备的发展与普及，移动通信技术使得信息技术的旅游应用从以个人计算机为中心向以携带移动通信终端设备的"人"——旅游者为中心发展，体现了以散客为服务对象的信息技术应用方向。个人计算机基于计算机网络技术连接，通过互联网技术下载各种旅游应用；而移动通信终端设备基于移动通信技术连接，通过互联网、物联网技术下载各种旅游应用。移动通信技术自诞生以来迅猛发展，已经从第一代发展至第三代并正在向第四代前进，第四代也被称为新一代、超三代。智慧旅游中的移动通信技术为旅游者提供丰富的高质量服务，如全程（游前、在途、游后）信息服务、无所不在（任何时刻、任何地点）的移动接入服务、多样化的用户终端（个性化以及语音、触觉、视觉等多方式人机交互）以及智能服务（智能移动代理，Intelligent Agent）等。智慧旅游的移动通信技术应用将极大改善旅游者的旅游体验与游憩质量，提升旅游目的地管理水平与服务质量，使旅游管理与服务将向着更加精细以及高质量方向推进。移动通信技术在智慧旅游中体现的是满足游客个性化需求，提供高品质、高满意度服务的智慧。

### （三）云计算技术

云计算是一种网络应用模式，计算机终端、移动终端等终端使用者不需了解技术细节或相关专业知识，只需关注自己需要什么样的资源以及如何通过网络来得到相应服务，其目的是解决互联网发展所带来的巨量数据存储与处理问题。"云计算"的核心思想是计算、信息等资源的有效分配。

云计算技术包含两个方面的含义：一方面指用来构造应用程序的系统平台，其地位相当于个人计算机上的操作系统，称为云计算平台（简称云平台）；另一方面描述了建立在这种平台之上的云计算应用（简称云应用）。云计算平台可按需（As Needed）动态部署、配置、重新配置以及取消部署服务器；这些服务器可以是物理的或者虚拟的。云计算应用指一种可以扩展至通过互联网访问的应用程序，其使用大规模的数据中心以及功能强劲的服务器来运行网络应用程序与网络服务，使得任何用户通过适当的互联网接入设备与标准的浏览器就能够访问云计算应用。

智慧旅游的云计算建设须同时包含云计算平台与云计算应用。目前智慧旅游实践中经常混淆了云计算平台与云计算应用两个概念，如"旅游云""旅游云计算""旅游云计算平台"等。实际上，云平台具有某种程度的应用无关性，因此智慧旅游的云计算技术的应用研究应侧重于云计算应用，如研究如何将大量、甚至海量的旅游信息进行整合并存放于数据中心，如何构建可供旅游者、旅游组织（企业、公共管理与服务等）获取、存储、处理、交换、查询、分析、利用的各种旅游应用（信息查询、网上预订、支付等）。从某种程度上讲，云计算技术在智慧旅游中体现的是旅游资源与社会资源的共享与充分利用以及一种资源优化的集约性智慧。

### （四）人工智能技术

人工智能（Artificial Intelligence，AI）研究如何应用计算机的软硬件来模拟人类某些智能行为的基本理论、方法和技术，涉及知识表示、自动推理和搜索方法、机器学习和知识获取、知识处理系统、自然语言理解、计算机视觉、智能机器人、自动程序设计等方面的研究内容。目前已经被广泛应用于机器人、决策系统、控制系统以及仿真系统中。

智慧旅游包含了以物联网与移动通信为核心的先进计算机软硬件以及通信技术，也包含了以云计算为核心的计算与信息资源的合理及有效分配技术；但是，如何充分利用智慧旅游不断采集、存储及处理大量甚至海量的数据信息，使其能够在旅游服务及管理等方面发挥重要作用，是关系智慧旅游成败的关键问题。人工智能就是智慧旅游用来有效处理与使用数据、信息与知识，利用计算机推理技术进行决策支持并解决问题的关键技术。在旅游研究领域，人工智能更多地被用于旅游需求预测中。而人工智能在智慧旅游中的作用不仅在于此，还包含游憩质量评价、旅游服务质量评价、旅游突发事件预警、旅游影响感知研究等诸多领域。如果将物联网、云计算以及移动通信技术看成智慧旅游的构架技术，那么人工智能就是智慧旅游的内核技术。

## 五、智慧旅游的意义

### （一）对旅游产业融合发展与转型升级的意义

旅游产业融合能够优化旅游产业结构、提升核心竞争力以及创新产业组织，是旅游产业升级转型为现代服务业的重要途径。从旅游信息化发展的历史背景以及发展进程来看，信息技术应用对旅游业的重大作用主要以旅游产业融合为主要方式，信息技术作为推动旅游产业转型与变革的重要方法、工具、载体以及动力，能够极大促进旅游产业的内部融合、旅游产业与信息产业融合以及旅游产业与其他产业融合。当旅游信息化进程发展到智慧旅游阶段，通过信息技术的集成与应用创新以及新一代信息技术、人工智能技术在旅游业中的广泛深入应用，有效整合旅游业、相关行业以及社会资源，智慧旅游必将加速旅游产业融合的过程。首先，旅游业要素、旅游产品及形成旅游产品的过程等信息被数字化记录、整合、分析、利用、表现以及传播，并反作用于旅游业各要素，促进这些要素之间的关系进一步优化，使得旅游产业价值链更加合理与完善，旅游产业内部的融合过程将被加速，并以不断优化的方式不断发展变化。其次，旅游产业是一种综合性极强而又有很强带动作用的产业，信息服务与旅游业融合形成了旅行社行业，信息技术与旅行社融合形成了在线旅行社（OTA）。通过智慧旅游，旅游信息数字化内容的丰富、旅游信息流的通畅、旅游信息使用的便捷、利用率的提高以及信息的增值作用更加明显，将吸引更多其他行业与旅游业进行融合发展，文化业与旅游业融合为文化旅游业，信息业与旅游业融合为新型旅游信息服务业，旅游业的带动与融合作用将更加显著，新的业态将不断出现。

### （二）对旅游管理、服务以及游客满意度升级的意义

智慧旅游依托物联网技术、移动通信技术、云计算技术以及人工智能技术等关键技术，通过感知化、物联化、智能化的方式，可以将旅游过程中的物理基础设施、信息基础设施、社会基础设施和商业基础设施连接起来，成为新一代的智慧化基础设施，使旅游业涉及的不同部门和系统之间实现信息共享和协同作业，更合理地利用资源、做出最好的旅游活动和管理决策、及时预测和应对突发事件和灾害。对政府而言，可以获取行业市场监管、旅游信息与其他公共服务信息共享与协同运作、旅游目的地营销等价值，实现指挥决策、实时反应、协调运作，政府可以更合理地利用资源，做出最优的城市发展和管理决策，及时预测和应对

突发事件和灾害，形成产业发展与社会管理的新模式。对游客而言，智慧旅游可以让其获取旅游全域/全流程的信息服务，实现出游前的信息查询、合理线路设计、旅游预订、智能导览、门票及优惠券获取、紧急救援、投保理赔等价值。对企业而言，可以获得内部管理、电子商务、营销、满意度调查、行为追踪、数据统计及挖掘以及决策支持等价值。对居民而言，可以享受交通、游憩、休闲等多种系统信息共享的价值。智慧旅游的发展必将带动旅游业结构、旅游管理、服务以及经营方式在某种程度上的变革，使其更加快速地迈向现代服务业。

## 【补充阅读】

### 旅游信息化学术研究来源期刊与会议

旅游本身以及旅游信息化研究的跨学科性决定了其相关研究的来源期刊与会议涉及的学科范围非常广泛。国际旅游类期刊①和国内旅游类期刊②刊登旅游信息化研究的相关论文，但数量较少；"Information Technology & Tourism"是专门刊登旅游信息化研究的国际期刊，国际信息技术与旅游业联盟（International Federation for IT and Travel & Tourism, IFITT）每年举办的 Enter 会议是专门进行有关旅游信息化的学术、产业、目的地组织等多方研讨的国际学术会议，其会议论文集刊登旅游信息化最新学术研究成果。

## 【案例分析】

### 关于促进智慧旅游发展的指导意见 （节选）③

到 2016 年，建设一批智慧旅游景区、智慧旅游企业和智慧旅游城市，建成国家智慧旅游公共服务网络和平台（12301. cn）。到 2020 年，我国智慧旅游服务能力明显提升，智慧管理能力持续增强，大数据挖掘和智慧营销能力明显提高，移动电子商务、旅游大数据系统分析、人工智能技术等在旅游业应用更加广泛，培育若干实力雄厚的以智慧旅游为主营业务的企业，形成系统化的智慧旅游价值链网络。

夯实智慧旅游发展信息化基础。加快旅游集散地、机场、车站、景区、宾馆饭店、乡村旅游扶贫村等重点涉旅场所的无线上网环境建设，提升旅游城市公共信息服务能力。

建立完善旅游信息基础数据平台。规范数据采集及交换方式，逐步实现统一规则采集旅游信息，统一标准存储旅游信息，统一技术规范交换旅游信息，实现旅游信息数据向各级旅

① Arendt, S. W., Ravichandran, S., & Brown, E. Hospitality and tourism journal matrix. *Journal of Hospitality and Tourism Education*, 2007, 19, pp44～50.

② 谢彦君. 基础旅游学 ［M］. 3 版，2011：44～46.

③ 国家旅游局：http://www.cnta.gov.cn/html/2015 - 1/2015 - 1 - 12 - 10 - 2 - 70814. html，2015 - 01 - 10.

游部门、旅游企业、电子商务平台开放，保证旅游信息数据的准确性、及时性和开放性。

建立游客信息服务体系。充分发挥国家智慧旅游公共服务平台和 12301 旅游咨询服务热线的作用，建设统一受理、分级处理的旅游投诉平台。建立健全信息查询、旅游投诉和旅游救援等方面信息化服务体系。大力开发运用基于移动通信终端的旅游应用软件，提供无缝化、即时化、精确化、互动化的旅游信息服务。积极培育集合旅游相关服务产品的电子商务平台，切实提高服务效率和用户体验。积极鼓励多元化投资渠道参与投融资，参与旅游公共信息服务平台建设。

建立智慧旅游管理体系。建立健全国家、省、市旅游应急指挥平台，提升旅游应急服务水平。完善在线行政审批系统、产业统计分析系统、旅游安全监管系统、旅游投诉管理系统，建立使用规范、协调顺畅、公开透明、运行高效的旅游行政管理机制。

构建智慧旅游营销体系。依据旅游大数据挖掘，建立智慧旅游营销系统，拓展新的旅游营销方式，开展针对性强的旅游营销。逐步建立广播、电视、短信、多媒体等传统渠道和移动互联网、微博、微信等新媒体渠道相结合的全媒体信息传播机制。结合乡村旅游特点，大力发展智慧乡村游，鼓励有条件的地区建设乡村旅游公共营销平台。

推动智慧旅游产业发展。建立智慧旅游示范项目数据库，鼓励旅游企业利用终端数据进行创业，支持智慧城市解决方案提供商以及云计算、物联网、移动互联网应用项目进入旅游业，鼓励有条件的地区建立智慧旅游产业园区。

加强示范标准建设。支持国家智慧旅游试点城市、智慧景区和智慧企业建设，鼓励标准统一、网络互联、数据共享的发展模式。鼓励有条件的地方及企业先行编制相关标准并择优加以推广应用。逐步将智慧旅游景区、饭店等企业建设水平纳入各类评级评星的评定标准。

加快创新融合发展。各地旅游部门要加强与通信运营商、电子商务机构、专业服务商、高校和科研机构开展合作，引导相关部门和企业通过技术输出、资金投入、服务外包、资源共享等方式参与智慧旅游建设。探索建立政产学研金相结合的智慧旅游产业化推进模式。

建立景区门票预约制度。鼓励博物馆、科技馆、旅游景区运用智慧旅游手段，建立门票预约制度、景区拥挤程度预测机制和旅游舒适度的评价机制，建立游客实时评价的旅游景区动态评价机制。

推进数据开放共享。加快改变旅游信息数据逐级上报的传统模式，推动旅游部门和企业间的数据实时共享。各级旅游部门要开放有关旅游行业发展数据，建立开放平台，定期发布相关数据，并接受游客、企业和有关方面对于旅游服务质量的信息反馈。鼓励互联网企业、OTA 企业与政府部门之间采取数据互换的方式进行数据共享。鼓励旅游企业、航空公司、相关企业的数据实现实时共享，鼓励景区将视频监控数据与国家智慧旅游公共服务平台实现共享。

**【案例提示】**

1. 智慧旅游对于旅游发展会起到什么作用？
2. 智慧旅游的发展会存在什么问题？
3. 信息技术在智慧旅游中起什么作用？
4. 政府（目的地组织）在旅游信息化、智慧旅游中承担什么角色？
5. 智慧旅游的发展对游客会产生什么影响？

# 第二篇　应用篇

# 第三章

# 信息时代的旅游者

【本章目标】

学过本章之后，你应该能够

- 掌握信息时代旅游者的基本概念
- 掌握信息时代旅游者的三个角色：新技术的使用者、意义体验的共同制作者、故事讲述者
- 理解信息时代旅游者的需求特征和行为特征
- 掌握旅游者消费全过程中使用信息技术的策略和方法

## 第一节　信息时代旅游者的基本概念

### 一、旅游者的基本概念

旅游者（Tourist 或 Visitor），是旅游活动的主体，整个旅游系统中的最基本要素，也是旅游信息化过程中的重要因素之一。世界旅游组织对旅游的官方定义是"旅游指人们出于休闲、商务及其他目的到其惯常环境之外的地区旅行或逗留连续不超过一年的活动"，在此"旅游"概念中，旅游者是核心部分。在旅游的统计和研究过程中，世界旅游组织、各国政府和旅游行业协会均对旅游者做出了不尽相同的定义。这些定义基本上都是从技术性和概念性两个角度来界定旅游者。

### （一）技术性定义

每个专业和学科都通过制定技术定义来描述本专业或学科中独特的专业术语。一般来说，区别旅游者和非旅游者有 3 个基本标准：其一，旅游的目的地必须是常住地之外的某地；其二，不应该在目的地连续居住 12 个月以上；其三，访问的主要目的应该排除在目的地从事涉及赚钱的任何活动。

1. 国际旅游者的技术性定义

在旅游业中，为了有效地比较国际旅游者在不同国家之间的流动，各国对国际旅游者流动的统计数据必须有可比性，因此各国对国际旅游者的技术定义必须一致。1963 年，联合国和世界旅游组织的前身，国际官方旅游组织联盟（IUO-TO）在罗马召开国际旅行和旅游会议，对国际旅游者的统计标准和范畴做了规范，提出了 3 个统一的标准术语：①国际游客（International Visitor），为了获得报酬目的以外的，基于任何原因到一个不是自己常住的国家进行观光和访问的人员；②国际旅游者（International Tourist），游客在其访问国家的集体或私人住宿设施中至少停留一夜；③国际短程游览者（International Excursionist），也称为一日游游客（Same-day Visitor），不在集体或私人的住宿设施中过夜的游客，也包括乘邮轮旅游的游客。

2. 国内旅游者的技术性定义

各国对国内旅游者的技术定义标准尚未取得一致意见。很多国家既参照世界旅游组织的标准，也针对本国的具体情况制定自己的技术定义标准。美国全国旅游资源审查委员会给旅游者的定义是："出于商务、娱乐、个人事务的目的或除通勤上下班以外的其他目的，离家旅行至少 50 英里（单程）的人，不论其是否在外过夜或当日返回。"澳大利亚工业经济局对旅游者的定义是"离开常住地至少 40 公里去另一个地点访问，为期至少 24 小时但不超过 12 个月的人"。中国国家旅游局对国内旅游者定义为"任何一个因休闲、娱乐、观光、度假、探亲访友、就医疗养、购物、参加会议或从事经济、文化、体育、宗教活动而离开常住地到国内其他地方旅行访问，连续停留时间不超过 6 个月，并且主要目的不是通过所从事的活动获取报酬的人"。

（二）　概念性定义

在技术性定义以外，国内外一些机构和个人还从理论抽象的角度对旅游者概念进行界定。对旅游者进行概念性定义的主要原因是：技术性定义通常只描述了旅游者的数量和外延，忽略对旅游者内涵的阐释，这容易造成对旅游者概念的肤浅理解。因此，很多研究人员在进行学术探讨和理论研究时需要对旅游者进行概念性界定。旅游者的概念性定义很多，可简单概括为"旅游者是离开常住地前往异国他乡做短暂停留、寻求生理和心理满足、实现愉悦过程的人"。

## 二、信息时代旅游者的基本概念

新旅游者，更富有旅游经验，受过更多的教育，更能为旅游目的地着想、更独立、更灵活、更环保，把目的地的环境和文化视为旅游体验的一个重要组成部分，寻求高质量的、与众不同的旅游经历。新旅游者在旅游目的地所寻求的不只是旅游活动本身，还包括 REAL 体验，即 Rewarding（有益的）、Enriching（丰富的）、Adventuresome（冒险性的）、Learning（学习性的）。按照普恩的预言，大众旅游者会逐渐向新旅游者转变。新旅游者最终会成为旅游市场的核心，取代传统的大众旅游者成为旅游市场的主体。这是概念性的定义。

在线旅游者，或在线旅行预订用户，在线旅行预订简称为旅行预订，又称为网上旅行预订。即旅游消费者通过网络向旅游服务提供商（旅游代理商、酒店、航空公司、旅行社）预订机票、酒店、旅游线路等旅游产品或服务，并通过网上支付或线下付费。从旅游服务代理商网站查询，并通过代理商的呼叫中心电话预订成功的交易，也算作在线旅行预订。但是用户通过拨打酒店、航空公司的电话进行的预订不算在内。在线旅行预订用户即最近 1 年在网上进行过机票、酒店、旅游线路等旅游产品或服务预订的用户。这是技术性的定义。

# 第二节　信息时代旅游者的特征

## 一、信息时代旅游者的角色变化

进入 21 世纪，我们发现自身已经被各种信息技术及其应用所包围，旅游者和旅游业也深受影响。随着信息技术的快速发展，财富的积累、更多的休闲时间以及价值观和生活方式的改变培养了一批新的旅游消费者，这种改变是由于对自己需求的新意识，和对社会责任的新觉悟带来的。新旅游消费者信息更灵通、更独立、更个性和更投入。另外，新旅游者习惯于有很多选择，期望速度，并且用技术来克服身体和边界上的限制。然而，旅游消费者行为也呈现出不断增加的矛盾，如许多旅游者比以往任何时候更愿意为豪华旅游体验埋单，但同时他们会积极地到网络上搜索"最划算的"酒店客房和航班。旅游者的行为日益变得更加难以预测，例如，一位旅行者前一年还会购买安排好的城市观光旅游产品，后一年可能就会投身于长达 1 个月的徒步探险游。

信息时代的新旅游者已不再是信息的被动接受者，而逐渐成为"控制"产品者、信息制造者，并形成体验的核心人物。信息技术使新旅游者更强大，提供给他们获得各种信息资源和相关社区的便捷、便宜的途径。另外，网络是高度个性化的媒体，新旅游者期望市场营销者了解和迎合他们复杂的个别化偏好。本节列出信息时代旅游消费者扮演的 3 个角色，可以帮助理解他们的当前旅游行为，并预测未来旅游行为，这 3 个角色是：旅游者作为新技术的使用者；旅游者作为有意义体验的共同制作者；旅游者作为故事讲述者。

### （一） 新技术的使用者

旅游是信息密集型的产品，而且在离家距离很远的地方消费，因此旅游非常依赖于技术的使用。网络已经对消费者搜索、购买、消费和回忆旅游体验发挥巨大影响，并且还将持续扩大它的影响。新兴的网络技术和移动通信技术应用已成为改变旅游行为的重要驱动力。他们为旅游者提供了大量获取信息的途径，为购买远程旅游产品提供了便捷。这些技术也大大增加了旅游产品的透明度，提供给旅游者更大的议价空间。新技术对消费者信息搜索、做出决策、旅游体验[①]和旅游回忆都产生了较大影响。可以通过下面的"5Ws"信息技术使用框架得到更好的解释。

1. 谁在使用新技术

随着信息技术的使用在各个人口统计学维度和社会团体中不断增长，利用传统人口统计学的维度（如年龄、性别、婚姻状况、种族等）来界定新技术使用者的范围已不恰当。许多网络交互都是通过用户档案、日程或形象化身来实现，例如目的地推荐时基于用户已有的偏好；一个旅游者访问目的地门户网站，可以使用由网络机器人编译的特别目的地页面索引来回答；或者一个旅游者在在线旅游代理商网站登记注册，是为了得到新旅游产品的提醒，在新增的旅游产品满足旅游者特别需求时收到邮件；旅游者创建他们自己的虚拟替身，在虚拟社区中与旅游同伴利用即时信息进行交互。因此，特别重要的是考虑偏好结构随时变化的用户，并设想媒体对潜在旅游者的暗示，而不是与潜在消费者的直接交流。信息时代，我们应该用动态偏好来界定旅游者，而不是用固定社会人口统计学特征，这有利于对适应性市场营销策略的研究和思考。

2. 哪些新技术或信息类型被使用

旅游者作为技术使用者的角色已经改变，不再是被动接收者，逐渐变为内容制造者。旅游者不仅仅获取网络内容，他们更多地通过使用数码相机、网络摄像、图像手机、虚拟社区网站、博客等，参与创作和分享信息。在旅游情景中，旅游消费者的主动参与正在变得特别流行，通过网络提供给消费者保存和呈现他们自己旅游游记的机会，也提供购买基于旅游者个性化偏好的动态旅游团。因此，技术允许旅游者主动参与旅游信息的创造、呈现和分享，已经变得越来越重要。

与其他信息源相比，网络提供给旅游者更多数量、更多种类的信息。然而，

---

① 旅游体验（Tourism Experience）：处于旅游世界中的旅游者在与其当下情景深度融合时所获得的一种身心一体的畅快感受。这种感觉是旅游者的内在心理活动与旅游客体所呈现的表面形态和深刻含义之间相互交流或相互作用后的结果，是借助于观赏、交往、模仿和消费等活动方式实现的一个序时过程。

搜索引擎使用统计表明，旅游消费者较为依赖智能搜索技术提供的大量网上可用信息的导航。几乎85%的美国网络用户通过搜索引擎来获取信息。一个基于英国的研究表明，超过40%的旅游网站访问都是来自搜索引擎。另外，推荐系统的不断普及，能够提示旅游消费者逐步明确他们需要搜索的内容，就像线下的旅游者向旅行代理商咨询旅游信息建议一样。很多零售网站上使用搜索引擎技术，也是期望提高预测消费者需求的能力。旅游网站越来越认识到消费者需要对旅游产品的想象和旅行的前经验，这些经验可以通过虚拟旅游、视频、建议行程和来自其他旅游者的个人化推荐而获得。但是，当前的方法仍然很有限，还不能满足用户日益增长的使用在线产品的需求。

3. 何时使用新技术

网络具有可每时每刻获取信息的重要特点。网络内容任何时间都可用，熟悉网络的旅游者开始期待在线旅游经销商提供24小时的交流、反馈和其他服务，包括线上和线下。网络改变了时间概念，引领了一种新的交流和消费模式，这种模式需要基础性组织的调整和新的市场营销策略和方法。

旅游者在旅游所有阶段都使用信息技术。旅游前，旅游者使用信息技术进行信息搜索和旅程预订；旅游中，旅游者使用博物馆中的移动技术和手持设备，使用交互信息亭和有咖啡馆或旅馆的Wi-Fi网络。旅游后，旅游者使用个人网站、虚拟社区、新闻邮件、博客等记忆和重现旅程。这些在旅游各阶段使用技术的不断增长，体现了旅游者不再只是信息接收者，也是信息的参与创造者。旅游业的挑战在于如何增加与消费者的联系，使消费者更加满意，建立关系与忠诚度，最终获得更高的收益性。

4. 新技术的使用发生在哪里

技术使用的场所发生了巨大的转变。移动设备提供了办公室和家庭之外的领域，并且可穿戴计算设备的发展将把这一趋势推向更高层次。计算机设备已成为嵌入式的，并且更多地成为自然环境。例如，任何地方都可以打通电话，火车、出租车，而且飞机也开始提供网络服务，GPS技术在远距离目的地的定位方面已不可或缺，移动电话使得餐厅订桌和酒店订房服务可以在路上实现。可以预见，无处不在的信息获取和通信可能性将对旅游计划行为和旅游模式产生巨大影响，例如，更多的旅游决策将在旅途中进行，预订周期将变得更短。

5. 为什么使用新技术

Web已从购物目录进化为互动类媒介，提供多种形式的沟通、交互和交易。在线的知识创造和学习日益得到技术的支持，技术帮助用户建立社会资本，这说明技术的另一个功能——社区创建。不论是使用手机、实时短信或信息广播和聊天室，其目的都是与家庭成员和同伴保持经常的联系。而另一个使用网络的原因是这样的技术使用户能够获得和分享经验。旅游研究近期开始调查享乐的、情感的和社交的功能，这些是在信息搜索和技术使用以外的功能。在线游戏的流行强化消费者寻求获益功能以外的流动经验、幻想、感觉、朋友和乐趣。

使用技术的原因依赖于用户在某一时间段的生活环境和具体需求。新旅游者有很多不断变换的需求。如何使用现有和新兴的技术，发现旅游者的个性化需求，并为之设计网页内容和旅游产品变得更为重要。思考旅游者在特定情景为什么使用技术，可以大大地帮助旅游业预测未来的需求，也有助于确定使用哪些支持功能和呈现哪些信息。

**（二）　意义体验的共同制造者**

市场营销研究者和经济学家也相似地开始注意到商品和服务的体验性。对消费情景的享乐主义价值观和情感的反映与旅游市场营销关系密切的，旅游产品和服务具有体验本质。而且，网络是高度个人化的媒体，新消费者期望市场营销者满足和迎合他们复杂的个性化偏好。参与是高级体验的关键，从这些体验中可以激发个人的意义建构。因此，旅游者从单纯的消费者转变为意义体验的共同制造者，例如通过使用动态打包（Dynamic Packaging①）功能创建个性化的在线旅游线路。之后，新旅游者成为创建和形成对目的地和名胜景点体验的重要参与者。

1. 意义的搜索

诺顿认为消费者需求已从关注传达某一特定品牌形象的产品和服务转变为关注有意义的消费体验。这个转变起因于文化资本（家庭、健康、安全、康乐等）的普遍下降。而消费以前是生成和显现财富的手段，通过购买和使用的产品和服务，消费者越来越多地寻求机会，创造了文化资本。旅游产品的消费在传统意义上发挥了重要的作用，它提供了可以增长文化资本的经验，通过提供个人的意思，例如与个人家庭关联在一起，创造机会增加文化资本的经历成为从感情上依恋的地方，或增加发现一段个人历史的自我意识。因此，旅游体验，对于那些不断寻求个人生活目标的新旅游者来说正变得更加重要。意义构建的唯一先决条件似乎是在体验过程中主动的意识或行为的参与。对于旅游产品的提供者和市场营销者就带来了机遇和挑战，因为他们需要鼓励参与并协助这些高度个性化的消费体验。

2. 体验认知

如旅游目的地的产品消费是感知、情感和认知之间相互联系的丰富来源，所

---

①　动态打包（Dynamic Packaging）：旅游服务提供商按照游客的需要来调动所有渠道资源把游客选择内容组织成一项可操作的旅游出行活动，通过自有组合时间、航班、酒店等人以旅游要素生产具有可操作性的旅游计划，这种业务组织方式称为"动态打包"。

以形成了值得纪念的和受益的体验。因此，单纯的消费者认知模型只能对快乐旅程为基础的整体的和乐观的消费体验提供有限的解释。消费者认知模型需要扩展消费概念，将感知体验和情感也考虑进来。这样一个模型是基于"体验认知"概念，它认为高层次的认知是依赖于我们对周围世界的切身体验，因此，当我们试图理解旅游消费者的参与、计划、体验和旅程回忆行为时，必须认知到感觉方面的信息。

**（三）旅游者作为故事讲述者**

1. 提取旅游体验中的意义

人们是乐于讲故事和听故事的。我们每天用于交流和推理的知识都是由故事组成的。故事帮助我们认知世界。给别人（或自己）讲故事，是将各种感觉和认知零碎信息整合起来传递给他人的重要方法，故事使体验更值得纪念，并且让我们理解故事中的深意。叙述可被定义为反映我们思维组合趋势的东西，将注意力集中到先前未被察觉的不同想法和元素之间的联系和关联。相应地，故事对旅游体验的回忆有重要作用，这些故事通常包含了许多不同的旅游印象和情感。旅游者重构发生在旅途中的一切，以使故事更好地呈现给别人。选择故事的细节或强调某些方面依赖于倾听者的需求。因此，每次讲的故事可能都会改变，随着故事的改变，旅游者对旅游体验的记忆，甚至其中的意义也可能会跟着改变（图3-1）。

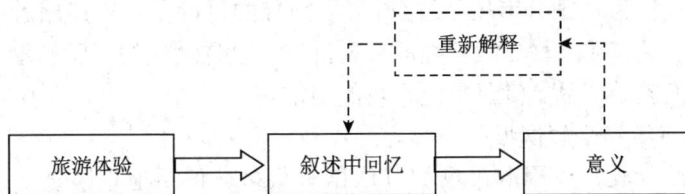

图3-1 故事叙述在提取旅游体验意义过程中的作用

2. 使用故事交流旅游体验

人们在有趣的故事叙述中对信息特别敏感，这样的故事对形成大脑中的影像十分有效。因此，故事对交流复杂的旅游体验很重要。传统旅游信息搜索主要是了解情况，如询问家人、朋友或旅行社。这些旅游信息提供者一般以一种能让信息搜索者与各种旅行元素建立心理连接的方法，来提供组织好的信息并强调某些特别的方面。因此，故事更容易让倾听者形成旅程将会是什么样的想象。另外，旅游故事在我们社会关系中发挥重要作用：我们告诉他们使他们有印象、有兴趣，并与他们形成联系，等等。旅游者拍照（或录像）和购买纪念品来支持他们的故事讲述行为。一些旅游者通过写日记或写博客来捕捉在旅途中的细节和感觉，这不仅是支持他们自己的回忆，也能与旅伴们或旅游爱好者再现和分享旅途中的片段。

旅游者总会通过讲故事来交流旅游体验。信息技术手段使故事的产生和讲述更加容易，同时也通过使旅游者与全世界相连的虚拟社区扩大了故事的潜在听众群。旅游者现在通过博客、微博、论坛帖子、短信、邮件、实时聊天等方式，重新归纳或建构自己的旅游体验，这些体验将影响其他潜在旅游者的期望。这种归纳或建构也会修正旅游者自己原有的期望，并为下一次出行做好心理准备，这也是旅游者从体验中学习的过程。旅游现场即时的体验很容易消逝，如果没有被及时更新或存储到原有的知识系统中，在回忆时真实体验就难以获得，信息技术（如移动上网等）有助于真实体验的记录、保存和即时传播。由于信息的获得和传播更加便利、低成本，人人都能成为"记者""作家""言论家""思想家"，信息的写作和传播越来越廉价。

## 二、信息时代旅游者的需求特征和市场细分

### （一）旅游市场细分的基本概念

从旅游学和旅游管理学角度，旅游市场的含义可以理解为"参与某种形式的与旅游相关的旅行活动的旅游消费者的总和"，旅游市场的核心是旅游消费者。把整个市场分成具有共同特性的潜在客户群的过程被称为"市场细分"，每个这样的客户群被称为"细分市场"。旅游市场细分的目的是将整体旅游市场划分为若干较小的、具有单一性、独特性的典型群体，这样就更便于营销管理，可以有针对性地开发旅游产品，满足特定市场的需求。

1. 旅游市场细分的依据

现代旅游业通常采用的市场细分依据有很多，包括地理因素、人口统计因素、社会经济因素、心理因素、行为因素等（表3-1）。

表3-1　旅游市场细分依据

| 特征因素 | 细分依据 |
| --- | --- |
| 地理因素 | 世界各地区、国家、国内区域、城市、近郊、农村、市、镇、邮政编码或住房类型 |
| 人口统计因素 | 年龄、性别、婚姻状况、家庭生命周期、种族、家庭规模 |
| 社会经济因素 | 职业、受教育程度、家庭收入、社会阶层 |
| 心理因素 | 生活方式、个性特征（内向、外向、高个人主义、低个人主义、独立、从众、易冲动） |
| 行为因素 | 购买动机、购买时间、购买方式、购买频率 |

2. 旅游市场细分的基本原则

进行旅游市场细分的依据多种多样，不同的旅游目的地、不同的旅游产品生

产者或供应者大都根据自己的实际情况和需要，采取不同的市场细分方法。不论采用何种方法进行市场细分，都应该遵循一些基本原则。市场细分基本原则如下。

（1）独特性：细分出的目标市场一定要具有单一性或独特性，一定要区别于其他群体。例如，大学一年级学生群体与大学二年级群体没有实质性的不同，因此不要把他们细分为不同的市场细分部分。

（2）可测量性：目标市场群体的特征应尽量做到可以量化，因为只有这样才能准确地找到预期的市场群体。例如，和人口统计因素（年龄、职业、性别等）相比，制定心理因素的量化标准比较困难。

（3）与产品供应者利益的一致性：细分的目标市场在价值观、需要和愿望等方面，应该与产品的提供者的利益保持一致。否则，细分出来的目标市场是没有实际价值的。例如，伊斯兰教圣城麦加是禁止非穆斯林在城内住宿的，因此作为细分市场，非穆斯林和麦加的利益是不一致的。

（4）规模性：细分出的目标市场应具有一定的规模，因为这样才可以保证产品的提供者和旅游目的地可以盈利。旅游运营商通常难以将所有类型的度假活动参加者都进行细分，因此，他们通常将徒步游、自行车游和观光游组织在同一个宣传册子上，而把海底探险和水上运动放在另一个宣传册上。

（5）可接近性：通过营销手段应该能够接近细分出的目标市场。如果通过营销手段无法接近细分市场，那么这个市场细分是不可行的。

（6）可操作性：旅游目的地或旅游产品一定要能够满足细分的目标市场的需求。要考虑对细分市场实施市场营销组合时是否会有障碍。要确保目标市场能够有正确的产品定位和具有可进入性。

3. "新旅游""新旅游者"与旅游市场的超细分化

20世纪80年代末期，持续了近40年的大众旅游开始受到质疑并走向衰退，一种新型的旅游模式迅速崛起，现代旅游正步入新的发展时代。普恩对"新旅游"的定义是：新旅游产品是灵活的，可与标准化批量生产的产品在价格上竞争；新旅游产品的生产不再仅取决于规模经济，而是在生产过程中兼顾规模经济和满足不同游客的特殊需求、提供量身定做的个性化产品；新旅游产品的生产更多地受消费者不同需求的驱动；促销手段因旅游者需求、收入、时间和兴趣的不同而异，大众化营销模式不再占主导地位。普恩预言"旧旅游"将走向衰退，"新旅游"将取而代之。

"新旅游"模式中的"新旅游者"更富有旅游经验，受过更多的教育，更能为旅游目的地着想，寻求旅游的 REAL 体验（如前文所述）。按照普恩的预言，大众旅游者会逐渐向新旅游者转变。新旅游者最终会成为旅游市场的核心，取代传统的大众旅游者成为旅游市场的主体。

旅游需求的个性化和多样化成为新旅游的常态，为了适应这一变化，现代旅游市场中出现了市场超细分化的趋势。旅游企业在原来大众游客细分的基础上，对产生新需求的消费群体进行再细分，一直细分至每个旅游者的个体需求。这样便于对每个细分市场上游客的独特性进行准确识别，帮助旅游经营者从更深的层次了解、满足和开发人们的旅游需求，提供个性化的旅游产品和服务。信息技术的发展为旅游市场的超细分化趋势提供了保障手段。如，旅游中间商开始利用动态打包（Dynamic Packaging）功能创建出符合旅游者个性化需求的旅游产品和服务。

**（二）　信息时代旅游者的需求特征**

1. 旅游需求量的增长

不断增长的旅游消费需求规模和旅游消费需求的复杂性推动了信息技术在旅游业中的应用。信息技术快速发展的背景下，互联网用户规模迅速扩张。国际电信联盟（ITU）的《2014 年的世界：信息数字技术事实与数字》报告预计，到 2014 年年底，全球的互联网用户普及率将达 40%，全球互联网用户将接近 30 亿。互联网的普及率在发达国家为 78%，在发展中国家仅为 32%。根据中国互联网络信息中心（CNNIC）的《第 34 次中国互联网发展状况统计》，截至 2014 年 6 月，我国网民规模达 6.32 亿，互联网普及率为 46.9%（图 3 - 2）。可见，我国互联网普及率虽高于发展中国家的平均水平，但与发达国家相比仍然有着相当的差距，还有很大的发展空间（图 3 - 3 和图 3 - 4）。

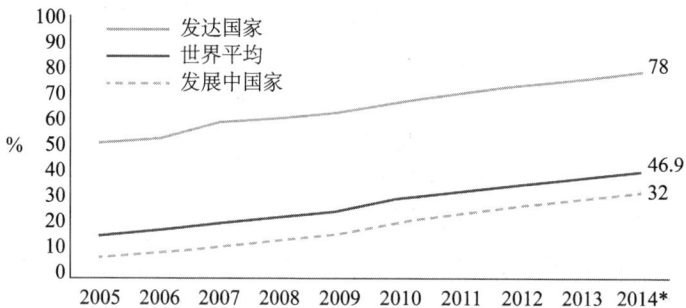

数据来源：世界电信联盟（ITU）的世界电信/信息技术指标数据库
备注：＊为估计值

**图 3 - 2　互联网个人用户普及使用率（2005—2014）**

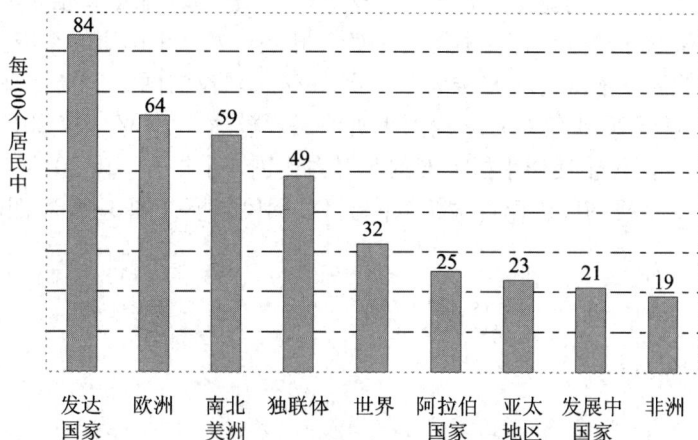

**图 3 - 3　2014 年各地区互联网个人用户普及使用率①**

**图 3 - 4　中国网民规模和互联网普及率②**

　　随着移动网络技术的不断发展，全球范围内的移动宽带和手机上网用户的数量增长迅猛。国际电信联盟（ITU）的报告指出，到 2014 年年底，全球移动宽带

　　① 数据来源：国际电信联盟（ITU），2014

　　② 数据来源：CNNIC，2014

用户数增长迅速，移动宽带的普及率将达32%，是2011年的2倍及2009年的4倍。发达国家的移动宽带普及率将达84%，相当于发展中国家的4倍。移动宽带普及率最高的区域依次为欧洲64%、美洲59%、阿拉伯国家25%、亚太23%和非洲19%。截至2014年6月，我国手机网民规模达5.27亿，较2013年年底增加2699万人，网民中使用手机上网的人群占比进一步提升，由2013年的81%提升至83.4%，手机网民规模首次超越传统PC网民规模（图3-5和图3-6）。

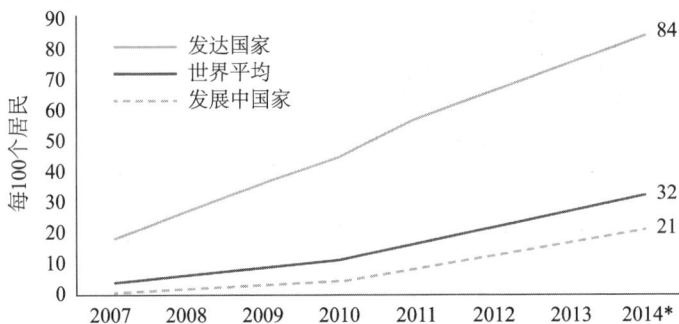

数据来源：世界电信联盟（ITU）的世界电信/信息技术指标数据库备
注：＊为估计值

**图3-5　移动宽带网络使用率（2007—2014）**

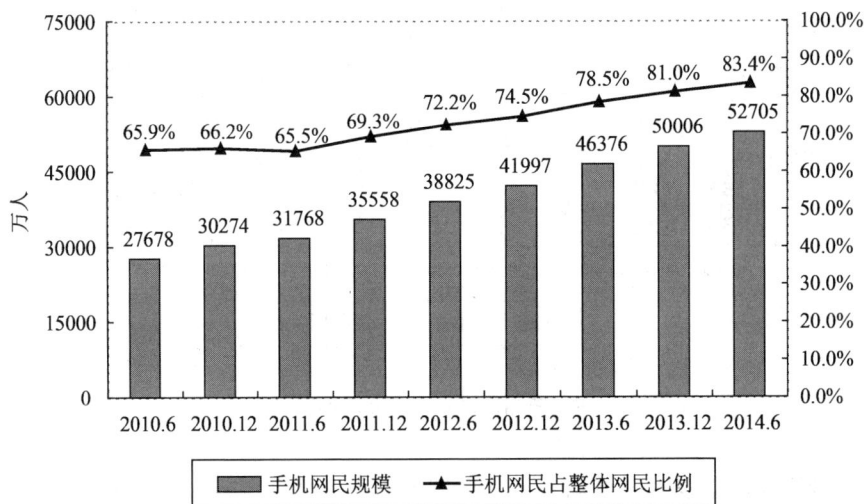

**图3-6　中国手机网民规模及其占网民比例①**

---

① 数据来源：CNNIC，2014

近年来，利用各种信息技术了解旅游信息、预订旅游产品、与产品供应商或旅游同伴交互、分享旅游体验的人越来越多。以我国在线旅游预订的旅游者为例，中国互联网络信息中心（CNNIC）发布的《2012—2013 中国在线旅游预订行业发展报告》中显示，2013 年中国在线旅游预订市场发展迅速，行业处于快速成长期，截至 2013 年 6 月，在网上预订过机票、酒店、火车票和旅行行程的网民规模达到 1.33 亿，占网民比例为 22.4%。2012 年美国在线旅游渗透率达到70%，与消费旅游前沿美国相比，中国在线旅游者规模将有较大扩张潜力。

### 2. 旅游需求质的提高

信息时代的旅游者旅游经验日益丰富，生活水平不断提高，对旅游产品和旅游服务有更高的要求和期望。通过使用信息技术，旅游者对旅游目的地和旅游企业更加了解，希望投入的钱和时间带来更高的价值，更好的体验。信息时代的旅游者依赖 ICT 获得旅游目的地和旅游体验的信息，对旅游目的地和旅游服务经验多的旅游者，需要更深层次的信息。旅游者通过互联网不仅获得旅游产品信息，还获得旅游目的地的资源、历史、社会和经济结构等信息，使他们能更好地与当地人接触互动。旅游者通过网络社交媒体与其他旅游者交换在不同旅游企业、目的地和中介的旅游经验和心得，从而得出自己的选择偏好。旅游者更愿意花时间去主动体验和发现自己的特殊兴趣，在旅游活动中参与性更强。正如前文提到的"新旅游者"在旅游目的地所寻求的不只是旅游活动本身，还包括 REAL 体验，即 Rewarding（有益的）、Enriching（丰富的）、Adventuresome（冒险性的）、Learning（学习性的）。

### 3. 旅游需求更个性化

信息时代旅游者消费需求的最突出的一个特征就是个性化。旅游者不再满足于传统旅游产品，如传统的海滨旅游产品和传统的城市旅游产品。旅游者需要更个性化的、更有真实感、内容更丰富的旅游体验。互联网的普及和电子商务的发展，为旅游者个性化需求的释放提供了巨大而自由的空间。旅游者可以通过网络定制适合自己的机票、宾馆、旅游线路等产品，还可以将自己独特的旅游需求传达给旅游供应商。同时信息技术也是旅游企业能够有效地识别消费者的需求，并为每一个消费者设计个性化的价值增值链。

### 4. 对旅游信息的需要精准化

旅游者需要获得的旅游信息是否及时准确，是满足消费者需求的关键。利用互联网获取旅游信息的旅游者中，很大部分人群的收入较高，但没有休闲时间，大部分时间用来工作，他们视时间为生命，这部分旅游消费者出行前会做好充分的信息搜集准备，精心安排时间和计划旅游过程。信息技术可为旅游者提供更综合、更准确的信息内容，这让旅游者更省时、省钱、省力地进行预订。互联网提供给旅游者包括了"食、住、行、游、购、娱"等方方面面的海量旅游信息，旅游者可通过搜索引擎和垂直搜索引擎检索自己需要的信息。通过搜索引擎获得的信息量大、查询不准确、深度不够，垂直搜索引擎可以缓解这些问题。垂直搜索是针对某一特定领域、某一特定人群或某一特定需求的信息进行检索，搜索更专业、精准和深入。旅游者在准确地获得旅游产品中各设施的信息能使他们对旅游产品有一种现实的预期，从而提高他们的满意度。

**（三）　在线旅游消费者的市场细分**

根据艾瑞（iResearch）发布的《中国在线旅游度假市场研究报告（2014）》，在线旅游消费者的特征表现为：25～35岁的用户构成在线旅游用户主要群体；男性略多于女性。大学本科，已婚有小孩用户构成在线旅游用户主要群体；中高收入人群依然为在线旅游主要用户，个人月收入超过5000元的用户接近70%，同样，在家庭月收入中，1万～2万元成为在线旅游的主要用户群体。尽管在线旅游消费者拥有一些共同的特征，但这仍是一个由很多特征各异的细分群体组成的市场。

1. 从价值度与成熟度区分旅游消费者

一方面，由于用户的年龄不同、使用互联网年限的不同、使用在线旅游预订的年限不同、文化程度不同，其对旅游预订产品的偏好和旅游预订行为不同，即所谓的成熟度不同。另一方面，由于用户的消费能力不同、过往旅游花费和新近旅游花费不同，以及年度旅游计划不同，导致用户自身的价值和带给网站的价值不同，即所谓的价值度不同。CNNIC从价值度与成熟度两个经典维度对用户进行分群分类研究，以收入特征和年龄特征对在线旅游预订群体进行聚类分析。根据最佳区分度分为四类人群：高收入社会中坚力量族，占比15.9%；中等收入社会新生力量族，占比49.3%；中等收入稳定安逸族，占比27.9%；低收入社会游侠族，占比6.9%，详见表3-2。

（1）高收入社会中坚力量族：职业分布主要集中在个体户/自由职业者人群，所占比例为32.3%；其次是企业/公司职员和管理者以及专业技术人员。教育程度偏高，大学本科及以上学历者占51.4%。偏爱信用卡支付，1万～2万元花费人群分布较多，占比19.5%。

（2）中等收入社会新生力量族：以学生群体和企业/公司一般职员为主，所占比例分别为31.5%和23.2%；其次是专业技术人员和个体户/自由职业者。教育程度中等偏上，大学本科及以上学历者占46.8%。偏爱网上银行支付和第三方支付工具，旅游花费在5000元以内分布较多，分别占比53.9%。

（3）中等收入稳定安逸族：在社会各职业中分布较为均衡。大学本科及以上学历者占比32.6%，大专和高中/中专/技校者分别占比25.8%和26.0%。偏爱到店支付，旅游花费在 5000～10000 元人群分布较多，占比 29.2%。

（4）低收入社会游侠族：以学生群体占多数，所占比例高 70.5%。受教育程度偏低，并以在校学生群体为主，初中学历占比 30.9%，高中/中专/技校占比 26%，小学及以下占比 23.6%。除手机支付外，其他方式支付人群均占有不小的比例，旅游花费在 5000 元以内分布较多，分别占比 56.2%。

**表 3 - 2　在线旅游消费者四类人群特征**

| 四类人群 | 高收入社会中坚力量族 | 中等收入社会新生力量族 | 中等收入稳定安逸族 | 低收入社会游侠族 |
|---|---|---|---|---|
| 收入特征 | 1 万元以上，68.2%<br>8001～10000 元，31.4% | 1001～3000 元，37.4%<br>3001～5000 元，32% | 3001～5000 元，40.4%<br>1001～3000 元，30.9%<br>5000～8000 元，24.3% | 201～500 元，26%<br>101～200 元，21% |
| 代际特征 | 80 后　51.4%<br>70 后　28.5%<br>90 后　8.8% | 90 后　52.4%<br>80 后　47.2% | 70 后　40.6%<br>80 后　28.4%<br>60 后　16.9% | 90 后　52%<br>80 后　12.2% |
| 职业特征 | 个体户/自由职业者<br>专业技术人员<br>企业/公司中层管理者<br>企业/公司高层管理者 | 学生<br>企业/公司一般职员<br>专业技术人员<br>个体户/自由职业者 | 企业/公司一般职员<br>个体户/自由职业者<br>专业技术人员<br>企业/公司中层管理者<br>退休人员 | 学生<br>个体户/自由职业者<br>农林牧渔劳动者<br>无业/下岗/失业 |
| 受教育程度 | 教育程度偏高<br><br>大学本科及以上学历者占 51.4% | 教育程度中等偏上<br><br>大学本科及以上学历者占 46.8% | 中等收入稳健安逸族教育程度中等偏下<br>大学本科及以上学历者占比 32.6% | 低收入社会游侠族受教育程度偏低<br>以在校学生群体为主 |
| 支付方式 | 偏爱信用卡支付<br>占比为 47.4% | 偏爱网上银行支付和第三方支付工具<br>占比分别为 74.1% 和 29.5% | 到店支付<br>占比为 27.3% | 手机支付外的各种支付方式差异不大 |
| 旅游花费 | 1 万～2 万元花费人群分布较多 | 5000 元以内花费人群分布较多 | 5000～1 万元花费人群分布较多 | 5000 元以内花费人群分布较多 |

2. 从消费者对信息技术的偏好程度区分旅游消费者

根据消费者对信息技术的偏好程度，可将旅游消费者划分为 3 个类别，即传统型旅游消费者、过渡型旅游消费者和网络型旅游消费者。

（1）传统型消费者的主要特征是依靠传统媒体作为获取旅游信息的手段，主要是一些受教育程度不高的工薪人员，随着网络技术的普及，这类消费者的数量越来越少。

（2）过渡型消费者是从传统型走向网络型的消费者，这类消费者比较重视在网络上搜集相关信息，进行相关产品或服务的比较，但最终还得依靠线下的方式与旅游产品经营者进行交易，过渡型消费者是目前中国旅游市场的主流，消费者更多的是把网络作为一种信息收集的工具，而不是作为交易工具的全部。

（3）网络型消费者主要指通过网络来完成全部与旅游有关的行为，主要是青年人和受教育程度较高的工薪人员，包括最初的旅游信息查询、安排旅游计划、与旅行社进行联系、预订旅游线路、相关的交易支付工作及旅游行为结束后对产品和企业的评估等。

随着信息技术的发展，传统型旅游消费者和过渡型旅游消费者将逐渐转变为网络型旅游消费者。网络型消费者将是中国散客旅游市场和商务旅游市场的主流。

## 三、信息时代旅游者的行为特征

信息技术已经在很大程度上改变了旅游业，提升了旅游产品和服务质量，同时也改变了旅游者的行为。随着网络技术实现了 20 年的商业化，信息技术不断改变和影响着旅游者获取旅游相关信息的途径和使用这些信息的方法。首先，网络现在有大量的表现了很多人"外化记忆"的信息，因此，现在个人的每日生活更加依赖网络。随之而来的，搜索引擎等工具已成为影响旅游者获取旅游产品信息的主要渠道。其次，社交媒体的快速发展已经改变了在线交流动力学。最后，最近移动计算方面的发展，特别是智能手机和旅游 APP 的普及，开创了信息搜索和使用的新方式，使旅途中旅游者根据情景明确的需求在指导旅游决策中的作用日益凸显。理解信息技术如何影响消费者行为可以作为明确和发展有效的可持续的市场营销交流策略中的重要基础。

目前，越来越多的旅游者对网络旅游信息搜索、制订旅游计划、在线支付等行为已非常适应。随着信息技术对旅游消费全过程的支持不断完善，以及旅游消费者信息使用能力和技能普遍提高，原有的技术性障碍已被逐渐消除。

### （一）旅游信息搜索行为

1. 搜索和行动同时性

信息时代，旅游者自主地搜集信息并制订旅游计划，并且开始在移动的环境中遨游网络。3G、4G 时代的到来和智能手机的普及，为旅游者搜索和行动的同时性提供了技术上的保证。根据 CNNIC 数据显示，截至 2014 年 6 月，我国搜索引擎用户规模达 5.07 亿，使用率为 80.3%，用户规模较 2013 年 12 月增长 3.6%。与此同时，手机搜索用户数达 4.06 亿，使用率达到 77.0%，用户规模较 2013 年 12 月增长 11.2%。手机搜索用户规模增长迅速，手机搜索已经超过手机新闻，成为除手机即时通信以外的第二大手机应用。现代人出行旅游，不再必须坐在计算机前把旅行计划中的食、宿、行等各个方面的信息都搜集完备并记录下来了。借助于智能手机，人们可以潇洒地在离家的途中搜索酒店、美食以及各种即时信息，例如交通状况、天气预报等。因此，搜索和行动的同时性不再是梦想，这极大地降低了旅游者出游前的时间支出，而且信息的时效性更高。

2. 搜索主体个性化

从调查数据可以发现，截至 2014 年 6 月，我国手机网民规模达 5.27 亿，以年轻用户为主，年龄为 30 岁及以下的手机网民在总体手机网民中占比达 60%，近 3.16 亿。其中，以 20～29 岁年龄段的 80、90 后手机网民占比最大，为 33.4%。80 后的标签是个性张扬，是以自我为中心的一代（Me-generation），其青睐的是自助游、拼游、互换游等流行的旅游方式。拒绝传统，讨厌平庸，特立独行是其毕生的追求。80 后对旅游信息的吸收和获取渠道与其他年代的消费群体有天壤之别。他们更加重视出行前的虚拟体验和旅游企业的品牌形象，希望一切都能够为其量身定制，并贴上专属于我的标签（图 3 - 7）。

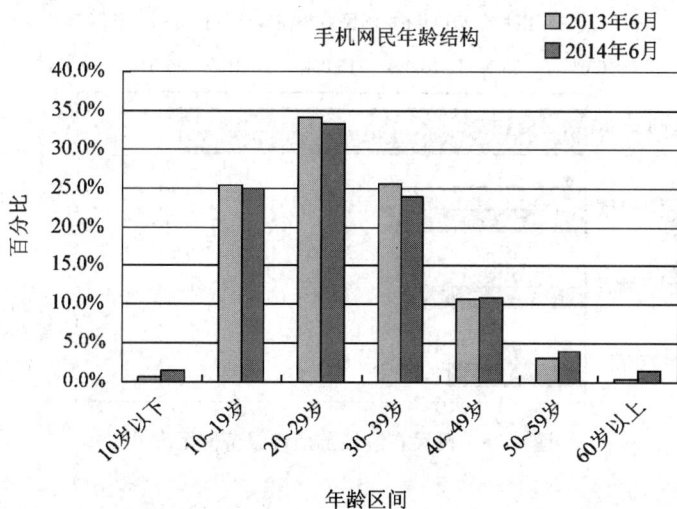

图 3 - 7　2013 年 6 月至 2014 年 6 月手机网民年龄结构比较①

**（二）　旅游产品在线预订行为**

1. 旅游在线预订增长迅速

旅游网上预订用户规模增长迅速。截至 2014 年 6 月，在网上预订过机票、

---

① 数据来源：CNNIC，2014

酒店、火车票或旅行行程的网民规模达到1.9亿，较2013年年底增长4.9%，我国网民使用在线旅行预订的比例由29.3%提升至30%。在网上预订机票、酒店、火车票和旅行行程的网民占比分别为23.9%、11.7%、10.7%和8.1%。值得注意的是，网上预订旅行行程的网民规模增长迅速，半年度增长1257万人，涨幅32.4%，对整体在线旅行预订用户（包括机票、酒店、火车票或旅行行程等预订的用户）规模增长的贡献最大。与此同时，手机预订机票、酒店、火车票或旅行行程用户规模达到7537万，较2013年12月增长65.4%，我国网民使用手机在线旅行预订的比例由9.1%提升至14.3%。

从在线预订的旅游产品内容上来看，火车票在线预订用户规模最大，为8135万人，使用人数占总体网民比例的61.4%。其次依次为机票在线预订和酒店在线预订，二者的用户规模相差不多，分别为6936万和6690万，使用比例分别为52.3%和50.5%。旅游度假属于更高层次的精神需求，对消费能力要求较高，因而旅游度假和景区门票在线预订的网民渗透率相对较低，仅为18.2%和17.8%（图3-8）。

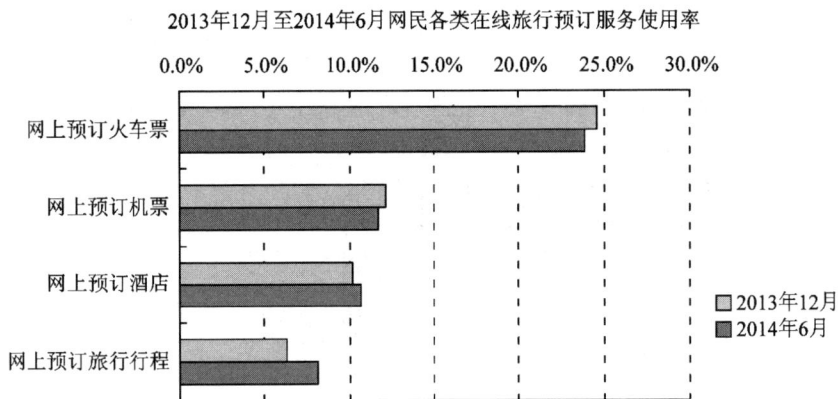

图3-8 网民在线旅游预订服务使用率①

在线旅行预订用户规模的增长主要归结为以下3个因素：第一，政府相关部门的大力支持。国家旅游局将2014年确定为"智慧旅游年"，鼓励企业借助云计算技术、互联网/移动互联网、智能终端等先进手段，提升在线旅行预订的服务品质和用户体验。第二，社会资本对旅游较高的投资热度，以及行业内部投资并购活跃，促进旅游行业整体环境的改善和服务质量的提升。第三，旅游产品的完善、企业宣传促销力度加大、移动APP的推广应用激发消费者的旅行需求，并

---

① 数据来源：CNNIC，2014

促使大量线下旅行预订用户向线上转移。

2. 智能手机预订已成为第二大预订方式

随着智能手机网民规模的迅速增长，智能手机预订旅游产品增长趋势明显。截至 2014 年 6 月底，我国智能手机网民规模达 4.8 亿，在手机网民中占比达 91.1%，智能手机已成为我国移动互联网发展的重要载体。智能手机预订超过电话预订。中国在线度假用户中有 68% 是通过计算机预订购买度假产品的。另有 18.4% 的用户通过智能手机下单购买，这一比例超过了电话预订，成为仅次于计算机预订的方式；在线度假用户更多选择国庆假期占出游 27.4%，其次是年假期间出游占 23.0% 和小长假出游占 21.5%。

3. 线上预订旅游花费和旅游预算较大

在旅游花费方面，与线下预订用户相比，线上预订用户 2012 年的旅游花费数目相对较大，花费在 2 万 ~5 万元之间的占比 11.0%，花费在 1 万 ~1.5 万元的占比 10.8%，二者的用户量明显高于线下预订用户。而线下预订花费的数目相对较小，花费在 1000 ~ 3000 元的占比 24.6%，花费在 1000 元以内的占比 12.4%。在旅游预算方面，与线下预订相比，2013 年中国旅游预订市场，线上预订用户的旅游预算主要集中分布在 3000 ~15000 元之间；线下预订用户的旅游预算主要集中分布在 5000 元以下。

**（三）　旅游者信息交互行为**

1. 信息技术增强了旅游产品提供者和旅游者之间信息交换的瞬时性和互交性

互联网的普及，旅游者随时能找到适合自己、快速、便捷的交流方式，提高了旅游产品提供者和消费者之间交换信息的效率，利于旅游消费者做出瞬时性决策。同时在线交流，使得旅游者与旅游产品提供者之间进一步互相沟通和理解各自的想法，增强了双方信息交换的互交性，也增强了旅游产品供应商对旅游消费者追求核心价值的理解，保障了旅游产品和服务的质量。

2. 社交媒体的应用贯穿旅游全过程

社交媒体为旅游市场注入新的市场活力，社会化媒体贯穿于旅游在线预订以及旅游行程的始终，进行在线旅游预订之前，在新浪和豆瓣上查找、比较、分享信息的用户分别占 21.9% 和 11.6%。而 19.4% 和 17.6% 的用户在旅行过程中或结束后到新浪微博和腾讯微博分享旅行见闻。社会化媒体的交互作用刺激在线旅游预订用户产生正向消费，成为促进在线旅游预订市场发展的催化剂。旅游者已经习惯于在博客、微博、微信朋友圈上分享出游经历。艾瑞调研显示，2013 年中国在线度假用户分享出游经历首选渠道是：博客占 61.6%，其次是微博占 56.1%，再次是微信朋友圈占 46.2%（表 3 - 3 和表 3 - 4）。

表 3-3　2013 年 12 月至 2014 年 6 月中国网民各类网络应用的使用率

| 应用 | 2014 年 6 月 | | 2013 年 12 月 | | 半年增长率 |
| --- | --- | --- | --- | --- | --- |
| | 用户规模（万） | 网民使用率（%） | 用户规模（万） | 网民使用率（%） | （%） |
| 即时通信 | 56423 | 89.3 | 53215 | 86.2 | 6.0 |
| 搜索引擎 | 50749 | 80.3 | 48966 | 79.3 | 3.6 |
| 网络新闻 | 50316 | 79.6 | 49132 | 79.6 | 2.4 |
| 网络音乐 | 48761 | 77.2 | 45312 | 73.4 | 7.6 |
| 博客/个人空间 | 44430 | 70.3 | 43658 | 70.7 | 1.8 |
| 网络视频 | 43877 | 69.4 | 42820 | 69.3 | 2.5 |
| 网络游戏 | 36811 | 58.2 | 33803 | 54.7 | 8.9 |
| 网络购物 | 33151 | 52.5 | 30189 | 48.9 | 9.8 |
| 网上支付 | 29227 | 46.2 | 26020 | 42.1 | 12.3 |
| 网络文学 | 28939 | 45.8 | 27441 | 44.4 | 5.5 |
| 微博 | 27535 | 43.6 | 28078 | 45.5 | -1.9 |
| 网上银行 | 27188 | 43.0 | 25006 | 40.5 | 8.7 |
| 电子邮件 | 26867 | 42.5 | 25921 | 42.0 | 3.6 |
| 社交网站 | 25722 | 40.7 | 27769 | 45.0 | -7.4 |
| 旅行预订 | 18960 | 30.0 | 18077 | 29.3 | 4.9 |
| 团购 | 14827 | 23.5 | 14067 | 22.8 | 5.4 |
| 论坛/BBS | 12407 | 19.6 | 12046 | 19.5 | 3.0 |
| 互联网理财 | 6383 | 10.1 | — | — | — |

表 3-4　2013 年 12 月至 2014 年 6 月中国网民各类手机网络应用的使用率

| 应用 | 2014 年 6 月 | | 2013 年 12 月 | | 半年增长率 |
| --- | --- | --- | --- | --- | --- |
| | 用户规模（万） | 网民使用率（%） | 用户规模（万） | 网民使用率（%） | （%） |
| 手机即时通信 | 45921 | 87.1 | 43079 | 86.1 | 6.6 |
| 手机搜索 | 40583 | 77.0 | 36503 | 73.0 | 11.2 |
| 手机网络新闻 | 39087 | 74.2 | 36651 | 73.3 | 6.6 |
| 手机网络音乐 | 35462 | 67.3 | 29104 | 58.2 | 21.8 |
| 手机网络视频 | 29378 | 55.7 | 24669 | 49.3 | 19.1 |
| 手机网络游戏 | 25182 | 47.8 | 21535 | 43.1 | 16.9 |
| 手机网络文学 | 22211 | 42.1 | 20228 | 40.5 | 9.8 |
| 手机网上支付 | 20509 | 38.9 | 12548 | 25.1 | 63.4 |
| 手机网络购物 | 20499 | 38.9 | 14440 | 28.9 | 42.0 |
| 手机微博 | 18851 | 35.8 | 19645 | 39.9 | -4.0 |
| 手机网上银行 | 18316 | 34.8 | 11713 | 23.4 | 56.4 |

| 应用 | 2014 年 6 月 | | 2013 年 12 月 | | 半年增长率 |
|------|------------|--|-------------|--|----------|
| | 用户规模（万） | 网民使用率（%） | 用户规模（万） | 网民使用率（%） | （%） |
| 手机邮件 | 14827 | 28.1 | 12714 | 25.4 | 16.6 |
| 手机社交网站 | 13387 | 25.4 | 15430 | 30.9 | −13.2 |
| 手机团购 | 10220 | 19.4 | 8146 | 16.3 | 25.5 |
| 手机旅行预订 | 7537 | 14.3 | 4557 | 9.1 | 65.4 |
| 手机论坛 | 6890 | 13.1 | 5535 | 11.1 | 24.5 |

**（四） 旅游消费行为模式的变革**

体现了消费者行为模式的变革，从基于传统的推销的模型 AIDA 到基于消费者行为研究的 AIDMA 模型，再到基于网络信息的 AISAS 模型、SICAS 模型都体现了消费者购买行为的变化（图 3 −9）。

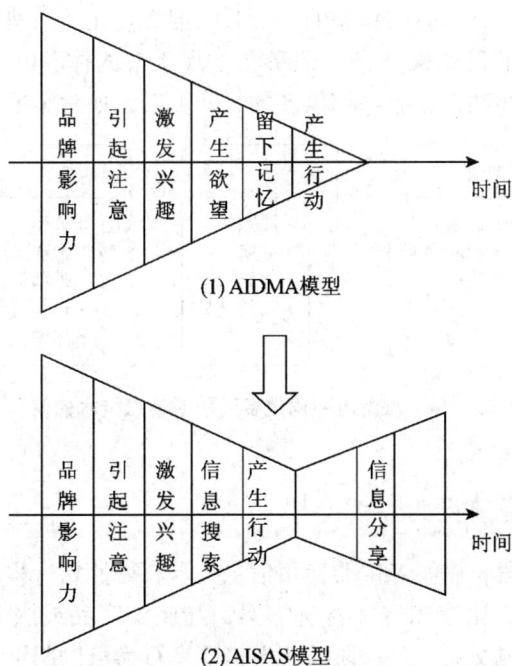

图 3 −9 **AIDMA 模型向 AISAS 模型进化示意图**

# 第三节　信息时代旅游者的消费过程

　　旅游体验的消费不同于许多商品和服务的消费，除了实际旅行过程外，还包括前消费和后消费阶段，可能持续几周或几个月。这些旅游消费过程中的阶段都是典型的信息密集。信息技术在多个阶段消费过程中对消费者发挥着重要支持作用。各种技术在不同阶段应用的具体方式不同，取决于不同阶段消费者期望的不同沟通和信息需求（图3－10）。国内学者研究认为，旅游者的消费行为可分为5个阶段：认识需要、收集信息、评价方案、购买实施和购买后行为。

　　网络技术用在前消费阶段主要是获得计划行程所必需的信息，形成正确期望，评价、比较和选择备选方案，与旅游产品或服务的供应者沟通交流，以便准备和达成交易。在旅游体验实际消费过程中，网络技术的服务功能更多的是联系和获取与具体地点、具体时间相关的和及时的细节。在后消费阶段，人们使用网络技术，以讲故事的形式来分享、记录和重现旅游的体验，也建立与旅游目的地、知名旅游吸引物和产品服务提供者的紧密关系，如常客项目。

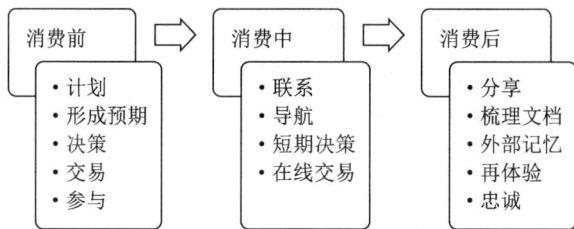

| 消费前 | ⇒ | 消费中 | ⇒ | 消费后 |
|---|---|---|---|---|
| • 计划<br>• 形成预期<br>• 决策<br>• 交易<br>• 参与 | | • 联系<br>• 导航<br>• 短期决策<br>• 在线交易 | | • 分享<br>• 梳理文档<br>• 外部记忆<br>• 再体验<br>• 忠诚 |

**图3－10　旅游者不同消费阶段对信息技术的使用**

## 一、旅游消费前行为

　　旅游消费前阶段，旅游者主要使用信息技术获得计划行程所必需的信息，形成正确期望，评价、比较和选择备选方案，与旅游产品或服务的供应者沟通交流，以便准备和达成交易。这一阶段旅游消费者行为可以归纳为识别需求、信息搜索、评价备选方案和购买决策。

### （一）　旅游信息搜索行为

1. 定义

　　一般来说，当旅游者意识到自己的旅游需求时，会设法多方面搜索信息，以了解基本情况，为下一步的比较奠定基础。有学者将旅游信息搜索定义为一个动态的过程。即"个人使用不同种类、不同数量的信息渠道为其旅游计划提供信息支持"。购买前信息搜寻是指为特定的购买决策而搜寻信息的努力。按照不同的信息渠道类型，信息搜索可以分为内部信息搜索和外部信息搜索。内部信息搜索指消费者在个人长期记忆中提取某些相关的个人经历或知识储备。外部信息搜索包含 4 个来源：个人来源包含自己的家庭和朋友；中立来源包含旅游指南、消费者组织、专业咨询机构、政府部门；商业来源包含电视、广播、报刊杂志、网络、广告宣传、代理机构促销；经验来源包含旅游产品的直接测试和试用经历。

2. 影响因素

旅游者的信息搜索行为受到很多因素的影响，并且影响因素之间存在互动关系。影响因素包括目的地熟悉程度、专业知识、以前的旅游经历、学习效率、内部信息获取成本 5 方面相互制约，是密不可分的整体，共同影响旅游者的信息搜索行为。

3. 旅游信息搜索的内容

通常在购买旅游产品前，旅游者会通过多种途径收集各种相关信息，最终形成对某一个目的地总的概念，并作为旅游决策的依据。这种对目的地总的概念，在行为地理学研究中被称为意境地图，它是旅游者动机形成的主要因素。根据意境地图理论，旅游信息搜索的内容包括：距离、空间关系、旅行时间与舒适感、游憩设施状况、进入目的地的难易程度、目的地居民的好客程度以及对不同目的地质量的评价等。旅游者可以按照自己的偏好和个性需求与旅游生产商与经营商或旅游代理商交流信息，旅游者也可与有经验的网友在线交流信息，搜集信息和获取经验。旅游者通过对信息的获取，不断完善自己的意境地图，增加对目的地效用的客观判断，进一步激发旅游者出游前动机的形成。

4. 网络旅游信息搜索的策略

网络信息搜索是在内部信息不能满足的情况下，通过网络进行在线信息搜索的过程，越来越多的游客利用互联网搜寻信息。网络旅游信息搜索的策略主要包括：使用关键词、使用搜索引擎、使用社交媒体、浏览网页、使用推荐网站目录和访问已知网站等。

（1）使用关键词

网络上使用最多、最早的旅游信息搜索策略就是使用关键词搜索。一般来说，旅游者会选择与主题相关的词或短语进行搜索，如果无法获得满意的信息，他们就尝试其他的关键词进行搜索。高级关键词搜索是指输入多个关键词，且关键词之间用"and""or"等布尔运算符连接，来获得更精确的信息。依照关键词的语法结构和整体结构将关键词分为词、短语、单词组合和长句。词即普通具有单一意义的词，短语指若干个词的组合但还不能构成长句，单词组合指若干个通过空格连接词的组合，长句指能表达完整意思的较长的关键词。研究表明，大部分旅游者使用简单的关键词搜索，较少旅游者使用高级关键词搜索。另一项研究表明，旅游经历和关键词输入数量正相关，网龄（网络熟悉程度）和关键词搜寻频率呈正相关关系。对旅游目的地的熟悉程度越高，使用关键词就越多、目的性越强；网络使用熟悉程度会影响关键词搜索的频次，网龄越长的旅游者使用关键词搜索的频次越高。

（2）使用搜索引擎

网络搜索引擎可用于提取特定主题的网络信息，常见的搜索引擎包括全文索引搜索引擎和垂直搜索引擎等。全文索引搜索引擎通过提取互联网全网网站文字信息，检索与客户要求匹配的信息并提供给客户，常见的有百度、谷歌（Google）等。垂直搜索引擎是专注于特定领域和需求的搜索引擎，例如，去哪儿网（Qunar）就是该类的代表。大部分旅游者都通常都从使用搜索引擎来开始对旅游信息的搜索。一些研究表明，人们通常对搜索引擎有一定的忠诚度，也就是说旅游者使用两个以上搜索引擎进行交叉搜索的情况较少见。事实上，不同的搜索引擎提取和收集信息的方法有所不同，获得的搜索结果也不同。网龄越长的旅游者使用引擎的数量越多，旅游经历越丰富使用引擎数量越多。

（3）使用社交媒体

社交媒体在旅游消费者制订旅游计划中扮演越来越重要的角色。有研究表明，在旅游消费者产生旅游动机时，有超过一半的用户会把社交媒体作为搜索收集旅游信息的重要工具，并作为主要的参考来源。旅游消费者注重社会化媒体所提供的内容主要在5个方面：价格信息、网络口碑、旅游攻略、饮食特色和交通信息，旅游者在产生旅游动机后，会在社会化媒体平台上选择多种方式去搜索旅游信息制订旅游行程，例如旅游攻略，价格，照片等。获取一定数量和质量的旅游信息后，旅游消费者会对这些信息进行处理，形成购买意图。在社会化媒体平台上，旅游消费者的信息处理过程将主动或被动地受到旅游社区、旅游论坛、个人或企业博客、其他社会化媒体用户及旅游企业的影响，逐步修正自己的信息处理方式和信息处理结果。

除此以外，消费者也重视社会化媒体所提供的交通旅游信息，这也恰好是社会化媒体本身的特点，消费者可以使用社会化媒体做到实时更新，这个特点其他营销工具是很难实现的。

（4）浏览网页

浏览网页是网络信息搜索的一种常见的搜索策略，经常用于新信息和相对不熟悉的信息领域。旅游者通过浏览网页信息来理解各种旅游信息的内容、结构和相互联系。超文本提供关键词和主题词的链接来支持旅游者能在各种网页信息中自由探索。旅游者可以使用浏览器一些功能如汇总、收集和可视化工具,来评价浏览结果。在浏览网页过程中,旅游者需要具备一定的浏览技巧来定位信息和获取有用信息,如观察导航目录、线性阅读和网页快速浏览等。

(5)其他

使用推荐网站目录,这种网站目录是预先整理好的,并根据不同主题分类给出的网站目录。一些旅游者喜欢从推荐的旅游网站作为出发点,搜索所需旅游信息。

访问已知的旅游网站是另一种开始搜索旅游信息的策略。旅游者在搜索信息过程中也会浏览自己熟知的网站,如一些旅游企业网站、目的地营销网站等。旅游者通过从收藏夹里选择已知网站或者在地址栏里直接输入网站的 URL 打开已知的网站进行信息搜索。

**(二) 旅游决策行为**

旅游消费者在收集自己所需的旅游产品和旅游目的地信息基础上,会自觉或不自觉地建立起对产品的评价标准,这种评价实际上是一个选择和决策的过程。评价标准有两种:理想产品标准和期望值标准。理想产品标准是消费者根据个人需要构想出一种理想产品,是多种属性的组合,如价格、品质、服务、可用性,具备某些消费者所需的主要属性和特性,消费者为其确定出理想水平或可接受的水平值,然后将待选择的实际产品与理想产品作比较,确定自己的购买方案。

**1. 旅游目的地选择和决策模型**

(1)旅游目的地选择过程模型

克朗普顿认为旅游目的地选择可被定义为感知的限制因素(时间、金钱和经验技能)与目的地形象之间互动的结果。在该理念的基础上,厄姆和克朗普顿在1991 年提出了一套比较完善的旅游目的地选择过程模型。该模型基于 3 个系列的变量(图 3 – 11)。

- 外部因素:指来自社会和市场环境双方面的影响。这些外部因素可以分为意义性(目的地属性)、象征性(市场促销方面的信息)和社会刺激等方面。
- 内部因素:来源于度假者的社会心理特征(个性、动机、价值观和态度)。
- 认知构成:它代表了旅游者整合外部因素和内部因素,并形成目的地的意识域和目的地的激活域。

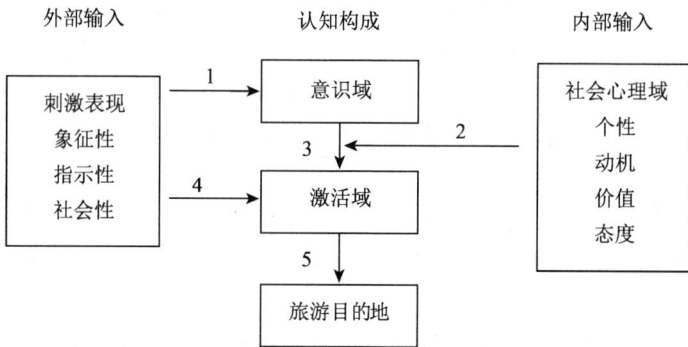

图3-11 旅游目的地选择过程模型

厄姆和克朗普顿又进一步将以上认知评价过程具体划分为5个阶段：①通过被动地获取信息或偶然的学习形成目的地属性的认同；②做出一般的度假决定后，对目的地选择过程正式开始（包括对环境制约因素的考虑）；③从简单地产生目的地的意识向旅游动机激发进而积极主动地选择目的地逐步推进；④通过主动的信息搜索进而形成令人产生欲望的目的地属性的信任；⑤从令人产生欲望的目的地中挑选出一个特定的目的地。

（2）旅游者对旅游目的地的知觉意识及进行选择的综合模型

伍德赛德在1989年提出了一个关于旅游决策的模型：市场变量代表外部输入；旅游者变量代表内部输入。伍德赛德提出的"从意识到目的地向目的地的演进"相当于克朗普顿提出的"从意识域到最终目的地选择域的历程"。但是伍德赛德的方法更为准确，因为对目的地的知觉被视为心理分类的过程，旅游者意识中的目的地可以由此分为考虑域或激活域（自动激起欲望的目的地）、排除域（被拒绝放弃的目的地）、懒惰域（未被积极考虑的目的地）、无知域（没有被人们意识到的无意义的目的地）、意识域（可被人们知觉的存在于意识范围内的目的地）（图3-12）。另外，伍德赛德还提出了克朗普顿模型没有提出的一些重要变量。主要包括以下方面

- 情感联系：旅游者与某一特定目的地相关联的特殊情感。
- 目的地偏好：它受到对目的地意识层次分类和情感联系的共同影响，最终得出的一个对目的地的喜好程度排序。
- 旅游意向：在特定时间对某一特定目的地进行观光游览的感知喜好。
- 情景变量：独立于旅游者与目的地之外的来自于特定时间和地点因素的影响。

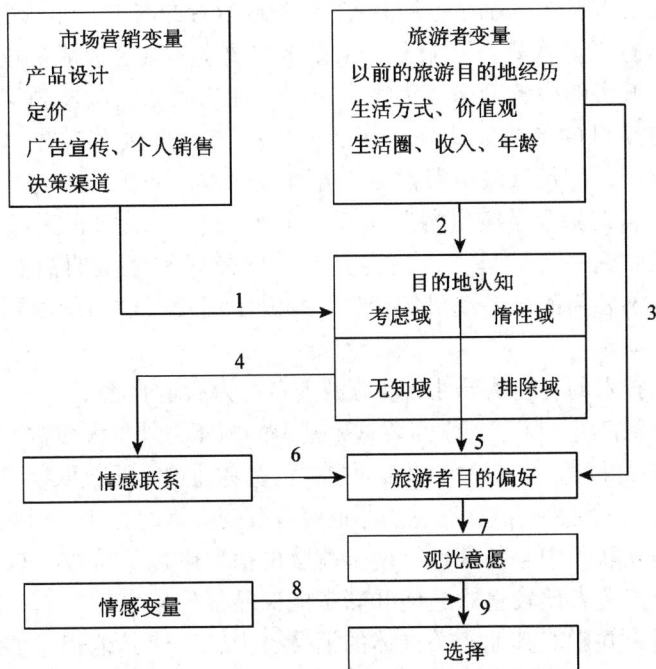

图 3 – 12　旅游者对旅游目的地的知觉意识及进行选择的综合模型

伍德赛德的模型基于心理学对旅游者目的地认知进行的分类被视为是有关旅游者决策研究的一大创举。伍德赛德认为旅游者对目的地的知觉意识，尤其是"四个域"的分类受到了营销组合变量和旅游者变量（图 3 – 12 中的箭头 1 和箭头 2）的共同影响，情感联系通常对一个已经处于激活域中的目的地有着积极意义，极有可能成为被选中的旅游目的地。而对于处于惰性域中的目的地则有着消极作用，被排除在备选旅游目的地之外或者备选序列的最后。旅游者对特定目的地的偏好取决于该目的地处在其考虑域中的排位顺序（箭头 5），而旅游者对目的地的偏好又直接影响到他们的旅游意图。此模型中的"情感联系"和"情感变量"涉及旅游者的非理性决策问题。

2. 信息技术对旅游者决策行为的影响

（1）信息技术可以进一步激发各个消费阶层个性旅游者旅游动机的形成

已有研究表明，在旅游倾向具体化的过程中，起重要作用的是信息。旅游业或社会舆论的信息，不仅能诱发旅游行为，还能直接作用于旅游需要或旅游动机的旅游倾向。自 20 世纪 90 年代以来，散客旅游成为旅游者的主流，而大众化的产品越来越难以满足游客的需求。网上旅游产品具有产品更新快、选择范围广、多样化、个性化等特点，易满足个性化、新潮旅游者的需求。如新之旅国际有限公司开发推出的"量体裁衣"服务，根据客户要求，结合形成特色，利用新之旅全球 175 个城市的服务网络，为客户定制个性化服务，激发高端消费阶层个性旅游者旅游动机的形成。此外，网上的旅游产品直接面向客户，经销渠道少，价格低廉，易满足低端消费群体，并刺激该群体购买欲望与新的消费动机的产生。如"互助游""换房游"就是互联网时代出现的新兴经济型旅游方式。因此，互联网平台的搭建，使得具有共同爱好和体验的消费者进一步沟通，激发了旅游者新的旅游动机的产生，提升了消费者群内的凝聚力，增强了消费者交友的动机。

（2）信息技术的心理诱导性促使旅游消费行为的超前性

心理学研究表明，除了探索需要这个基本的内驱力外，大多数其他行为的动机则是后天学习得到。在整个旅游活动中，消费者通过学习获取信息并积极参与信息传递过程。一些商业信息通过诱导消费者改变决策的方式，影响消费者的旅游决策。根据互联网中心的统计，网上购物的消费者以经济收入较高的中青年为主，这部分消费者比较喜欢超前和新奇的商品，比较容易被新的消费动向和商品介绍吸引，并影响其他相关群体的消费行为，促使其他相关群体超前消费行为的产生。信息技术的心理诱导作用是指信息技术的发展可以促使和引发旅游者对新产品或供应商的态度，并激发其购买欲望。当旅游企业通过信息技术介绍新设计、新构想、新观念及新旅游产品时，通常会影响旅游者的旅游决策。因此，新的消费动向和商品信息成为旅游者决策和影响其他旅游者决策的主要因素。

（三）**旅游产品在线预订行为**

1. 定义

在线预订行为发生于产品的最终使用和消费之前，因此预订者和最终消费者可能存在分离的状况。从旅游产品最终消费的角度来划分，在线预订行为可分为直接预订和代为预订。旅游产品的预订和使用又区别于其他一般消费品，旅游产品预订可能同时为自己和同行人一起预订旅游产品，也有可能是完全为其他人代订，自己并不参与旅游活动中，因此我们规定为自己和同行人一起预订旅游产品的预订属于直接预订；完全为其他人预订，预订者不参与旅游活动的预订行为是代为预订。虽然在线旅游产品的预订者不一定是旅游产品的最终消费者，但是不论是直接消费者还是代为预订者，对于旅游网站来说他们都是网站的直接用户，是在线预订行为的直接实施者，都是在旅游产品购买过程中起到重要影响的人。

从预订的旅游产品类型来看，主要可分为单项旅游产品预订和组合旅游产品预订。单项旅游产品预订主要是指只预订"食、住、行、游、购、娱"六要素之一，在现代旅游者的个性化、定制化的旅游需求影响下，随着航空公司、酒店、景区以及其他旅游产业链的上游供应商涉足在线旅游服务，预订者能够方便地从在线代理商或者直销网站获得相关产品信息进行预订，现阶段单项旅游产品主要指酒店、机票、景区门票的单项预订。组合旅游产品预订是指预订由多个旅游产品组成的组合型旅游产品，包括包含所有元素的包价旅游产品和可以自由选择组合的自由行产品。

2. 在线预订行为特点

在线预订行为实施阶段充分表现出了选择理性化、决策快捷化、消费个性化的特点。互联网时代旅游网站用户能够在最短的时间内搜集到大量的有效信息，尤其垂直搜索引擎以及网站的比价功能也帮助旅游者轻易地比较出不同在线旅游服务商提供的旅游产品的差别，这些都大大缩减了旅游消费者实施购买的时间，旅游网站向预订者提供了一个不受时间、空间限制的购买渠道，旅游计划的实施和旅游产品的预订变得更加方便快捷，因此在线旅游预订行为的实施具有明显的快捷特点。

随着旅游网站平台的产生，旅游网站用户能够顺利地通过点评、攻略、游记等搜集到其他旅游者的感受和评价，通过这些信息，购买者能够全面多方位地了解旅游产品或服务的具体内容和品质，从而做出更理性化的判断。

旅游预订的个性化体现在购买者对于旅游产品的个性化、预订服务的个性化以及预订方式的个性化3个方面。旅游者愿意购买更个性化的旅游产品，因此在旅游网站进行预订的时候他们总容易被能够提供更自由更丰富的产品组合的网站吸引，亲自打造定制属于自己的个性化旅游产品。个性化的预订服务是指旅游网站的用户希望能够在预订购买旅游产品的过程中也能具有个性化的体验。个性化的预订者愿意通过具有个性标志的方式来购买旅游产品，利用他们所熟悉、信任和喜欢的渠道进行预订，选择最合适的方式进行预订和支付。

3. 不同的在线预订购买行为

网络已经成为旅游者完成旅游消费的最好的工具，从网络旅游产品购买行为来看，旅游消费者又可细分为五种类型。即：①"网络参与型"，这类旅游消费者经常在在线旅游社区中讨论旅游体验、共享旅游信息、甚至购买旅游产品；②"价格折扣型"，这类旅游消费者对旅游产品价格非常敏感，他们在网上购买旅游产品的最终目的就是为了要寻求相对较低的价格；③"商品浏览型"，这类旅游消费者的行为习惯比较趋于传统，经常会在旅游网站上浏览旅游产品的内容信息，但可能由于对互联网的信任度较差，或者是对供应商提供的产品存有质疑，他们通常在互联网上只是浏览而最终是在线下通过传统的旅行社购买旅游产品；④"贪图方便型"，这类旅游消费者认为在线购买旅游产品的最大好处就是通过旅游网站可以简化决策流程和时间，为他们省下很多的心思；⑤"自动控制型"，这种旅游消费者非常热衷于在网络上购进相关的旅游产品，他们对整个旅游产品的购买过程情有独钟，而且非常重视实时信息的反馈，在网上购买机票就是一个很好的体现。

## 二、旅游消费中行为

购买中的旅游消费体验。这个过程是旅游者的旅游计划和决策的实施过程，或者说是旅游体验过程。这个过程从旅游消费者自客源地向旅游目的地进行空间位移的旅途开始，持续到旅游者到达旅游目的地并完成旅游体验。

### （一）具体行为

旅游消费中行为主要包括旅游观赏、旅游交往、短期决策和旅游模仿4种。

1. 旅游观赏

在旅游观赏行为中，人的感官发挥了不可替代的作用，信息技术起到了辅助作用。例如，科技馆、博物馆、文化遗产（莫高窟、兵马俑等）所在地的虚拟展示系统等，景区的电子导游或智能导游仪，等等。视觉、听觉、触觉、味觉和嗅觉都得到了充分运用，其中绝大部分信息是通过视觉系统获得的，视觉系统是人体验外部环境的最主要途径。旅游者通过五官对信息的接收，形成一套总体感觉。感觉是人们接触、认识事物的首要环节，感觉的好坏直接影响着旅游体验的结果。因此，可以认为这个阶段是感官体验阶段。

2. 旅游交往

旅游交往得益于移动互联网、移动电子商务、移动通信、多媒体等技术的支持，使这类交往不受空间限制，信息可以及时接收、发布和更新。例如，在公共场所和景区内的多媒体交互式触摸屏（Touch Screen），让使用者只要用手指轻触显示屏，就能实现信息的查找、预订等功能，使人机交互更为便捷。

3. 短期决策

主要是获取旅途中相关信息，并做出短期决策，包括快速定位自己的所在位置，获取周边的旅游景点信息、饮食、住宿、交通、天气信息，需要时获得相应的旅游服务咨询并且预订等。

4. 旅游模仿

旅游模仿具有角色变更和从众行为特点，这里的角色变更指的是旅游者开始作为信息源出现，开始对外传播信息，如通过微博发送信息；从众行为指的是角色变更受到以往的旅游者、名人、时尚人士等影响，旅游者开始效仿他们，体验他们的体验，从而将自己归为某个阶层，或验证博客、论坛等处信息的真实性。

**（二）　信息技术支持的旅游体验**

旅游者在旅游目的地的消费使得感知、情感和认知之间相互联系，这形成了旅游者值得纪念和回忆的旅游体验。信息技术支持的旅游体验类型依据信息技术在旅游体验中发挥的作用，旅游体验可以分为 3 大类：虚拟旅游体验，技术支持的旅游体验，非技术支持的旅游体验。本章主要介绍虚拟旅游体验和技术支持的旅游体验。

1. 虚拟旅游体验

虚拟旅游体验包括虚拟旅游网站、网络游戏、科技展示与模拟体验、3D 或 4D 电影等形式，旅游者可以在本地、异地或旅游吸引物所在地等处实现虚拟旅游。虚拟旅游是借助虚拟现实等技术和设备对真实场景的三维模拟或实景展示，从而构建一个虚拟旅游和互动体验的环境，让体验者在计算机显示器、大屏幕前或特定的环境中实现旅游体验，达到身临其境的感受。

（1）虚拟旅游网站。这类网站具有游戏和网络社区的特点，可以有一定参与性和互动性，正受到年青一代的欢迎。例如，谷歌地球（Google Earth）、"第二生命"网站（www. secondlife. com）、虚拟瑞典（www. virtualsweden. se）、全景摄影网（www. chinavr. net）等。操作者通过点击鼠标，就能实现 360°环景全视，全景照片可以旋转、缩放，有导游、旅游线路和现场演出，能拍照留念，甚至还可以购买纪念品。很多旅游网站提供虚拟旅游体验，这实际是为真正的旅行作宣传和准备。目前，还缺乏真正能实现虚拟旅游的网站，虚拟旅游的表现力和参与性还有待提高，尤其是头盔、数据手套等设备尚不普及。

（2）网络游戏。目前，出现了旅游景区与网络游戏联合打造虚拟景区的案例，将景区变为网络游戏的背景和内容。例如，浙江丽水的飞石岭景区与天畅科技公司进行合作，后者专门为该景区开发了一个全三维立体的飞石岭虚拟世界，把整个飞石岭景点逼真地植入该公司自主研发的网络游戏《大唐风云》之中。

（3）科技展示与模拟体验。这种形式主要用于科技馆、博物馆、旅游景区等，它的科技含量很高，科普意义重大，可以在本地或异地完成，应该成为虚拟旅游的主要形式。不管是现有的景观、已经不复存在的景观，还是规划中的景观，包括人类暂时无法实现的活动（太空旅游等），以及兵马俑、莫高窟等保护性文化遗产，该类体验都具有积极的现实意义。信息技术使这类体验更加富有魅力，信息技术对人体自身、地球、宇宙等种种奥秘的展示，创造了条件和环境促使人类充分利用其大脑和身体，使人类极大地增加了认知能力和认知边界。

2. 技术支持的旅游体验

这类旅游体验包括在旅游活动整个过程中依靠信息技术实现的旅游体验。旅游进行过程中，旅游者通过电子导游、电子门票、GPS 导航仪、多媒体展示、数字影院等方式进行旅游体验。另外，旅游者在旅游体验消费过程中，会利用信息技术进行联系和获取与具体地点、具体时间相关的和及时的细节信息。旅游消费中的旅游者行为主要是获取旅途中相关信息，并做出短期决策，包括快速定位自己的所在位置，获取周边的旅游景点信息、饮食、住宿、交通、天气信息，需要时获得相应的旅游服务咨询并且预订等。有研究表明，基于地理位置的信息服务、个性化推荐服务系统、目的地管理系统和智能交通系统是旅游体验中使用较多的信息技术，本章主要介绍前两种服务。

基于地理位置的信息服务（Location-based Services，LBS），是通过电信移动运营商的无线电通信网络（如 GSM 网、CDMA 网）或外部定位方式（如北斗卫星导航或 GPS）获取移动终端用户的位置信息（地理坐标，或大地坐标），在 GIS 平台的支持下，为用户提供相应服务的一种增值业务。在 LBS 技术的支持下，不仅实现谷歌地图的定位功能、大众点评网的地点搜索、评价和查看功能，同时也实现了开心网、人人网的 SNS 平台上的人际社交网络的互动，更为重要的是 LBS 整合了互联网平台和移动数据平台，创建了"基于地理位置"的信息服务，整合线上、线下资源，实现了全方位的社会化网络服务系统。如今，LBS 能够广泛支持需要动态地理空间信息的应用，从寻找旅馆、急救服务到导航，几乎可以覆盖旅游消费中的所有方面。LBS 技术、推送技术和推荐系统可以为旅游消费者提供情景感知、地理位置感知和个性化的服务，这不仅使旅游者受益，也保障了旅游目的地的商业繁荣和经济多样性发展。

个性化推介服务是为解决互联网信息过载问题而提出的一种智能代理系统，能从大量信息中智能、自动化筛选出符合用户兴趣偏好或需求的资源，并向用户自动推荐。旅游个性化推介服务仅处于旅游产品预订的"个性化定制"阶段，针对整个旅游过程的个性化推介服务尚待完善。旅游个性化推介服务成功实施的关键在于准确获取旅游者时空位置和个性化特征，保证旅游信息推介的时空准确性，符合旅游者个性化需求信息及其动态变化。有学者提出旅游个性化推介向时空一体化方向发展过程中，旅游网站、LBS 网站和 ESNs 可以承担不同的角色，如果能够有效整合 3 种平台，则可以解决时空一体化中的关键问题。时空一体旅游个性化推介服务的内容框架如图 3 - 13 所示。

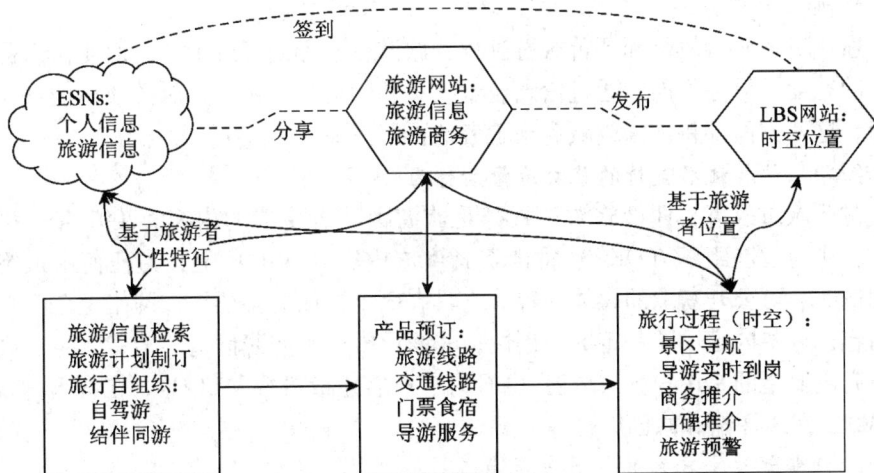

**图 3-13　旅游网站、LBS 和 ESNs 的角色与时空一体个性化推介服务内容框架**

## 三、旅游消费后行为

购买后的反馈总结。这个过程是旅游消费者从目的地返回到客源地之后的阶段。旅游消费者会对旅游经历是否愉快、旅游服务是否满意、旅游需求是否得到充分满足等进行总结评价，而这个反馈过程会直接影响到旅游消费者是否进行下一次旅游消费的选择。这阶段，旅游消费者会使用网络技术，以讲故事的形式来分享、记录和重现旅游的体验，也建立与旅游目的地、知名旅游吸引物和产品服务提供者的紧密关系，如常客项目。

### （一）具体行为

这阶段的旅游者行为可归纳为讲述旅游故事、评价旅游过程和形成再购意愿。

1. 讲述旅游故事

旅游者通过讲述旅游故事来分享、记录和重现旅游体验，包含各种主观印象和情感因素。这种归纳或建构也会修正旅游者自己原有的期望，并为下一次出行做好心理准备，这也是旅游者从体验中学习的过程。

2. 评价旅游过程

对旅游过程的评价，可以是对旅游产品的评价，也可以是对旅游景区或酒店的评价。一是从认知的角度评价实际的产品属性特点是否与期望一致；二是从旅游消费过程中得到的情感体验进行评价，个体的消费情感体验受社会环境的影响，消费后的价值认知与情感体验的关系非常密切。

### 3. 形成再购意愿

通过讲述旅游故事和评价旅游过程，旅游者一方面形成了自己对旅游产品或景区的态度，另一方面，通过信息技术收集和归纳其他人对其旅游故事的评价和反馈，这两方面都将加强或减弱旅游者的再购意愿。

### （二）　信息技术支持的旅游消费后行为

讲述旅游故事、评价旅游过程都是旅游消费者生成的内容。2007 年，世界经济合作与发展组织（OEC）将消费者生成内容（UGC）定义为任何由最终用户创造的、可公开获取的媒体内容。它具有 3 个方面的特征：在网络上公开可用的内容；这些内容反映一定的原创性；非职业常规和实践创造。消费者生成内容的研究主要指的是用户生成内容（UGC）、顾客生成内容（CGC）、在线口碑（e-WOM）、在线评论和原创广告等。

### 1. 消费者生成内容的主要分享渠道

消费者利用原创媒体自由地生成各种各样的内容参与企业商务活动，媒体的可信度和影响力是其美誉度及权威性的衡量依据。当前消费者生成内容的主要分享内容为视频、音频、状态、图片、照片、程序、原创文学、知识文档等，主要通过各类社交网站、社区进行传播，详情见表 3 - 5。

**表 3 - 5　消费者生成内容的主要分享渠道**

| | 内容 | 特点 | 实例 |
|---|---|---|---|
| 音频 | 音频 | 用户录制、编辑上传 | Podcasting |
| 视频 | 视频 | 用户原创、剪辑上传 | YouTube；土豆 |
| 社区 | 状态/图片等 | 用户原创、随时分享 | 微博；人人；微信等 |
| 图片 | 图像/照片等 | 用户拍摄、二次创作 | Flicker；Remixed images；图客 |
| 程序 | 特供商店或共享 | 用户上传应用程序 | App；天翼空间；csdn. net |
| | 文学创作 | 原创文学或二次创作或讨论 | 榕树下 |
| 文档 | 知识/文档共享 | 知识型内容资源，用以学习交流 | 百度文库；维基百科；百度知道 |
| 文字 | 群组聚合 | 粒度不一，新闻、社会化标签、评论或链接的聚合 | 亚马逊；Yahoo Movies；CNET. com；当当；大众点评 |

目前发布于各媒体平台上的 UGC 的主要类型可以分别按照理性与感性、参与人数多少、虚拟社区类型、用户贡献程度和消费相关程度来划分，具体见表 3 - 6。

表3-6 发布于媒体平台的 UGC 类型

| 分类依据 | 类型 |
| --- | --- |
| 理性与感性 | 理性用户（知识分享、倡议）和感性用户（社交、娱乐） |
| 参与人数 | 团体协作产生的内容（维基、论坛、多玩家的在线游戏、虚拟社区）和个体用户创造的内容（专家博客、消费者评论、消费者创造内容） |
| 虚拟社区类型 | 娱乐型、社交型、商业型、兴趣型和舆论型 |
| 用户贡献程度 | 原创的内容、用户添加的内容和用户行为产生的内容 |
| 消费相关程度 | 体验感悟分享、在线口碑/评论等 |

## 2. 基于主客体不同的 UGC 内容

消费者生产内容的对象包括体验主体和体验客体，产生于体验的 UGC 有围绕主体的感悟、故事，也有围绕客体的需求满足、评价等内容，在形式、侧重、信息内容、价值、渠道、品牌承载和互动程度上有所不同，见表3-7。

表3-7 基于体验主客体的 UGC 比较

| 项目 | 基于体验客体的 UGC | 基于体验主体的 UGC |
| --- | --- | --- |
| 形式 | 在线口碑、在线评价 | 评价、感悟、故事、照片、视频等 |
| 侧重点 | 产品或服务 | 体验者 |
| 信息内容 | 产品或服务后 | 体验过程中每个环节 |
| 极性 | 正向—负向 | 正向—中性—负向 |
| 主要价值 | 决策参考价值 | 决策参考价值、社交、娱乐 |
| 真实性 | 人际传播可信度较高 | 亲历体验可信度较高 |
| 常用渠道 | B2C 网络零售商、电子商务网站、第三方消费点评网 | 社交平台网站、消费平台、第三方消费点评网、视频网站、图片网站等 |
| 原创性 | 较容易被模仿 | 较不容易被模仿 |
| 品牌承载 | 强品牌针对性 | 品牌产品或服务作为体验道具或舞台 |
| 互动 | 评价较为独立 | 互动性较强 |

## 【案例分析】

### 美国西部 8 个国家公园自驾游记①

首先要感谢某某网各位前辈的经验分享，因为是第一次在美国自驾，所以设计行程的时候希望能够在有限的时间多走走多看看，因此几个国家公园的有效搭配就显得比较重要，行

① 资料来源：穷游网，http://bbs.qyer.com/thread-740592-1.html

程主要参考了 A 版主以及 B 老师的帖子，前半段以犹他州几个国家公园为主，后半段基本上在旧金山和洛杉矶活动。整个行程走下来，前半段因为赶路比较多感觉有些累，好在三个人轮流开车保证了体力的恢复，后半段在大城市的行程相对轻松随意，整体安排较为紧凑，行程中也经历了一些小惊险，应该算是一次圆满的旅行，我会用图片把整个旅程在此做个详细的记录，希望对大家今后设计行程有所帮助。

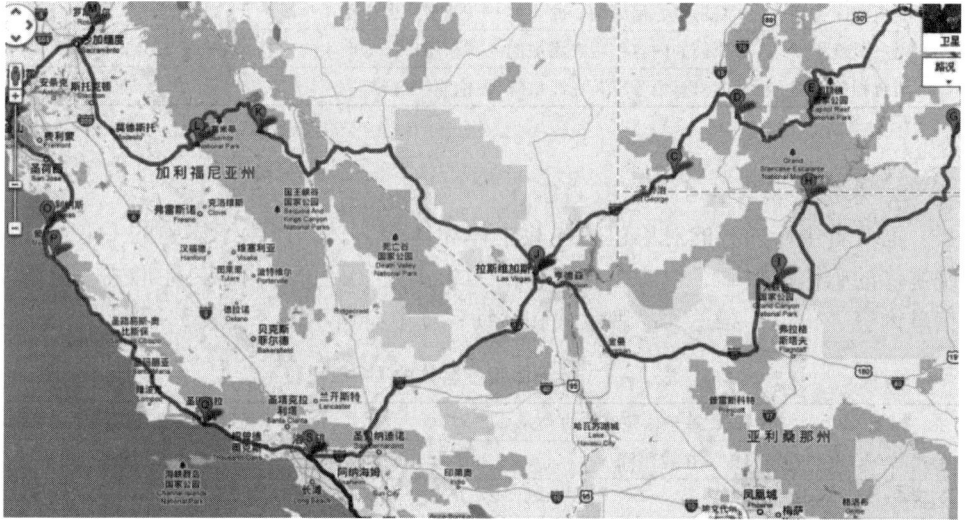

酒店：此行酒店花费共计人民币 11780 元，全部通过 hotel.com 进行预订，考虑到 9 月底、10 月初是国家公园旅游的传统旺季，所以酒店大概是提前一个半月预订的，因为要考虑避开拉斯维加斯周末酒店价格高的因素，还调整了一下行程安排。预订的酒店各种档次都有，主要以美国的连锁 Inn 酒店为主，在拉斯维加斯选择了位置比较好的 bally，在蒙特雷住了一晚 Hyatt 的酒店，房间门口就是高尔夫球场。所有的酒店住下来除了拉斯维加斯，其他的酒店感觉都很不错，连锁的 Inn 类酒店还提供免费的早餐，虽然品种不多，但是能够保证吃饱。条件最好的是在曼莫斯湖住的 Juniper Springs Resort，这个酒店的风格非常温馨，我们住的房间是一个套房，房间里还有壁炉，感觉非常好。

租车：由于我们同行的朋友对越野车非常有研究，所以我们一早就决定租一辆全尺寸的 SUV，这样我们放行李的地方会更充足一些，关于租车大家也分享了很多自己的经验，我研究得比较早，但是动手得比较晚，在出行前一周才开始实施，在 Dollar 的网站上看的时候，全尺寸的 SUV 已经没有了，后来选择 Alamo，订了一个全尺寸的车，当时订完后网站提示早付钱车价会有优惠，于是用信用卡付款，最后付钱是 1046 美元，当时也不太懂这个价钱包含哪些东西，就是觉得 16 天一辆大车还挺便宜，结果提车的时候又要求我们加了 800 多美元的保险，这样合下来一共 1900 美元左右，给了我们一辆 Nissan 的 Armada，国内没有见过，车非常不错，我们一路对它都非常满意，空间巨大。

导航：导航我是在 iTunes Store 购买了的一个 NAVIGON 的美西版，价格 19.99 美元，全程都是在手机和 iPad 上使用的这个导航，之前选择它的时候，看 iTunes 上的评价，有些人给的评价比较低还有点担心，后来全程用下来总体感觉还是不错的，定位很迅速，地图也比较详细，语音提示也挺不错的，推荐给大家使用。

我们的航班在当地时间下午 6 点 35 分左右到达了洛杉矶机场，国航使用的是洛杉矶国际机场的 T2 航站楼，这个时间段不算是国际进港的高峰期，因此海关排队时间不算长，我们大概排了 10 分钟的队，就到了海关窗口，入境工作人员只问了我们此次去美国的目的就让我们过去了。和我们一起的朋友碰到的入境官不太好说话，他问他们来美国的目的，我朋友答"旅游"，然后他说"旅游、旅游，每个人都说自己来旅游"，后来他们又说了半天才通过。海关检疫让我们的所有行李都过了一遍机器，我们也没带什么吃的东西，就顺利完成了入境手续。Alamo 的 Shuttle Bus 站很好找，出了候机楼右手边 10 米左右就是，我们等了 5 分钟就来了一辆车。

拿了车后，我们怀着忐忑的心情开始了自驾之旅，刚开始和导航的磨合还不是太熟悉，所以找第一天的酒店绕了点路，最后顺利到达了第一天的酒店，Travelodge Hotel at LAX Airport。

经验分享：美国的所有房间都需要自带牙刷牙膏，洁面和洗澡用品，酒店只有香皂（包括洗脸皂和洗澡皂，极少数酒店有 Shampoo），需要自带拖鞋。所有酒店都没有烧水壶，但多数酒店都提供免费冰块（美国人只喝凉的哦）。

早上离开酒店的时候，别忘了在床头留个几美元的小费，当然，如果你每个酒店只住一天，以后不回来了，这个可以考虑省了。

酒店的整体感觉还是不错的，价钱也比较合适。

第二天，洛杉矶—拉斯维加斯。

在美国第一天晚上还处在倒时差的过程中，基本上没睡着，和同伴相约 5 点出发，前往拉斯维加斯，出发的时候天还没有亮，我们也处于磨合车与导航的状态中怀着激动的心情，朝着太阳升起的方向往赌城进发。（略）

**【案例提示】**

1. 分析以上游记中，游客使用了哪些信息技术工具，这些工具分别在旅游前、旅游中和旅游后哪个阶段使用的。

2. 本攻略都提供了哪些旅游信息？

3. 本案例中车辆和导航工具的选择决策过程是怎样的？

4. 请思考，本案例将会对准备赴美自驾游的游客有什么启发。

# 第四章

## 旅游供给信息化

【本章目标】

　　学习本章之后，你应该能够
　　● 了解各类旅游供给企业的基本概念和基本业务
　　● 理解信息技术在各类旅游企业中的具体应用
　　● 了解各类旅游供给企业信息化的发展历程、现状和趋势
　　● 理解信息化对于我国各旅游供给企业发展的作用

　　旅游供给企业就是指那些为旅游者直接提供旅游资源、旅游设施和旅游服务的企业。主要包括旅游酒店/饭店企业、旅游景区/景点企业、旅游交通企业、旅游餐饮企业、旅游购物企业及旅游娱乐企业等。

## 第一节　酒店信息化

### 一、酒店的基本业务概述

#### （一）酒店的分类

　　酒店是以接待型建筑设施为依托、为公众提供食宿及其他服务的商业性的服务企业。自 20 世纪五六十年代开始，按照酒店的建筑设备、酒店规模、服务质量和管理水平，逐渐形成了比较统一的等级标准。

　　1. 按照等级分类

　　目前世界上许多国家依据酒店提供的服务项目多少和服务质量的优劣，将酒店划分为不同的等级。酒店等级一般分为 5 级，用"★"的数目（或字母"A"）来表示，称之为星级，星的数目越多表示等级越高。

　　（1）一星级。设备简单，具备食、宿两个最基本的功能，能满足客人最简单的旅行需要，提供基本的服务，属于经济等级，符合经济能力较低的旅游者的

需要。

（2）二星级。设备一般，除具备客房、餐厅等基本设备外，还有卖品部、邮电、理发等综合服务设施，服务质量较好，属于一般旅行等级，满足旅游者的中下等的需要。

（3）三星级。设备齐全，不仅提供住宿，还有会议室、游艺室、酒吧间、咖啡厅、美容室等综合服务设施。每间客房面积约20平方米，家具齐全，并有电冰箱、彩色电视机等。服务质量较好，收费标准较高。能满足中产以上旅游者的需要。目前，这种属于中等水平的酒店在中国星级酒店中数量最多。

（4）四星级。设备豪华，综合服务设施完善，服务项目多，服务质量优良，讲究室内环境艺术，提供优质服务。客人不仅能够得到高级的物质享受，也能得到很好的精神享受。这种酒店国际上通常称为一流水平的酒店，收费一般很高。主要是满足经济地位较高的上层旅游者和公费旅行者的需要。

（5）五星级。是旅游酒店的最高等级。设备十分豪华，设施更加完善，除了房间设施豪华外，服务设施齐全。具有各种各样的餐厅、较大规模的宴会厅及会议厅，综合服务齐全，是社交、会议、娱乐、购物、消遣、保健等的活动中心。环境优美，服务质量要求很高，是一个亲切惬意的小社会。收费标准很高。主要是满足社会名流、高级管理人员、参加国际会议的官员、专家、学者的需要。

2. **按照档次分类**

按照酒店客房价格或酒店建筑费用分类，一般可将酒店分为经济型酒店、中价酒店和豪华酒店三大类。

（1）经济型酒店。经济型酒店是指酒店建设成本低，从而以较低客房价格出售酒店产品和服务的酒店。经济酒店的标准间面积约为25平方米，平均房价每间低于200元。

（2）中价酒店。中价酒店是介于经济酒店和豪华酒店之间的酒店。中价酒店的标准间面积约为36平方米，平均房价每间在360～480元。

（3）豪华酒店。豪华酒店是指酒店建设造价很高，出售酒店产品和服务的价格也相应较高的酒店。豪华酒店的标准间面积约为47平方米，平均房价每间在720～900美元。

3. **按照功能分类**

按照旅游酒店所接待客人的类型和酒店特色进行划分，一般可以分商务型酒店、度假型酒店、公寓式酒店和会议型酒店。

（1）商务型酒店。商务型酒店主要以接待从事商业活动或公务活动的客人为主，是为商务活动服务的。这类客人对酒店的地理位置要求较高，要求酒店靠近城市中心或商业区。其客流量一般不会随季节的变化而发生大的变化。商务酒店设备先进、装修高档、服务质量好、服务水平高。为满足商业旅游者的需要，酒店还配有商务活动所需的设施，如海外直拨电话、互联网、传真、会议室或洽谈室及商务中心等。

（2）度假型酒店。度假型酒店主要以接待休闲、度假及游乐的旅游者为主。多建在自然环境优美怡人的海滨、森林、温泉、湖岸及风景区附近。其经营的季节性较强。度假型酒店除了提供食宿设施外，还提供丰富的娱乐及体育项目服务，如滑雪、划船、冲浪、潜水、垂钓、骑马、狩猎、高尔夫球和网球等活动项目，以满足度假者的休闲、娱乐要求。

（3）公寓式酒店。公寓式酒店是以常住或长期居住的商务客人、度假客人和家庭为主要接待对象的酒店。酒店与宾客之间往往通过签订租约的形式确定租赁关系。这类酒店多采用公寓式或家庭式布局，配有完善的生活设施，如家具、电器及可供宾客自理饮食的厨房设施。因其费用较低、价格合理及管理简便，此类酒店比较受长期住宿的客人的青睐。

（4）会议型酒店。会议型酒店是指接待对象为各种会议团体的酒店。酒店设有各种类型、规格的会议室、陈列室、展览厅、演讲厅及洽谈室等，并专门配有各种会议设施，如投影仪、幻灯机、摄放像设备、扩音设备、视听设备、同声传译设备及电子投票系统等。

**（二） 酒店业务概述**

酒店是以接待型建筑设施为依托、为公众提供食宿及其他服务的商业性的服务企业。酒店无论大小，其主要功能可以分为：大堂接待、客房、餐饮、公共活动和后勤服务管理 5 个主要部分。每个部分的功能相互之间紧密相连构成了酒店的整体业务。其业务流程主要是依据各主要功能部门按照业务分工不同而形成的一个既分工明确又紧密联系的统一整体。

1. 酒店的主业务构成

酒店作为公共服务场所，主要为客人提供休息、用餐和休闲的服务，其主要业务包括客房销售、餐饮以及娱乐的销售。客房业务主要包括提供各种类型的标准房、商务房、单人房、套房以及健康房等；餐饮业务主要包括提供各种中餐、西餐和自助餐等业务；娱乐业务包括棋牌室、保龄球室、游泳馆以及各种类型的健身房等。

2. 酒店主业务流程

酒店主业务通常根据是否直接面对客人而分为前台业务和后台业务两部分。前台业务是直接面对客人的业务，如为客人提供咨询、预订、接待、住宿、餐饮、娱乐、购物服务的业务；后台业务是指那些并不与客人直接接触的业务，如为了确保前台为客人能够提供满意服务而进行的人力、物力、财力、设备、设施、安全的保障工作和协调工作。

客人来酒店住宿通常要经历预订房间、办理入住、店内消费与结算、结账离店等 4 个阶段。酒店前台为住店客人提供这 4 个阶段的服务涉及前厅部、客房部、餐饮部、康乐部等部门及酒店内各收银点。这些部门只有通过密切合作以及信息传递畅通才可能为客人提供一个满意、快捷的服务。

（1）预订业务

预订是客人与酒店之间接触的起始点，是酒店对客人服务的第一个过程。酒店利用各种渠道组织好预订业务的开展，可以提高酒店客房的出租率，提升酒店的经营业绩。客人预订可以通过亲自上门、电话、传真、电子邮件、网络、手机等手段进行预订。依据预订客人的类型，酒店一般将预订分为散客预订和团队预订两大类。

对于散客预订，客人首先进行房间查询并提出预订要求，酒店根据客人的需求和酒店客房的动态信息决定是否接受预订。如果接受预订，则给客人发预订确认单，并收取客人的预订金及出具收据。客人预订后也可以修改及取消预订信息。之后酒店可以按客人的要求预分房或只分房间数。

团队预订与散客预订大致相同，但预订过程稍有区别。团队预订由于所占房间较多，往往不是通过房间查询直接订房的，而是向酒店提出预订需求后，由酒店来确定是否接受预订，并以协议的方式进行确认。团队可以根据双方协议的规定享受低于散客门市价的协议价格及享受挂账的待遇。

（2）接待业务

接待业务是酒店通过总台向客人提供办理入住登记手续、分发房卡、按客人需求开通各种电话服务等业务。接待业务根据客人类型也分为散客接待与团队接待两部分。

接待散客首先确认客人是否有预订，如果有预订则按预订信息核对证件和分配房间并收取住房押金，同时建立客人住店期间的个人消费账户，然后制作房卡并通知开启房间电话。

接待团队与接待散客的关键区别是除了确认该团队所订的房间数量和类型外，还要确认团队的哪些费用是挂在团队总账上，哪些费用是算在团队成员的个人账户上。团队总账由所属单位统一结账，团员的个人账户与散客的个人账户一样，在离店结账时，由团员个人结付。

入住登记完毕后需要分配房间、交纳押金及制作房卡，并修改客人的房间状态。这时客人就具有房间的使用权了。

（3）客房业务

客房业务主要是管理房间的运转状态，并对房间的用品和设备进行管理，保证房间的可用状态。具体客房业务主要包括保洁服务、设备报修、查房整理等，其中最主要的工作是房态维护。客房服务的工作是从客人退房后的查房开始的。当客人退房以后，服务员就进入房间查房，并开始保洁清理工作，即进行房间整理、分发耗品、恢复设备初始状态、统计上报房间内食品、饮料的销售情况等工作。这些工作完成后，客房中心将房态设定为空闲，这时前厅总台就可以再次销售此客房了。

（4）收银结账业务

收银是指酒店各个收银点在对住店客人的消费进行收费或将消费金额记到该客人账户里（即抛账），待客人离店时统一结账。转账是指过夜审时产生的房费、通过程控机接口转来的电话费以及那些通过其他接口转来的计费项目，如视频点播、网费等收费项目。总台结账直接面向客人，其主要业务是为客人提供账单明细查询、账单余额查询等服务以及为客人打印账单并收取结账款和打印发票。对于允许挂账的团队在结账时，将款项转到应收账款中，由收款员收回消费款后再作平账处理。

（5）财务业务

酒店财务是经营中的管理和监控中心，酒店的资金活动以及酒店经营中资金流需要通过财务的各种报表反映出来。酒店财务业务主要对酒店经营进行核算、提供报表以及进行日常费用的报销管理，也包括资本运作管理和根据计划进行业务运作的监控。日常的管理主要是对各种原始凭证进行审核、分类处理，并制作相应的记账凭证，如酒店前厅经营的各种收入，包括客房销售收入、餐饮收入和娱乐收入都通过每天的稽核报表进入财务，作为相关报表编制的依据。到月末、年末，编制相应的财务月报、年报，提供给总经理、董事会以及相关部门。

（6）人事管理业务

酒店人事管理属于后台业务，它主要负责员工招聘、档案管理、人事工资以及晋级考核等管理。人事管理的业务从酒店员工编制的设定开始，然后开始招聘，有些规模大的酒店招聘是经常性的工作。当与员工签订合同后，员工就纳入人事档案，并进行人事调配、绩效考评、晋级考查以及培训管理等工作范围。酒店业是员工流动量比较大的行业，选择及招聘高素质的员工，建立有效的绩效考评制度体现了酒店的档次和管理水平。

（7）工程设备管理业务

酒店工程部主要负责设备运行的管理以及经营中的能耗管理，是酒店后台很重要的一个部门，其管理的质量会影响酒店的运营成本。工程设备管理大体包括设备申购、设备登记、设备维护、设备报修和维修，以及能源的使用与管理。

（8）物资采购管理业务

酒店的物资供应一般分采购与仓库保管两部分。采购业务主要负责根据各种物资使用部门的要求，在市场上按质、按量采购所需的物资，并将所采购物品完好地运回酒店；仓库管理主要负责验收、存储、发放各种物资，并提供保管不同物品的环境条件。这两部分业务在管理上相对独立，但在物资供应业务上却是密切相关的。

## 二、酒店信息化

### （一）酒店管理信息化

现代酒店功能丰富多样，流程错综复杂，每个部分的功能相互之间紧密而复杂地联系构成了酒店的整体。其业务流程主要是依据各主要功能部门按照业务分工不同而形成的一个既分工明确又紧密联系的统一整体。现代酒店的管理也要求向管理一体化的方向发展，即从整个酒店的角度出发，充分发挥信息技术在管理中的作用。让信息技术在各个部门既有数据的管理，又有文本的管理，也有控制的作用。正是针对酒店行业这种需求，酒店管理信息系统应运而生了，它现在已成为现代酒店科学化管理中必不可少的工具。

1. 酒店管理信息系统基本概念

酒店管理信息系统是一个利用计算机技术和信息通信技术对酒店管理信息进行综合控制、以人为主体的人机控制系统。它综合酒店信息提供者、信息请求者和信息传输中介的需求，对涉及的酒店前台运营和后台管理的各种信息进行搜集、整理、发布、存储、调用、更新和集成的信息管理平台。主要用于实现前台信息化管理、后台信息化管理和集成信息化管理三大功能。

2. 酒店管理信息系统作用

酒店管理实质上是对酒店运行过程中人流、物流、资金流、信息流的管理，酒店管理信息系统就其表现形式看是对酒店大量的常规性信息的输入、存储、处理和输出，实际上计算机管理是人工管理的最大协助者。酒店管理信息系统对酒店经营管理的作用主要表现在以下几个方面：

（1）提高酒店管理效益及经济效益

使用酒店管理系统不仅可以节省大量人力、物力，而且能够减少管理上的漏洞，提升酒店服务档次，从整体上提高酒店的经济效益。例如，散客和团队预订系统可有效地防止有房不租或满房重订的现象，并随时提供准确和最新的客房使用和预订情况分析表，从而提高客房出租率；账务管理系统不仅可以减少票据传送，避免管理上的混乱，而且能及时控制超过信用限额的客人，随时催促欠款客账的结算，有效地防止逃账的发生；预测功能可用于市场营销，为促销决策、定价决策等提供依据；电话费自动计费系统及电话开关控制系统可杜绝话费逃账等情况的发生。

（2）提高服务质量

酒店管理信息系统的高速信息处理，有利于酒店提供及时、准确、规范的服务及提高服务质量。例如，快速的信息处理大大减少了宾客入住、用餐、娱乐、结账的等候时间；餐费、电话费、客房饮料费、酒吧饮料费等费用的一次性结账管理，不仅方便了宾客，也提高了酒店的管理效率；快速的历史档案查询为查账或查询信息提供了极大的方便；回头客自动识别、黑名单客人自动报警、VIP客人鉴别功能有利于提升酒店形象；清晰准确的账单、票据、表单使客人感受到高档次的享受；完善的预订系统使宾客入住得到充分保证。

酒店管理信息系统还可使酒店个性化服务得以有效实施。例如，酒店管理信息系统通过对其存储的大量宾客历史资料的统计分析，确定常客名单或消费额达到一定数量的宾客名单，自动给予房价优惠或餐费折扣；对宾客的消费特点进行分析，总结出宾客对住房、生活方面的要求和特点，确定个性化服务方案，做出诸如客房、餐饮特殊安排等，甚至可确定给何人赠送何种报纸杂志、何人何日生日赠送何种礼品等。如此细致入微的服务，会使宾客倍感舒适、温馨。

（3）提高管理效率

酒店管理信息系统严格的数据检查可避免手工操作中疏忽所造成的错误，大大减轻职工工作压力，提高工作效率。酒店的总台每天必须处理客房状况统计、订房信息记录、入住登记记录、信息查询、账务结算等方面的大量信息，如果用手工方式进行上述作业，不仅速度慢，需要的人手多，而且出错的可能性也大。酒店管理信息系统可以大大提高业务运作的速度和准确性。例如，酒店管理信息系统的自动夜间稽核功能结束了手工报表的历史，系统对资料的正确保存避免了手抄客人名单的低效工作，免除了票据传送、登记、整理分类、复核等一系列繁重劳动，取消了专门的境外人员资料手工录入；电话自动计费及电话开关控制系统使话务员的工作简化到只需接听电话，等等。

（4）优化酒店内部管理体系，提高管理人员素质

酒店管理信息系统使酒店各岗位的管理、考核更加科学化、正规化、系统化，如员工工作量考核控制系统、服务操作过程跟踪记录系统，有利于加强对员工的管理。酒店管理信息系统可提供多种安全级别，保证各类数据不被无权访问的人查看和操作。酒店管理信息系统在酒店管理体系中发挥着强有力的稳定作用，可以明显抵消因人员变动或流动对企业业务和管理造成的影响，起到优化酒店管理体系的作用。

酒店管理信息系统的运行,可以提高管理者的工作素质。因为酒店管理信息系统是以人为主的一个综合控制系统,一方面管理者要适应酒店管理信息系统,对该系统能操作、能管理;另一方面管理者要能分析酒店管理信息系统提供的报表,并控制酒店经营系统的正常运行。这样就必然对管理者提出更高的工作要求,即能够利用信息技术实现现代化的经营管理。

(5) 全面掌握营业情况,提高酒店决策水平

酒店市场竞争激烈,管理者需要不断地分析酒店经营状况,预测各种可能发生的情况,做出相应对策。而酒店管理信息系统能够提供完备的历史以及当年度的数据,又可提供各种分析模式,使管理者方便地掌握酒店营业情况,完成复杂的分析工作,做出科学的决策。酒店管理信息系统还提供了对酒店运营进行内部控制,如客房销售控制、食品原料成本控制、客房消耗品数量控制等功能,这些相当完备的信息管理功能,增强了酒店管理者的控制决策水平。

3. 酒店管理信息系统主要功能

根据酒店业务的划分,酒店管理信息系统也相应划分为前台子系统和后台子系统两大部分。酒店管理信息系统结构如图 4 – 1 所示。

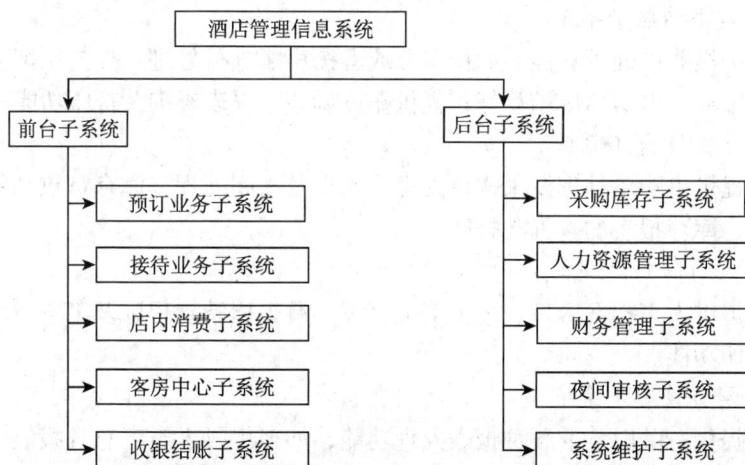

图 4 – 1 酒店管理信息系统结构图

(1) 预订业务子系统主要功能

系统能够根据客史信息做出处理,如自动检查黑名单并做出预警;能够根据客人的需求和房态进行预订单的更改;能够按各种预订方式、预订来源进行预订分类统计,为酒店业务分析提供支持;能够打印输出各种预订报表,如预订到达报表、预订控制表、月报表、预订统计报表;能够随时动态查询房态预订表,即

房间实时使用情况。

（2）接待业务子系统

系统对直接入住的散客能够进行散客信息修改及查询、散客续住管理；系统对预订入住的客人能够进行确认预订单及入住登记管理；系统对入住的团队，能够进行团队入住、分房及费用管理；系统自动能够制作房卡、进行换房、续住、加床处理、折扣调整处理；能够按账号、姓名、日期、房号、来源等信息对住店客人进行查询；能够对历史客人进行查询。

（3）店内消费子系统

系统能够为客人账户开单，并支持现金、支票、信用卡及网络银行等多种支付方式；支持服务费计算、优惠计算等各种费用的计算；提供结账功能、账务查询和报表处理功能。

（4）客房中心子系统

系统可根据房号、类型等进行可用房的查询；能够进行客房状态修改等客房维护工作；能够进行客房内物品维护管理，对客人遗失的物品、索赔记录进行登记；提供房态统计功能。

（5）收银结账子系统

系统提供账单处理功能，如按客账或者按房账进行处理；支持结账处理，如支持单项结算、退房离店结算等；提供账务调整、报表查询及打印功能。

（6）采购库存子系统

系统提供申购单处理及采购单处理、入库及出库处理、库存盘点功能；能够进行采购、库存报表的查询与打印。

（7）人力资源管理子系统

系统提供人事档案管理、员工培训管理、员工招聘管理以及工资定义、发放与报表打印功能。

（8）财务管理子系统

系统提供有关财务的各种报表处理功能，如客房收入类汇总日报表、离店客人汇总报表、离店客人明细报表、营收分析报表、各部门营业报表、夜间报表；还提供固定资产管理功能。

（9）夜间审核功能子系统

系统提供房租核数过账功能，如对账单及付款进行自动过租；能够进行交换班管理；还提供了各部门营业收入日报表、住客催款报表。

（10）系统维护子系统

系统提供了操作人员及密码管理、权限维护功能；能够进行各项基本数据的设置及系统数据的备份。

**（二）　酒店服务信息化**

在今天，人们对于酒店服务质量的要求越来越高，优质服务已经成为酒店尤其是星级酒店的根本。应用信息技术可以有效提升客户对酒店服务的满意度，进而使酒店获得更大的经济利益。通过以下系统可以为客人提供更好的服务和环境，增加酒店的综合竞争力。

1. 交互视频系统

中国酒店服务和经营环境已经进入智能数字化时代。酒店是一个以服务为本的行业，在数字化时代，高端酒店经营者已经开始开辟新的适应客户需求的服务环境和服务方式，酒店行业数字化服务已经成为当今酒店发展的必由之路，无论是商务旅行还是旅游度假，酒店客人都希望在酒店享受宁静休憩的同时，有更多方便快捷的途径，供客人主动选择娱悦身心的娱乐和信息服务内容。

几年以前交互视频系统基本上还是视频点播系统，只起到视频点播的作用，现在的交互视频系统可以用来与服务人员进行交互，既可以达到提高效率的目的，又可以实现管理成本的降低。交互视频系统及其"一站式"服务，为酒店构筑了完善的数字化服务的新模式。交互视频系统的主要功能如下：

（1）酒店服务多媒体展示与沟通平台。系统的平板电视具有清晰、细腻、色彩丰富自然的显示特性，并具备全媒体的表现方式。系统可以通过互动界面展现酒店的客房、设施及提供的服务。

（2）客房视听娱乐平台。支持接入有线电视、卫星电视频道的节目；具有丰富的电影点播服务，画质至少达到 DVD 标准；支持数字内容的显示播放；支持多种语言与字幕。

（3）客房服务数字化平台。具有电子商务功能，支持在客房内订餐、健身休闲、订车、订会议室、订票等服务；系统与酒店管理信息系统整合，实现个性化欢迎画面、账单明细查询、短消息通知等功能。

（4）商旅指南与资讯平台。提供及时的旅行资讯、深度的城市指南；提供时尚、财经、人文、运动、旅游等精选电子报刊。

（5）美观易用的客户体验。利用无线键盘、遥控器能够快捷掌控酒店的服务、资讯、娱乐、客房服务。

2. 客房智能控制系统

酒店客房控制系统是将客房专用电器开关（客房控制器、节电开关、"请勿打扰"等）经智能化设计后与计算机组网运行，实现对客房状态、服务请求、空调及用电系统等的实时监测和控制。系统主要具有如下功能：

（1）客人在前台登记

客人在前台登记后，前台会自动联网将该客房设备进入待启动状态。这时客房内的设备进行自动调节，以达到迎宾的效果。空调运行状态——调节风速到高速，使客房快速达到预定舒适温度。这样等客人进入房间后，便有了一个舒适的房间温度。

（2）客人入住期间

当客人在客房 IC 卡门锁刷卡后，房门自动打开，同时开门信息和客人识别信息自动传输至酒店前台和酒店客房部，此时客房设备的管理权交给客人，前台和客房部可以实时进行远程监控，客房智能集控系统进入自用模式。房门打开时，自动开启廊灯，以便客人进入房间后能够观察客房内情况。房门关上后廊灯延时 30 秒自动关闭。

客人进入客房后，将 IC 卡插入省电钥匙盒，客房智能集控系统进入运行模式。其中，客房所有受控电源插座开始供电，包括电视插座、空调插座等；客人起居空间的所有照明灯开启，达到迎宾的效果，给客人留下深刻的印象；空调进入运行状态，达到相对舒适的温度；客人插卡后，风机自动转为低速运行方式，给客人提供一个安静舒适的环境。

客人在入住期间可以通过客房内的插卡和安装在房间内的智能控制面板对房间内设备进行调节与控制。例如，各种灯光的调节与控制；空调的调节与控制；系统的智能控制面板还带有记忆功能，可一键完成房间所有照明和空调参数的设置与运行。

客人还可以通过客房中系统的智能控制面板开启清洁服务，该信号可以告知客房部或前台进入服务模式；当客人按动系统智能控制面板中的请勿打扰键时，客房门铃自动失效，再次按动后恢复。

（3）客人离店

当客人在前台结账后，客房设备的控制权限自动回归前台中央控制。前台会在客人离开后，自动发出复位命令，将该客人所住房间的所有设备恢复至原始状态（根据管理要求的状态），服务员不需要在房间内清扫完成后人工复位灯光及空调状态，这样可以提高清扫效率及进行统一管理。

（4）客房智能控制系统控制方式

客房部、工程部和前台的计算机可以通过网络直接控制客房内各个电器。客房内各个电器的运行状态也可以实时地反馈到客房部、工程部和前台的计算机上，还可以与其他系统进行相互连接。

例如，通过智能酒店客房网络管理系统，位于局域网上的各台计算机和工作站可以通过局域网查看和控制各个客房的实时状态。智能身份识别、服务请求实时监控和服务响应实时记录，以及实时自动转换各种房态等功能，免除了人工输入房态的烦琐和差错，并可对各个客房的控制设备进行分组编程（经授权）、分组管理，为客人提供完全个性化的服务。另外，由于大多数商旅人士渴望在疲惫的商旅后，得到最高质量的休息，而客房灯光、空调等电器的控制是旅客必须亲自动手操作的。旅客入住酒店，直接接触最多的就是电器和开关。当客房装备有集中控制器，可将所有控制功能集中在客人相对停留时间较长的位置附近（如床头），让客人躺着就可以操控一切，如灯光、空调、服务请求、总开关等。同时客房还装备有分散控制开关，使客人随时就近就可操作相应的设备，如浴室灯、落地灯或获得信息等。设计客房的理念就是：无论客人处于客房任何位置，均可以最大限度地节省客人体力、方便宾客。切不可让客人来回爬起，在不熟悉的环境中寻找开关，消耗客人的体力。操作快捷方便且智能化是当今酒店客房设计的方向和目标。

3. 综合安防系统

酒店的安全防卫系统由闭路电视监控系统、防盗报警系统、门禁系统、周界防范系统四个子系统组成，四个子系统既单独运行又相互联系，并通过局域网自动联动集成及统一管理。利用安全防范技术进行安全防范首先给犯罪分子有一种威慑作用，使其不敢轻易作案；其次，一旦出现了入侵等异常现象，综合安防系统能及时发现、及时报警。同时闭路电视监控系统能自动记录下现场情况。闭路电视监控系统与报警系统、门禁系统间的联动运行，使系统防范能力更加强大。门禁控制系统管理酒店重要部位的出入口；防盗报警系统和周界防范系统用于酒店内外的警情的检测与防范；监控系统实时监视整个酒店的运作情况。各个系统互相补充，共同形成酒店的安全屏障。

（1）报警系统

报警系统主要通过在防范区域安装各种探测器，探测到任何异动，即向监控中心报警，使值班人员能及时、准确地获得发生事故的信息。

（2）闭路电视监控

闭路电视监控系统通过遥控摄像机直接观看被监控场所，一目了然。同时它可以把被监控场所的图像全部或部分记录下来，为日后某些事件的处理提供方便条件与重要依据。

（3）门禁控制系统

门禁控制系统是一个集出入口管理、卡证制作和电子巡更于一体的系统。在通道或出入口安装读卡器或键盘，通过授权管理，只有持有效卡或有效密码的合法用户才能进出门禁控制区域。出入记录全部存储在计算机中，出入口控制完全采用电子控制，保安人员只需在操作室中就可对所有通道了如指掌。

（三）**酒店营销信息化**

信息技术和互联网的发展促进了酒店营销方式的创新，催生了酒店的网络营销模式，加速了酒店营销自动化的进程。网络营销是依托网络工具和网络资源以及企业尽可能得到利润最大化的前提下满足顾客需求的过程。网络营销包括交易前阶段的宣传、推广及交易的电子化过程。网络营销的市场不仅具有全球性的特点，同时还具有交互性的特点。酒店可以通过互联网收集市场情报，也可以利用数据库为顾客提供相关的商品信息，以便顾客查询。酒店与顾客还可以通过互联网做双向沟通。随着互联网使用者数量的快速增长以及互联网的使用地域迅速普及全球，越来越多的年轻人、中产阶级、教育水准高的人群成为网络常客。这部分人群具有旺盛的购买力和较强的市场带动性，而对于酒店，最大的优势在于通过网络进行信息交换，不仅可以减免印刷、邮递、店面租金、节约水电与人工成本，而且还可以减少多次交换而带来的损耗。因此酒店开展网络营销是一条极具开发潜力的市场营销渠道。

网络营销的特点在于以消费者为主导，消费者拥有比过去更大的选择自由，他们可根据自己的个性特点和需求在全球范围内寻找可以满足自己需求的商品，不受地域和时间的限制。消费者通过进入感兴趣的酒店营销网址，可获取更多的旅游产品相关信息，使消费过程更显个性。

酒店业主要通过两种渠道开展网络营销：一是网络直销渠道，即通过酒店自建的独立网站；二是网络分销渠道（网络代理），即通过第三方网络平台，如携程网、艺龙网及同程网等。

1. 建立独立的酒店网站开展网络营销

随着网络时代的发展，目前许多酒店尤其是单体酒店，已把网络营销作为酒店销售产品的重要手段之一，它们越来越注重创建自己的网站。网站主要包括酒店介绍、设施设备介绍、产品及服务介绍、预订平台、交通指南、新闻发布、互动交流等栏目。自建网站是开展酒店网络营销的基础，它能实现酒店品牌的推广、产品与服务的展示、信息的发布、网上预订、顾客咨询与投诉等网络营销活动。酒店自建网站并开展网络营销所带来的益处是显而易见的。

（1）网络营销降低酒店成本

网络营销可以借助互联网同时向成千上万的人在短时间内传递最完整的信息，也可以对于特定的人群进行具有针对性的营销活动。传统的市场营销通常要比网络来得昂贵，网络营销则更加节约成本。互联网每周 7 天、每天 24 小时开放，随时方便人们的消费需求。同时宣传覆盖面广，时间灵活，价格也相对电视广告宣传低。酒店借助网络直接向客人进行酒店新产品与服务的宣传，借助网络的传播，扩大酒店的知名度。网络营销的另一个优点是消除了酒店与客人之间的地理障碍。客人在网上预订房间，不但节约了时间，也减少了外地客人因距离远无法了解酒店及等待预订时可能会遇到的各种麻烦。

同样，网络营销也使消费者获利。在网上预订酒店时，客人可以直接通过网络与酒店取得联系，获得相关信息并预订自己所需的产品与服务，减少了中间环节的人工和费用，可以以优惠的价格入住酒店。

（2）网络营销可扩大客源。随着社会的进步，生活水平的提高，越来越多的人选择使用网络来获得各种自己所需要的信息与资料。从网络获取信息的人数远多于电视、广播及报纸等其他传统渠道。因此酒店可以充分利用网络的力量来扩大自己的客源。酒店还可以通过网络与其他旅游企业相互链接，实现网上数字联盟，共同提升销售业绩。

（3）网络营销有利于顾客与酒店之间的信息交流。酒店可以通过互联网与客人联系，与他们进行信息交换，使酒店随时掌握不同客人的不同需求和想法。通过客人在网络上的评价，酒店可以知道自己需要改进的地方，扬长补短，有利于酒店的长久发展。同时，客人通过酒店官网上公布的信息，及时掌握酒店新的服务项目和优惠政策。

（4）网络营销提升酒店形象和品牌效益。酒店在经营过程中，必须要树立品牌意识。要创建一个品牌，离不开信息的传播和网络的支持。网络营销是一个品牌酒店不可缺少的营销手段。通过网络宣传，酒店不但可以招徕更多的客户，同时可以宣传酒店品牌、产品、服务等，扩大酒店品牌的影响力，最终达到网络营销的作用。

酒店的网络直销这种营销形式可以充分向客人展示酒店自身的形象和实力。酒店持久的网络直销将形成自己稳固的客源市场。

2. 借助旅游电子商务平台开展网络营销

对于中小型酒店，由于资金和技术力量的限制，自己建立和维护网站有一定的困难，他们可以借助第三方旅游电子商务平台来开展网络营销。这种网络营销模式也能有效降低营销成本，提高酒店客房的出租率。

第三方旅游电子商务平台通常是由专业的网络公司建设和运营的，它们拥有强大的客户数据库和大量的潜在市场信息，还拥有一支专业的网络营销队伍，如携程网、艺龙网等。酒店自建网站提供的预订服务属于"酒店—客人"的网络直销模式，而第三方旅游电子商务平台提供的预订服务属于"酒店—代理中介—客人"的网络间接销售模式，也属于一种酒店营销外包的形式。酒店只需交纳年费和预订佣金，并提供一定数量的客房及相关信息，就可以参与第三方旅游电子商务平台的网络营销活动，如搜索引擎优化营销、网络广告营销、博客营销、微博营销、会员制营销、客户关系营销等。

网络代理这种营销形式的最大优点是，通过知名旅游网站的平台，酒店可以获得较多的订房业务，提升酒店的入住率，但其缺陷也是显而易见的，就是通过这种中介代理的销售增加了酒店的支出成本，且容易形成对中介的依赖性。

　　3. 加入全球分销系统开展网络营销

　　全球分销系统（Global Distribution System，GDS）是一个在全球国际旅游行业使用的预订系统，并且是全球旅游行业主要的预订系统。GDS 将酒店、航空公司、旅行社、汽车租赁公司、铁路公司等企业通过互联网或专用网络互联在一起，形成一个能够获取世界范围内旅游资源的销售系统。如今，GDS 已经发展成为服务于整个旅游业的一个产业，加入 GDS 等于直接与全球数十万家旅行社签订了订房合作协议，将获得更大范围、更为紧密的客户群；游客也可以通过 GDS联盟网站查找到酒店的所有信息，客人也可直接与酒店预订客房。GDS 平台全球性的推广作用能在无形中提高酒店在游客心目中的地位，同时与境外旅行社建立合作关系。但是酒店必须支付较高的加盟费用，才能享受 GDS 这一平台的服务并开展全球范围的网络营销活动。

## 三、酒店信息化发展现状

### （一）　酒店信息化的发展历程

　　酒店业信息化的发展过程大体上经过了 5 个阶段：电算化阶段，自动化阶段，网络化阶段，集成化阶段，协同化阶段。

　　1. 电算化阶段

　　规模化经营的酒店作为集客房、餐饮、通信、娱乐、商务文化及其他各种服务与设施于一体化的消费场所，酒店组织庞大，服务项目多，信息量大，要想提高工作效率、降低成本、提高服务质量和管理水平，必须借助计算机来对酒店运行过程中的人流、物流、资金流和信息流进行计算机化的输入、存储、处理和输出。早期的国外酒店业正是为替代手工操作而引入了计算机电算系统，使员工可以利用此系统来处理简单、琐碎、重复性的工作，如针对财务管理，可进行收银、总账、出纳管理、银行对账等；针对客房管理，可进行可用房查询、客房统计报表等，包括顾客入住酒店后，系统可执行入住登记、收银、查询、结账、报表生成等多种功能等。这些应用对酒店实现局部科学管理、提高工作效率、改善服务质量等起到了一定的作用。但是在这一阶段的信息技术应用并没有从深层次上改变传统酒店业的内部管理流程，还停留在表层上，仅仅是替代手工操作或对现有业务流程的计算机模拟，远未达到彻底改变竞争方式和经营管理模式的要求。现在我国许多中小型酒店信息技术的应用状况还处于电算化阶段。

　　2. 自动化阶段

　　随着计算机技术在智能楼宇控制自动化和酒店设施设备管理监控的应用，酒店宾馆的设备运行管理的自动化逐步走向高层次信息化应用，如暖通系统的监控、给排水系统监控、供配电与照明系统监控、火灾报警与消防联动控制及电梯运行管制、出入口控制及门禁系统等，现在已发展成由中央管理站、各种数字控制器及各类传感器、执行机构组成的能够完成多种控制及管理功能的智能化自动化控制系统。同时酒店信息化在这一阶段应用的另一方向是酒店办公业务自动化，通过覆盖酒店管理主要业务部门的办公自动化（OA）系统，实现文档信息方便、快捷、准确地传递和管理。

3. 网络化阶段

以互联网和数字化经济为主要特征的信息化冲击，使网络化建设也已成为酒店业整个信息化建设应用中的重要组成部分，于是以宽带高速数据网络为核心的"数字化酒店"也应运而生。"数字化酒店"其含义不仅仅是酒店有宽带接入线路，方便客人在酒店内高速上网，还包含以下内容：创建酒店网站供客户浏览，进行互动式的数据查询和客户自助服务功能；有市场销售、宣传推广、订房管理的功能；运行突破业务电算化功能的酒店管理 MIS 系统；以互联网为基础，方便员工的移动办公系统和面向社会的电子商务系统雏形。在这一阶段的应用重点是网络营销和网上实时订房业务。酒店通过网络宣传企业形象和服务，开展网上预订客房，让客人了解酒店设施，选择所需要的服务进行远程预订。而酒店与顾客通过网上互动式交流，为顾客提供更为个性化的服务。客人无论身处何处，上网就可以选择自己中意的酒店。高速互联网接入将是未来酒店基本的设施。

4. 集成化阶段

随着酒店信息化系统的深入运用，为了充分实现信息共享和持续上涨的最佳行业业务规范，酒店业信息化步入了酒店流程再造的全新的集成化应用阶段。这个阶段主要是指管理信息系统（MIS）在酒店业中的使用，MIS 以通信技术与计算机技术为基础，实现对酒店经营过程中人力、物力、资金流、物流、信息流等的全面管理。国际上领先的应用经验是：三分软件七分实施。软件功能主要包括：宴会与销售管理、财务管理、人力资源、前台管理、餐饮和成本控制管理、工程设备管理、采购和仓库、客房服务、商业智能分析、远程数据库交换几大模块，各个模块之间无缝集成，同时还与多种酒店智能自动化系统（如门锁管理系统）有接口，包括与在线电子交易系统集成；而实施主要是强调应用最佳行业业务规范进行酒店业务流程再造（BPR），将传统的组织结构向顾客导向的组织结构转变。酒店流程的再造主要在于相应地转变和理顺酒店的组织结构，使信息技术架构同酒店的新业务流程及组织的管理目标相互适应协调，形成酒店在信息时代的新竞争优势。例如，对酒店企业而言，网络订房就是信息技术带来的最简单不过的变革。

经过业务流程再造的酒店信息化应用的典型情景是：针对酒店经营管理全过

程中的各个环节，酒店管理信息系统都有相应的功能模块来方便、快捷和规范地运转。酒店在网上宣传酒店设施、服务项目、餐饮特色、旅游景点、购物指南等卖点，客人在网上可选择预订酒店客房和服务项目，当顾客完成预订后，系统就生成了一项预订记录。当顾客到达酒店，系统开始自动提示预订项目并在顾客确认后执行。顾客只要经过简单的手续就可以领取电子卡入住客房和消费项目。在住店过程中，顾客可以凭电子卡在酒店的其他部门签单消费。各种消费项目将通过系统迅速、精确地汇总到客人账上。楼层服务员通过运用自动化智能技术，不用频频敲门，便可根据客房内安装的红外线安全消防监控系统，感应客人是否在房内。客房小酒吧的自动化管理，可实现自动记账和监控，提示服务员及时补充。当客人结账离店后，酒店管理者通过系统生成的汇总报表了解顾客的各种信息，包括顾客来源、消费项目、消费次数、需求偏好和客人特殊要求等。这些数据经过集成化处理后将为酒店经营管理者制定决策提供准确且及时的信息，使酒店管理逐渐由经验管理转向科学管理。良好的酒店集成化应用可以保证酒店一体化地规范、精简和加速内部的业务流程，降低运作成本和提高效率，并通过实时的信息来支持精确管理运作和战略决策。相反，如果酒店的各个业务流程环节管理还孤立运作，企业内部连一个各部门相互联通的信息平台都没有，必然导致工作效率低下、人工成本上升、企业决策失误、市场反应速度缓慢等。世界著名酒店集团如 Shangri-La、Marriott、Hilton、Wyndham、Radisson、Bass、Starwood、Forte、MandarinOriental 等均为集成化信息应用的先锋。

5. 协同化阶段

进入互联网新经济时代，酒店业信息化的新追求境界是在集成化基础上的协同化应用，酒店通过互联网搭建统一的信息应用平台，将客户、酒店、员工、供应商、合作伙伴等各方连为一个整体，以实现纵览全局的跨行业、跨组织、跨地区、实时在线的、端对端数据无缝交换的业务协同运作，其重点在于各方连为一体直接面向顾客提供个性化服务。随着信息时代的到来，企业的竞争方式也发生了新的环境变化。企业的竞争市场环境犹如商业生态系统一样，是由一群共同生存和发展的企业组成的，它们既相互竞争资源，又必须保持生态平衡。互相竞争的各个企业之间，出现了新型的共生竞争关系——竞合。竞合关系迫使酒店业内相关的企业都要重新审视自身在市场中的定位，调整竞争战略，以相互协同运作进而实现共赢。

国际上酒店业信息协同化应用主要糅合了企业资源管理计划（ERP）、客户关系管理（CRM）、供应链管理（SCM）和电子商务的观点。从企业资源管理计划（ERP）角度，优化酒店价值链，对企业业务流程、组织结构进行再造，提升酒店管理水平；从供应链管理（SCM）角度，实现社会资源配置最优化，控制采购成本，保障供应质量；从客户关系管理（CRM）和电子商务的角度，把企业关注的焦点，逐渐转移到客户上来，帮助酒店最大限度地利用以客户为中心的资源，不断开发现有客户和潜在客户，通过改进客户价值、客户满意度以及客户的忠诚度，提高酒店的竞争优势。典型的案例是 UTELL、STERLLNG、SUMMIT 三个国际著名订房中心合并，一举成为名为 SUMMIT 的全球最大的销售订房中心之一。加盟的酒店和企业接入 SUMMIT 网络进行协同化运作。SUMMIT 网络具有几大特点：第一，它的客人层次较高；第二，它的客源多，代理了全球所有主要航空公司、旅行社和跨国商务公司的预订系统；第三，它的网络分布广，拥有遍布世界的 92 家成员酒店、52 个订房中心；第四，加入网络的成员酒店层次较高；第五，订房渠道畅通，SUMMIT 可以通过 GDS（全球分销系统）、Internet 和 Travelweb（信天游）网络订房；第六，它有较强的销售组织保证，SUMMIT 有分布全球的专职销售人员。

纵观国外酒店业信息化发展轨迹和趋势，不难看出，随着酒店业竞争的加剧，酒店之间客源的争夺越来越激烈，客房销售的利润空间越来越小，酒店需要使用更有效的信息化手段，拓展经营空间，降低运营成本，提高管理和决策效率。高层次的酒店业信息化不再是仅仅追求计算机辅助管理，而是追求建立在集成化基础上的协同化应用。

### （二）　酒店信息化的现状

#### 1. 广泛应用酒店管理软件

自 1983 年第一套国产酒店管理软件应用于杭州饭店的订房和排房开始，随着国际酒店集团的涌入及信息技术的发展，国内酒店管理系统开始缓慢发展。20 世纪 90 年代末，国产酒店管理软件已进入成熟时期；21 世纪，基于互联网技术的饭店管理信息系统也开始出现，国内一些大城市的低档饭店也纷纷开始使用计算机技术进行管理。国内出现了如杭州西软科技 Foxhis 系统、北京泰能饭店信息系统、中软好泰饭店信息系统等优秀的酒店管理软件，同时美国 Micro System Inc. 公司的 Fidelio 和 Opera 酒店系统在中国内地也得到了广泛应用。酒店管理系统的使用率和普及率得到了大幅度的提升，促进了酒店信息化管理水平的提升。

目前，我国大多数的酒店管理信息系统应用状况还处于较低水平，只能处理静态的数据，而不能处理动态的经营数据。一些集团型酒店对管理信息系统应用出现了较高的水平，信息使用率比较高，出现一些对经营决策有支持作用的分析型软件系统。

#### 2. 信息化发展不均衡

国外的酒店业起步早，发展时间长，经验丰富，早已进入全面的信息化阶段。而在我国，目前只有四星级以上酒店与部分三星级酒店建有内部网络，但是也多集中在内部的计算机管理应用上，和真正全面的信息化管理相距甚远；同时，五星级和四星级酒店的信息化程度明显高于其他普通酒店。从区域的经济水平来看，北京、上海、广州等经济发达地区酒店信息化水平要高于其他地区，国际酒店管理集团所属酒店的信息化水平高于国内酒店。

目前，我国一些高星级酒店及集团酒店在酒店内部局域网的技术基础上，与GDS 及其集团总部实现了信息和资源共享，并将市场推广、预订业务整合到全球或总部网站上。而大多数低星级酒店对信息技术的应用依然停留在浅层次阶段，大多数还是处于七拼八凑的 MIS 系统水平，它们的信息化水平目前还仅限于简单的电算化和信息发布阶段。

3. 酒店信息化发展缓慢

与国外酒店相比，我国酒店的信息化进程非常缓慢。20 世纪 70 年代美国的EECO 公司开始将计算机应用于饭店预订和排房，80 年代已经形成较为完善的酒店管理信息系统，极大地提高了酒店的管理效率。而我国酒店业对计算机的应用从全面引进到自主发展，经过了缓慢的发展过程，至今没有规模化应用，除个别先驱外。

国内酒店业信息化程度的低下，在很大程度上阻碍了酒店在网络时代的营销拓展，影响了酒店经营绩效与竞争能力的提升。不过，大多数酒店也看到了信息化技术和网络技术带来的成本降低、市场扩张等经济效益，PMS（前台管理系统）、收益管理系统的使用较为普遍。有一些高星级酒店还建立了自己的门户网站和网上预订系统，但是大多数还是依靠加盟分销系统，如 GDS、携程网和艺龙网等。

4. 网络营销大多依靠中介网站

以互联网和数字化经济为主要特征的信息化革命，使网络化成为我国经济型连锁酒店业进行信息化建设的又一重要组成部分。

1999 年，借助于中国经济腾飞和互联网发展，携程旅行网应运而生，搭建起酒店与中介网站的桥梁。通过中介网站庞大的订房量，给酒店带来了巨大的收入。然而，国内酒店的网络营销长期被携程、艺龙这些第三方中介旅游机构所垄断，酒店需要付出相当的"佣金"，而这些佣金，对于房价低廉的中小型酒店来说是一笔沉重的负担。

目前，国内酒店业中仅有少数规模较大、资金实力雄厚的酒店建有自己的商务网站并能提供客房预订服务，大多数酒店的网站还仅是宣传为主，并不能实现商务操作。其余中小规模的酒店则多数借助于第三方预订网站来提供预订服务。

（三）　酒店信息技术应用的发展趋势

1. 酒店管理信息系统的发展趋势

经过多年的发展，酒店管理信息系统已经逐步走上了发展的正轨，如今信息技术的发展和顾客需求的变化要求酒店管理信息系统向以下几个方面发展：

（1）向电子商务型发展

如今的信息技术使得建立一个基于互联网的酒店管理信息系统已不再是难事。无论是集团酒店、连锁酒店还是独立的酒店都可以加入成为该系统的成员。旅行社、会议团队、散客都可以通过互联网直接访问该系统，完成从直接预订到付款一整套交易过程。如关系客户的消费查询、所有客户的网络订房、酒店开展的网络营销、客户消费需求的网络调查，这些都是酒店电子商务的内容。这些电子商务内容从酒店自己的网站、电子分销商、综合旅游网站或门户型网站汇集到酒店管理信息系统的相应部门，实现无缝的电子化处理。

（2）向综合型发展

由于经济的发展，社会大众对酒店的认识和需求也随之发生了巨大变化，客人进店后，休息已经不是主要目的，因此以人为本、突出娱乐休息功能并兼有住宿、餐饮、购物等综合服务项目的酒店运行管理方式已经成为主流。因此，酒店管理信息系统的综合化也成了一个主流发展趋势，酒店需要将餐饮、住宿、娱乐、购物等信息综合集成于一个系统才能够有效地对信息进行管理。同时，酒店管理信息系统还应从数据处理型向决策型发展。业务数据和信息的处理虽然对酒店的运营十分重要，但对实现酒店的高效益经营来说还是远远不够的。从长远观点来看，酒店管理信息系统通过对动态数据处理、分析与预测，来指导管理者做出今后的经营管理决策、选择优先方案是更重要的，如价格决策、采购计划决策、网络广告决策等。

（3）向资源规划管理型发展

企业资源规划（Enterprise Resource Planning，ERP）系统在我国企业中应用已有10多年的历史了，由于它的实施过程复杂，资金需求量大，而给其推广带来一定难度。完整的酒店ERP系统还不多见，在酒店业的应用更多体现在楼宇自动化管理等方面。楼宇自动化系统是采用计算机软硬件、自动控制、人工智能、网络等技术，对酒店机电设备、暖通空调、照明设备、安防系统等进行智能管理的新型的综合性计算机管理系统。现代酒店设备种类多、能耗量大，因而酒店设备的管理对酒店整体经济效益影响很大，加强对设备操作的自动化管理，使其处于良好的运行状态，不但可以节省能耗，而且可以延长设备的使用寿命。实现酒店楼宇自动化管理将是今后酒店ERP项目的主要内容之一。

（4）向客户关系管理型发展

酒店的所有业务都是以客户为中心的，酒店每天要接待来自各地的客户，发现并留住具有消费能力的回头客，就能为酒店创造稳定的收入来源。通过客户资料的不断积累，酒店对客户越来越熟悉，并能够预知客户的需求，使得酒店能够提供更加人性化的服务。酒店业处于买方市场激烈竞争的态势下，供过于求与价格竞争已经使得客户的流失率居高不下，常客的流失更是酒店的致命损失。酒店业要真正实现以客户为中心，视客户为战略性资产，必须建立酒店客户关系管理系统（Customer Relationship Management，CRM），实施客户关系管理，形成自己的市场营销网络，留住老客户，开发新客户。

（5）向系统开放化发展

一个良好的酒店管理信息系统不应是封闭式的，而需要与市场上主要的酒店软件产品相适应，酒店管理信息系统应注重接口系统的开发，如门锁接口、远程查询系统、远程预订系统等。前台系统应能够开放部分产品资源供网络预订系统分销，另一方面实现网络商务（如订单）的无缝接入，实现酒店预订中心对订单的统一管理，开放式系统也有利于酒店企业之间的电子商务开展。

（6）向酒店集团型发展

随着酒店集团的不断壮大，为了适应酒店集团公司战略发展的需要，酒店管理信息系统逐渐向集团管理系统发展。酒店集团管理信息系统能够帮助酒店集团公司建立统一的顾客资源管理平台、物资采购平台，培育和提升酒店集团连锁性经营的竞争优势，实现全系统客户资源共享，为连锁化经营发展奠定基础。一般一个酒店集团管理系统包含中央预订系统、客户关系管理、集团门户网站等功能，还包括集团经营数据库中心系统。集团型管理软件系统为酒店建立了一个统一的预订、投诉、促销、会员等服务平台，帮助集团酒店实现统一管理，树立品牌形象。同时为酒店扩展战略提供技术支持，可实现低成本扩展。

2. 酒店向智慧化酒店发展

在今后的几年内，酒店的竞争将主要在智能化、信息化方面展开。IBM 指出，酒店智能化（智慧酒店建设）是以通信新技术、计算机智能化信息处理、宽带交互式多媒体网络技术为核心的信息网络系统，能为消费者提供周到、便捷、舒适、称心的服务，满足消费者"个性化服务、信息化服务的需要"，是 21世纪新经济时代酒店业发展方向。从目前来看，酒店业主要从以下 5 个方面开展智慧酒店的建设：

（1）数字酒店客户系统提升服务水平

数字酒店客户系统由客房中的智能网络电视和后台的软件平台及服务器群组成，可以通过酒店的运营管理系统与客户的空调、门锁、窗帘等自动控制装置集成起来，形成一个完整的智能化网络系统。经营者可以通过互动网页、电视短片等丰富多样的形式与住店客人进行信息沟通，进而提供更加周到的服务，同时，为酒店经营者创造更多的商机。酒店客房提供数字化的娱乐选择、有线和无线的宽带接入，具有酒店和客人互动的服务和数字电视。先进的数字视频点播

（DVOD）娱乐系统使视频视觉效果与 DVD 同样出色，具有酒店特色服务介绍的界面，在电视上详细标列酒店服务内容，浏览房间服务菜单及从电视上预订相关服务，浏览个人消费账单或快速结账；在电视上直接查阅酒店 PMS 系统上的个人信息；范围广泛的娱乐视频内容可供客人付费享用，提供了丰富的选择性。

（2）智能化酒店管理系统提高管理水平

智能化酒店管理系统已成为当今酒店发展的主要核心竞争力之一。

面向客人的子系统包括酒店门锁系统、客户控制管理系统、背景音乐紧急广播系统、KTV 点歌系统、卫星及有线电视系统、视频点播系统、综合布线系统、计算机网络系统，以及无线网络系统等。

面向酒店管理的子系统包括楼宇自动化管理系统、餐饮管理系统、酒店一卡通（消费、娱乐、门禁、考勤等）系统，以及酒店综合管理平台。这些子系统共同形成资源控制系统，通过控制酒店人、财、物等控制直接成本或间接成本的支出，从而降低综合运营成本，提高生产运营效率。

面向酒店经营的子系统包括综合保安（闭路监控、门禁、入侵报警、巡更、停车场管理）系统、触摸查询系统、酒店智能管理系统、程控交换机系统、微小蜂窝数字无绳电话系统、无线通信转发系统、多媒体商务转发系统、机房或 UPS 电源系统，以及酒店办公自动化系统等。这些子系统共同形成酒店综合管理系统。通过对酒店内公共环境和运作流程的直接监督和分析，使酒店经营及管理更加高效、先进、科学，时刻处于一个稳定的良性循环中。

（3）自助式服务降低人工成本，方便客人

自助式柜台服务可以让住店客人自动办理登记入离店手续。自动柜台的服务项目还包括预订客房服务、设定叫早电话、预订餐厅、预订汽车、为客人打印地图、为客人调换房间以及调整住宿天数，也可以为乘坐飞机的客人在离店时办理登机卡等。

随着移动通信技术的发展，酒店为满足当代旅客的需求，推出了相应的 APP 服务，让客人能够通过智能移动终端预订客房、办理入住及离店手续，并能够随时查询客人在酒店的一切消费明细。

（4）智能化系统节能，减少能耗开支

我国星级酒店每天的电力消耗是巨大的，电费成本通常是酒店除场地费用和人工成本以外的最大支出。在酒店的电能消耗中，空调是耗能大户，热水供应次之，而照明用电量仅仅排在第三位。客房温度的控制主要采取将客房的房态控制进行联网而实现。房间内有客人时，客房温度主要由客人自动调节，以满足客人的感受；但在其余房态下，如空房状态时，空调一般不完全关闭，而是开到1/3，以保证房间内家具的保养和寿命，并维持整体酒店的温度平衡。客人在大堂登记入住时，可通过前台软件和客房控制系统的接口，自动将客房空调打开，并根据不同客人的需要将客房温度设置到一个合适的度数上；客人离开后系统自动恢复到离开状态。当清洁人员或其他工作人员进入客房时，系统又可根据不同人员的身份及工作内容，将房间的空调等电气设施调整到相应的设定状态。通过这种方式酒店可以有目的地控制客房末端的电气状态，了解客人的习惯，并有效地避免"房间内空调常开或因为空调关闭让客人进房时感觉不舒服"的状况发生。

酒店的室内照明场所，大体上可分为营业场所（大厅、餐厅、客房）、内勤办公场所和公共空间（走廊、洗手间）三部分。智能照明系统利用光传感器和时序控制器在预订的时间自动对照明环境进行模式切换，或进行照明设备的明灭控制，无须手动操作控制。智能照明系统可避免因忘记关灯而浪费电能。例如，在上班、下班、午休时段，以及夜间景观照明环境中，智能照明系统可根据不同时段、不同的自然光亮度，自动调节灯具的亮度输出，或直接关闭灯具；智能照明系统利用热传感器可自动检测一个空间内的人体温度，可做到人来时自动开灯、无人时自动关灯，既方便又避免了能源浪费。

（5）开展移动营销，实现利益最大化

酒店利用智能移动终端的定位功能可以开展个性化服务，例如推送促销活动的信息。智能移动终端APP的最大优势是可以帮助酒店实现"最后一分钟"预订服务，消灭当天最后空置客房，实现利益最大化。例如，一款整合酒店信息的APP能够帮助酒店向会员推送当天"最后一分钟"的特价房间，而且还不会损害其他商业合作伙伴的利益。

## 【案例分析】

### 智慧旅游的典型应用——黄龙饭店的实践①

坐落于杭州旅游胜地西子湖畔的黄龙饭店，隶属杭州旅游集团。随着越来越多国际化新酒店的进驻，杭州酒店业竞争日趋激烈。随着杭州市将自身定位为旅游休闲城市的战略规划的出炉，黄龙饭店明确了自身发展的方向：通过提升服务品质和客户满意度，吸引高端游客并发展会议会展业务，以自身优势促进杭州旅游业的重新振兴与发展。因此，黄龙酒店作为杭州市政府重点发展的一家酒店，由杭州旅游集团出资10亿元，开始了名为"卓越品质，五星启航"的改扩建之旅。

2009年6月30日，杭州黄龙饭店与IBM共同合作，以全方位的酒店管理系统与RFID等智能体系完善黄龙饭店宏伟的"智慧酒店"蓝图。建成后的黄龙饭店以世界领先的智能化水

---

① http：//www.beltourism.com/nnews109/274.html，2011-09-23

平提供超乎想象的客户体验——第一时间智能识别，入住偏好自动设置，手持客房分机畅行天下，一键拨号解决所有疑难——黄龙饭店将自身的前瞻性视野与融会了 IBM 深刻行业洞察、先进管理理念与创新技术突破的"智慧酒店"解决方案相结合，从根本上提高核心竞争力。此外，通过该解决方案的智能降耗与流程优化，黄龙饭店还大幅提高工作效率并减少运营成本，在不确定经济形势下赢得更多竞争优势。

1. IT 颠覆住店体验

身为黄龙饭店的 VIP 客人，在走到离总台 5 米远的地方时，酒店服务员就能识别客人身份。进入酒店后，VIP 客人不用办任何手续就能完成入住，而且客房将自动按照其习惯进行相关设置，如自动调节光线、温度等，让客人能够马上在自己熟悉的舒适空间里工作和休息。这是因为黄龙饭店为酒店的 VIP 客人制定了特殊的智能卡。借助 RFID 的应用，凭借此卡，VIP 顾客一进入酒店即可被系统自动识别。

黄龙饭店的所有客人，入住后，也不用像以往那样担心酒店客房太多而找不到自己所属的客房，因为出了该楼层电梯，前面就有指示牌会根据客人登记的房间号区域亮起来，而且箭头可以不停地闪动，直到把客人引导到其所属的客房。客房内的互动电视系统可以自动获取客人的入住信息，并且在客人进入房间时主动欢迎客人入住，系统的背景画面和音乐还可以随季节、节日、客人生日及特殊场合而自动更换。如果客人恰巧正在沐浴或已就寝，或者在其他不便应答的时候有人按门铃，也不必像往常那样走到猫眼去看门外到底是谁，因为门外的图像会主动跳到电视屏幕上，一目了然，然后方便客人决定以什么样的形象去开门。

此外，不管身处酒店的哪个位置，都会有邻近的服务员热情地为客人提供其最熟悉而喜爱的服务。因为饭店给所有服务员都配备了 PDA，客户信息会第一时间通过无线传送到PDA 上。

对于来自海外的客人，入住到黄龙酒店后，也不必再为没有本地手机而操心通信不方便。黄龙饭店每个房间的电话分机都具备手机系统的特性，客人不但可以手持移动分机终端在酒店内使用，还可以带着它游览西湖，甚至漫游到其他城市。而这些费用会直接记录到客人的客房账单上，不会占用客人时间办理各种复杂的手续。

入住在黄龙饭店的客人，还可以通过客房的数字电视直接打印机票登机牌，避免了排队办理手续的琐碎，减少了在机场逗留的时间。与此同时，客人只需要打一个电话到服务中心，所有在酒店的服务问题都能得到解答，而不需要拨打不同的分机号码来获取不同的服务。

如果选择在黄龙饭店办展会，会议管理系统就会自动统计客人在不同的展区停留的时间。在酒店举办宴会，客户也不用再手忙脚乱地为宴会宾客领位。宾客在到达大宴会厅门口时，大屏幕会自动显示宴会厅的平面图，宾客所在的餐桌位置会高亮闪烁，这样宾客们就能快速就位。

而黄龙饭店自身，也在绩效管理上运用全新的派工系统。每个客房服务员都配有移动终端设备，客房管理中心每天将服务任务发到每个终端，员工在接到指令后第一时间回复并在完成服务后直接回复给管理中心。客房经理可以直接根据系统显示的信息来考评员工服务效率。

2. 智能酒店：从后台走向前台，从设施走向服务

在改扩建过程中，黄龙饭店解决了一系列技术和整合难题。有些技术已相对比较成熟，

比如自动识别客人身份的无线射频识别（RFID）技术，一个小小的 RFID 芯片就可储存大量数据，VIP 客户只要随身携带嵌有这种芯片的智能卡，进入酒店时就会被感应器识别出身份。房卡中同样嵌有 RFID 芯片，当客人走出电梯时，内置感应器的指示牌就会显示出房号区域并进行引导。这种智能卡甚至可以被用来开启地下停车场的道闸，注重隐私的客人可以直接从地下电梯进入房间。

但要将另一些智能服务变成现实就不那么容易了，比如办理入住手续的自助总台。这涉及预订、订房、收费、房卡等多个关键系统，要将它们整合到一台自助设备里，不仅关系到软件的开发，还要有相关硬件的支持。最终的解决方案将 Opera 系统、信用卡收费系统、ATM 机系统、无线制卡技术统统集成在一起，不想排队的客人只需输入自己的预订号，就可以在一台设备上自助完成后续所有操作。

如果连自助总台都要排队，黄龙饭店还提供了移动总台。这种移动总台由平板电脑支持，服务生可以直接走到客人面前帮助办理入住手续，并且可以设置在酒店之外。不久前，黄龙饭店就与杭州某高档别墅签约，将移动总台直接前置到别墅社区内，使业主不出小区就可以办理酒店入住等服务。

涉及类似复杂整合的还有客房内的电视。供应商飞利浦根据黄龙饭店的要求，在新加坡特别修改了电视的软件程序，使其凭借一个特殊的机顶盒就能与 Opera 系统、门禁系统、安防系统连接在一起，成为可与客人互动的"智能终端"。至于最经典的将酒店分机改造为近似普通手机的想法看似简单，却需要最复杂的技术整合——必须将交换机技术、无线技术、网络技术、手持 PDA、电信运营商网络绑定、通信计费系统以及酒店管理系统完全整合起来，才能实现客房电话的移动功能与结账一体化。

黄龙饭店之所以选择智能化设备，基于两方面考虑：一是希望新的科技给客人带来与众不同的现代、便捷、高效的体验；二是引进智能化设备能节能降耗，符合当前酒店业绿色低碳的趋势，能够提升员工的工作效率和服务品质。

黄龙饭店为每位服务人员都配有一台掌上电脑，客人需要服务时，酒店客服中心会向邻近的服务员发送信息，服务员收到信息后，会及时出现在客人面前，提高了工作效率，提升了服务品质。改建后的黄龙饭店致力于把其他行业好的理念、新的技术整合到酒店行业中来，运用高科技让客人体验全新的"智慧生活"，为客人提供最"智慧"的服务。

笔者认为，奢华是可以模仿的，而服务却难以复制，恰到好处的 IT 应用将成为未来酒店竞争的关键因素。智慧旅游、智能酒店将在不久的将来成为人们休闲度假中必不可少的组成部分。

**【案例提示】**

1. 黄龙智慧饭店采用了哪些具体的信息技术？
2. 无线射频识别（RFID）技术是如何颠覆游客的住店体验的？
3. 案例中信息技术是如何提高服务员的工作效率的？

# 第二节　旅游景区信息化

## 一、旅游景区概述

### （一）　旅游景区的概念

旅游景区是旅游活动的核心和空间载体，是旅游系统中最重要的组成部分，也是激励旅游者出游的最主要目的和因素。旅游业和旅游服务都是依附于旅游景区的存在而发展的。旅游景区是以满足旅游者出游目的为主要功能（包括参观浏览、审美体验、休闲度假、康乐健身等），并具备相应旅游服务设施，提供相应旅游服务的独立管理区。该管理区应有统一的经营管理机构和明确的地域范围。

### （二）　旅游景区的分类

**1. 根据旅游资源进行分类**

由于旅游景区与旅游资源的密切关系，在旅游景区分类中往往会采用旅游资源的分类系统，将旅游景区分为5大类：地文景观类，水文景观类，气候、历史遗产景观类，现代人文吸引物景观类和抽象人文吸引物景观类。

**2. 按照旅游景区的等级分类**

为加强风景名胜的管理，国务院将风景名胜区按景观的观赏、文化科学价值和环境质量、规模大小、浏览条件等划分为三级：市县级风景名胜区，省级风景名胜区和国家级风景名胜区。

### （三）　旅游景区业的基本业务

与其他旅游企业一样，景区是通过为游客提供服务来获取收益的。景区的管理业务也是围绕着这一目的而开展的。由于不同景区的性质不同，决定了彼此之间的业务具有很大的区别，但无论是何种景区，从总体上看其业务内容基本上都包括以下内容：

**1. 资源管理**

景区资源是指那些可以吸引游客到景区旅游参观的一切内容，包括自然资源和人文资源。资源管理的基本任务是环境监测管理、生物及文物资源监测管理和森林防火监测管理等。

**2. 资产管理**

资产则是由景区企业投资所形成的为景区经营服务的设施、设备、低值易耗品等。多数资产也同时具有资源的特性，如投资建成的游乐设施，既属于资源，可以用它吸引游客到此游玩，又属于资产，它需要进行不断的维护和维修。资产管理的基本任务是建立台账、财产购买、出入库管理、维修维护、运行管理和出租出售等。

### 3. 客流管理

景区的中心工作是为游客提供服务，因此，客流管理是景区开展各种业务的基础性工作。客流管理有广义和狭义两种理解。广义的客流管理包括了从游客到景区浏览之前的查询和预订服务管理，抵达景区后提供的各种服务管理，直至游客浏览以后景区所进行的各种客户关系管理等全过程的游客服务和管理；狭义的客流管理则仅指游客抵达景区以后由景区所提供的服务及其对游客所进行的各种管理。客流管理包括为游客提供的各种服务、对游客进行的疏导、活动策划、浏览监控和意外事件处理等。

### 4. 活动管理

活动是景区为了实现其经济和其他目的而进行的有目的的行动。景区活动可以由景区策划并主导，也可以由游客自己策划和主导，景区只是提供一些相应的辅助服务或仅提供一定的场地。活动可能需要消耗景区的资源，活动具有动态性，活动主要以人的参与为特征。有些景区可能主要以活动吸引游客。如游乐园就是以娱乐活动来招徕顾客的；而作为以观光为主的景区也可能通过举办一些活动来增加对游客的吸引力。活动管理主要包括活动的策划、推广、活动组织、活动相关资源处置、进程管理和活动总结等。

### 5. 营销管理

营销是企业实现其产品和服务价值的关键环节，景区营销包括一般销售、租赁和预订等。景区主要收入依靠售票，所以制票是景区营销的一个重要内容。从本质上讲，制票就是市场的一种细分，因此制票的好坏，实际上体现了一个景区企业对市场的认识和实际操作能力。

### 6. 人员管理

景区的人员管理对于多数景区企业来讲，主要是内部职工管理。人员管理一般由人力资源管理部门负责，涉及岗位的设置、职责的确定、人员的招聘、培训及晋升等。

### 7. 安全管理

景区多以奇、险的地理环境及茂盛的植被吸引游客，但奇险的地理环境和茂盛的植被也包含了诸多不安全因素。同时，景区是窗口型企业，一旦出事故影响巨大，所以安全问题十分重要。景区安全主要涉及防毒、防火、防盗、防洪、防游客伤亡走失及其他一些意外事件的发生。为了做好景区的安全工作，除了需要加强排查巡检工作之外，需要景区对各种可能出现的意外情况做出应对预案，以防意外出现时出现混乱局面，延误抢险的时机。

8. 环境卫生

景区是游客休闲放松、陶冶情操之地，环境卫生格外重要。良好的环境和干净的卫生条件可以使游客流连忘返，留下良好的印象。加强环境卫生是每一个景区需要注意的问题。环境卫生工作主要涉及卫生区域的划分、巡查、打扫、人员安排和污染监控等。

9. 办公室

办公室是景区行政的总体管理及具体负责的部门。办公室负责景区管理的上传下达、文件的管理、制度的制定和执行检查等。

## 二、旅游景区信息化

### （一） 景区环境监测系统

随着旅游经济的发展，景区游客量、车辆不断增加，各种有害气体及垃圾对景区空气质量和水质等环境要素的影响日益严重。随着人民群众和中外游客对知晓环境空气质量信息的迫切期待，更加凸显环境空气质量监测工作的重要性和迫切性。为确保景区的可持续发展及满足人民群众的需要，有必要对环境要素定期进行监测，掌握环境变化状况，及时采取措施避免生态环境的恶化。根据景区资源保护的侧重点不同，可分为水质、空气等的监测。景区环境监测系统能够在监测点自动定期采集环境样本数据，按照国家颁布的监测指标和评价标准，做出环境变化情况的评价，以便及时采取措施。环境监测系统能够动态提供景区的环境相关信息，如景区当前的气温、天气状况、空气质量、森林火险等级、水的质量和地质地貌等。通过环境监测查询可以让游客根据气温和天气状况更好地决定出行的时间；也可以使游客根据森林火险等级决定户外旅游活动的内容，如当前森林火险等级较高就不宜在野外烧烤或举行篝火晚会；还可以通过景区当前的地质地貌提示游客地质灾害发生的可能性。另外环境监测查询也为景区生态系统的保护提供了重要依据。

例如，黄山风景区对迎客松的保护融入了高科技。走进黄山风景区指挥中心，指挥中心的 DLP（数字光处理）大屏幕上显示着迎客松周边环境的温度、湿度、土壤的水分、土壤温度、光照等实时数据。这些数据是通过布设在景区周边的物联网设备实时采集，并通过网络传送到景区指挥中心。指挥中心工作人员可根据这些数据对迎客松实现微细化保护管理。

物联网是新一代网络技术，它是将各种信息传感设备，如红外感应器、全球定位系统、激光扫描仪等与互联网结合起来而形成的一个网络。通过装置在各类物体上的传感器、二维码等将物体与互联网相连，从而给物体赋予智能，实现人与物体、物体与物体之间的沟通和对话。未来，物联网将能够在景区的旅游管理、环境监测、灾害监测、旅游异常活动、动物生活习性监测等事项上为景区保护管理提供巨大的帮助。

**（二） 生物、文物资源监测系统**

为了将景区内的各类资源信息、生物多样性保护研究工作的成果等纳入信息化管理，更好地实现信息的规范化管理，方便日常的查询检索和统计分析，景区建设了生物、文物资源监测系统。生物资源包括古树名木、珍稀花卉、野生动物等珍贵动植物资源，日常对生物资源的监测包括物种数量及分布、图文资料、定期统计等。森林覆盖率较高的景区，对森林病虫害的监测和防治也纳入了监测系统。病虫害防治信息包括病虫害监测普查数据、虫害预测预报信息、虫害发生区域或危险等级范围等。文物资源监测实现了对景区内各类文物资源包括摩崖石刻、历史性建筑物、博物馆收藏等文物资源进行信息化管理，将其图片、视频资料以及定期监测的各项数据进行规范化集中管理，便于文物资源数据的查询检索和文物保护工作分析。系统可结合管理信息系统（MIS）、地理信息系统（GIS）、遥感技术（RS），以资源信息数据库形式分类管理资源数据信息，为数据的查询检索提供多种方式，既可以查阅不同时期的图文档案资料，也可以在电子地图或景区影像图上了解资源的地理分布情况。对景区拥有的珍贵历史文件、宝贵的自然资源可利用系统进行视频实时监控，以保护这些历史文物及自然资源，防止其丢失或遭到损害。

**（三） 电子巡更巡检系统**

电子巡更巡检系统用于实现对人工巡视的电子化管理。对于森林防火等定点、定时巡查工作，可通过本系统对巡视人员的巡查情况进行检查和管理。按照采用的技术方法不同，电子巡更巡检系统可分为在线式和离线式两种。在线式巡更系统，要专设一条巡更线路，沿线路布设若干读卡器，并通过网络将读卡器与中央控制室计算机相连。巡更员手持标志个人身份的巡更卡读卡，由联网系统将巡更信息传到中央控制计算机上，从而实时显示巡更员巡逻路线的巡检动态。离线方式巡更系统在巡更路线上布设巡更点感应物，巡更员使用手持巡更机依顺序逐点读取感应物内码，每次读卡自动加上当时的时间。完成巡更工作后，利用有线或无线方式将巡更机内数据发送到机房巡更管理计算机，实现对巡查情况（如人、地点、时间、事件等）的记录和考核。由于前种方式需要在巡更路线上布设联网的读卡器，不适合地形复杂、路线较长的地段，因此一般景区都采用离线式巡更系统。电子巡更巡检系统的主要设备包括巡更机和感应卡。巡更机有有线式和无线式两种。有线式巡更机要通过数据线连接到计算机上读取其中数据；无线式巡更机一般利用移动通信技术或无线电技术实现数据的回传，使巡更人员完成工作后不必返回机房。感应卡多为身份识别卡，不需接触，靠近即可读取巡更点信息。感应卡不用电，寿命长达 20 年，可以埋入墙内，用水泥封上，防止人为破坏。

### （四）　森林防火系统

森林火灾是世界性的林业重要灾害之一，每年都有一定数量的火灾发生，造成了森林资源的重大损失和全球性的环境污染。森林火灾具有突发性、随机性、损失巨大的特点，因此一旦有火灾发生，就必须以极快的速度采取扑救措施，扑救是否及时、措施是否得当，都取决于对林火行为的发现是否及时、分析是否准确合理、决策是否得当。建设森林防火系统的目的就是实现森林防火工作的规范化、科学化、信息化以及贯彻"以预防为主，积极扑救"的方针，真正做到早发现，早解决。目前，对森林防火的监控，主要是利用视频监控技术对林区进行实时监控，从而及时发现险情，并统一指挥调度。森林防火系统由前端摄像系统、传输系统、监控指挥调度中心组成。与普通的景点视频监控不同，森林防火的前端摄像系统具备全天候、长焦距摄像能力，一般采用红外热像仪。系统能够实现全屏任意点测量温度，伪彩色显示，最高温自动追踪，自动设定温度报警值，用户可选择采集模拟视频信号或数字化温度数据，得到清晰的红外温度图像和无失真的数据，确保监控图像数据同现场情况完全相同。数据传输系统根据监控点实际情况，可选择有线或无线传输方式。监控指挥调度中心是整个系统的图像显示、图像录像和控制中心，向指挥调度人员提供全面、清晰、可操作、可录制、可回放的现场实时图像，并实现远程控制功能。监控中心的软件系统可结合利用遥感技术（RS）、地理信息系统（GIS）技术，将景区的高分辨遥感影像图、大比例尺地形图，以及森林防火有关的基础设施地理信息，如防火瞭望塔、检查站、加油站、消防池、消防队的分布等数据整理并存入系统，以便查阅和调用。在发生火灾时，可同时进行图上作业，标注和显示起火地点、火场面积、兵力部署等情况，协助指挥者迅速制订最佳灭火方案。

### （五）　GPS 车辆调度系统

GPS 车辆调度系统是利用 GPS 技术、电子地图技术，提供对景区内车辆的监控、调度、导航等功能。GPS 监控调度系统主要由三部分组成：车载终端、通信服务系统和监控中心。监控调度的原理是在被监控车辆上安装 GPS 车载终端，监控中心设置 GSM 数据接收机，车辆通过 GPS 终端接收并处理 GPS 定位卫星发送的信号，获取车辆位置坐标，并通过 GSM 网络以短信的形式发送到监控中心的接收端，GSM 数据接收机将接收到的数据存储到数据库中，完成监控车辆的坐标信息获取，并在电子地图中显示车辆位置。在监控中心，同样也可以通过 GSM 数据接收机向目标车辆发送调度信息，完成指挥调度的互动。

目前，系统中车辆的位置和运行轨迹显示，多数以电子地图为背景图，在位置反映上还不是十分直观，随着遥感技术的普遍应用，有条件的景区可采用高分辨率遥感影像作为底图。车辆监控由运行于服务器上的监控中心软件实现。主要功能有：

1. 实时监控。处于监控状态的车辆位置信息将动态显示在电子地图上，每隔固定时间刷新一次。用户也可以查看车辆自某一时刻起的行驶路线。

2. 动态单点查询。用户可对某一车辆发出位置信息查询指令，系统提取数据库中的最新位置信息，返回给用户。

3. 动态范围查询。用户可以查询以地图上某一位置为中心设定范围内的车辆信息。

4. 发送指令。用户可选择对某一车辆或一组车辆发送指令。

系统还可通过在车辆上安装内置地图查询系统的车载导航仪来实现对车辆的导航功能。导航仪对接收到的卫星定位信号，计算后确定出车辆位置，并实时显示在内置地图系统中，从而提供用户对照地图寻找正确的路线。

### （六） 视频监控系统

建设视频监控系统的目的是通过摄像头采集重要景点、客流集中地段、事故多发地段等地的实时场景视频数据，利用有线或无线网络传输至指挥调度中心，供指挥中心实时监视各类现场，为游客的疏导、灾害的预防、应急预案的制定与实施、指挥调度提供有力的保障。视频监控系统主要包括三部分：前端摄像系统、数据传输系统、控制系统及显示系统。前端摄像系统完成数据采集，传输至监控中心，在监控中心完成数据的保存以及对前端摄像机焦距、景深等的控制，并通过大屏幕系统或电视墙实时播放多路视频画面，供工作人员集中监控。

### （七） 多媒体展示系统

多媒体展示系统主要用于为游客提供信息自助查询服务。一般安装在游客中心等地的触摸设备上，游客可自行查询景区的景点介绍、交通、天气、旅游服务设施情况等，方便游客的旅游安排，提高服务满意度。此外，也可将多媒体展示系统的内容扩展到景区管理的各方面，包括自然文化资源介绍、生物多样性研究、规划建设管理、资源保护措施等，将系统设计成景区各项管理资料的多媒体电子档案数据库。多媒体展示系统具有展示内容的美观性和生动性、游人操作的易用性以及数据更新的简单快捷等特点。在表现形式上，可借助 GIS、RS、虚拟现实（VR）和多媒体等多种技术进行展示。

### （八） LED 大屏幕信息发布系统

利用 LED 显示技术、卫星通信技术，建立国家重点风景名胜区 LED 大屏幕信息联播系统，整合行业旅游资源，实现风景名胜区客源最大化共享，加强行业整体宣传力度。联播系统包括播放控制中心、卫星传输、数据接收、LED 发布 4

部分。通过卫星通信技术，在全国风景名胜搭建一个行业宣传组播网络，播放控制中心与各风景名胜区通过组播网络实现信息传输。系统的主要功能如下：

1. 景区推介宣传联播。所有景区的宣传推介，可以在任一景区内通过 LED 大屏幕联动播出，从而使游客方便地了解到其他景区的信息，实现客源的最大化共享。

2. 景区旅游服务资讯。介绍景区各旅游景点，发布天气预报、交通信息、医疗求助等服务信息。在黄金周等客流量高峰时，可实时播放重要景点的视频、客流统计数据等，为游客合理调整旅游线路提供参考。

3. 公益宣传。播放景区生态资源保护知识、精神文明建设公益宣传片等，提高游客的资源保护意识，树立良好的道德风尚。

**（九）　电子门禁系统**

建设电子门禁系统的目的是替代景区原有的人工检票模式，实现对门票的自动识别和放行，从而降低人工检票的工作量，提高效率，杜绝假票，并且可以快速准确地统计每时段进入景区的游客量，有助于实现景区的客流量控制，更好地保护景区生态环境。电子门禁系统主要包括电子自动售票子系统、电子验票子系统、汇总结算查询子系统。总体流程是：游客到景区售票点购买计算机售出的带有信息标识（如条形码、二维码）的门票，同时售票数据被写入服务器数据库中；游客持票到景区入口，经过电子验票门禁通道扫描门票信息，门票被作废，游客进入景区。

售票数据和验票进门数据在授权的情况下可实时查询，各种财务报表可实时查询、打印。电子自动售票子系统由售票计算机对应一台制票机组成，通过计算机控制打印门票。出票后，售票数据会被写入服务器数据库中，供验票时读取查验。目前比较先进的有触摸屏式自动售票机，游客可按照触摸屏上的提示自行完成刷卡购票操作，在客流高峰期可分流部分游客，减少游客的排队等候时间。

目前电子门票有多种形式，包括条形码、二维码、接触式 IC 卡、无线射频卡等。条形码门票又称一维码门票，它是将宽度不等的多个黑条和空白按照一定的编码规则进行排列来表示门票信息的；二维码门票是用特定的几何图形按一定规律在平面（二维方向）上分布的黑白相间的图形来表示门票信息的。二维码是一种比一维条码更高级的条码格式。一维码只能在一个方向（一般是水平方向）上表达信息，而二维码在水平和垂直方向都可以存储信息。一维码只能由数字和字母组成，而二维码能存储汉字、数字和图片等信息，因此二维码的应用领域要广泛得多；接触式 IC 卡门票是一种镶嵌了集成电路芯片的塑料卡片，其内部存储了门票信息，需要通过插入或接触读卡器来读取信息和进行通信；无线射频卡又称非接触式 IC 卡，是通过无线电磁波与读卡器交换信息的。

电子验票子系统由门禁机、闸门等设备构成。门禁机的基本功能是把读票装置（激光扫描装置或专用读卡器）获取的当前电子门票相关信息，按照某种模式查询远程或本地的数据库，并根据返回的查询结果来判断该张门票是否合法，从而控制禁行设备做出禁行或通行的运作。

**（十）　智能博物馆**

1. 博物馆智能电子导览系统

智能导览系统是采用 RFID 无线识别技术系统，信号覆盖全部展区。它为参观者自动提供个性化和交互式的多媒体信息。参观者在进入展区后，在展区内的租赁点租赁电子导览设备。参观者利用 PDA（Personal Digital Assistant）或者是平板电脑上的阅读器读取展品上的 RFID 标签后，关于此展品的详细数据、资料、图片或者影片等丰富的多媒体导览资讯马上显示出来，可多人同时使用。

游客通过该智能导览系统 IPAD 终端（Internet Portable Apple Device），实现自动语音讲解、游览线路导览、展览和展品的相关信息介绍，以及公共服务等。游客定位能够达到实时监控、了解游客分布、运动轨迹等效果，同时游客有任何需求提出，服务人员都可以以最快的速度寻到这名游客，并提供相应的服务，如紧急救援等。其主要功能如下：

（1）根据需要可选择图、文、声、像等多样的讲解方式组合，支持 6 种语言讲解。

（2）可随意选择是 3D 还是二维平面图，并提示最佳游览线路。

（3）提供虚拟 3D 游览，根据游客的兴趣点可生成个性化的游览线路，并在游览过程中进行路径和时间提醒。

（4）游客凭借无线耳机，自动收听到他所在位置处展品的详细介绍。如果喜欢该文物的信息可以选择下载该信息，并可以通过游客游览体验随时对各种文物进行评价。

（5）通过 IPAD 实现人员定位。如果有紧急情况或想得到相关服务，可以通过 IPAD 定制服务，工作人员会在第一时间找到该游客。

（6）第一时间获得游客对哪些展品兴趣更大的信息，能有效制订节假日游客分流预案。

（7）提示归还。当导览机被携带至出口时，导览机具有自动语音提示游客归还功能，同时触发报警。

2. 博物馆 RFID 电子门票系统

依托 RFID 技术在博物馆出入口建立一套完整、安全、方便的游客实名参观登记系统，控制和管理游客进出，更有效地管理游客的合理流动，对进出的游客实行有序的导览。其主要功能如下：

（1）系统为无接触自动识别刷卡，可杜绝因伪造门票而造成的经济损失；可有效杜绝无票人员的进场，加强了场馆的安全保障措施。

（2）采用 RFID 技术，在展区建立 RFID 系统平台，实现游客、管理人员、财物的可视化跟踪、定位、人流分布监测和信息管理。

（3）记录游客身份信息，实名统计游客信息，通过对参展商和观众不同身份的归类划分，提供信息归类和可利用的增值服务。

（4）能准确统计参观者流量、经营收入及查询票务，杜绝了内部财务漏洞。

（5）通过 RFID 双向通信技术，实现即时求助、报警信号实时互通和迅速定位。

（6）通过 RFID 互动模式，实现观众现场知识问答、评分、投票、与展品直接互动等互动活动。

（7）通过长期的数据积累分析，可积累相关行业的市场动态数据资料。

3. 智能博物馆管理系统

（1）RFID 博物馆藏品系统

博物馆藏品保管是一项十分复杂又烦琐的工作。从事保管工作除了经常、及时地进行藏品的登记、分类、编目、保养和修复等一系列工作外，还需要把有关藏品的信息迅速、正确地提供给利用者。

博物馆 RFID 藏品管理系统是一套通过计算机软、硬件来对馆藏文物进行管理的，从而减轻人工管理带来的不便与负担，提高博物馆的藏品管理水平和馆藏文物的利用率，减少文物的损失。

每一个藏品都拥有自己唯一的身份标识（RFID 标签），通过射频信号来识别藏品的数据，忠实地记录着藏品的静态、动态轨迹；从藏品的征集、入馆、入藏、鉴定、提用与退还、保护、修复、研究、注销等诸多藏品管理环节到库房管理、人员管理等。

①藏品登记入库管理

由应用服务器为新藏品发放标签，建立藏品信息并与标签关联，记录藏品入库时间，使用手持机采集藏品标签在库房内的位置并上报应用服务器，予以记录。

②藏品出库管理

管理员持有手持机进行取货，每取一个藏品时读取该藏品标签信息，出库操作完成后将手持机数据传送到应用服务器，由应用服务器进行数据记录，记录实际出库的藏品。

③藏品盘点管理

由操作员通过应用服务器制定盘点清单，将盘点清单传送给手持机，操作员持有手持机在博物馆内进行盘点，每读取到一个盘点清单中的标签则进行记录，盘点完成后将数据传送到应用服务器，由应用服务器给出盘点报告，列出未盘点到的藏品。

④藏品定位

通过 RFID 资产定位功能，能够随时知道某个资产的当前位置。通过手持机，能够快速从众多藏品中找到需要的藏品。操作人员把想要寻找的资产号码下载到手持机上，然后使用手持机在库房中寻找该资产，手持机扫描到资产以发出提示声音，操作人员根据手持机天线所扫描的方向找到对应的资产。应用系统的监控软件能够实时显示标签的当前位置信息，一旦发现某个时刻没有接收到某个标签的信息，或发现资产的位置发生错误时，监控软件立刻进行告警提示。

⑤后台管理

负责所有入库藏品档案登记、工作人员证件制作登记，以及数据库的备份恢复等工作。后台管理实现三个功能：数据库管理、人员档案管理和文物档案管理。后台还可根据需要，查询文物的档案资料以及出入库等各项数据，并给出统计报表。

（2）藏品防盗系统

博物馆内的藏品常常受到人为盗窃的威胁，因此需要极为可靠的防盗系统以实现对馆藏品的智能化防盗和保护。采用 RFID 技术实现对馆藏物品的跟踪监测，以期在馆藏物品移动到一定范围之外时即能够自动引发警报系统。

在文物库房及博物馆出入口设置 RFID 智能安全门，能够检测通过人员是否办理正常出入手续或是否持有参观门票，并能记录进出文物库房或博物馆的人数、时间。对于非正常出入，可声光报警提示。如果该安全门与监控管理系统联动，则能对出入库房及博物馆的人员及藏品，实现 24 小时的跟踪记录，有效地保障了藏品的安全。

（3）博物馆监控系统

博物馆监控系统主要用于对博物馆内展览品的自动化管理，由安装在展览品上的 RFID 电子标签、固定式读写器、手持读写器、管理中心网络管理设备及其管理软件组成。

众所周知，博物馆中的物品都是具有纪念意义的重要贵重物品，无论对于爱好者，对博物馆还是对国家，如果发生展览品损坏或者丢失被盗现象，都无疑是一个重大的损失。然而传统的人员定岗监督模式不仅浪费人力物力，更是不可能做到实时跟踪监控。针对此现象，运用 RFID 技术，实现对博物馆内展览品的实时监控定位。系统可从以下 3 方面实现：

①不可移动监控

对于展馆内的一些易碎，如玻璃制品等珍贵展品，应该采取一定措施防止参观者随意乱动，若发生此类现象可实时跟踪报警。系统在展览品底部安装一个自动传感装置，当发生展览品移动现象时，自动传感装置感应并发出传感信号，同时当附近安装的固定读写器感应不到传感器发出的信号后也会将数据传输到控制终端，控制系统会将此信息与数据库中相对应产品的信息相对比，若发生异常会将控制信号反馈到读写器，此时读写器报警。当工作人员听到报警声后通过读写器上显示信息可以实时定位异常展览品的位置，并及时采取措施。

②短距离移动监控

对于一些可短距离移动的展览品，可通过在产品上粘贴标签来实现对其监控。标签上存储展览品的 ID 标识号码，并且把相关属性存入标签对应的系统数据库，如展览品名称、展览品编号、所列位置、展览品来源以及此标签所对应的首要感应读写器等。某一展览品在博物馆内被移动时，由于每个读写器的识别范围是有限的，当此标签移动出之前指定的首要感应读写器范围时，此读写器感应不到标签所发出的数据时就会发出报警提示。此外，其他读写器可以感应此标签的信息，从而实现对标签的定位。

③盗窃现象监控

展览品上的 RFID 电子标签存储着唯一能够标识此展览品的 ID 标识号码，标签对应的系统数据库中存储着展览品的相关属性，如展览品名称、展览品编号、所列位置、展览品来源等。在博物馆门口安装了固定读写器，当贴有 RFID 电子标签的展览品通过门口，并被读写器感应到时，电子标签中的 GPRS 模块将数据发送到博物馆的相关控制中心，将感应到的状态与控制终端相对应的数据库信息相比较，如果信息匹配，则记录此时的状态；若发生异常，读写器将进行报警。监控人员可及时通知安保人员实施相应的措施，从而实现博物馆内展览品的实时监控管理。

4. 博物馆多媒体展示系统

博物馆展示中应用的多媒体技术大致有：音频技术、影像技术、场景合成技术、触摸屏技术、视屏技术及网络技术等。它们共同搭建了博物馆面向参观者的展示媒体技术平台，具体形式包括：图片、影视、音响、互动体验设计、触摸屏信息传播、音效环境、舞台灯光效果、多功能剧院、无线手持式互动装置（PDA）、互动游戏、导览系统、远程互动教育和博物馆网络等。

（1）弧幕影院展示系统

弧幕影院展示系统是由采用多台投影机组合而成的多通道大屏幕展示系统，它比普通的标准投影系统具备更大的显示尺寸、更宽的视野、更多的显示内容、更高的显示分辨率，以及更具冲击力和沉浸感的视觉效果。是一种全新的视觉展示技术，更能彰显科技馆、博物馆等展览展示方式的先进性和创新性。

（2）360°环幕影院

360°环幕影院具有极具震撼性的影院系统和展映手段，是一种综合多屏幕拼接、同步播放等技术的高科技影院。采用工程投影仪，确保高亮度、高分辨率，完美呈现数字影像。相当于两层楼高的6米环形画面，将人包围其中，给人强烈的视觉冲击力。

（3）球幕影院

银幕形如一个大半球，斜扣在观众厅之上，把观众包围在其中。其超大的天穹形银幕和六路立体还音系统，以超人眼视角的画面和逼真的环绕音响效果，让观众置身电影的景观中，有着极为真实的临场效果。

（4）4D动感影院

4D动感影院是将震动、坠落、吹风、喷水、挠痒等特技引入3D影院，而且还根据影片的情节精心设计出烟雾、雨、光电、气泡、气味、布景、人物表演等效果，形成了一种独特的表演形式。新型特技座椅配合动感平台形成4D影院。4D影院中电影情节结合各种特技效果发展，让观众在观看4D影片时能够获得视觉、听觉、触觉、嗅觉等全方位感受。

（5）投影走廊

投影走廊运用三维数字漫游技术，以隧道形式展现动漫游乐内容。参观者从入门开始，就会与一个虚拟的世界进行互动；数字内容、虚拟场景随着参观者的移动而自动变化。"投影走廊"实现了传统与现代的结合，跨越时空，体现超前科技水平，是一种全新的创意。

（6）互动电子书

互动电子书使用投影及摄像机作为电子书的显示和传感设备，提供了更好的交互感受。投影设备形成的画面，可以在非平面投影面显示图像，电子书均采用仿真书本形状的展台作为交互平台。而摄像机则可以采集观众运动的影像，通过观众动作的趋势就能够判断翻页的方向。

（7）立体幻影技术

立体幻影展示系统是以宽银幕的环境、场景模型和灯光的转换，给人以视觉上的冲击。由分光镜、射灯、视频播放等设备组成，基于分光镜成像原理，通过对产品实拍构建三维模型的特殊处理，然后把拍摄的产品影像或产品三维模型影像叠加进场景中，构成了动静结合的产品展示系统，最终向观众展示融入实景的产品模型幻影成像效果。

（8）增强现实技术

增强现实技术通过计算机将虚拟的信息应用到真实世界中。真实的环境和虚拟的物体实时地叠加到同一个画面或空间中。增强现实不仅展现了真实世界的信息，而且将虚拟的信息同时显示出来，两种信息相互补充、叠加，把真实世界与计算机图形多重合成在一起。在视觉化的增强现实中，游客便可以看到真实的世界围绕着它。

## 三、景区信息化的发展现状

### （一）景区信息化的发展现状

从发展来看，旅游景区信息化分成了 3 个阶段，即初级信息化、数字化、智能化或智慧化。信息技术引入旅游景区大致经历的这 3 个阶段，1990 年至 2000年大致为初级信息化阶段，2000 年以后景区开始转入数字化建设，到 2010 年各景区进入智能化或智慧化建设阶段。这 3 个阶段是不断递进的，各自有着不同的特征。初级信息化、数字化、智能化或智慧化都是信息化，代表了信息化的不同程度，最终目的或结果都是利用信息化的技术手段，建设完全信息化、智能化（智慧）旅游景区。

在实践中，景区信息化建设水平已经成为一个景区综合实力和现代化管理水平的最集中、最直观的表现。与国外景区信息化发展相比，我国景区信息化整体水平较低，景区间信息化发展水平差异明显。根据景区信息化发展水平，我国景区大体分为 3 种类型，即初级信息化景区、数字景区和智慧景区。

1. 旅游景区的初级信息化

旅游景区的初级信息化是应用信息技术及产品的初级过程，是数字旅游的基础阶段。这一阶段的信息化主要是借助计算机软件技术、网络技术、多媒体技术和地理信息系统技术等手段，设计开发在功能上面向游客和管理、可处理景区业务数据的管理信息系统。由于信息技术的局限，这一时期信息化建设并没有系统的规划框架，可以说是有什么技术就应用什么。景区初级信息化的具体目标有以下 3 点：

（1）旅游信息发布方面，是面向旅游爱好者的旅游及其相关信息的介绍；

（2）旅游管理方面，主要是把旅游目的地的各种管理，包括设施、人员、旅游接待情况、统计报表向旅游单位及上级主管部门上报并用于后台的网站信息发布和更新等；

（3）商务活动的平台方面，主要提供商务信息、旅游景点信息的发布、交易、邀约功能。

目前我国大部分中小景区还处于信息化建设伊始阶段，属于初级信息化景区。初级信息化景区主要依托计算机、局域网、多媒体和互联网技术初步建立了办公自动化系统和景区门户网站。但资金短缺导致信息化程度低，基础设施和配套设备落后，已建成的系统后期维护能力差，景区软实力建设长期滞后。

2. 旅游景区的数字化

景区数字化，也就是通常说的数字化景区。景区数字化内涵是借助于计算机硬件设备，综合运用信息技术，如网络宽带技术、"3S"技术（地理信息系统（GIS）、遥感（RS）和全球定位系统（GPS））、"3G"技术（第三代移动通信技术（3rd-Generation））、多元数据库技术、电子商务、虚拟现实技术、无线网络技术、全光网络技术、搜索引擎技术、互联网数据中心（IDC）和网格服务等技术，实现对景区的基础设施、旅游资源、旅游环境、游客活动、旅游管理进行自动采集和动态监测，并通过整合这些信息为游客提供便捷服务，为景区的规划建设和管理提供决策。数字化景区建设是以景区实现"资源保护数字化、经营管理智能化、产业整合网络化"建设为目标。数字化景区表现形式主要是门票网络预售、电子商务网站、电子门禁系统、LED大屏幕信息发布、移动通信技术和集游客安全、资源保护等多功能于一体的综合视频监控系统（规划监测系统、森林防火系统、地理信息系统（GIS）、车辆调度系统（GPS）、电子导游系统）。

目前，我国数字景区主要集中于规模大、实力强的国家级或省级风景名胜区、自然保护区等。但由于起步较晚，数字景区建设还存在系统间集成程度不高、业务目标体系不清晰、电子商务平台不完善、管理智能化水平不高和景区文化传播不到位等问题。

3. 旅游景区的智能化

智能旅游通常也称为智慧旅游。智慧旅游是借鉴智慧城市而产生的，智慧城市是依据"智慧地球"提出的。2008年国际商用机器公司（IBM）首先提出了"智慧地球"概念，指出智慧地球的核心是以一种更智慧的方法通过利用新一代信息技术来改变政府、企业和人们的相互交互方式，以便提高交互的明确性、效率、灵活性和响应速度。智慧的主要理念就是方便快捷。方便快捷的实现主要依赖于先进的信息技术实现感知和可视化。同样，智慧景区就是实现了网络覆盖的可感知和可视的景区。起关键作用的就是物联网，依托物联网可实现智能化感知、识别、定位、跟踪和监管，它是智慧景区或智慧旅游的重要标志。

国家旅游局在2011年7月，提出争取用大约10年的时间，初步实现我国的"智慧旅游"。我国各城市正在加快构建智慧旅游系统，如南京、苏州、扬州、温州、北京等提出了建设"智慧旅游城市"的发展战略；上海市面向旅游者提供的基于智能手机终端的"智能导游"，涵盖导游、导航、导览等服务；北京市采用基于二维码的物联网技术，向旅游者提供一种线上、线下融合的"景区电子门票"服务等。

智慧景区是在数字景区的基础上，实现景区基础设施的升级，增加感知、交互、智能判断、协同运作等能力。与数字信息化基础设施不同，智慧景区是泛在的信息基础，应当具备宽带、泛在、协同和安全四大基础特征。一是宽带，智慧景区是以数据为核心的，因此宽带是智慧景区泛在基础的重要特征，通过有线和无线结合，经济高效地满足智慧景区数据传输的需要。二是泛在，智慧景区要求信息在获取、传输各方面都具有泛在特征，实现传感器无所不在、网络弹性适配无所不包、信息触手可及。三是协同，信息协同是打造智慧景区最重要的基础特征之一，通过信息集中存储和智能处理，实现政府协同管理、企业协同运作共享数据、公众的信息共享和协同。四是安全，安全是以数据为核心的智慧景区泛在基础高效运行的保障，它在传统的信息安全的基础上提出了新的要求。

智慧景区表现形式主要是在数字景区的基础上增添了二维码、实景3D、全息幻影成像、信息聚合、多点触控显示屏等，体现了更加方便、快捷、感知和可视的特征。对于旅游景区来说，智慧旅游的目标是实现四导：导航、导游、导览和导购。导航是将位置服务加入旅游信息中，让旅游者随时知道自己的位置。导游是在确定了位置的同时，在网页上和地图上会主动显示周边的大概旅游信息，包括游、购、娱、行、宿等。数字导览设备相当于一个导游员，而且有比导游员更多的信息来源，如文字、图片、视频和3D虚拟现实，游客戴上耳机就能让手机/平板电脑替代数字导览设备。在导览功能中只要提交起点和终点的位置，即可获得最佳线路建议（也可以自己选择线路），提供沿途主要的景点、酒店、餐馆、娱乐、车站、活动等资料。导购通过对上述内容的在线了解和分析，利用网上支付平台就可直接在线预订客房/票务和购物。

九寨沟是我国智慧景区建设的先驱，2010年在"数字九寨"建设基础上，九寨沟首次提出建设智慧景区，并于2011年先后成功举办两届智慧景区论坛。并建立了视频巡航功能系统，实现了对游客和物品的实时跟踪和联动管理。通过"景管通"3G手机等装置的应用，率先在全国景区中实施网格化管理。

在九寨沟景区的带动下，智慧泰山基于3D-GIS技术打造了景区信息集成平台，成功地运用于景区内虚拟旅游体验、游客流量监管、多项灾害监测等方面；黄山景区确立了"智慧黄山"发展战略；颐和园相关管理单位编制了"智慧颐和园"规划。目前，在经历了数字化后的我国大部分4A级以上景区已经投入到了"智慧景区"的建设当中。

### (二)　景区信息化的发展趋势

**1. 智慧景区将成为现代景区的服务标准之一**

相对传统景区来说，智慧景区的服务将更加智能化、个性化、精细化。智慧景区能使景区运行管理更加有序、可控、安全、节能。景区服务更加简捷、高效、可靠、随身。处置突发事件更加快速、协同、并行，达到"信息实时、功能联动、运作分工、控制集中"的要求。并最终为游客提供安全、有序、优质、高效的服务。而这些特征正是现代景区所必不可少的。

**2. 智慧景区将与智慧城市互联互通**

从智慧城市的角度来说，智慧景区是其组成部分，因此，消灭信息孤岛，实现数据共享是大势所趋。比如景区的安防监控系统与智慧城管系统连通；景区应急救援系统与城市110、120连通；景区环境监测系统与智慧城市环保监测系统连通等。

**3. 以APP应用为主的景区移动服务将占主导地位**

根据艾瑞咨询统计数据显示，移动互联网将迎来一个爆发点，移动互联网产品和应用服务类型不断丰富。其中，服务于旅游景区的应用也在不断丰富，从游前规划预订、游中导览体验、游后互动评价等各个环节都有丰富的应用。随着移动互联网建设的不断深入，将来，一部手机游遍景区将成为现实。

**4. 景区智能导游服务**

景区智能导游服务是一种高效率、低成本的智能服务系统，它贯穿于旅游活动的全过程，从游客进入景区开始一直到离开景区结束。景区智能导游服务具有以下特点：

(1) 可移动性。游客在景区任何允许范围内随意游览，需要的服务可以是离线版的终端系统，也可以是通过无线通信网络从服务器端实时下载的网络服务，服务反馈结果可以在没有任何束缚的移动环境中展现给客户。

(2) 智能性。景区智能导游不仅满足游客的移动GIS查询、空间分析和显示，还包括旅游过程中出现的实时信息讲解、室内外游览路径引导、突发事件应急处理、灵活多样的游览方案推荐、智能抉择等智能化服务。

(3) 位置依赖性。景区智能导游的室内外一体化服务依赖于室内外坐标位置的获取，各种精细化、人性化和智能化的服务必然是基于位置的服务，移动终端设备集成的多种定位传感器为基于位置的服务创造了条件。例如，团队游客可以通过智能导游查到就近的景区各种服务设施，如公共厕所，经营网点，游客中心，停车场等位置，还能及时了解团队成员之间的所在位置，便于相互交流及时会合。

(4) 实时动态性。作为一种智能型游客服务系统，能够根据游客所处的地理位置、运动速度、时间、状态等参数变化，实时动态地改变服务内容和服务形式，对游客的各种游览行为做出相应的反馈。基于室内外定位技术的智能导游能够实时监测用户所在位置，根据周围环境对象不同、时间场合不同、客观条件的不同实现走到哪儿讲到哪儿的全自动智能语音讲解。比如到达某个景区观光车站附近时提醒游客是否需要乘车游览，途经某特色纪念品商店时对店内商品进行简单介绍等，尽量让游客在景区游览时不留遗憾，不走回头路。

（5）设备终端的多样性。游客与景区智能导游服务的交互是以移动终端设备为载体进行的，移动终端设备由于没有统一的技术标准，其往往具有操作系统不一致、存储大小不相同、屏幕尺寸不统一、计算能力差异大等问题，这就造成了移动终端设备型号的多样性，景区智能导游服务要适用于纷繁复杂的各种终端，并保持在各种终端上所提供服务和表达的一致性。

（6）信息载体的多样性。景区智能导游为游客提供全方位讲解引导服务，移动终端与服务器间有大量的信息交互工作，除了一般的空间数据、属性数据查询以外，还包括语音、视频和图形数据的交互。

## 【案例分析】

### 峨眉山智慧旅游发展进程①

峨眉山经历了数字化建设、信息化建设、智慧旅游建设3个阶段。这3个阶段经历了15年的历程。

从2000年开始，我们就建立了全国最早的景区门户网站——峨眉山旅游网。到2004年，我们成了建设部国家级的重点景区的监管系统的数字化试点单位，那个时候我们的智慧旅游、智慧景区的雏形形成了。因为在这个阶段，即2003年我们打造"中国第一山"，在全山自行铺设了一条长度达2230公里的光纤，属于我们景区自身拥有的。目前黄山风景区和我们是一种方式。到2005年，我们开始提升到数字化建设，长期在景区工作的人员都知道，客源结构和客源从哪里来，我们所有的统计系统对此的统计功能都不是很具备。早在2003年的时候，峨眉山就提出了采用移动手机的方式来统计我们的客源地，但是手机的使用以及景区的基础设施建设需要配套，一直到2005年，基于这样一个系统让我们对所有的客源能够了如指掌，通过酒店和车辆的监控系统等使得我们景区的客源数据能够得到89.8%的准确度。所以，我们对目标市场的营销已经初期形成了数据。2006年我们开始进行了B2B的票务预订，到2008年我们整个电子商务系统形成。在2009年，寻找我们的市场，我们和天涯社区进行合作，在近6000~8000个网民当中去寻找我们的网上客户，我们从地面营销，营销地面的游客到网上寻找网民。2010年开始了整个策划峨眉山的打造，把整个峨眉山的体系系统进行了一次完整

---

①　杜辉. 峨眉山智慧旅游发展进程. 人民网：旅游频道，2014 - 10 - 09

的梳理，由 33 个子系统梳理成 22 个分系统，建立了 1 个中心，5 个分中心，全山可视化已经达到了 90%。到目前为止，我们的数字可视已经有 1131 个，加上光影视频，我们差不多有近 200 多个视频，全山所有的视频监控都能清晰地见到。到了 2012 年，对我们所有的数字化建设和智慧景区的建设再次进行了一次充分的论证，我们和美国一个科技公司进行合作，实行战略合作，用强大的战略技术支撑来保证我们景区内的网络、数据、基础设施的维护和保障，我们签订了一个战略合作协议，同时我们也成了全国智慧旅游的试点单位。到了 2013 年，整个峨眉山的智慧建设初具规模，我们通过对整个峨眉山智慧旅游的顶层设计，无论是宣传官网还是电子商务或内部的 ERP（企业资源计划）以及我们的电子交互等，把我们景区所具备的数据，包括我们集团酒店及游戏的开发，包括我们所有进出车辆的统计，我们游人的分布统计，全部进入到我们的商业系统和商业式的数据，使我们的峨眉山有了一个企业的云平台，这就告诉我们在这样一个方面，峨眉山始终追求数据到数字的过程。到了 2014 年，我们主要战略合作走了三条道路，传统的方式没有丢掉，现代的我们紧跟。传统的方式我们在全国各地组织了一个东西南北中，自驾峨眉风。发动旅游卫视、微信以及地面组织在全国掀起了一场轰轰烈烈的自驾游，这场自驾游也意味着我们散客的到来，如何进入峨眉山，峨眉山所有的资讯如何让所有人看到，我们通过旅游卫视实时地播出，我们最后一期是 10 月 12 日从南京出发的 15 辆房车也一直到峨眉山，就形成了我们从八个方向向我们所有的市场发布，这就是我们实际时代的传统的结果。

第二，我们也向一个庞大的网络游戏的网民进行营销，我们在完美世界植入了网络游戏，把峨眉山主要的景点、金庸小说里传说的景点和一些人物也植入里面，希望通过这样的方式也让网民朋友来到峨眉山。

第三，我们同百度的合作方面，走轻应用等方式。使峨眉山以前制定的手机客户端的 APP 通过下载的方式，通过更简洁直观的方式把峨眉山的资源整合起来，使其能够真正实现一步到位，从搜得到、看得到这种方式让游客亲身进入体验并扫我们景区一个二维码，游览过程都非常轻松。这样我们就把我们有距离的官网聚合在一起，通过数据和信息平台使我们整个旅游的营销、管理和服务全程实现数字化和智能化。

去年年底时，我们对未来旅游把握的一个趋向，就是我们整个旅游的发展应该虚拟化，就是要走区域发展的道路，把整个峨眉山做得更庞大一点，把企业做得更强一点。我们的未来发展走的是结合我们智慧管理、智慧旅游、智慧服务逐步过渡到游客的感知体验过程。这个过程就是我们智慧旅游的第四个体系，即感知体验体系。具体要怎么打造，一个是通过建立一个规划，"一山两河"，所谓一山即围绕峨眉山的中心点建立峨眉山的前山和后山，两个带有科技水准的项目，一个叫作智慧旅游的产业创意园区，一个叫作养生长寿的度假基地，这是两个显著不同的群体，一个是 45 岁以上注重养生长寿的，一个是注重时尚的，因为时尚都是和我们的峨眉山前山直接联系，而我们养生长寿的度假胜地恰恰在峨眉山的后山的柳江河，云南有个丽江，四川有个柳江。

在产业园区里面，我们将围绕一个虚拟的曾经有许多游客来到峨眉山所没有看到的但他听到过的一些传说的东西，我们将通过科技的手段再现这种场景，使这种场景形成一个新的旅游方式。从峨眉山开始到全中国到全世界，因为我们每个人一生当中不可能把世界所有的旅游走完，不可能所有的时候都是天气最好的时候。我们要让我们的游客来到峨眉山，在这样一个感知体验中心里面体会到他所不能体会到的东西。整个园区完全按照 O2O 的商业模式来运作，就是从最初的体验到最后的分享的全过程。

面对未来，我们有很多产业发展的方向，对于游客来说，我们新的时代，游客的群体也在发生着变化，80 后、90 后、00 后已经进入这个社会，他们所使用的习惯和我们的习惯完全不一样，移动成为他们随身离不开的，数据成为我们决策的一个关键要素，我们遵循科学的决策化的东西离不开数据，数据的整合和数据的综合分析就形成我们今后对一个产业、对一项服务实行标准化的一个制定依据。

未来的趋势是新生代的，未来所有的工具是移动的，未来所有的决策是数据的。我想沿着这样一个方向，我们所有的蓝图就是建立我们知名度的再塑造，要善于用于大数据。

最后要讲一点，我们和百度以及我们和全国各地不同的 ITO 的合作，我们都愿意进行强强合作。我们目前跟全国各地合作的网络媒体、OTA 都比较多，我们也是最初从 2002 年开始与我们所有公证的媒体，以及我们信息的媒体和电商的媒体等进行合作，形成我们完整的网络营销联盟。我们紧紧围绕营销的三个立体来运作：管理、服务、营销，走智慧化的道路。我们希望在百度所有的栏目里面都能看到峨眉山以不同的方式来展现。

网页的方式已经用了很久了。新闻的链接、贴吧、视频、图片、新应用，百度百科等。前面说的已经是运用植入的，我们要说的是直达号。总之，我们跟百度合作以后在这个方面的运用已经有很多的反响，我们的景区也在助推其与时俱进，尽量解决游客进入峨眉山以后如何更方便，如何成为峨眉山的 VIP，解决我们进入景区以后所有的一切服务都将通过网络方式减轻劳动者的强度，提高效率，包括我们酒店的入住，门票的预订，全山游览，游客增加一名，我们的成本低一点。

最后说说我们景区的管理。这个管理对我们有两点，第一点是黄金周的管理，这对每个景区来说都是很有必要的。我们知道景区在整个互联网和社会旅游运动过程中有"四化"，叫作信息化、网络化、服务化和均衡化，我们黄金周要解决的问题就是均衡化，它不但要告诉外界的朋友景区的现状怎么样的，同时要告诉景区内的游客、景区各景点的游客人数怎么样，这是相当重要的。所以，我们的可视视频以及我们的无线网络全覆盖就是要解决这个均衡化问题。有了大数据的预测，我们对人群的分析，对决策都能起到很好的作用。我们以四大佛教名山为例，我们通过这些数据的分析以后，发现它们都有很多不同的特点，这些数据里面基本能看清楚普陀山旅游的人很多，峨眉山现在是 20～29 岁的人很多，而到五台山去的是学历很高的人居多，而去华山的男的居多。这是为什么？这是一种数据的研究，这是一种趋势，是数据实时在估计。

【案例提示】

1. 峨眉山景区是如何开展智慧营销的？
2. 峨眉山景区利用大数据分析主要解决景区什么问题？
3. 峨眉山景区是利用什么技术及方法采集客流数据的？

# 第三节 旅游交通信息化

## 一、旅游交通的基本概述

### （一）旅游交通

旅游交通是交通运输的一个有机组成部分，是在公共客运交通工具不能完全满足需求的情况下产生的特殊交通方式，它与公共客运运输有着密切的关系。在信息化浪潮中，旅游交通规划、管理调度和服务保障等领域与信息、网络技术的结合越来越紧密，并正在向智能交通系统及其产业方向发展。

旅游交通是指为旅游者在旅行浏览过程中所提供的交通基础设施、设备的总称。它具有交叉性和共享性两个明显特点。交叉性是指旅游交通是旅游和交通的融合与交叉；共享性是指进出景区的旅游交通与其他公共交通可以相互通用及相互共享，但景区内的旅游交通一般是专为旅游服务的。因此，在实际工作中有时很难严格区分旅游交通和非旅游交通。

通常将旅游客源地与目的地之间的交通称为外部旅游交通或大交通，它决定着旅游者可以进出旅游目的地的总量，对旅游业的发展具有重要的战略意义。与之对应的是内部旅游交通，统称小交通，它决定着能否保持旅游交通热、温、冷线旅游客运量的相对均衡，保证旅游者在旅游目的地内正常流动和分流，对旅游业的发展具有重要现实意义。基于大交通，已经建立起包括航空、铁路、公路在内的部门交通信息系统或客票分销预订系统；基于小交通，已经建立起许多旅游目的地或城市交通信息系统。

### （二）交通信息

交通信息是指与上述交通系统各要素所关联的一切信息，包括交通运行、营运、管理、服务4个部分。按其属性分为动态交通信息和静态交通信息两大类。动态交通信息包括道路阻塞、道路畅通、车流量、突发事件、交通控制信号、交通诱导信息等；静态交通信息有路网分布、停车场、收费价格、道路养护信息、交通限制状况等。广义的旅游交通信息除了上述与旅行相关的交通信息外，还应该包括与旅游活动相关的景区景点、购物场所、娱乐场所、气象等信息。

## 二、交通信息化

### （一）智能交通系统

智能交通系统是将智能交通的先进技术手段，包括车辆检测、控制技术、信息技术、数据通信传输技术、电子控制技术和计算机等综合运用于整个交通运输管理体系之中。它是运用"信息化"和"智能化"来解决交通过程中安全管理、处理交通事故、提高交通效率等问题的综合管理系统。它综合考虑人、道路、交通、车辆等因素，实现交通及运输的优化，是保障社会可持续发展的一个先决条件。智能交通系统能够提高交通运输的效率和管理水平，满足现代人们交通的需求。

智能交通系统的主要目的就是保障交通的安全性、舒适性、准时性和高效性。根据我国交通的特点和现有的智能运输相关技术条件，将我国智能交通系统的构建划分为一个中心：交通指挥中心；四大系统：交通信息检测系统，交通通信服务系统，交通信息服务系统，交通安全支持系统。

1. 交通指挥中心

交通指挥中心具有现代化的决策、指挥、调度能力，是各子系统的会合点，是整个智能交通的中心枢纽，是交通指挥控制决策系统。该系统主要是通过收集到的相关信息进行分析，适时掌握交通脉动，快速感知交通现状，结合当地的具体情况，向各子系统发出相应的指令，为管理者提供辅助决策的参考。

2. 交通信息检测系统

系统利用基于计算机视觉和图像处理技术的交通信息检测技术，根据检测路段的位置不同可以分为市区重点路段检测系统和周边地区重点路段检测系统。在发生突发事件时能在第一时间内做出反应，将经数据融合处理分析后的路况信息传回到交通指挥中心，帮助管理人员对车辆进行合理的引导。

3. 交通通信服务系统

采用了先进的通信网络信息技术、多媒体技术，把检测系统提供的流量、路况、拥塞、事故、安全等各种交通信息和旅客需要知道的各种服务信息迅速传递到指挥中心和相关部门，使指挥中心、旅客、驾驶员和旅游公司之间做到紧密合作，人、车、路之间实现充分协调，保证指挥中心可以从多种途径获取多元交通信息，从而为指挥中心准确地对交通进行协调提供有力的通信支持保障。

4. 交通信息服务系统

（1）地理信息子系统

交通地理信息子系统是收集、存储、管理、综合分析和处理空间信息和交通信息的计算机软硬件系统，是地理信息系统（GIS）与多种交通信息分析和处理技术的集成。结合全球定位系统（GPS）技术，能够为交通者提供适时动态交通信息服务，改善出行方式；也能够为道路管理者提供控制信息，大大提高现有道路的通行能力和安全性。

（2）气象服务子系统

交通指挥中心通过气象服务子系统获取各旅游景点及道路的实时气象信息，从而较为准确地预测交通的流量、流向以及道路交通条件，提高交通管理水平，让游客第一时间掌握景区天气变化信息，享受到准确、及时、温馨的气象服务。

（3）交通信息实时查询子系统

可以通过互联网、手机信息、声讯查询电话、户外交通信息情报板、车载交通信息发布系统（GPS）等多种途径及时掌握各种交通实时情况，包括路况、天气、旅行时间等，保证旅行者可以在任何时间、任何地点获取自己所需要的全面的交通信息，改善了旅行者交通出行质量。

5. 交通安全支持系统

（1）车辆子系统

车辆子系统集成了现代移动通信技术、GPS技术及计算机技术等，通过交通操作中心、移动终端及选择的移动通信网络来检测周围环境的变化情况，准确地判断车与障碍物之间的距离，从而进行部分或完全的自动驾驶控制，以达到行车安全和提高旅游运输效率的目的。该系统包括车辆导行与追踪系统、车辆安全状况检测系统和车辆自动报警系统。

（2）交通事故救援子系统

当发生交通事故后，通过旅游车辆子系统的应急报警系统发回的报警信号，触发交通事故救援子系统开始工作。结合地理信息子系统，确定事故发生的准确位置。通过地理信息子系统和气象服务子系统，实时采集事发地点的交通信息，包括气象状态、能见距离、风速风向等信息，统一调度救援车辆，第一时间到达现场，合理地进行交通疏导，及时、有效地处理交通紧急事件，将大幅度缓解交通堵塞的发生，减少经济损失和人员伤亡，降低二次事故发生的概率。

### （二）　航空公司的 CRS 与 GDS

20世纪70年代航空业的调整发展和美国航空业的开放使航空公司可以任意改变自己的线路安排和价格，这要求航空公司的内外部沟通更能灵活应变，这种背景促成了计算机预订系统（Computer Reservation System，CRS）的开发，并很快发展成为一个庞大的计算机网络。CRS一方面为航空公司的内部管理服务，是航空公司接待容量管理的一个重要工具；另一方面为分销商和合作伙伴服务，使他们能了解到价格和机位情况的信息。

CRS让航空公司能不断根据需求调整自己的航班安排和价格以适应激烈的竞争要求。CRS能面向全世界的潜在顾客提供实时信息并支持航空公司的经营管理。航空公司的发展使CRS的功能拓展到营销销售系统中，为投资系统的母公司带来了明显的竞争优势。CRS为其母公司主要能带来3方面的好处：广布的分销网络和 CRS 服务；为第三方提供服务所带来的收入；以及能通过直接销售母公司的机票给公司带来利润增长。

航空公司利用信息技术能更准确有效地管理预订和价格数据，还可以控制旅行文件的远程打印，如机票、登机牌、行程和发票的打印；还可以进行航空公司与旅行代理商之间的结算，并通过实施常旅客计划进行关系市场营销，这些都会带来无法估量的好处。

各航空公司都利用内部 CRS 管理接待容量和需求，同时 CRS 也形成提高企业内部运行效率的内部网络，成为数字航空公司的中枢。系统通过外部网和互联网的外部链接使航空公司能与合作伙伴联系并有机会实现电子商务。

20 世纪 80 年代中期，CRS 已经发展成为一个更加复杂的全球分销系统（Global Distribution System，GDS），分销多种旅游产品并成为主体供应商和旅行代理商之间沟通的主要桥梁。GDS 在其核心产品基础上加入了更多的综合性旅游服务和更多的增值服务。这种发展结果使 GDS 能在出发地和目的地提供一站式的服务。GDS 已经有效地成为一个旅游超级市场，提供各类旅游产品的信息和预订服务，包括住宿、租车、非航空的交通服务等。

GDS 现在已成为大量旅游企业的主要技术供应商，GDS 企业也通过不断调整自己的战略目标，开发解决方案为更多的旅游企业提供信息基础服务。很多航空公司及旅游企业也都通过支付分销费用挂接在 GDS 上，从而提高自己企业的营销和经营效率。

### （三）　航空公司行李分拣系统

随着民航事业的空前发展，机场行李自动分拣系统近来凭借其自动化程度高、处理量大、分拣准确、减少分拣人员工作强度等优点，逐渐在各民航机场中得到广泛应用。行李自动分拣系统是一套面向大中型机场，对旅客行李进行集中统一的传送、分拣与处理的一套自动化系统。一套完整的行李自动分拣系统包括：值机输送机，收集输送机，行李分拣机，计算机监控及信息系统，到达行李提取转盘等。

#### 1. 出发离港行李

从机场出发的旅客将在出发大厅的值机柜台托运他们的行李。每个值机柜台都有一个输送机，完成行李称重、贴条码标签、发送行李及 X 光机安检功能。然后发送输送机将行李转移到位于值机柜台后面的收集输送机上，从那里开始行李被分拣送到相应的航班口，由牵引车运上飞机货舱。

每个值机柜台均有一个三段输送机。第一段用来称重贴标签，第二段用来过 X 光机安检，第三段用来将行李发送到收集输送机上。旅客来到值机柜台，一次一件地将行李放到称重输送机上。行李的重量自动被记录下来，然后称重输送机两边的光电感应器对行李的尺寸进行检查，如果尺寸在允许的范围内即被输送。在值机柜台处产生的标签包含有旅客和航班的信息，以及用于行李自动化识别的 IATA（International Air Transport Association）标准条形码。这些信息通过机场的局域网被保存在机场信息管理系统中，被机场内的相关控制和监视系统使用。自动化分拣系统根据条形码标签上的目的地信息将行李引导到正确的航班分拣槽口，并在那里被装上飞机。通过该标签，行李可以被行李处理系统自动识别和跟踪。收集输送机还具有一个控制模块，能够避免行李的堵塞和碰撞，使行李均匀分布于输送机上。

2. 到达行李

到达的行李通过牵引车从航空器被带到位于行李房的输送机投入站。在这里，操作人员将行李转移到行李房的行李提取转盘机上。

3. 行李监管系统

系统能够保存行李当前的活动信息，能够操纵支配早到、晚到问题及其他异常行李的处理。工作人员也可通过监控计算机界面来控制系统的运行。行李监管系统将对旅客行李进行跟踪，使旅客行李的信息（包括：旅客姓名、航班号、行李的 IATA 条码，行李重量等信息）和行李监管系统中的行李一一对应，实现行李的物流与信息流的有机结合。

行李监管系统可以连接到机场其他的信息系统，包括离港终端设备和航班信息显示系统，支持机场间的数据共享，以提供行李的跟踪查询等增值服务。

**（四） 民航信息化的发展历程**

民航是一个高度依赖信息技术的行业。在 20 世纪 60 年代之前，全球航空公司的机票销售和运营管理一直处在琐碎繁复的手工作业阶段。1964 年，美利坚航空公司（AA）与 IBM 合作开发出能够实现座位控制和销售功能的航班控制系统（Inventory Control System，ICS），实现了航空公司销售部门业务处理自动化，提高了航空公司的生产效率。20 世纪 70 年代，美国各大航空公司将 ICS 推广到机票代理人，形成代理人分销系统（Computer Reservation System，CRS），使 CRS 成为航空公司掌握销售控制权、获取竞争优势的重要手段；20 世纪八九十年代，CRS 从分销机票到分销酒店、从航空业延伸到旅游业、从各国扩展到全球，逐步演变成分销机票、酒店、旅游、轮船等各种旅行产品的全球性电子分销网络，被称为全球分销系统（Global Distribution System，GDS）。目前，世界上最大的 4 家 GDS 公司分别是欧洲的 Amadeus，美国的 Sabre、Travelport 以及中国的中航信（Travelsk，中国民航信息网络股份有限公司）。

中国民航信息网络股份有限公司（以下简称中航信）是中国民航信息集团旗下的重点企业，是中国航空旅游业信息科技解决方案的主导供应商。中航信对中国民航的信息化起到了重要作用。

**1. 建立中国本土的民航商务信息系统**

1994 年，中航信将中国民航旅客服务订座系统改造成支持多家航空公司业务发展的系统。1996 年，在原订座系统的基础上，完成了机票代理商订座系统（CRS）与航空公司订座系统（ICS）的分离，促进了国内销售代理事业的蓬勃发展。1994 年，推出了航空收入结算系统、航空货运系统（ACS），民航集中式计算机货运系统，收入管理计算机系统。2006 年，中航信构建起了支撑民航业发展的订座、离港、分销、结算四大商务信息系统，成为全球唯一在发展中国家独立运营并能继续发展的大型民航商务信息系统网络。

**2. 建设机场离港系统**

2002 年，中航信开始实施在吞吐量前 100 位机场投产建设离港系统的"百家离港"工程。离港系统又称机场旅客处理系统，是机场为旅客办理乘机手续的关键计算机信息系统。具有离港控制、航班旅客信息提取和处理、超重行李处理、登机牌、行李牌打印等功能，是中国旅客安检前办理登机手续的必用工具。离港系统的主机在北京，各地机场用户使用的终端通过通信设备与主机联系。用户在终端上所作指令都要传到主机进行处理，然后将反馈信息传回用户终端。

计算机离港控制系统（Departure Control System，DCS）是中国民航的旅客服务大型联机事务处理系统，分为旅客值机（CKI）、配载平衡（LDP）、航班数据控制（FDC）三大部分。

（1）旅客值机系统（CHECK-IN）。旅客值机系统是一套自动控制和记录旅客登机活动过程的系统。它记录旅客所乘坐的航班、航程、座位证实情况；记录附加旅客数据，如行李重量、中转航站等；记录为旅客办理乘机的手续。

（2）配载平衡系统（Load Planning，LDP）。配载平衡系统是中国民航计算机离港系统中的一个应用模块。供航空公司、机场配载工作人员使用。飞机配载为飞机起飞前必要程序。配载员综合考虑影响飞机平衡的各种因素，确定飞机配载分布，取得飞机起飞前必需的重量、重心等数值，确定飞机重量、重心是否在规定范围内。传统的手工配载方式工作程序复杂，环节较多，人为因素影响大，容易产生错误。计算机配载将配载员从烦琐的手工方式中解脱出来，大大提高了配载工作效率，提高了配载准确性，已为世界航空界广泛采用。

（3）航班数据控制系统（Flight Data Control，FDC）。此系统主要负责值机系统的数据管理工作，通常旅客值机航班由航班数据控制系统编辑，将航班表生成在系统中，为旅客值机做准备工作。重要的工作是向订座系统申请得到旅客名单。

**3. 实现电子客票**

2007 年中航信自主研发了电子客票系统，实现了出票、值机、结算的电子化流程。所谓电子客票实际是普通纸质机票的一种电子映像。纸质机票将相关信息打印在专门的机票上，而电子客票则将票面信息存储在订座系统中。由于原来纸质机票上的信息全部被保存在系统中，因此电子客票只是"无纸"而不是"无票"，完全不同于无乘机票的登机。

电子客票是电子商务初期市场化的最佳产品，摆脱了物流配送环节，使广大旅客可以体验到在线支付即刻拿"货"的消费过程，满足其电子商务的消费心理。电子机票的出现顺应了信息时代的市场需求，已成为航空旅行电子商务化的重要标准之一。电子客票作为世界上最先进的机票形式，依托现代信息技术，实现无纸化、电子化的订票、结账和办理乘机手续等全过程，给旅客带来诸多便利以及为航空公司降低了成本。

4. 建设航空联盟信息平台

2004 年年初，中航信成立了项目组，对三大国际航空联盟（天合联盟SKYTEAM、星空联盟 STAR ALLIANCE、寰宇一家 OneWorld）进行了考察及航信系统的改造。2005 年航信系统实现了对寰宇一家的全面支持；2007 年先后成功支持了南航加入天合联盟，国航、上航加入星空联盟。中航信独立建设的航空联盟信息平台，标志着中国航信的技术支持能力完全能够满足航空公司国际化经营的需要。各航空公司通过中航信的航空联盟信息平台，不仅可以与竞争对手建立战略联系，形成战略网络，扩大国际市场，而且有利于满足旅客需求，给旅客和货主更多的旅行线路和货运班次的选择机会。同时，联盟也是航空公司争取规模经济，降低生产成本的有效手段。各大航空公司纷纷寻觅国际战略伙伴，以确保自己能跻身于世界空运市场，并将航线网络扩大到全球范围。

5. 建立中国民航离港三级备份安全体系

离港系统是机场为旅客办理乘机手续的关键系统，如果出现故障，则会造成航班晚点、大量旅客滞留机场的严重后果，甚至会发生群体性事件，影响社会稳定。从 2001 年开始，中航信建立了离港系统三级备份安全体系。第一级是同机房主机热备，通过大型主机的松耦合技术，在单台主机发生故障的情况下，其他主机仍然能够支撑系统运行，保证业务的连续性；第二级是同城异地灾备，通过远程数据同步，将实时交易数据同步传送到另一机房的系统磁盘上，在生产机房发生灾难性事故的情况下启用备份系统，确保在一小时内恢复系统服务；第三级是机场本地备份系统，在全国 62 家大中型机场全面部署了具有自主知识产权的新一代机场旅客处理系统（New APP），实现了离港系统在机场本地的实时可靠备份。

6. 实现旅客简化出行

从 2007 年年底开始中航信的自助值机柜台已经在国内机场安装使用。旅客在家里就能够为自己办理乘机手续，打印出带二维条码的登机牌，直接到机场过安检登机。2009年5月，中航信进一步在首都机场实施了手机值机产品，旅客借助手机就能够完成乘机手续办理。

随着3G移动通信时代的到来，中航信支持旅客移动旅行服务需求，推出移动离港服务，包括手机值机和移动离港信息查询。手机值机使旅客能够通过移动上网，提取旅客行程，办理乘机登记，选择座位，获得二维条码手机电子登机牌。在安检支持的机场，旅客可以凭借二维码手机电子登机牌直接通过安检并登机。移动离港信息查询功能可以通过短信服务，为旅客提供登机口信息及航班动态信息，方便旅客出行。

### 三、旅游交通信息化的发展趋势

信息技术将帮助旅游交通企业完成运营、控制、协调等各管理功能。通过企业资源规划使旅游交通企业能够将业务的各方面衔接起来，最大限度地提高内部经营效率和效益。互联网和外联网的应用使旅游交通企业更有效地与所有利益团体进行沟通互动。在过去几十年中旅游交通企业的信息化进程已经取得了长足的进步，但仍面临着一系列的挑战。

例如美国"9·11"事件以后，安全成为航空公司面临的最大挑战，要求安检系统能防止危险物品被带上飞机，而且能及早发现可能的隐患。另外航空公司要能利用信息技术更有效地追踪乘客的行李物品，防止被盗和发生意外。

旅游交通企业还要提高顾客整个旅行体验质量。例如，旅客希望登机服务更加快捷简便，更灵活地自己掌握旅游安排，现在越来越多的乘客希望使用自助登机服务，而不必在机场排队等候。电子客票和无纸化沟通能减少旅行安排过程中的官僚化程序，提高各项程序的处理速度和灵活性，改善顾客服务。提供自助服务亭和无线通信服务能带来更高的顾客满意度和成本的压缩。自助式服务亭能使消费者在上面进行预订、办理登机、得到登机卡、选择座位、查询里程累积数、要求升舱、购买机票、打印电子客票收据和交运行李，所有这些服务都可在不排队的情况下自助完成。这能有效地缩短登机时间和减少登机单位成本，保持航班出发的正点率，提高顾客的满意度。

通过无线解决方案，乘客可以通过手持的无线通信设备在任何时间、任意地点与旅游交通企业联系。在路途中调整旅行安排是无线通信在旅游交通业最广泛的用途。越来越多的消费者特别是旅游常客，要求无论在什么地方，都能快速进入其旅行行程安排中。例如，手机、个人数字助理（PDA）及其他无线通信设备都已用于航班信息搜索和预订、变更航班安排、了解实时抵离港信息以及快速登机和机位选择；航空公司或旅行代理商通过手机短信、微信和电子邮件通知旅途中的乘客关于航空时间变更以及是否需要做新的预订等方面的信息。另外当航班晚点时，航空公司可以通过条形码、二维码短信把凭证直接传送到客人手机上安排旅客的就餐和住宿。无线 LAN 解决方案和有线 LAN 的结合能更好地支持航空公司、机场和消费者的各种应用，动态地服务于乘客的旅行前、旅行中和旅行后活动，强化航空公司的品牌。

外联网的成功开发意味着旅游交通企业能有效地与所有合作伙伴沟通，信息化管理整个供应链，使旅游交通企业能压缩成本、提高交易准确性和运营效率。外联网在其他方面的应用，如航空企业中顾客、边防的管理，机场、空中控制塔与各站点民航管理机构的互动沟通也将越来越普及。

## 【案例分析】

### 智能交通信息平台全新上线　中国电信助力政府　"智慧交通"①

"5·17"世界电信日即将到来之际，中国电信南京分公司与南京市政府信息中心联合打造的智能应用平台、机场多媒体信息机、高速公路自助服务、中山陵"智慧旅游"等一系列智慧交通信息平台陆续上线，不仅可为消费者提供大量的交通信息查询、交通诱导等服务，更可查询天气、地图、股票等各类资讯，全力助力政府"智慧交通"。

中国电信南京分公司自 2010 年和 2011 年与南京市政府信息中心签订建设"智能交通信息采集平台系统"和"南京市政务数据中心高性能计算和存储平台外包服务"项目后，已经为南京的智慧交通、智慧南京打造一套计算、存储的应用平台。平台建立后，不仅为交通提供了各方面的应用数据服务，已采集、存储各道路路口的交通监控视频、车辆照片、图像和车辆的 RFID 数据上亿条，更通过将信息分类存储，已提供给交通、公安、环保等管理部门作为日常使用的数据，实现过车数据的精确统计。

此外，系统还可以根据车流量自动分析各条道路的拥堵状况，支持着交通部门建立智能控制信号系统、智能化的交通指挥系统、城市交通综合信息平台、全球定位与车载导航系统、城市公共交通车辆、出租车的车辆指挥与调度系统、城市综合应急系统，为政府服务部门向广大市民提供交通信息查询、交通诱导等服务。

目前南京电信还助力交通管理部门实现交管局静态持续监控点项目（违章停车监控）；天翼看交通（手机交通路况视频）；"96196"交通服务热线（市民交通服务与咨询）。"96196"交通服务热线目前在南京已建设 8 个台席，每天接受市民交通问路、公交线路查询、出租车服务、城市道路报修等服务与咨询电话 1000 多个。

南京禄口机场多媒体信息机全新上线。遍布机场候机楼内的 142 台多媒体信息机将为旅客提供电话通信、航班信息、天气查询、地图查看、股票行情、新车资讯、门户网站网页浏

---

① 包金山．智能交通信息平台全新上线　中国电信助力政府智慧交通［N］．东方卫报，2013 – 05 – 17

览、游戏娱乐等多种功能性服务。旅客通过手写触摸屏输入方式，可便捷查询自己所需要的咨询信息，此外该多媒体信息机还为旅客提供免费拨打 3 分钟市话功能，支持 IC 卡拨打电话。无须任何复杂的操作，即可与亲人、朋友通话，及时沟通出行信息。多媒体信息机建立了一个资源共享、信息协同、面向机场旅客的便民综合服务体系，为旅客提供了全新的信息服务体验。在多媒体信息机上线当日，以其多功能性、便捷性、实用性赢得了广大旅客的关注，出现多名旅客排队体验多媒体信息机的场景。

在南京市交管局和南京电信的通力合作下，春节前南京市高速公路指路服务终端全面投入使用。此次自助服务终端分别安装在南京各高速公路指路站及重点高速公路出入口，为对南京路径不熟的外地驾车者提供免费指路服务。自助服务指路终端为驾车者提供包括出行指路服务、生活百事通、旅游信息服务、违章查询、停车诱导、交通信息等多种功能。

【案例提示】
1. 此案例涉及了哪些具体的信息技术？
2. 你还能列举出哪些信息技术在智慧旅游交通中的具体应用？
3. 为什么全国交通业都在大力推广智慧交通？

# 第四节　旅游餐饮信息化

## 一、旅游餐饮的基本概述

### （一）　旅游餐饮的分类

根据我国《国民经济行业分类》（GB/T 4754—2011），餐饮业是指通过即时制作加工、商业销售和服务性劳动等，向消费者提供食品和消费场所及设施的服务。餐饮业是一个古老、充满活力且具有现代气息的行业。随着旅游业的发展，不同形态、不同风格、不同特色的旅游餐饮服务类型逐渐出现并发展起来。旅游餐饮服务基本上可分为以下 3 大类型：

1. 综合性的饭店餐饮服务

综合性的饭店餐饮服务是指宾馆、酒店、度假村、公寓场所内部的餐饮部提供的系统服务，包括各种风味的中西餐厅、酒吧、咖啡厅和泳池茶座的服务。此类餐饮服务特点主要表现为集住宿、餐饮、康乐、购物、休闲、演艺等经营项目和业务活动于一体，其中，餐饮服务是其主要组成部分。一般情况下，此类餐饮服务质量和水平较高。

2. 餐馆餐饮服务

餐馆餐饮服务指各类独立经营的餐饮服务机构，包括社会餐厅、餐馆、酒楼、餐饮店、快餐店、小吃店、茶馆、酒吧、咖啡屋的服务。此类服务以提供某种风味食品为主。服务质量根据餐馆的经营规模、经营方式和品牌的不同呈现不同的差异。

3. 旅行及休闲提供的餐饮服务

旅行及休闲娱乐设施中提供的餐饮服务包括机场、火车站、长途汽车站和港口，以及航班、火车和轮船上提供的所有餐饮服务，在体育场、电影院、游乐场、旅游景点等休闲设施中提供的餐饮设施和服务等。此类餐饮服务是以提供简单、快捷、方便的食物为主，满足游客的基本饮食需要，游客对此类服务的质量和水平要求不高。

**（二）　旅游餐饮在旅游业中的作用**

1. 旅游餐饮服务是旅游营业收入的主要来源之一

作为旅游产业链的重要一环，旅游餐饮在为广大游客提供餐饮服务的同时，也是旅游业收入的主要来源之一。根据全国假日旅游部际协会议办公室发布的2006—2011年《春节黄金周旅游统计报告》统计数据说明餐饮业的收入是旅游收入的主要来源之一，甚至在旅游收入下降的情况下，餐饮业仍然能保持较好的增长态势，呈现上升的总体趋势。

2. 旅游餐饮服务水平是衡量旅游业服务水平的标志之一

旅游餐饮服务是旅游业的必要组成部分之一，旅游餐饮服务的水平和特色也能展示目的地旅游业的水平和特色。

3. 旅游餐饮服务业是旅游业的重要基础设施

在食、住、行、游、购、娱的环节构成中，旅游业向旅游者提供各项服务，其中旅游餐饮服务是旅游服务的重要组成部分之一。"吃饱"是旅游者的基本生理要求，这需要餐饮服务来满足。旅游业为旅游者提供餐饮服务，才可以使旅游业的各个环节配套，进而使旅游者的旅游活动顺利进行。目前，一些旅游目的地已将饮食活动和其他休闲活动结合起来，形成了很多深受游客欢迎的旅游项目。

4. 旅游餐饮服务业是新的文化旅游资源

近年来，品尝地方美食越来越成为吸引游客出游的重要动机。越来越多的旅游者将品尝美食作为自己的主要旅游体验，希望尝试更多品种、更有特色的饮食，有更多机会体验不同的饮食文化。这种所谓的"美食旅游"逐渐成为一种新的文化旅游资源。如一些国家或地区举办的美食节：新加坡的辣椒节、德国的啤酒节、惠灵顿特色美食节、芝加哥美食节等。另外，随着"美食旅游"的兴起，许多"美食旅游"景点逐渐兴盛起来，如我国北京的三里屯、什刹海、簋街、蓝色港湾；成都的宽窄巷子；杭州的中山南路美食街等。

## 二、旅游餐饮信息化

随着中国餐饮业的蓬勃发展，越来越多的餐饮企业使用信息技术来提高自身的管理水平，把中国的传统饮食与现代信息化管理有机地结合在一起，为企业的做大、做强、管理规范化起到至关重要的作用。餐饮企业的管理目的是成本控制、运营控制，其最终结果表现为效率和效益。而要达到这一目的，管理数据的及时性、准确性、完整性、有效性是至关重要的，而这些特性恰恰是信息系统最重要的特点。

餐饮信息化的发展趋势运用于 4 个方面：一是为餐饮企业的管理者提供节省运营成本、提高运营质量和管理效率的信息化管理和控制；二是为投资者、股东实现清晰的财务账目、规范优化投资行为和资产的管理；三是为顾客提供更加优质的服务，这不仅仅停留在点菜上，还有个性化的客户服务、需求分析等；四是为企业合作的供应商提供一个优质的合作与交流平台。这 4 个方面将是餐饮企业在经营中迫切需要解决的四大类问题，这些问题完全可以通过信息化来实现。

随着餐饮行业管理水平的提高，经营者意识的不断加强，寻求新的技术手段来提升管理效率将成为更多经营管理者的必然选择。随着电子硬件设备的不断更新换代、3G 网络的不断成熟，信息化的成本降低和无线技术的成熟将会为餐饮信息化的无线发展奠定坚实的基础。餐饮企业信息化的服务商在未来的竞争也将聚焦于技术为基础、终端竞争为核心的服务型模式上来。信息化的不断成熟和完善将会为餐饮服务业的服务提升树立新的行业标准，也必将为餐饮行业注入新的发展力量。餐饮产业这一传统而古老的服务业，也将积极借助各种信息化技术提升企业经营管理水平，伴随着信息化时代浪潮不断变革升级。

### （一）餐饮管理信息系统

餐饮管理信息系统是一套功能强大而又简便实用的餐饮娱乐管理软件，包含接待预订、前台收银、厨房传菜、仓库管理、成本分析、每日管理、经理查询、触摸屏点菜管理、触摸屏划菜、会员一卡通管理、连锁查询等功能，实现了餐饮、休闲娱乐企业日常营运的全面自动管理，是餐饮娱乐企业进行信息化管理的理想选择。系统广泛应用于餐饮企业及休闲娱乐业，如 KTV 收银、各类运动场所、健身馆及棋牌室等。

餐饮管理信息系统可以帮助餐饮企业管理人员对企业中大量的、动态的、错综复杂的数据和信息进行及时、准确的分析和处理，最大限度地降低处理信息的劳动强度。使餐饮娱乐企业的管理手段和管理水平产生质的飞跃，跟上信息时代的步伐。

餐饮管理信息系统运行在餐饮企业计算机局域网的多台计算机上，根据授权不同在不同的计算机上实现不同的功能，使得接待台、收银台、厨房传单台、吧台、厨房、管理后台、查询后台可以分离协同工作，并支持连锁店经营管理，从而实现大、中、小型餐饮娱乐企业复杂的网络化营运管理。餐饮管理信息系统具有如下几项基本功能：

1. 前台收银

前台收银主要是针对餐厅酒楼或休闲娱乐场所的日常营业操作。如餐厅或休闲娱乐场所的下单、结账、交班及状态查询等。下单后可以进行厨单、桌单打印，可以通过同一台打印机打印，也可以通过不同的打印机进行分单处理。

2. 接待预订

接待预订模块主要是对客人的预订信息进行记录、查询、打印、修改、删除等操作。预订方式灵活，不仅可以单桌预订，也可以团体预订。采用不同的餐次，解决了重复预订的问题，并且可以任意提前预订。预订时除预订房台外，还可预订菜品，做到信息记录全面，满足客户各种需求。

3. 经理查询

此系统提供的房台状态监控功能可以实时查看房台的入座情况；提供的挂账管理功能可以对挂账客户资料进行管理，并且可以对客户的应收账款以及台账进行查询；提供的前台库存管理功能可对前台酒水库和验收单据进行查询和分析；提供的财务查询功能具有完善的报表模式以及灵活的操作模式，报表完全采用"所见即所得"的报表打印模式。

系统提供丰富的报表，包括账单查询、品项销售报表、交款汇总报表、收银员交款班次台账、桌台房台销售汇总表、营业日报表、品项类别销售汇总表、翻台率统计、客流量统计报表、退单原因统计、赠单统计、人均消费及工作量统计等。

4. 会员一卡通管理子系统

会员一卡通子系统适用于连锁类饭店及综合休闲娱乐场所等，如连锁饭店的一卡通发行、连锁饭店的消费积分管理、宾馆酒店的一卡通综合应用等，并支持多种卡介质的使用。

系统提供的会员类别管理功能可以设置会员的类别并支持多种会员方式，如会员卡、储值卡、月卡、一卡通等；提供的会员基础信息管理功能可以提供会员的注册、会员资料信息的修改、会员卡的启用与停用、会员存取款等管理功能；提供的会员业务管理功能可以对会员的消费记录、台账、会员类型转换、积分返利、存取款进行管理与查询。会员管理支持射频卡、IC 卡、磁卡等多种卡。支持多店一卡通管理及连锁店 IC 卡一卡通管理等。

5. 厨房传菜

传统餐饮管理中，整个就餐环节的流程，从客人入店、点菜、下单、备菜、出菜划菜、结账收银等一系列环节都需要服务员有条不紊地完成。然而划菜和出菜环节往往是出错率较高的一个环节。传统的手工做法是把店内所有已点菜单放在出菜口，待某一个菜做好后，划菜员在摆满菜单的桌面上找出相应的台号及相应的菜品名，如果同一道菜有多张台位点菜，那么就有可能上错菜或是后来的先上，先来的后上，尤其在就餐高峰期，手忙脚乱就更容易出错。

随着信息技术在餐饮业的不断发展和深入应用，全程计算机系统跟踪管理代替传统的手工操作，餐饮管理信息系统中触摸屏划菜、厨房条码传菜取代了传统手工的传菜及划菜模式，真正地实现餐饮信息化。触摸屏划菜，轻松划菜，长期节省耗材；条码传菜，通过扫描完成划菜环节，体现了快捷、准确、高效等正规化管理。传统划菜的人工操作需要几分钟或十几分钟才能完成，在运用计算机系统划菜管理后只需几秒钟就可轻松完成，既缩短了查单的时间，又避免了出错现象，加快了上菜速度，大大提高了工作效率。

6. 餐饮无线/触摸屏点菜系统

餐饮无线/触摸屏点菜系统对传统的餐饮运营进行了全面的流程再造，以提高效率、增强团队组织的相互协调能力，强化管理决策层的可控制力，建立信息共享和沟通平台，使库存、成本、客户关系、营业目标、业务流程等餐厅管理的各个环节更加科学化。让经营管理变得轻松而富有价值。

通过具有无线功能的智能化点菜机，服务员可以随时随地为顾客点菜、加菜，并即时把数据传到后台和分布在厨房及前台的打印机上，打印机立刻打印所点菜单。而且所有操作数据都储存在后台的数据库中，以备查询。其功能几乎覆盖了饭店店堂服务的每一个环节。操作简单录入速度快，只需输入拼音字头、事先编制好的数字编码便可代替输入汉字，如有临时加菜或客人口味要求，可以用拼音、手写、语音方法输入。在线数据下载功能可随时通过系统下载更新的数据，如菜品等。一台无线点菜机可以储存几千条菜品信息。单一点菜机可同时服务多个餐台，单一基站可以支持数百台手持机。由于采用无线网络技术，所以无须布线，用户便可以在最短的时间内就能享受到该系统提供的快速服务。系统在以下几个方面产生明显的效益：

（1）节约人力

系统自动传单、分单，大大减少这部分工作人员的数量；服务人员不需要往返账台、厨房，节约大量跑动时间，可以服务更多客人，服务人员也能相应减少；收银再也不需要计算价格，结算几秒钟完成，收银人员可减少一半；提高熟练收银的满意度。厨房、收银营业账单由计算机控制，保证一致性，再也不需要人员手工复核。与传统手工管理相比，整体上节约了大量的人力。

（2）杜绝跑冒滴漏

由系统控制计算菜价及折扣，营业情况一目了然。厨房、收银、财务共享同一份营业账单数据，杜绝了传统餐饮管理中掉单、飞单（即串通服务员销售私人酒水）的漏洞。管理者根据系统中菜肴销售数量、标准配方表及实际原料消耗情况，可以了解每天的标准成本与实际成本的差异，及时发现问题并解决问题。

（3）提高服务水平与客户满意度

由系统根据点菜时间及客人的要求安排菜肴制作的顺序，已下单菜肴超过标准制作时间还未完成，系统会提醒及催菜，再也不会出现因服务员忘记而落单、下错单或厨房失误导致客人抱怨，点好的菜迟上、错上、甚至漏上的情况；系统自动根据菜肴类别将菜单传送到各个厨房制作部门，账台自动记账，服务员再也不会疲于往返客人、账台、厨房之间，因腾不出时间招呼客人而导致客人抱怨服务不好，流失生意；系统结账打单，几秒钟完成，再也不会出现客人多的时候，结账打单的等候时间过长而导致客人不耐烦，甚至发生跑单的情况。

（4）提高准确性，减少各种损失

系统可避免收银损失。饭店有上百种菜品酒水，靠人工记忆菜品价格，难免出错，而用点菜系统计算菜品酒水价格，准确无误。账单金额计算靠手工汇总，时有出错，导致酒店损失或引起客人纠纷，系统自动计算总额，准确无误。

（5）最大限度减少客人等待时间，提高翻台率

系统可最大限度减少客人等待上菜的时间。采用手工点单，从点好餐单到收银台记账再到下单到厨房，一个周期平均需要 5 分钟以上。而采用点菜系统后只需几秒钟即可完成。如果采用无线掌上电脑点菜/触摸屏点菜系统，可以随时发送菜单（如凉菜先发送）。

系统可最大限度缩短结账时间。餐饮结账高峰很集中，服务人员需要往返 2 次到收银台，先由收银计算、复核账单总金额，然后收款后再交收银结账（如果要打折的话还要再计算折扣），平均结账时间在 5 分钟以上，忙的时候甚至超过 10 分钟。采用点菜系统后，服务员不需到收银台就可打印出客人消费清单与总金额，收款后再交收银员核对结账，收银员也不需要手工计算账单总额，大大提高了速度，平均结账时间提高到 2 分钟以内。

（6）辅助营销与决策

系统可记录下客人各方面的信息，如生日、累计消费额、口味喜好及就餐频率等，根据这些信息饭店可以主动进行客户关怀（如寄送生日贺卡），挖掘消费潜力；还可随时了解客户价值变动情况（如客户流失预警分析、新客户价值分析），有针对性地开展客户营销活动。饭店可分析利用日积月累的营业数据，如畅销/滞销的菜品、营业额、翻台率、客人历史档案等各类营业数据。它们动态

实时地反映出整个饭店的运营状况，从而对饭店的营销和管理起到很重要的辅助决策作用，如了解调整的菜谱、举行各种促销活动后的效果等。

（7）促进企业管理的规范化和标准化

由于手工管理存在的人为因素，很难做到企业管理的规范化与标准化，所以越来越多的企业通过引入计算机管理信息系统来杜绝各种人为因素的不确定性，实现企业管理的规范化与标准化，管理信息系统能促使所有工作人员必须按照统一的标准去执行操作，并可在很短时间内快速复制到其他连锁分店，有效地支持连锁化的发展。

**（二）餐饮业的网络营销及电子商务**

目前我国餐饮业开展网络营销及电子商务主要通过 3 种形式实现：餐饮企业自己的网站；第三方的餐饮综合性网站；大型连锁餐饮企业的电子商务。

1. 有些餐饮企业建立了自己的网站，进行餐饮产品及服务的介绍。这种各自为政的小而全的网站在企业宣传等方面起到一定作用，但由于只是停留在介绍为主上，不存在网上交易，对原材料成本的降低和市场的拓展起的作用不大。

2. 由第三方建立的餐饮综合性网站。这一类网站主要是介绍饮食文化、营养保健、各家菜系及有名的餐馆等。如中华美食网，主要内容包括吃在中国、食谱大全、企业家园、饮食文化、健康常识、饮食男女等内容。还有地方建立的网站，如山东美食网，是山东省烹饪协会官方门户网站，主要是为山东的餐饮、娱乐企业服务。

3. 大型连锁餐饮企业的电子商务。这种形式发展得较成熟，涉及从原料采购到网络营销。如必胜客餐厅的网站，有网上订餐、下载优惠券等服务。这种形式一般为大型连锁企业采用。

4. 小范围内的餐饮电子商务。这种电子商务网站主要由第三方建立操作，实现网上订餐。在杭城某文教区，一些大学生看准大学校园的广阔市场自行筹建了一个餐饮电子商务网站"要饭网"，它将附近的多家餐饮店组织起来，利用网络的优势，接受外卖订单。"要饭网"的主要客户群是附近的学生，这些订单相对集中，消费潜力巨大，每天接到的早餐、中餐、晚餐和夜宵订单为数不少。

从以上分析可以看出我国餐饮业电子商务发展仍处于起步阶段。第一、第二类网站主要是介绍性的，网站建立较容易，成本低，但收效甚微，占目前餐饮业电子商务的绝大部分。第三、第四类网站具有电子商务的实质，对电子商务技术与管理能力要求高，但目前数目有限。

**（三）移动电子商务在餐饮业的应用**

移动电子商务在餐饮中的应用主要是针对"旅游者的全程餐饮移动电子商务服务需求"而设计的，包括：旅游者在旅游地就餐前的查询、订餐服务的需求；

如何到达就餐地的导航服务需求；到达就餐地的就餐体验需求；就餐后的结账、交流及评价需求。

**1. 查**

查指移动电子商务向旅游者提供的在线实时、动态信息查询功能。旅游者可通过移动终端访问互联网，搜索符合需求的餐厅，如与旅游者当前位置邻近的餐厅、就餐者评价较好的餐厅、打折促销的餐厅等；查询了解餐厅的就餐状态信息，如现有停车位情况、餐厅就餐人数、实时座位信息等；获取餐厅的饮食文化、就餐环境、菜品等信息。

**2. 订**

订指移动电子商务向旅游者提供的在线实时预订功能。旅游者可在查询到符合需求的餐厅后，进行在线订餐，可根据餐厅环境、座位情况等信息选择座位，并在一定的信用担保情况下，根据菜品信息进行在线点餐。

**3. 行**

行指移动电子商务向旅游者提供如何到达就餐地的导航功能。旅游者可通过移动终端授权运行导航定位系统，获得前往用餐地点的路线导航服务。如果就餐环境路径复杂，旅游者可获得就餐环境内的路径导航或信息服务，如安全停车引导服务、卫生间的位置服务、餐区信息等。

**4. 食**

食指移动电子商务在旅游者到达餐厅并就座后向其提供的各种服务，主要包含智能菜单与智能厨房。智能菜单指旅行者可通过自己的移动终端或餐厅提供的智能终端进行自助点餐。智能厨房指面向就餐者的厨房信息服务，如配菜信息、营养信息、制作流程等，这些信息可以通过虚拟现实、视频、图片等新媒体手段加以展示。

**5. 结**

结指移动电子商务的自助结账功能，即旅游者能够通过餐厅提供的自助终端进行自助结账并打印就餐票据。这一应用功能的提出将极大提高餐厅服务的效率，提高翻台率。

**6. 评**

评指移动电子商务向旅游者提供即时评价、餐后评价和交流的平台。如旅游者可发布餐饮微博，可利用文字、图片、视频以及语音对菜品、餐厅服务质量等进行评价、讨论，分享自己的就餐体验；通过旅游者点餐、评价信息，建立供旅游者参考的企业、菜品排行榜。旅游者还可以通过即时通信功能，将自己在就餐过程中所需的服务和用餐要求传输给餐厅主管和服务人员，餐厅服务人员根据获取的信息即时为客人提供相应服务。

面向旅游者的餐饮移动电子商务应用一方面从用户视角构建电子商务系统应用功能；另一方面深入了解旅游者对餐饮的垂直、精细服务需求，并以"餐饮全程"为轴线进行应用整合，能够为旅游者提供较为全面的餐饮电子商务服务。

## 【案例分析1】

### 内蒙古小肥羊 SOA 实施案例引发的 IT 思考变革①

小肥羊火锅连锁店采用全国连锁的经营模式，全国的直营店和加盟店一度达到 700 多家的规模。"这么多店面如何进行统一管理、如何在提高服务的基础上也为经营提供一些决策信息，这是小肥羊走上信息化道路的初衷。"小肥羊信息中心总监李颖风在接受 51CTO.com 记者专访时谈道："当时也遇到过一段很混乱的方式，很多地方店面各自用各自的一套管理系统，这种竖井式的各种应用来自不同提供商的异构系统，使信息不能很好地流动，从而形成了一个一个的信息孤岛，并且系统仍然需要大量的人工干预。"

"各个分店整理每周业务相关的数据、报表需要至少 3 天，几百家分店的数据汇聚到总公司，整理又需要至少 3 天时间，那么得出数据分析结果的时效性非常差。我们开始筛选适合餐饮连锁企业的应用软件，天子星和 IBM 有深入的合作，而且在餐饮行业的软件开发方面很有口碑。这也帮助小肥羊更好更快地了解了 IBM 提出的 SOA 架构，尤其是 IBM 为零售行业量身定做的 SOA 解决方案架构。"李颖风向 51CTO.com 的记者展示了现在的应用系统："现在基本上营业收入每天做一次，每天早晨 10 点钟总公司就可以收集到所有分店的业务信息，而且会看到界面清晰的分析图表，包括今年的数据跟去年同期比较的曲线。还有这个月和上个月的月比较曲线、周比较曲线。"

李颖风兴奋地说："当数据的集中和分析在这个平台上变得流畅之后，我们也在做着更多的创新尝试，比如规划触摸屏在管理者的办公室，让他们打开电视就可以看到实施的数据传输过来。"

虽然小肥羊走的也是产品标准化这条路，但毕竟中餐和西餐的差异很大，比如西餐会标准化到每一份中放几片生菜叶，从而在统一提供的数量上做严格的控制管理，但是中餐的很多配菜、辅料是无法做量化评估的。"所以成本控制在这个环节上很容易造成盲点区"，李颖风说："通过现在的应用系统平台，管理者随时都可以通过数据比较获知，每一阶段用菜量、辅料的变化曲线，通过及时的调整和控制准确地清除了这个环节上的盲点。"

在一份权威机构的调查报告中显示，国内大多数中小型企业的决策层，仍然没有意识到企业的日常运营已经在高度依赖信息系统，这些企业对 IT 投入的商业价值并没有什么概念，也缺乏关注，更没有具体的要求。决策层并没有将业务像对财务管理那样真正地转入信息系统。

**服务＋创新　让老板为企业信息化埋单**

小肥羊无疑在企业信息化的这条路上走得比别人更快。李颖风说"在 2006 年以前，我每

---

① http://www-01.ibm.com/software/cn/websphere/enurture/xiaofeiyang/soaitrethink.html

做一个项目或者每上一个信息系统的时候，我都要考虑，这个花了100万元，是不是能在年底可以产出200万元，或者更高的投资回报率。"

"但是当我理解了IBM提出的SOA架构，并且在此基础上部署整个餐饮系统的过程中，我深刻地感受到，企业的决策者不应再刻意追求IT信息系统短期内为企业带来的显性投资回报率，而更多的是关注它为企业提供多少服务；为企业的经营者统一管理提供了多少支持；能够通过这套信息化系统，感受一切尽在自己掌控之下的感觉。改变管理者终日埋首于各式各样的表格中，想找哪个数据的时候根本就看不到，想进行一些分析决策的时候，也根本没有办法进行统计、整理的窘迫。"

每个行业都存在有潜规则，餐饮行业当然也不例外。餐厅中比较常见的作弊手段用李颖风的话来说就是"倒卷儿"。"采购人员和库管联合起来，比如100件啤酒只入库90件，财务按照100件结账，10件啤酒便进入私人腰包。"李颖风说："以前要想控制这种事情的发生，必须每天汇报，每周盘点，但是现在不需要了，管理者只要打开计算机，所有出入库的单据、店面的所有情况都一目了然了。"

这是一种特殊的投资回报率，SOA架构的信息化建设已经不是一件赶时髦的事，而是意味着我们思考IT方式的改革，也成为企业创新的一把利剑。

当今尤其是快速成长的餐饮行业，快速反应和快速变化越来越成为企业成功的关键因素。"灵活性"也成为CIO（首席信息官或信息主管）需要从IT系统那里得到的重点。将企业内部和外部的业务流程、人员组织管理、经营信息数据等各种资源实时连接起来，灵活快速地响应市场变化，是企业信息化的关键目标。SOA的核心价值就在于编排实现灵活的业务流程，推动符合市场需求的商业创新。

"因为现在最主要的供应商是羊肉和锅底，所以从店面的一张订单开始，一直到这张订单进入公司形成采购单；之后转入供应商采购，到我们的锅底调味品公司，再到我们羊肉基地之后会转成生产计划单；当完成这些生产以后，形成入库单再出库，出库以后做配送，配送到店面由店面进入库存，这就是一张单据信息能从店面直接追溯到总部的过程。"

李颖风谈道："将整个过程部署在SOA架构的信息平台上，起到了减轻中间单据的人工传输环节所造成大量时间成本，提高效率。更重要的是这其中的任何一个环节，包括小肥羊的店面、所属的区域、物流配送，以及生产基地都能够得到及时控制；一个提货的需求进行到了一个什么样的程度，店面库存的状态，物流是否已备货，是否需要进行某一材料的统一采购，统一订货全部实现了透明化。这样标准化、规范化的系统管理让更多的人有精力去了解市场现状、经营情况以及投入到创新产品的研制中。"

小肥羊标准化的锅底汤料，让用户在所有分店的口味和总店保持一致，所以，调味品公司管理的深入和细致至关重要。通过基于SOA架构下的解决方案，小肥羊调味品公司可以对汤料中各种原材料的供应商进行严谨规范的考核，每个月对各家分店的反馈信息的收集分析，可以通过系统向上追溯到每一种原材料的供应信息。通过系统中设置的各项质量验收标准，对原材料、包装物从数量到质量进行评估。

李颖风感触颇深地说："IBM提出SOA的架构，就我个人理解来看非常适合餐饮行业。因为餐饮行业不仅产品更新频繁，而且营销方式更是变化多端，可能今天会提供会员卡，明天会提供优惠券。通过SOA灵活的系统架构，I/O的展示可以随需应变。在这些变化的实现过程中，不需要再去考虑采用什么样的数据库对接，后期的集成如何实现，怎样跟原有的系统进行互联互通。SOA 带来灵活的信息化布置的方案让我们可以专注于业务流程的梳理，让步骤变得更加简洁，用餐者的体验更加完美。"

**让企业价值成倍增长**

也正如 IBM 副总裁，SOA 战略大师 Sandy Carter 在她的书中所说的："产品和服务是可以复制的，只有业务模型才是区分企业优劣的关键。"最先进的企业是在业务流程和基础架构的整合方面取得最大进展的企业，这种整合涉及供应商、客户和其他的商业伙伴。除了产品和服务的创新，大多数企业也在寻求业务模型的创新。

SOA 架构所代表的先进性不仅仅是因为它们能够做到关键流程的整合和自动化，还因为它们能够以一种动态、灵活和快速响应的方式管理这些关键流程，打造随需应变能力。小肥羊信息化建设落地 SOA 的过程，便是 IT 和业务结合，促成灵活的业务流程的创新过程，它也是一个团队共同努力的过程。

# 【案例分析2】

## 沃森大厨激发美食创新的无限可能[①]

2014 年 11 月 3 日，IBM（NYSE：IBM）在北京举办了"品尝创新"——沃森认知烹饪嘉年华，为大众奉上由"沃森大厨"（Chef Watson）设计的新派美食。通过学习 35 000 多种经典食谱，分析海量食材配搭，结合化学、营养学等方面数据，"沃森大厨"能够为厨师和美食爱好者提供超越人类经验和想象的新型食谱。更值得一提的是，认知计算赋予"沃森大厨"人类思维和感知方式，让创意菜谱更符合受众的味觉喜好和配餐习惯。

IBM 副总裁，大中华区首席市场官周忆女士表示："在 IBM 100 多年的历史上，沃森是最重要的创新之一，我们乐于和全世界分享沃森的每一次精彩创新。这一次，沃森在美食领域大展身手，不仅为人们点亮生活的灵感，更印证了机器从'计算'到'思考'到'创造'的飞跃。未来，机器的创造力能够帮助人类跳出思维常规、挑战不可能，也能够进一步促成商业社会向更加'以客户为中心，提供卓越客户体验'转型。"

**沃森大厨："烹"制数据　"调"配感知**

食品和烹饪往往被看作是一门艺术。事实上，美食背后有大量的化学、神经科学、营养学等理论和数据，食材配料也存在无数种组合。人类凭借直觉和经验仍然难以考虑大量的可能性，即使最优秀的厨师也只能成功地驾驭有限的配料组合。

"沃森大厨"能够为经验丰富的专业厨师提供无限创意的可能。沃森先是取得全球大量已知的食谱，分解出食材的类别，再进一步分解成化学成分，以及人类的感知模式来判断何种搭配会让人感到美味和惊喜，放入"食谱数据库"中。光有数据还不够，沃森发展出一套新型算法（Novel Algorithm），从中分析食物的分子结构，如表层、重原子数、旋转链数、氢键

---

[①]　http://www.ibm.com/news/cn/zh/2014/11/07/t649074j60336e38.html

受体数等，再用这些化学特性的"营养数据库"与"食谱数据库"进行分析，推荐合适的食材搭配。因此，"沃森大厨"会给出许多令人意想不到的食材组合。例如"瑞士泰国混搭风味芦笋咸派"的食材是多香果、酸英、高良姜、九层塔、奶酪、薄荷，其中不少食材人们不甚熟悉，也难以想象混到一起是什么味道。

"沃森大厨"背后正是 IBM 认知烹饪系统的强大支持。认知烹饪并非通过编程，采用"如果……那么……"的查询模式为一个确定的问题提供一种确定的答案，也不是使用同一种搜索引擎筛选数据提供一个既有的食谱清单，它不仅理解、学习和思考大数据，而且还理解人类的认知，设计高度创新的食谱点子。这就是为什么认知计算可以刺激创造力的原因。

尽管 IBM 是利用食品领域来探索和验证其研究成果，但是有机会带来社会影响，解决肥胖症、营养不良和饥饿等社会难题。食品制造商、学校午餐提供商和厨师都力求创造各种佳肴来满足人们的口味和喜好，但是要制作健康、营养丰富的美食同时遵守不同的饮食标准是一项挑战。而通过利用计算创造力计算分析化学化合物和配料，食品专业人员就可以识别新食谱和配餐，不仅美味健康，而且提高烹饪效率。

**从颠覆美食到激发商业的创造力**

Gartner《2014 年十大策略性技术与趋势》指出，直至 2020 年，智能机器的时代将蓬勃发展，具备环境感知能力的智能型个人助理、智能型顾问等将大量出现，智能机器的时代将成为 IT 史上最大的变革，新科技将取代人类部分工作，让人类能够完成一度被视为"不可能"的任务。

IBM 中国开发中心杰出工程师王守慧女士表示："IBM 认知计算的下一步是，从'对世界做出推论'转向'创造世界上前所未有的新事物'。沃森的计算能力和认知能力有望帮助人类探索新的未知领域，不仅能够为我们的生活带来新点子，更能够帮助企业实现以客户为中心，提供卓越客户体验的转型，让世界更有创造力。"

**【案例提示】**

1. 试分析小肥羊企业的信息化用到了哪些具体的信息技术。

2. 如何理解"当今尤其是快速成长的餐饮行业，快速反应和快速变化越来越成为企业成功的关键因素"？餐饮企业实现快速反应和快速变化的途径是什么？

3. "沃森大厨"主要采用了哪些信息技术来实现其智能配餐及食谱的？

# 第五节　旅游购物、娱乐与信息化

## 一、旅游购物、娱乐基本概述

### （一）旅游购物

旅游购物是发生在旅游过程中的购物行为，它既包含了购物本身同时也包含了因为购物活动而产生的其他活动，如在商场品尝当地特色食物、参观土特产加工等。这种活动本身不仅使游客们更感兴趣，同时也让游客对当地风俗习惯等有了更深的了解。由此可见，旅游购物活动是一个复杂的活动，它不仅仅包含购买行为本身，同时也是一个重要的旅游吸引物，是加深游客对旅游目的地了解的一个重要渠道，是旅游活动成功的一个重要因素。

### （二）　旅游娱乐

全球经济的发展，尤其是科技的高速发展，生产力的不断提高，促使旅游需求和旅游供给出现重大发展变化，而作为旅游要素之一的旅游娱乐，更显现出高速发展的态势，它不仅使旅游业结构更趋合理，带来效益，更为各国旅游者带来更多的交流机会和内容，形成了一种独特的文化现象。随着高科技在旅游娱乐业中的大量运用，旅游娱乐不仅达到了寓教于乐的目的，更带来了巨大的综合性经济效益。旅游娱乐的类型主要分为以下两种：

1. 专门性娱乐场所

一般是指设置在城市或旅游区内的以提供娱乐活动为主的场所。例如大型剧院、娱乐城、快乐谷等。这些专门性娱乐场所不仅为旅游者提供服务，而且也为当地居民提供服务。

2. 辅助性娱乐设施或活动

（1）设置在旅游饭店中的娱乐设施

我国的涉外酒店通常都设置一些可供游客使用的娱乐设施，尤其是三星级以上的旅游酒店一般都有比较完善的娱乐旅游服务设施，如歌舞厅、健身房、桑拿浴、美容美发中心、保龄球、桌球、壁球、游泳池、网球场等，极大地充实了国内外游客在旅途中的娱乐活动内容。

（2）旅游景区中设置的娱乐设施及活动

一些俱乐部、度假区或度假村等作为专门的娱乐旅游活动场所，在娱乐旅游项目的设置上具有独特的优势，它们或依山临水，或地处乡间林边，有的还拥有海滨、湖滨，甚至温泉等自然旅游资源，除了具有常规娱乐旅游产品所需的设备和设施外，还可进行野营、疗养、海水浴、沙滩浴、冲浪、潜水等专项特色娱乐活动项目。

深圳世界之窗、民俗文化村、珠海圆明新园等主题公园的专场演出活动也属于旅游娱乐。深圳世界之窗的《创世纪》、民俗文化村的绿宝石、圆明新园的《华夏明珠》等演出活动，运用大制作、大场面、大色块的现代广场表演理念，采用了专业的演员水准和通俗的表现手法，深受游客喜爱。

## 二、购物、娱乐业信息化

### （一）购物商场客流分析系统

大数据时代，企业的竞争优势从信息技术转变为围绕数据分析、流程管理、客户体验领域，目的是让数据发挥更大价值。当今商场作为一个以购物、娱乐、休闲、餐饮为主的商业组织形式，更关注于集客能力、商品展示、客户服务、营销推广等方面，这些都需要精细化管理，而精细化管理必须以事实为依据，决策者、管理者通过对商场数据进行分析，并用这些数据为顾客与商户服务。客流数据对商场来说是其核心元素，充足有效的客流数据才能提升商场的盈利能力，客流不仅是定位和招商的基础，更是商场能否成功运营的关键。

客流分析系统利用摄像探头统计进出商场的客流量，利用 POS 机系统记录顾客购买商品的品种及数量。这些数据经过分析挖掘后，可以成为商场今后发展的决策性依据。

客流分析系统正是通过人数以及顾客对商品是否购买这些量化的数据，研究流量规律及滞留时间，不但可以获得商场正在运行的状况，还可以利用这些数据进行有效的管理；通过深入的顾客研究，可以增加销售机会，最大限度地挖掘商场的销售潜力，增加利润。同时，对于客流密度大的区域，还能起到预警作用；客流分析系统对于新产品上市的受欢迎程度以及商场库存等能够进行更好的调控。

### （二）娱乐会所点播系统

娱乐会所是一家集餐饮、健身、休闲、娱乐、棋牌、KTV、客房于一体的大型高级商务会所。综合型娱乐会所一般都配有点播系统。该系统除了实现传统点播系统所共有的对音频、视频节目的点播外，还能结合娱乐会所的实际情况，实现顾客浏览、顾客留言、顾客点播大厅背景音乐等其他交互型业务。

娱乐会所面积大，承接的顾客人数多，点播系统能够同时满足多个终端的多个点播要求，即能满足顾客在会所的任何地点都能实现点播。点播系统提供了大量的媒体节目以供顾客选择，包括电影、歌曲、互动游戏及浏览信息等，以满足各个年龄和层次顾客点播需求。

娱乐会所的公共区域设置内容丰富，风格迥异。包括大型康体中心、激情DISCO 广场、优雅咖啡厅、休闲茶坊和豪华餐厅等。不同风格的区域需要配有不同的背景音乐来陪衬，点播系统能够针对不同的区域响应不同的点播需求，播放相应的个性化背景音乐。

点播系统具有操作简便的后台数据库维护平台，以便于系统管理员能够根据需要及时更新和编辑媒体库中的音视频节目。以保障整个媒体库能够紧跟时代，紧贴消费者。另外，点播系统也为顾客提供了方便、快捷的点播操作，让顾客享受到轻松和快捷的服务。

会所还可以利用点播系统的平台发布各类资讯，包括会所布局介绍、会所服务项目展示及会所公告等。点播系统还为顾客提供了与会所交流的平台，以便会所方能够及时掌控顾客对会所提供服务的满意度。

### （三）　迪士尼乐园 3D 电影

迪士尼乐园是全世界最著名的主题乐园，它是科技与文化融合的典范。迪士尼公司将自身动画和电影制作中的各种文化因素与其主题公园的特性实现了很好的结合，使得主题情节能够贯穿于公园中的各个项目之中，并借助科技手段让游客享受到更好的文化体验。

例如，迪士尼乐园在播放 3D 电影时，影院里安装了可动座位，配合剧情的需要，座椅进行摇晃；影院座位下面设有喷气设备，泵入各种气味，当奶酪在银幕上出现时，游客可以闻到奶酪的香味；在暴风雨的场景中，会有风和水珠喷向观众；喷气设备还能模仿某种生物在下面爬行的场景。迪士尼乐园还配有高科技仿真设施，可以随机播放，吸引游客重复游玩，甚至当宾客们走进主题乐园时，隐藏的扬声器在园内播放的音乐也会跟着变化。

迪士尼乐园提供的辛普森虚拟过山车项目，借助先进的投影技术和强大的液压动力，使游客拥有真正乘坐过山车的感官体验；采用了高效节能 LED 照明节能措施，逼真的画面让游客享受了在普通过山车上无法体会到的视觉冲击。

迪士尼乐园提供的变形金刚 3D 飞车项目，使用了高端的飞行模拟器技术，使游客从一个投影屏幕转化至下一个，完全置身庞大的 3D 环境之中，当飞车抬起后被 18 米高的圆柱形屏幕包围，这样的移动让游客们感觉仿佛真的奔跑在街上，投身于电影之中。

迪士尼乐园提供的影城之旅项目，通过一段 40 分钟左右的电车之旅为游客解开很多电影拍摄的谜题。在整个旅途中，除了参观普通的摄影棚、好莱坞拍摄场地之外，游客还将面对 9 米多高、狰狞咆哮的大金刚，亲身体会 8.3 级大地震以及颤颤巍巍的索命断桥、坍塌的地下铁道和恐怖的大白鲨等，惊险而又刺激。这就是科技的魅力。

## 【案例分析】

### 智慧商圈——购物中心未来之路[①]

*龚义涛，智慧商圈创始人，前万达电商 CEO。创立智慧商圈之前，龚义涛参与了 Google*

---

① 龚义涛. 智慧商圈——购物中心未来之路 [J]. 信息与电脑，2014（7）：36～39

钱包项目并将其推广至 100 余个国家。而后回到中国参与国际淘宝吧，这也是阿里巴巴的跨国项目。作为创始人之一，龚义涛仅用 3 年时间就将国际淘宝吧做到全球第三大规模，仅次于亚马孙。

龚义涛：非常感谢《信息与电脑》杂志给我这样一个机会与大家交流。最近我提出一个新概念，叫智慧商圈。今天要给大家分享的主题就是"智慧商圈——购物中心未来之路"。

1. 一次智慧商圈的未来之旅

首先，大家可以设想一下，"智慧商圈"是一个什么样的场景。

可能是一个社区型的商场。里边餐馆的老板头一天晚上就会知道第二天哪些人会来吃饭，是聚会还是生日，等等，所以他在菜品准备、房间布置方面都能提前精心安排。

可能是一个个性化的休闲场景。比如逛街的一群人聚在商场的一处休息区一起探讨购物心得和相互展示购物成果。

还可能是个性化社交场所。因为运用了线上、线下结合的方式，进而可以跟美女拼桌、跟帅哥一起看电影，等等。

如果生活在这样的智慧商圈里，你的生活就像在五星级饭店一样，会是一种基于实体的网络生活，不管你是买一枚两万块钱的钻戒，还是吃海底捞大餐，你可以在家里完成，或者在楼下完成。

2. 万达广场的 O2O 之路

（1）大会员——把客流变成用户

在万达，我最大的感受就是到了商场，觉得百货做得很好，但是购物中心基本上没有用户的概念。所以，我做的第一件事情就是要把客流变成用户。这里说的用户是不管他是否购物，都叫用户，而且只要他来了这个商场就可以识别出来。

（2）大数据

在购物中心，我认为有三个数据比较重要。一是顾客逛店的痕迹。二是顾客的交易信息。一般而言，这个百货是知道的，购物中心不知道，但要想办法尽量拿到，可能拿得好的话能拿 20%。三是顾客在网上的行为数据，比如说他在网上看到什么，拿到了什么优惠券。

（3）智能化设施的部署

郑州的一家万达商场，4 个月时间记录到 70 万人的行为，中间的设施最主要的就是 Wi-Fi 和收银台。由于 Wi-Fi 技术的特点，顾客只要开了 Wi-Fi，不需要连接，就能知道顾客的行为，因此 Wi-Fi 的部署，除了免费上网之外，它还是最大的用户入口。在万达，微信、手机 APP、网页浏览，等等，用户都可以用到 Wi-Fi，所以 Wi-Fi 是获取用户的最大渠道之一。算了一下，获取一个用户差不多需要 10 元钱成本。此外，Wi-Fi 还是营销平台，以及是数据搜集的工具。

（4）以线下 O2O 为中心的平台

我在万达搭建的 O2O 平台，是以线下 O2O 为中心的平台。平均来说，上了这套东西，人流提升 5%，交易流提升 8%。这个平台，万达花了差不多 10 亿元，招了 200 人干这个事情，看起来代价挺大的，但我觉得以后这可能成为一个标配。

（O2O 平台是把线上的消费者带到现实的商店或者服务中去，也就是在线上查询、支付、购买线下的商品或者服务，再到线下去享受服务。）

3. 智慧商圈将成为未来购物中心的标配

首先，智慧商圈给消费者带来的是什么呢？我们当时也对10000多名消费者做了调研，主要有三点：第一是实惠；第二是便利；第三是娱乐和社交。

（1）实惠

实惠说到底就是价格个性化。比如针对 VIP、回头客的促销价格，特殊时段的优惠价格，以及优惠券下载到电子会员卡后的价格，或者商场周年店庆的价格，都是不一样的，这样每位顾客的成交价格也是不一样的。由于有用户手机号码或微信，可以做到这一点。

（2）便利

便利可以是提供快速自助结账，空手购物，设置会员停车场方便会员直接出入，提供导航寻车等。值得重视的是，在顾客关系管理过程中，有两类人很重要，一类是出力的人，第二类是出钱的人。出钱的人，可能一年消费几十万元，在百货商场你是知道这些人的，但是在购物中心里你不知道，要快速识别这些人，一个很好的方法就是线下告诉他，比如说消费了 10 万元钱，可以空手购物，可以免费停车，等等。出力的人，指那些经常来逛，经常在网上分享的人。这些人你要识别并把他培育起来，因为他是口碑传播的群体。

（3）娱乐和社交

比如线上、线下结合的方式下提供用户拼桌吃饭、线下购物后在线上分享心得或点评，卡拉 OK 赛歌同步到线上，等等。

其次，智慧商圈能给商场带来什么呢？我觉得有这样几个好处：

（1）聚集消费需求，提供更个性化的服务。这样，可以快速聚集海量的用户群体。

（2）推广渠道更加多元化，一次可发布 N 个渠道。相当于拥有一个高效的自媒体平台。

（3）营销更加精准，精确知道你的用户在哪里。海量用户群体聚集完成后，微信要作为一个引流的渠道，要在微信上与用户建立很好的联系，将微信这个渠道转化成自己的平台，进而提供精准营销。营销成本，个人粗算，一个购物中心大概一年四五百万元。但交易额的提升对租金收取是有提升的。

最后，如果你是购物中心业主，购物中心变成商业圈之后，会员会成倍提升。如果是自持物业，资产会增值。

4. 某购物中心智慧商圈案例

举一个例子。不到一个半月，某购物中心已经在我们平台上线了，非常快。这个 8 万平方米的 O2O 平台非常复杂，但是不用管它，我已经帮它管理好了，各种应用全都有，商场终端、商户终端，还有消费者终端，还有基础的硬件，Wi-Fi。当然 Wi-Fi 很多商场会自己布，如果他自己布，我会给他提要求，怎么布点。还有收银机，因为购物中心不是统一收银的，必须再放一台机器上去，然后各种各样的应用都有。

多种渠道都必须上。因为你不知道顾客喜欢微信还是其他什么，我个人的建议，先从宽口进，Wi-Fi 是最宽，微信是第二，手机应用是体验最好的。

关于位置的数据，我刚才说了有 5000 万条数据，包括到访人数、到访频率（光有技术性是不知道频率的）、到访时长、新客、老客、业态关系、店铺的关联性、多少人从 A 店直奔 B 店，等等。其实这些数据现在绝大多数都用在营销。但是第二步，这些数据用在招商业态的优化，这个提升绝对大于营销。因为最大的提升是店铺的调整，而不是在现有的商家上进行提升。店铺的优化,这个数据怎么用?谁也没做过,但这个事情我有信心做,为什么呢?我可以跟大家举一个听起来有点像科幻的例子,如果你一个场子有 400 个商家,你说我要调 5 个,你怎么算调了之后的人流和交易额?这半年来顾客怎么走的,怎样的购物路线,我都知道,因为每个人都有标签。

我在美国看了一家公司,其为了优化货架的摆放,每 20 平方米放一个摄像头,最后在计算机上模拟这个货架怎么放,人流怎么走。我认为,这个东西对于招商店铺入位会有很大的提升。

Wi-Fi,它一定不是简单的免费上网,而是一个营销工具,是用户获取的渠道,是数据采集的工具。万达是用上网的 Wi-Fi 来定位,因为一个点很贵要两三千元钱一个,没必要每个角落都可以上网,公共区域有位置坐的地方可以上网,六七十元就够了,其他地方布一个感知网,把他的轨迹弄下来,这样性价比会比较高。

微信功能是手机应用的子集,它的优惠券、现金券都可以用的。APP 的交互性更好,基于位置的应用是没有的,必须有手机应用。导航说实话不是很强烈的一个需求,现在放眼望找车是比较多的。其实很多位置应用跟导航没有任何关系。位置信息不只是用在导航,这里面要用手机应用,微信是不能做的。

接下来,是我们推荐的一个智能 POS。百货不大关注这个,它是收音机和 POS 机一体化的东西,是一个安卓 Pad,有摄像头,跟后台完全统一,支持多渠道。这就是我说的运营。所有的运营活动都要跟 O2O 挂钩。

【案例提示】

1. 万达广场的智慧商圈都采用了哪些具体的信息技术?

2. 万达广场是如何利用信息技术开展个性化营销的?

3. 万达广场是如何利用信息技术开展体验营销的?

4. 万达广场进行大数据采集与分析的目的及途径是什么?

# 第五章

# 旅游中间商信息化

【本章目标】

学过本章之后，你应该能够
- 理解旅游中间商信息化的基本概念
- 掌握旅行社管理信息系统的基本功能
- 掌握旅行社电子商务的功能、旅行社网络营销的方法
- 理解在线旅行服务和在线旅行社的基本概念
- 了解旅游中间商信息化的发展历程和趋势

## 第一节　旅游中间商信息化的基本概念

### 一、旅游中间商

#### （一）　旅游中间商的概念

旅游中间商（Tourism Intermediaries）是指为旅游者提供各类中介服务产品的企业。旅游中间商的出现不但省去了旅游者耗费大量时间和精力搜索信息，以及与不同的旅游供应商进行联系的烦琐负担，也分担解决了大量旅游供应商的产品销售和协调等问题。在以欧美为代表的多数国家，旅游中间商一般按照行业中自然分工（垂直分工体系）的情况，以及所从事的主营业务类型进行划分，主要划分为两大类：旅游经营商（Tour Operator）和旅游代理商（Travel Agent）。

#### （二）　旅游中间商的类型

1. 旅游经营商

旅游经营商（Tour Operator）是指主要从事旅游产品批发业务的旅游中介公司，旅游经营商通过对客源市场的需求进行了解和预测，选定旅游目的地，并批量订购旅游交通、旅游景点、酒店、餐饮、娱乐等有关旅游企业的单项产品和服

务，然后将这些产品和服务组合为不同时间、不同价格、不同类型的包价旅游线路产品或包价度假集合产品，最后通过一定的销售渠道出售给旅游者。

旅游经营商通常组合出包价旅游产品后，不仅会通过旅游代理商对旅游者进行销售，本身也设有零售网点，能够直接面向旅游消费者出售打包好的包价旅游产品。但有时旅游经营商也会根据其销售渠道的方式不同，分出一类旅游中间商，称为旅游批发商（Tour Wholesaler）。旅游批发商在组合出包价旅游产品后，不会直接面向旅游者进行销售，而是通过第三方，即独立的旅游代理商（Travel Agent）向旅游消费者进行零售，并向旅游代理商支付一定的佣金。也就是说，作为旅游经营商，虽然其业务性质也是批发，但自己本身也直接面向旅游消费者出售其包价旅游产品。除了这一细微差别之外，旅游批发商与旅游经营商的主营业务其实完全相同。也正是因为如此，欧美国家中旅行社的业内人士都将旅游批发商和旅游经营商视作同一类型的旅游中间商，并且通常都是将旅游批发商和旅游经营商用为同义语，在对这两个称谓的使用上并不做严格区分。

根据服务对象的专业化，旅游经营商中分化出了一些实行专门化经营的旅游批发商。与上述一般旅游经营商有所不同的是，这类专项旅游策划组织商的服务对象是以企业为典型代表的组织购买者或团体客户。这类旅行社多为奖励旅游策划商和会议策划商。奖励旅游策划商（Incentive Travel Planner）是一种专门从事策划和组织奖励旅游活动的旅游批发商，直接面向主办奖励旅游的团体客户提供服务，其收入主要来自对所策划和组织的奖励旅游产品的加价。会议策划商（Convention/Meeting Planner）是一种专门从事会议策划和相关服务安排的旅游中间商，负责为客户挑选会址、住宿及会议设施，安排与会者及其随行配偶的参观游览活动，以及选择会议主办方认可的航空承运商。此外，很多会议策划商还从事策划和安排奖励旅游的业务。除了独立经营的会议策划商之外，还有一些会议策划商是受雇于一些规模较大的全国性社团组织、大型的非营利性组织、政府机构、教育机构以及一些大型工商企业。

2. 旅游代理商

旅游代理商是指通过代理销售其他旅游供应商如航空公司、酒店和度假村、旅游景区、汽车租赁公司，包括旅游经营商在内的其他供应商的产品的获佣中间商，又称为旅游零售商，主要经营零售业务。旅游代理商是产品供应商或“委托人”的代理者。委托人可能是一个旅游经营商或批发商、一个酒店或交通运输公司。代理商也可以是提供与旅游相关的保险和外汇兑换服务。旅游代理商是一个知晓旅游计划制订、线路、住宿、货币、价格、政策法规、目的地以及其他所有有关旅行与旅游活动安排的专家。在旅游经营商与旅游需求者之间扮演着双重角色，既代表顾客向旅游经营商及有关食、住、行、游、购、娱等方面的旅游企业购买其产品，又代表这些旅游企业向旅游者销售其产品。

**（三）  旅游中间商的作用**

不论在我国还是在其他国家或地区，旅游中间商在旅游业中扮演的角色或所起的作用，主要反映在以下几个方面：

**1. 连接旅游者和旅游供应商的纽带**

旅游产品供应商可以通过集中性的旅游交易减少促销费用，避免对消费者直接促销的昂贵费用并分担产品供应商的风险。例如，对于地处某旅游目的地的大多数饭店企业来说，由于自身实力的限制，为争取客源而在每一个潜在客源城市都自设销售办事处或其他形式的直销渠道的做法，显然难切实际。因此比较现实而有效的做法，通常都是在这些地方物色合适的旅游零售商，并委托它们代理销售本饭店的产品。

**2. 旅游活动的组织者**

从旅游消费者而言，旅游中间商的中介位置决定他在其中的组织者角色。自托马斯·库克时期开始，旅游中间商的这一组织者角色便已得到体现。进入现代社会后这一角色越发为旅游消费者大众所倚重。当旅游者购买了旅游中间商的旅游产品后，旅游中间商按照旅游计划组织旅游者进行参观游览、安排食宿等各类活动。旅游者不必耗费过多的精力去自行计划外出旅游活动的安排，也不必去担忧自己在外出旅游过程中有可能会遇到的种种问题。原本分散的景区、食宿等旅游产品也显得井然有序。对于旅游消费者来说，只要选定了自己的出游目的地，其他都可由旅游中间商去负责组织和安排。

旅游中间商在将自己推出的包价旅游产品出售给顾客之后，并不意味着其组织工作的完结。旅游者在外旅游期间的活动开展，以及各有关旅游服务之间的衔接，仍有赖于旅游中间商进行组织和协调。实际上，旅游中间商在旅游业中所扮演的角色不仅在于为消费者大众组织旅游活动，而且客观上也在各相关旅游供应商之间起着协调作用。

**3. 行业信息的及时提供者**

在构成旅游业的各相关部门中，旅游中间商最接近客源市场，并直接同旅游者接触，能够快速地了解旅游市场的需求信息。旅游者在查询旅游信息和安排出游计划方面，不仅会最先去直接咨询有关的旅游中间商，而且在出游归来之后，也往往会将自己的感受和意见最先向有关旅游中间商进行反馈。因此，旅游中间商对于市场需求信息，以及消费者对有关旅游产品的评价也了解得最快。同时，由于旅游中间商与其他各旅游部门都有密切的业务联系，因而在为旅游消费者提供咨询服务方面，所提供的也都是最新而有效的信息。尤其在对于一些新兴的旅游目的地来说，在初创期阶段，旅游中间商部门的业务能力在一定程度上甚至会决定该地旅游业的客源规模。

## 二、旅行社

### （一）　旅行社的定义

按照我国《旅行社条例》的界定，旅行社是指"从事招徕、组织、接待旅游者等活动，为旅游者提供相关旅游服务，开展国内旅游业务、入境旅游业务或者出境旅游业务的企业法人"。其中所称的"招徕、组织、接待旅游者等活动"以及"提供相关旅游服务"主要包括为旅游者安排交通、住宿、餐饮、观光游览和休闲度假等方面的服务，以及为旅游者提供导游、领队、旅游咨询、旅游活动设计等方面的服务。根据该条例，经营上述旅游业务的营利性企业，不论所使用的具体名称是旅行社、旅游公司，还是旅游服务公司、旅游咨询公司或其他称谓，皆为旅行社企业，简称旅行社。旅行社在旅游业经营中所扮演的角色是充当饭店、航空公司等旅游产品供应商（Tourism Suppliers）的产品分销渠道。旅行社通常被视作旅游中间商。

旅行社经营须要持有政府主管部门发出的有效牌照进行带团旅行。旅行社的营运项目通常包括了各种交通运输票券（例如机票、汽车票、火车票与船票等），套装行程，旅行保险，旅行书籍等的销售，国际旅行所需的证照（例如护照、签证）的咨询代办等旅游消费中可能出现的中介服务。旅行社的业务范围涵盖了旅游者旅游活动的全过程。我国《旅行社条例》（2009）和《旅行社条例实施细则》（2009）设定的旅行社的经营规则包括：安排交通、住宿、餐饮、观光游览、休闲度假等服务，提供导游、领队服务，提供旅游资讯、旅游活动涉及服务或接受委托，提供接受旅游者的委托，代订交通客票、代订住宿和代办出境、入境、签证手续等，接受机关、事业单位和社会团体的委托，为其差旅、考察、会议、展览等公务活动，代办交通、住宿、餐饮、会务等事物；接受企业委托，为其各类商务活动、奖励旅游等，代办交通、住宿、餐饮、会务、观光游览、休闲度假等事务和其他旅游服务。最小的旅行社可能只有一人，最大的旅行社则全球都有分店。旅行社衍生的职业有领队、导游、票务员、签证专员、计调员等。

### （二）　旅行社的分类

为了加强对旅行社行业的管理，保障旅游者和旅行社的合法权益，维护旅游市场秩序，促进旅游业的健康发展，根据《旅行社条例》（2009）中，按所准许经营的市场范围，将旅行社规范为两大类：一类是经营国内旅游业务和入境旅游业务的旅行社；另一类是经营国内旅游业务、入境旅游业务和出境旅游业务的旅行社。

1. 经营国内旅游业务和入境旅游业务的旅行社可以开展入境旅游业务，即招徕、组织、接待外国居民来我国旅游，香港特别行政区和澳门特别行政区的居民来内地旅游，台湾地区居民来大陆旅游，以及招徕、组织、接待在中国的外国人、在内地的港澳地区居民和在大陆的台湾地区居民在我国境内（含沿海岛屿）开展旅游的经营活动。

2. 经营国内旅游业务、入境旅游业务和出境旅游业务的旅行社除了可经营前一类旅行社的所有旅游业务之外，还有权经营出境旅游业务。因此，相对于前一类旅行社而言，这种类型的旅行社亦可简称为"具备出境旅游业务经营权的旅行社"。按照《旅行社条例实施细则》（2009）中的解释，出境旅游业务，是指旅行社招徕、组织、接待中国居民出国旅游，并且，在本书前面解释过的特定语境下，也包括赴我国的香港特别行政区、澳门特别行政区和台湾地区旅游，以及招徕、组织、接待在中国的外国人、在内地的香港特别行政区、澳门特别行政区居民和在大陆的台湾地区居民出境旅游的业务。

除了上述根据准许经营的市场范围进行划分的两大类旅行社之外，新的《旅行社条例》中还基于对旅行社经济类型的考虑，将"外商投资旅行社"作为上述分类中的一个亚类，其中包括中外合资经营旅行社、中外合作经营旅行社和外资旅行社，并且还规定，除了因我国签署的自由贸易协定、内地与港澳地区关于建立更紧密经贸关系的安排或其他另有规定者外，外商投资旅行社不得经营招徕和组织中国居民出境旅游的业务。

（三）　旅行社的业务

旅行社的总体业务包括采购、策划、团队控制、地接、销售、财务等内容，如图 5－1 所示。

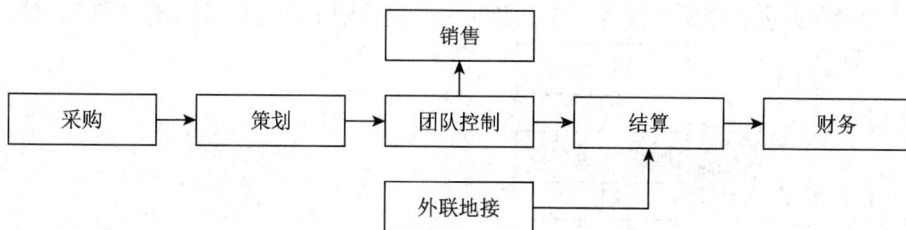

图 5－1　旅行社总体业务示意图

1. 采购和策划业务

采购和策划业务是指采购业务部门收集旅游市场的需求信息，组织开发旅游产品，制订团队计划。旅行社的资源采购包括景点、住宿、餐饮等单项产品，这些产品是构成旅行社组合最终产品即旅游线路的基础。

2. 团队控制业务

团队控制首先要收集团队资料，即团队的基本信息，包括团号、线路名称、类型、团队类型、出发日期、返回日期、基本行程以及领队信息、组团社信息等。计算出标准成本、报价，其中可以包括儿童价等其他报价，通过审核后发布。确认发布后，该团队便可以进行销售（图5-2）。

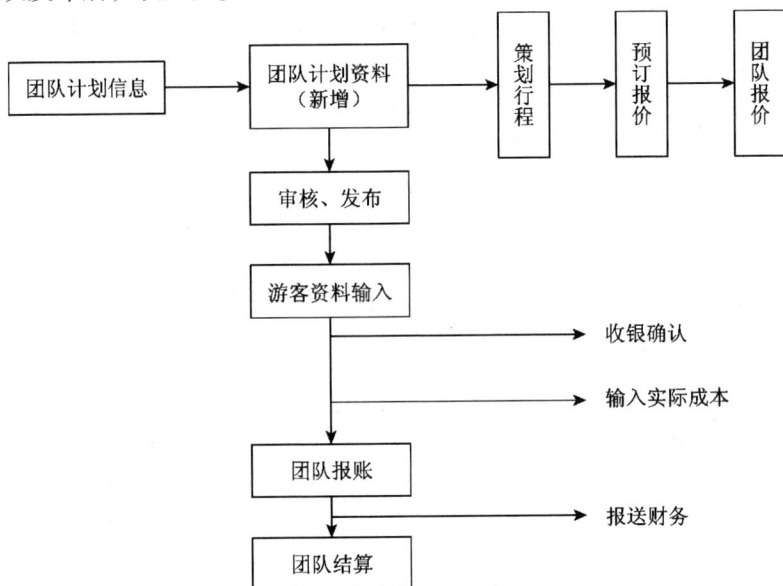

**图5-2 旅行社团队控制业务示意图**

## 3. 地面接待业务（地接业务）

地接业务负责团队的接待工作，及时协调接待中出现的异常问题（图5-3）。

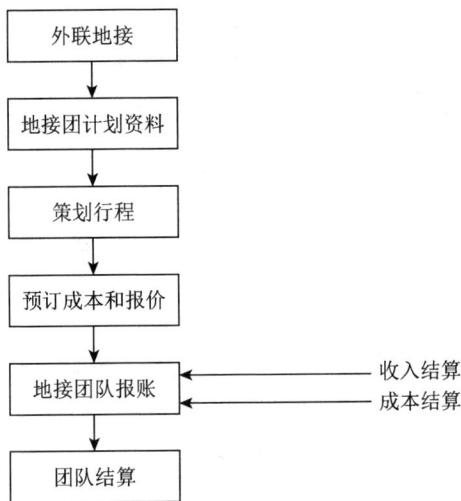

**图5-3 旅行社地接业务示意图**

4. 销售管理业务

销售管理包括团队收客、线路收客、收银以及报表、查询、订单维护等。接受散客报名和团队报名，录入游客信息，收银开票（图5－4）。

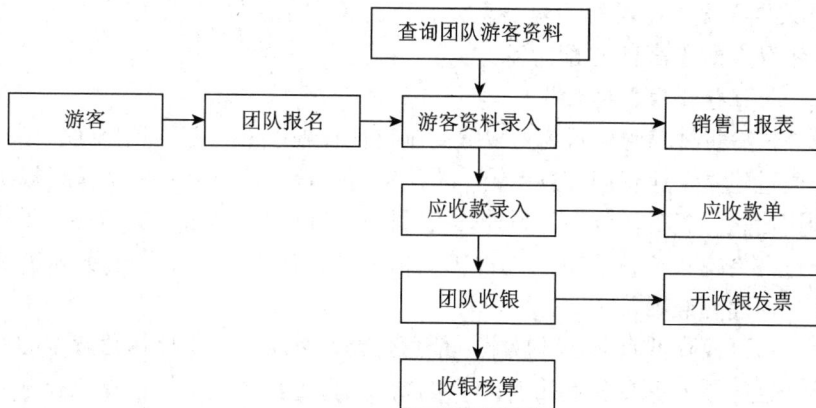

**图5－4　旅行社销售业务示意图**

5. 财务管理业务

财务管理是按照国家对企业财务管理的统一规定，进行团队的结算，管理本企业固定资产、流动资金、长期投资和无形资产；编制、审核财务预算、决算和财务报表等（图5－5）。

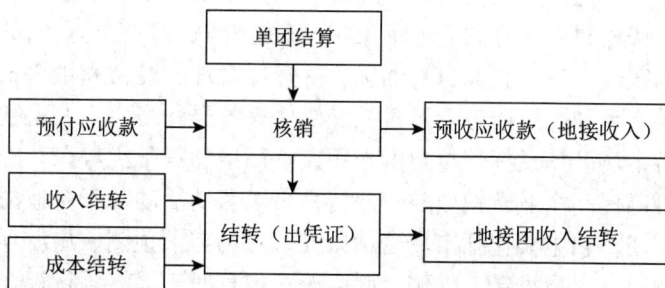

**图5－5　旅行社单团结算业务示意图**

## 三、旅行社信息化

### （一）旅行社信息化的定义

旅行社信息化主要是指旅行社在内部管理流程、业务开发、市场营销、产品销售、经营管理、决策分析等各方面全面应用信息技术，构建信息网络和信息系统，通过对信息和知识资源的有效开发利用，调整和重组旅行社企业组织结构与业务模式，服务发展目标，提高综合竞争能力。

旅行社信息化的主要内容包括信息基础设施的建设，各种应用系统的设计，信息资源的开发、规划和管理信息化、产品策划信息化、供应链及客户关系管理、营销等方面的信息化等。

**（二）旅行社信息化的作用**

第一，旅行社信息化首先可以提高旅行社管理水平。在信息化建设中，旅行社可以通过建立企业管理信息系统、决策支持系统。旅行社各级员工可以最大限度地利用信息，提工作效率。另外，旅行社也可以利用互联网提高协同工作的能力。通过网络视频会议、电子邮件等通信方式，交流各自工作情况和出现的问题，信息传递更准确及时。

第二，可以降低企业运营成本。信息化建设是旅行社降低运营成本的一种有效途径。这主要表现在以下几点：①可以降低人工费用，采用信息化技术后，旅行社的传统管理过程中许多人工处理的业务，可以通过计算机联网自动完成。有助于减少冗员，及减少人为因素造成的损失；②降低企业财务费用，借助企业管理信息化手段，可以降低旅行社员工、固定资产投入和日常运营费用开支，节省资金和费用；③降低企业办公费用，通过互联网旅行社可以实现无店铺经营，将业务拓展到互联网上。

第三，可以树立企业形象。在现代旅游市场竞争中，良好的企业形象起着至关重要的作用。通过网络营销，旅行社能够在极短的时间传递正面信息到最为广泛的人群中，快速树立良好的企业形象。可通过互联网建立起自己的网站或在搜索引擎中加以宣传，展示企业自身的优势，宣传管理、经营和策略，为顾客提供受欢迎的旅游产品和优质服务。通过社交媒体等各类网络应用，识别大量潜在的顾客，对旅游市场开拓发挥着重要的作用，从而增加竞争优势。

第四，可以提高企业营销效益。旅行社市场营销活动对于企业的生存、发展具有决定性作用，它主要包括市场营销研究、市场需求预测、旅游项目开发、定价、广告、物流、人员推销、促销、服务等。信息对于提高旅行社营销效益有着直接、明显的作用。通过各种网络渠道可以广泛地与潜在用户进行交流，获取旅游消费者对产品、服务、营销策略的意见，以及对新旅游项目开发的建议和定价的看法等。

第五，可以创造新的市场机会。信息化可以为旅行社创造更多新的市场机会。利用互联网，旅行社可以突破时间和地理空间的限制。利用互联网可以实行"7×24"营销模式，较为便捷地拓展市场。可以吸引新顾客和开拓新的旅游产品，较为方便地为顾客提供定制化服务。

# 第二节　旅行社管理信息系统

## 一、旅行社管理信息系统的概念

由于管理信息系统的概念、范围还在不断地变化，目前对旅行社管理信息系统还没有严格、统一的定义。一般认为，旅行社管理信息系统是利用信息技术对旅行社经营中的所有信息进行综合管理和控制的，以人为主体的人机控制系统。其主要功能是对旅行社经营服务过程实现信息化管理，从而提高旅行社的经营效益和管理水平，以促进旅行社的竞争力。

由于旅行社管理信息系统接待客人的每一笔业务都涉及外联管理、接待管理、陪同管理、信息管理、成本核算和财务管理各管理部门，而且旅游信息千变万化，因此成功的旅行社管理信息系统应具备以下特点：

### （一）　较强的个性化服务信息处理能力

旅行社管理信息系统应能够提供个性化服务，利用互联网技术和信息处理技术，为个性化旅游提供个性化的服务。例如可以通过较为完善的信息服务，实现自助旅游，旅游者可以自主确定旅游线路、选择住宿的酒店及就餐的饭店等。通过旅行社管理信息系统，旅行社不但组织团队旅游，更可以组织个人外出旅游，并能向旅游消费者提供途中的各种个性化服务。

### （二）　信息处理量大、信息更新及时

旅行社管理业务中涉及的信息量大，尤其是旅游产品信息。因为旅行社经营路线所收集的旅游产品信息越多，旅游消费者获取满意产品的概率就越高。而且旅行社经营的产品涉及饭店、旅游景点、旅游交通、旅游用品等众多企业及行业，有关信息一直在不断地变化中，其时效性很强，有些信息只有一天有效期，有些甚至只有几个小时。旅行社管理信息系统必须时刻同步系统中的信息，避免信息失效。始终将有效旅游信息介绍给旅游消费者。

### （三）　协同处理复杂业务流程数据

旅行社是旅游产品销售渠道的中间商，其工作主要是推销、组织、销售旅游产品，为旅游消费者提供服务。旅行社的每一笔业务都必须通过各个部门的协作来完成，如一个旅游产品的销售，需经过外联、接待、陪同、财务结算等环节，要求旅行社管理信息系统有很强的交叉处理信息能力。

旅行社管理信息系统对提升旅行社的经营能力、市场竞争能力具有较大作用。另外，在旅行社之间的旅游产品价格等方面的数据属于商务机密，要求旅行

社管理信息系统具备一定的商务信息保密功能，而计算机系统能够有效地对价格和商务信息保密。

## 二、旅行社管理信息系统的功能

旅行社管理信息系统应该具备处理旅行社日常业务和管理业务的所有功能，从旅行社业务需求角度而言，一般包括线路策划管理、计划调度、采购管理、财务管理、销售管理等。

### （一）　线路策划管理

旅行社的线路策划管理功能主要包括线路资料维护和报团线路审核两个方面。线路资料维护包括具体资料维护、线路行程资料维护和报价维护3个主要方面。具体资料包括线路的名称、代码、业务类型、线路类型、线路的特色和相关说明以及线路的有效期等；线路行程资料维护指线路的具体行程，具体行程中需要明确指出就餐标准和交通工具类型，明确服务内容和标准；报价维护指旅行社需要计算出线路的成本和利润率，给出相应的报价。报团线路审核主要对线路的相关信息以及线路成本和报价进行审核，审核完毕后进行线路的发布、成团。

### （二）　计划调度

旅行社计划调度功能主要包括安排组织接团计划，打印各种计划表，并根据计划表形成团队的订餐、订房、订票表单，对用车进行调度，进行接团统计，为领导提供辅助决策。具体功能包括以下4个方面：①维护接待计划：包括计划的录入、变更、取消，记录计划的变更过程等；②流量预报：根据计划，产生今后若干天的接待人数、批数流量预报表；③查询计划：根据各种要求，查询计划及团队情况；④初步统计：根据已发生的计划，初步统计出各部门接待的人数、批数等数据。

### （三）　销售管理

接待散客报名和团队收客，维护线路信息（包括线路基本信息、行程信息、线路报价、线路成本核算等），生成、预排、发布团计划。

### （四）　采购管理

旅行社的采购管理主要包括物资申购、物资采购和供应商管理3个部分：①物资申购，主要针对申购单进行审核、管理；②物资采购，根据申购单统计采购物资，制订采购计划，制作采购单；③供应商管理，管理供应商信息，建立供应商档案，管理供应商合同和应付款等，制作报表，提交给财务部。

### （五）　固定资产管理

固定资产管理的主要功能是维护旅行社的固定资产信息，计算固定资产折旧，制作相关报表提交财务部。

### （六）　财务管理

财务管理功能需要管理旅行社的账务，以及成本的核算。

## 三、旅行社业务流程再造

传统旅行社的核心竞争力在很大程度上依赖于中介地位和对于旅游信息的垄断。互联网的出现动摇了它存在的基础，知识经济下的反中介化迫使旅行社反思，寻找能够适应变迁的自身转型和角色定位的途径。在这个过程中，旅行社主动利用网络优势，开拓新业务，增加旅游产品的"价值"，完成从"旅游产品组合者"向"旅游产品生产者"的角色转换，创造利润新的增长点，完成自身的业务流程再造。旅行社业务流程再造的核心在于利用信息技术优化旅行社的业务流程，变革组织结构，实现组织精简，效率提高。通过信息技术及改进后的业务流程能够提高效率，消除浪费，缩短时间，降低整个流程成本，提高顾客满意度和公司竞争力。旅行社业务流程再造主要包含以下内容：

首先，将旅行社的主要业务流程（组接团、旅游线路设计和包装、订房、订票、派车等的后台保障、团队核算、财务结算、部门效益考核、应收应付往来、内部财务等）看作信息处理流程；每项业务活动都有信息源、信息的处理加工和信息的储存、通过信息的标准化实现信息的共享，通过信息流来驱动人流、物流和资金流。

其次，面向市场运作，及时采集和更新外部信息（客源信息和旅游资源信息），并将外部信息内部化；建立连锁门市网点和互联网上公司网站，为游客提供及时的全天候的服务。汇总团队需求，统一采购，集中支付，降低组团成本。

再次，优化信息处理流程，使内部信息流保持一致性和共享性，以免重复输入和查询的差异，实现信息的有效流转，各业务流程之间有着良好的信息连接。例如，外联组团子系统将成团计划数据转到计划调度子系统，实现团队接待落实，再转到团队结算子系统进行团队核算，最后接到财务会计子系统，控制应收应付；又如，国内游子系统将旅游线路资料和计划传到网点柜面子系统销售，国内游后台计调子系统落实团队再转到团队结算子系统进行团队核算，最后接到财务会计子系统，控制应收应付。这样操作既保持数据的一致性，又改善了业务流程，大大提高了工作效率。

最后，相关业务的培训及人员管理制度的建立和贯彻等。

# 【案例分析】

## 中青旅 ERP 改造过程

中青旅从 2000 年起，经营模式由"被动坐等客户旅游"模式向"主动寻找客户旅游"模式转变。2000 年 6 月电子商务网站"青旅在线"开通，同年 8 月十几家连锁店在北京城区开业，中青旅走上了"电子商务 + 连锁店"的销售模式。业务量快速增长的同时，人力成本也飞速增加而且巨大。业务量会导致业务处理人员异常繁忙甚至出错。2000 年年底，公司开始了信息化的整体规划和选型工作，2000 年 11 月，信息化项目开始正式对外招标，最终选择了山东浪潮通用软件有限公司作为项目实施方及其长期的战略合作伙伴。2001 年 4 月，公司 ERP 一期项目正式启动。

一、项目实施情况

此次 ERP 项目共分三期规划，第一期项目主要实现旅游业务处理和财务处理功能，主要包括连锁销售系统、国内团操作系统、出境团操作系统、单团核算系统、财务系统等，从而实现旅游业务从开团、销售、单团核算到财务的集成处理。另外，还要实现 ERP 系统与青旅在线网站系统、酒店和机票预订中心系统的对接。第二期项目主要实现入境游子系统、导游和车队管理，以及 CRM 系统，以期把客户资源整合起来，更为主动地为客户提供专业的服务。第三期主要实现办公自动化、人力资源管理以及各分子公司的财务和业务管理系统。

（一）规范业务操作流程（或叫业务流程再造）

业务流程规范化是应用软件系统集成、ERP 的实施、数据仓库建设与辅助决策支持系统运作的必要条件，也是青旅信息系统由初级阶段向中级阶段过渡的必要保障。浪潮通软在开始需求调研的时候，考虑到咨询和 BPR 对公司的重要性，投入了大量精力帮助客户整理操作规范、进行业务流程的优化。通过清除（Eliminate）、简化（Simplify）、整合（Integrate）、自动化（Automate）业务流程中的非增值环节，即 ESIA 来提高流程效率，使得流程更加合理与容易操作。通过对中青旅目前业务流程的整理和分析，发现了几方面的问题。例如，部门之间条块分割，信息共享机制不健全，没有形成统一的公司意志；部门人员责、权、利不完全匹配；业务流程控制点不明确，有些地方环节繁杂，而有些地方存在空白；缺少科学的决策机制，决策主观性强。针对这些问题，浪潮通软项目组同企业 IT 人员一起，提出了 BPR 的思路和原则，辅助各业务部门进行业务流程的优化。经过全体人员近一个多月的努力和数次大会的讨论，公司的业务流程逐渐明晰和优化，从而为后面的信息化打好了基础。

（二）中青旅 ERP 系统主要功能模块介绍

1. 国内游操作系统

实现线路产品的设计、维护；实现团队信息的录入、行程信息维护、各种类型价格维护、附加费的维护等。实现导游/领队、机票、酒店、地接社、汽车、餐馆和其他资源的安排；随时跟踪连锁店的报名情况，处理部门、门市所下国内旅游订单，并将处理结果信息反馈到有关数据库。

2. 出境游操作系统

除了完成类似国内游操作系统的基本功能之外，提供了针对出境游操作特殊功能。如办照办签、银行换汇、出境名单等。

3. 连锁门市预订系统

辅助业务员受理客户咨询，预订、购买、退订旅游产品。实现对团队信息查询、客户预订、客户下单、收退款操作、退转团处理、暂存款、押金、保险、银行存款、客户信息、统计查询等功能。

4. 联盟/同业销售系统

联盟/同业组织是各大型旅游集团或者旅行社为了应对激烈的市场竞争，以开拓旅游市场、共同发展为宗旨，联系国内旅游行业其他旅行社、销售代理商，自发组成的联盟性组织。为了支持集团化管理和业务规模扩张的需求，联盟/同业销售系统为联盟组织、同业组织提供了业务往来的支持。

5. 单团核算系统

实现业务结算流程处理的计算机化，实现业务系统的相关业务在财务系统中生成相关的记账凭证，提供单团辅助核算的功能，实现对单团收支情况的综合查询。

6. 普通财务系统

通用账务模块的主要功能应由以下部分组成：凭证制作、凭证复核、自动记账、凭证汇总记总账、月底结账等数据处理功能；总账余额查询、明细账余额查询、总账查询、日记账查询、明细账查询、多栏式明细账查询、科目汇总表查询等一般的会计资料查询功能。

二、系统应用效益

（一）全面支持公司战略发展需求。

从战略层面来看，ERP 系统为中青旅向集团化迈进提供了强有力的支持，使得并购、战略联盟的运作没有仅仅停留在战略层面上，更从实际运行上得到了技术保证。

（二）业务流程规范化

从业务层面上来讲，中青旅 ERP 的实施对业务流程规范化起到了很好的促进作用。中青旅"连锁销售＋网上预订＋后台支持＋财务监控"的业务模式，已经形成了一个规范化的业务流程。同时，ERP 系统实现了信息资源的一致性、共享性，使企业信息资源得到有效利用；提高了业务人员的工作效率和业务操作水平，提高了对客户需求的反应能力。

（三）管理上台阶

实施 ERP 之后，公司在管理、监督、决策等活动方面得到了很大加强。各部门人员责权利相匹配；纠正了可能的暗箱操作，财务对业务的全面监督成为可能；业务流程控制点明确，简化了决策环节；及时、快速、准确、全面的信息流为企业决策提供了有力支持，领导决策数字化，规避了企业经营风险。

【案例提示】

1. 中青旅进行 ERP 的原因是什么？
2. 中青旅实施 ERP 的主要过程是什么？
3. 中青旅实施 ERP 中的关键步骤是什么？
4. 中青旅在实施 ERP 后取得的效益都有哪些？

# 第三节　旅行社电子商务与网络营销

## 一、电子商务的基本概念

### （一）　电子商务定义

电子商务是以信息网络技术为手段，以商品交换为中心的商务活动。也可理解为在互联网（Internet）、企业内部网（Intranet）和增值网（Value Added Network，VAN）上以电子交易方式进行交易活动和相关服务的活动，是传统商务活动各环节的电子化、网络化。

### （二）　电子商务交易模式

按照交易对象，电子商务可以分为企业对企业的电子商务（Business-to-Business，B2B），企业对消费者的电子商务（Business-to-Consumer，B2C），企业对政府的电子商务（Business-to-Government，B2G），消费者对政府的电子商务（Consumer-to-Government，C2G），消费者对消费者的电子商务（Consumer-to-Consumer，C2C），企业、消费者、代理商三者相互转化的电子商务（Agent、Business、Consumer，ABC），以消费者为中心的全新商业模式（Customer to Business-Share，C2B2S）等。常见的有 B2B、B2C 模式。

企业对企业的电子商务（B2B），即企业与企业之间通过互联网进行产品、服务及信息的交换。通俗的说法是指进行电子商务交易的供需双方都是商家（或企业、公司），他们使用 Internet 的技术或各种商务网络平台，完成商务交易的过程。这些过程包括：发布供求信息，订货及确认订货，支付过程，票据的签发、传送和接收，确定配送方案并监控配送过程等。

企业对消费者（B2C）电子商务，也就是通常说的商业零售，直接面向消费者销售产品和服务。这种形式的电子商务一般以网络零售业为主，主要借助于互联网开展在线销售活动。B2C 即企业通过互联网为消费者提供一个新型的购物环境——网上商店，消费者通过网络在网上购物、在网上支付。

## 二、旅行社电子商务

### （一）　旅行社电子商务的基本概念

旅行社电子商务简单而言就是旅行社商务功能与信息通信技术的结合。目前有关旅行社电子商务还没有一个统一的定义，沿用世界旅游组织对旅游电子商务的定义，可定义旅行社电子商务为旅行社企业通过先进的信息技术手段改进机构内部和对外的连通性（Connectivity），即改进与其他旅行社之间、旅行社与供应商之间、旅行社与旅游者之间的交流与交易，改进旅行社内部流程，增进知识共享。

旅行社建立电子商务系统需要具备三个基本要素：一是软、硬件的支持，硬件设施是实现旅游电子商务的基础，没有计算机、服务器和大众化的网络环境和网络应用软件，商务也没有实现的可能；二是全面的、实时更新的旅游产品信息，网站提供交通、住宿、天气、景点等旅游产品及定价信息并且能够及时更新；三是实现与旅游者的互动，比如旅游企业向旅游者提供咨询、预订服务等。

**（二） 旅行社电子商务的功能**

旅行社电子商务应用系统的功能可以分为两个层次：一个是面向市场，以交易活动为中心，并包括促成旅游交易时的各种商业行为，发布旅游信息（包含了网络旅游新闻媒体）、网上广告宣传、旅游市场调研和实现旅游交易的电子贸易活动；网上旅游洽谈、售前咨询、网上旅游交易、网上支付、售后服务等。二是利用旅行社业务流程重组和内部网络平台建设而形成的经营管理活动，实现旅游企业内部电子商务，包括旅游企业建设内部网络和数据库，利用计算机管理系统实现旅游企业内部管理信息化等。

一般来讲，一个完善的旅行社电子商务系统至少应该提供如下功能：

1. 信息查询服务，提供旅游服务机构相关信息（如旅行社以及民航航班等信息）、旅游景点信息、旅游线路信息以及旅游常识的信息查询。系统能够将用户界面友好的旅游线路展示给用户。接受用户的各类查询。

2. 在线预订及支付服务，提供酒店客房，民航班机机票，旅行社旅游线路等实时、动态的在线预订业务。预订交易过程从旅游者预订旅游产品开始，到出团计调工作结束，这期间是旅游活动的实施，利用交易前提供的大量的信息。这部分涉及个人和旅行社两个板块。个人板块包括个人预订、个人支付等。旅行社板块在接受预订信息之后启动交易处理周期，包括对预订单和预订金处理，回复、组团、计调工作。系统涉及的计调工作包括安排、落实、完成等环节。

3. 客户服务，提供可实施互联网在线旅游产品预订的客户端应用程序。利用这种预订客户（指通过系统进行预订的个人以及机关团体）可以与代理人（指上述的酒店、民航、旅行社等相关旅游服务机构）进行实时的网上业务洽谈，管理自己的预订记录。

4. 代理人服务，能给相关企业提供多种旅游产品代理端应用程序。利用该程序，代理人可以与客户进行实时的网上业务洽谈、管理其旅游产品的预订记录。

5. 网上促销功能，旅行社可以借助网络开展各种网上宣传活动。

### 三、旅行社网络营销

#### （一）　旅行社网络营销的概念

旅行社网络营销是指旅行社应用计算机及现代通信技术，以现代营销理论为基础，通过互联网调整旅行社与消费者、旅行社之间、旅行社内部关系，从而扩大销售，拓展市场，并实现内部网络化管理的全部商业经营过程的商务活动。

旅行社网络营销由传统营销推销新产品为中心的"4P"（Product，Price，Promotion，Place）转向以满足客户需求为中心的"4C"（Customer，Cost，Convenience，Communication），即客户、花费、方便性、沟通。不仅是指通过联机网络、计算机通信和数字交互式媒体等形式进行的营销活动，同时也是一种营销观念的创新，传统的营销观念是顾客导向型的营销方式，而网络营销观念则强调顾客与企业的互动性。

#### （二）　旅行社网络营销的方法

1. 搜索引擎营销，主要分为搜索引擎优化（Search Engine Optimization，SEO）和点击付费广告（Pay Per Click，PPC）两种。搜索引擎优化是通过对网站结构、高质量的网站主题内容、丰富而有价值的相关性外部链接进行优化而使网站为用户及搜索引擎更加友好，以获得在搜索引擎上的优势排名为网站引入流量。点击付费广告是大公司最常用的网络广告形式。提供点击付费的网站非常多，主要有各大门户网站、搜索引擎以及其他浏览量较大的网站。

2. 电子邮件营销，是以订阅的方式将旅行社及产品信息通过电子邮件的方式提供给潜在需要的旅游用户，以此建立与旅游者之间的信任与信赖关系。

3. 即时通信营销，顾名思义，即旅行社利用互联网即时聊天工具进行产品推广宣传的营销方式。

4. 病毒式营销，来自网络营销，利用用户口碑相传的原理，旅行社产生一些有关旅游线路的产品或攻略，是通过用户之间自发进行的传播，达到营销的目的。这种营销方式费用较低。

5. 博客营销，是旅行社建立企业博客或个人博客，用于与用户之间的互动交流以及企业文化的体现，一般以诸如旅游行业评论、旅游攻略、旅游心情随笔和旅游专业技术等作为旅行社企业博客内容，使用户更加信赖企业深化品牌影响力。

6. 微博营销，是指通过微博平台为旅行社创造价值而执行的一种营销方式，也是可通过微博平台发现并满足用户的各类需求的商业行为方式。

7. 微信营销，是网络经济时代企业营销模式的一种创新，是伴随着微信的火热而兴起的一种网络营销方式。微信不存在距离的限制，用户注册微信后，可与周围同样注册的"朋友"形成一种联系，用户订阅自己所需的信息，旅行社通过提供用户需要的信息，推广自己的产品，从而实现点对点的营销。

8. 视频营销，以创意视频的方式，将产品信息移入视频短片中，被大众化所吸收，也不会造成太大的用户群体排斥性，也容易被用户群体所接受。

9. 体验式微营销，以用户体验为主，以移动互联网为主要沟通平台，配合传统网络媒体和大众媒体，通过有策略、可管理、持续性的 O2O 线上、线下互动沟通，建立和转化、强化顾客关系，实现客户价值的一系列过程。体验式微营销（Has experience marketing）站在消费者的感官（Sense）、情感（Feel）、思考（Think）、行动（Act）、关联（Relate）5 个方面，重新定义、设计营销的思考方式。此种思考方式突破传统上"理性消费者"的假设，认为消费者消费时是理性与感性兼具的，消费者在消费前、消费时、消费后的体验，才是研究消费者行为与企业品牌经营的关键。体验式微营销以 SNS、微博、微电影、微信、微视频、微生活、微电子商务等为代表新媒体形式，为企业或个人达成传统广告推广形式之外的低成本传播提供了可能。

10. O2O 立体营销，是基于线上（Online）、线下（Offline）全媒体深度整合营销，以提升品牌价值转化为导向，运用信息系统移动化，帮助品牌企业打造全方位渠道的立体营销网络，并根据市场大数据（BigData）分析制定出一整套完善的多维度立体互动营销模式，从而实现大型品牌企业全面以营销效果为导向的立体营销网络。

### （三） 旅行社网络营销的作用

就网络营销与传统营销方式比较而言，网络营销立足于使用人数众多的互联网，优势较为明显（表 5－1）。

表 5－1 网络营销与传统营销模式的比较分析

| 比较项 | 传统营销 | 网络营销 |
|---|---|---|
| 广告投入成本 | 大量人力和广告 | 网络宣传、低成本投入 |
| 产品类型 | 标准化产品居多 | 个性化产品普及 |
| 营销渠道 | 借助中间商 | 直接面对客户 |
| 营销范围 | 受地域和资金限制 | 空间无限扩张 |
| 营销方式 | 大众化 | 杂化 |
| 竞争形态 | 常出现削价竞争 | 透明的、网上信息分析 |

由表 5－1 可知，通过网络营销能够为旅行社带来如下利益：

1. 能够降低旅行社的营销成本

建设和维护企业网站所需要的软硬件费用、上网费用、技术和管理人员劳动费用等支出低于传统营销费用，有利于交易成本的节约。这是因为无纸化、自动化操作规程直接降低了旅行社营销活动中各种办公费用。同时，营销方式的变革引起了业务运作成本降低。旅行社只要拥有计算机和企业网站，营销活动就可以通过网络对全球目标客户进行，一方面可以减少纸张、印刷、邮递与人力等方面的开销；另一方面，省却了各种不必要的中间环节，减少在交换中由于多次迂回所带来的损耗。

2. 增强旅行社和消费者的互动式沟通

以互联网为信息传播媒介和沟通工具，使得旅行社和消费者可以充分、自由、双向、持续地进行信息沟通和交流。一方面，旅行社营销人员以企业网页内容、网络广告等方式发布旅游产品或服务信息的同时，通过提供电子调查表、电子邮件、聊天室等交式工具，建立起双方进行接触和联系的信息渠道；另一方面，消费者由被动的营销承受者和信息接收者，转变为主动地参与者和重要的信息源。消费者不但具有信息选择的主动权，可以运用搜索引擎等信息检索工具，选择感兴趣的旅游产品和服务，而且可以积极地参与旅行社营销过程，直接表达自己的各种要求和看法。另外，双方可以在信息沟通过程中，得到迅速回应和即时反馈，从而有利于进一步深化互动效果。

3. 促进旅行社的"一对一关系管理"

一对一营销是指营销活动必须在对消费者个体的准确把握基础上，开发出与此相适应的营销方案，以满足消费者个性化需求为导向的服务方式，促进企业与消费者良性互动关系的形成，从而长期、高效、优质地为消费者提供一对一的营销服务。一方面，传统旅行社产品以包价旅游产品为主，而且产品雷同缺少特色。这与信息时代旅游者的消费潮流格格不入，越来越多的旅游者希望旅行社根据自己的特殊爱好来设计自己喜欢的旅游产品，因此旅行社可利用信息网络输入大量旅游信息，旅游者通过网络查询功能选择自己所需的信息，通过旅行社的组合设计，形成具有个性化的旅游产品。另一方面，旅行社营销人员综合运用各种信息技术手段，使营销活动具有准确的目标定位和导向。

**（四） 网络营销与传统营销的整合**

1. 整合核心服务

在服务方面如售后服务，其主要以收集游客反馈意见的形式体现。在旅行社的传统服务体系中，信息反馈零散导致了售后服务成本过高。利用网络则能化解这些缺点。网上信息收集易于统一管理，时效快，将它和传统售后服务体系结合起来使用可以取得更好的效果。旅行社要做到在线服务与离线服务相结合。

2. 整合定价策略

旅行社产品定价向来最具有灵活性和艺术性的特征。在传统的营销活动中，旅行社通常都是在较长时期内按照旅游产品的种类在某一特定区域使用一种价格策略。这种定价方式虽然具有方便、易于管理、能使企业保持稳定状态等许多优点，但是不能够快速适应市场变化，难以做到以旅游者为中心的营销原则。网络营销则可以避免这一点。由于在网上旅游消费者的需求信息和市场环境容易掌握，旅行社可以根据市场供求状况、竞争状况及其他因素，在计算收益的基础上，设立自动调价系统，自动进行价格调整。同时，建立与顾客直接在网上协商价格的集体议价系统，使价格具有灵活性和多样性。如春秋航空旅游网，曾经推出一系列"竞拍旅游线路"，对拍卖线路给出行程安排和供应标准等详细介绍，并给出其市场参考售价和起拍价，该网站的注册会员通过加价拍卖的方式对线路进行定价。网上定价模式能够对市场做出即时响应，但难以管理，在旅行社实际的价格策略制定中，可以采取将两者结合的方式，如以某一时间段作为单位，每一个单位时间根据各种因素调整一次价格或在内部圈定的价格范围内接受旅游消费者的定价。这样，价格策略既具有较大的灵活性，又具有稳定性。

3. 整合促销活动

在营销活动中旅行社对促销方面投入较大，每个旅行社都会尽力使所制定的促销策略发挥最大效益。旅行社应注重传统工具与网络的结合，广告是旅行社进行促销活动的首选，在传统营销活动中，广告载体通常都是面向广大旅游者，广告的主题也是针对广大旅游者的需求共性。这种广告方式虽然有其优点，但在个性化需求越来越强烈的今天，它的效果也越来越差。网上广告恰恰弥补了这一点。电子邮件广告可以根据不同的消费需求采用不同的广告主题，从而增强广告效果。一个有效的广告方案应该将网上广告和传统广告方式结合起来。传统的广告形式可以树立企业形象，提高产品知名度，使广告具有广度效应。网上广告则可以使消费者对产品产生深刻印象，使广告具有深度效应。没有传统广告作为基础，有些消费者根本就不会理会网上广告，而网上广告则会直接促使消费者产生购买动机。即传统广告让消费者认识产品，网上广告让消费者了解产品。传统的销售促进、公共关系也可以在网上使用。将网络面向个性化对象的优点和传统工具面向共同需求对象的特点结合起来，用到各个促销策略中，让现有的促销措施更有效率。

## 【案例分析】

### 山东省旅游局的微信平台①

"山东省旅游局"微信平台，主要为公众提供旅行咨询服务。公众可以通过这一平台咨询

---

① 资料来源：山东省旅游局利用微信平台提供"定制"咨询［N］. 人民日报，2013－05－29

山东旅游攻略、旅游热点、节庆活动、优惠折扣、交通指南等内容，也可咨询住宿场所、交通指南、精品线路、购物娱乐等信息，满足游客深度了解山东旅游资源的愿望。

记者添加了"山东省旅游局"微信公众账号，在其界面上显示出自定义一级菜单：微山东、微攻略、微服务。在这个自定义菜单上，只要输入目的地查询，这个地方的吃喝玩乐信息便一目了然，比如输入"威海"，就会即时收到威海的城市特色介绍、旅游动态、旅游达人方案、旅游优惠等，如果想了解哪一方面可以继续点击。此外，在自定义菜单上输入自己所在的位置，周边的酒店、商场、电影院、餐馆等信息也会准确呈现在地图上。

据山东省旅游局信息中心主任介绍，自定义查询之所以能够实现，是因为背后有山东旅游资源数据库的强有力支撑，山东省旅游局将山东旅游咨询网的数据库与微信平台连在一起，可以查询山东省境内的旅游服务、优惠活动、景区级别、旅行社资质、旅游地天气等各类旅游信息。

据介绍，山东省旅游局针对微信公共平台，正在进行旅游资源数据库接口标准化建设，计划到 2013 年 6 月，任何一家旅游企业的微信公众账号都可以接入这一旅游资源数据库。

"在微博上，我们更多的是宣传与营销，推广山东旅游。微信平台同样也承担着营销的功能，比如对旅游资源做文字、图片等推送介绍。但是为防止公众账号无休止地推送信息，微信方面对公众账号推送信息有一天一条的限制。与微博的营销功能相比，微信更多的是为公众进行点对点的服务"，信息中心主任闫向军说。

闫向军主任表示，微信和微博是两种不同的信息服务传播渠道。微博具有信息公开的功能，在微博运营中，信息发布、粉丝评论是向所有人公开显示的。对于微信而言，定制微信的人，看不到其他定制用户的相关信息。粉丝与微信平台的互动也"不为外人所知"，私密性更强。所以，政务微信、政务微博在传播上各有特点，二者联动是政府利用好"微平台"的必备功课。

"对于微博的运营，山东省旅游局已经有了丰富的经验，但对于运营微信，目前却有很多问题需要解决。"王庆亮表示，由于微信的私密性，发出去的信息如石沉大海，不知道公众看没看，满不满意；不清楚公众对相关信息转没转，转了多少；不知道用户是省内还是省外的用户，而这些信息数据对旅游部门的统计和分析是十分重要的参考，目前正在和腾讯微信运营团队沟通解决此问题。

**【案例提示】**

1. "山东省旅游局"微信平台的功能有哪些？

2. 微信平台营销有哪些问题需要解决？

3. 还有哪些省、市旅游管理部门开通了微信营销平台？与山东省相比，功能与效果如何？

# 第四节　在线旅游服务

据 Euromonitor International 的统计和预测，2013 年全球在线旅游销售额是

5900亿美元，占总体旅游销售额的25%。在线旅游市场中，机票在线预订销售额3600亿美元，占机票总销售额的46%，居第一位。酒店在线销售额是1640亿美元，渗透率达23%，居第二位。在线旅游服务的出现和发展，在根本上改变了旅游企业的操作方式和业务流程，影响了营销、销售渠道等诸多方面。在线旅游作为服务类电子商务所展现出来的巨大发展潜力，使得资本市场对在线旅游企业的投资热情日渐高涨。资本的推动使得在线旅游企业迅速扩展业务，展现出蓬勃向上的发展态势。

　　在线旅游企业的传统经营范围主要包括机票、酒店、咨询等业务。调查显示，游客使用最多的三项旅游网站服务分别是：网上订机票、网上订酒店和查找旅游资讯。然而随着在线旅游交易规模的日渐扩大和市场竞争的加剧，在线旅游企业也在积极拓展其业务范围，除了传统的在线预订项目之外，休闲度假类的旅游产品、景区门票预订、团购业务等逐渐成为在线旅游运营商新的经营热点。

## 一、在线旅游服务的基本概念

### （一）　在线旅游服务的定义

　　在线旅游服务是指以互联网为平台，围绕满足旅行者全部或部分旅行需求的服务，以营利为目的的旅游中介服务。具体而言，指旅游消费者通过在线旅游服务提供商的网站，提交机票和酒店住宿相结合并包含其他附加服务的自由行旅游产品预订订单，提交成功后由消费者通过网上支付或者在门店付费。鉴于当前中国的实际情况，通过在线旅游服务提供商的网站查询，并通过 Call Center 预订成功的交易，也算作在线旅游交易。旅游消费者在没有提供网站预订、在线支付功能，仅提供普通电话预订服务的传统旅游服务提供商处，预订成交不算作在线旅游交易。

### （二）　在线旅游服务的特点

　　旅游在线服务使旅游者通过在线网络查阅和预订旅游产品并进行支付交易，并可以在网络上分享旅游或旅行经验。在线旅游服务主要有以下两点特性：快捷性和交互性。旅游中介服务中因酒店、机票等旅游产品具有时效性，如果无法及时卖出，将会造成不必要的损失。而在线旅游服务可利用互联网的信息发布和更新速度快的特点及时发布和更新销售信息，通过网络实时为游客提供服务。另外，旅游者购买的是一种体验服务，是一种无形产品。在线攻略社区等互动性较强的服务平台为消费者提供便利，他们可以通过网络查阅到别人分享的经历或体验。

　　与传统旅游中介服务相比较，在线旅游服务有成本低、整合空间方便、旅游产品差异化、服务内容多样、能够进行网络互动等优势。通过搜索引擎进行比价，旅游者可以了解到不同旅游代理商的价格差，对价格敏感的在线用户能够买到相对比较便宜的旅游产品，同时在线服务可以最大限度地整合世界范围内的旅游资讯，进行差异化多元化的服务。移动网络的应用更是突破了空间限制，促进了在线旅游业的发展。在线旅游业旅游产品多样化，不只有景区介绍，还有对路线的择优选择、在线互动、酒店预订、机票预订、租车业务等，旅游用户不需要实地考察，就可以通过在线网络获取其他游客分享的相关旅游信息。以往的固定的由旅游网站提供的样式化旅游信息已不能满足用户的需要，全新的互动式分享更能获得旅客的信任，网络的互动优势加深了旅游用户对旅游产品的信任，成为潜在顾客群。

**（三）　在线旅游服务的分类**

不同的在线旅行服务商按照市场细分与目标顾客不同，因而其提供的产品与服务也有所差异。主要有：综合性的"一站式"服务、垂直搜索服务、旅游社区服务和旅游衍生品服务等。

1. 综合性的"一站式"服务

在线旅游服务商提供全面的旅行资讯服务与在线预订，包括机票预订、酒店预订。旅游线路主要是自由行的预订和商旅服务等，采取线上与线下 Call Center 相结合的方式，可以在线支付也可以线下支付。这类"资讯＋预订＋交流"的一站式服务目前在在线旅游市场中占据最大的市场份额，具有一定的垄断地位。代表网站有 Expedia、携程旅行网、艺龙旅行网、芒果网等。

2. 垂直搜索服务

通过一套庞大的智能比价系统，可以让消费者在几千个网站中搜寻机票、酒店、度假、签证等最有效的旅行信息，不参与直接交易。垂直搜索在消费者和供应商之间搭建了一座桥梁，这种货比三家的做法，吸引了大批对价格敏感的用户。同时，这类网站的初始页面简单洁净，运用"频道间切换"节省空间，采用"人工追踪"方式使信息更为准确、客观，所有这些看上去都是试图优化用户体验的举动。代表网站有去哪儿网等。

3. 旅游社交网站

为出行者提供了交流与分享的平台，具有相当的实用性。旅行者可以从拥有本地知识或者有过真实旅行体验的人们身上获得个性化的建议与旅行窍门，获得更有价值的出行信息。同时分享与评论不仅使自身的旅行得以延续，也为其他旅行者提供了更多的出行参考。这类网站越来越受到出行者的关注与好评。代表网站有 Tripatini、TripAdvisor（国内到到网）、游多多等。

4. 旅行衍生品服务

互联网经济中，传统的产业价值链得以延伸与扩展，相关辅助服务必不可少。金融、旅行保险、第三方支付网站与工具随着在线旅行服务的发展越来越多地被在线旅行服务商所应用并为在线旅行服务提供了强有力的支持与保障，使在线旅行服务更为方便快捷。代表网站与工具有银联电子支付、支付宝、财付通、环迅支付、汇付天下等。

## 二、在线旅行社的基本概念

随着互联网企业收购或建立自己的旅行社和目的地接待体系，以及传统旅行社越来越多建立自己的网络平台，网络平台与旅行社呈现相互融合的趋势①。集合了网络信息技术优势与旅行社专业服务能力的"在线旅行社"（Online Travel Agent，OTA），将是旅游电子商务发展的方向和趋势。网络平台介入旅游市场，适应了中国旅游业发展当前散客化的发展趋势，但是对游客在目的地的某些服务以及服务跟进方面，传统旅行社相比网络预订平台具有一定优势。从旅游服务的专业性和质量保障看，网络平台与旅行社相互融合的在线旅行社模式更有优势。

### （一）　在线旅行社的定义

在线旅行社是以互联网为平台，从事招徕、组织、接待旅游者等活动，为旅游者提供相关旅游服务，开展国内旅游业务、入境旅游业务或者出境旅游业务的企业法人。按照我国《旅行社条例》中所作的界定，"中介"特征是旅行社最本质的特征，在线旅行社的经营行为本质就是在旅游资源和客源之间提供中介服务，其盈利方式一般为两种："佣金"制或"成本加利润"制。

由此可见，在线旅行社区别于其他旅游类网站的特征在于以下两点：①在线旅行社应该具备"从事招徕、组织、接待旅游者等活动"的资格条件。根据我国现行的法律法规，在线旅行社可以按照我国《旅行社条例》的相关规定进行经营资质的认定，可以开具旅行社发票；②在线旅行社应该具备"在线"经营的技术条件，可以进行旅游产品的在线查询、在线预订和在线交易（支付）活动。

### （二）　在线旅行社的类型

在线旅行社可以根据其在旅游业务中的分工，分为在线旅游经营商和在线旅游代理商两大类（表5－2）。

---

① 　戴斌. 在线旅行社 OTA 模式兴起 ［EB/OL］. http：//tech. qq. com/a/20110120/000286. htm

表5-2 在线旅行社分类表

| 分类 | 主营业务描述 |
|------|-------------|
| 在线旅游经营商（组团社及其在线旅游服务网点） | 设计和制作各种包价旅游产品，线上招徕游客，线下组团操作 |
| | 以"组团社"身份直接招徕旅游者，或委托给具有代理资质的旅行社招徕旅游者 |
| | 代理销售机票、客房等其他非包价旅游产品 |
| 在线旅游代理商（在线代理社） | 以"代理社"身份招徕旅游者，即接受组团社委托，代理招徕游客，只负责招徕，不参与组团操作 |
| | 代理销售机票、客房等其他非包价旅游产品 |

在线旅游经营商，主要是指从事旅游产品的"组装"和"生产"依托网络平台进行产品宣传和招徕游客，并具有线下组团或接团操作能力的旅行社，包括组团社以及旅游目的地的地接社。在线旅游代理商，也即在线旅游代理社，主要是指提供旅游咨询，出售机票、船票和饭店客房等，同时也帮助旅游经营商宣传和销售包价旅游产品的在线旅行社。

根据我国2013年颁布的《旅游法》第四十八条规定："通过网络经营旅行社业务的，应当依法取得旅行社业务经营许可，并在其网站主页的显著位置标明其业务经营许可证信息。"这是判断网站是否属于在线旅行社的一个重要标志，也是是否允许其设置交易系统，接纳旅游消费者在网上"预订"或"购买"旅游产品的前提条件。如像"酷讯"网仅仅是进行旅游产品的比价和搜索，并无《旅行社条例》所规定的旅行社业务经营资格、经营能力和经营条件，那么就不允许其设置交易系统进行"预订"或"购买"，其性质应当界定为"在线旅游信息咨询网站"。

"在线旅游信息咨询"由于为旅游企业提供网上广告宣传、搭建网上交易平台等服务，间接参与了旅游产品的交易活动，因此也有必要对其行为进行监督和约束。根据《旅游法》第四十八条，"发布旅游经营信息的网站，应当保证其信息真实、准确"，具体可按照国家旅游局2012年4月颁布的《关于加强旅游服务广告市场管理的通知》来进行管理。

而当在线旅行社代理销售机票、客房等其他非包价旅游产品时，其身份就是上游旅游供应商的网络分销商（或代理商）。

**（三）在线旅行社的功能**

从在线旅行社提供的核心功能上看，这些基于互联网平台、以信息服务为核心的在线旅行社一般提供以下功能：

1. 提供信息服务，包括提供基础性旅游信息，提供目录服务，即旅游企业名录（企业黄页）、旅游产品列表等，便于旅游者查询，提高了旅游信息的充分性和通达性。

2. 提供检索功能，如帮助旅游者按地区查询旅游服务、旅游景点，按关键词查询旅游企业、旅游产品等。

3. 提供咨询功能，如帮助游客进行行程规划并推荐旅游产品，提供公开的产品与服务比较这些功能，通常是通过数据库和应用系统的支持自动实现。

4. 提供促销功能，为旅游供应商提供网络广告服务，或将供应商的产品信息编入电子杂志，向旅游者会员发送。

5. 提供评估功能，电子旅游中间商设立评估服务，展示以往旅游者对旅游企业或产品的评价意见，供后来者参考，或公布权威部门或第三方的评估结果。

6. 提供虚拟交易市场，只要符合条件的产品都可以在虚拟市场内展示和销售，并可以在站点内任意选择，进行预订。在线旅行社负责客户管理、预订管理和支付管理等，收取一定费用。

### （四） 在线旅行社与传统旅行社的区别

与传统旅行社一样，在线旅行社也是连接旅游供应商和旅游者的桥梁与纽带，同样发挥着帮助旅游者进行购买决策、满足需求、降低旅游供需方达成交易的成本费用等作用。但在线旅行社和传统旅行社存在很大的区别。

1. 存在前提不同。传统旅行社的存在是由于旅游供应商和旅游者直接达成交易的成本较高，中间商的存在可以减少两者为达成交易而花费的成本。而在线旅行社出现的原因是，在网络信息技术发展的条件下，旅游供应商自己开展电子商务直销的成本比通过在线旅行社达成交易的成本高。旅游企业通过在线旅行社销售产品可省去自行建网、网站推广和电子商务系统建设的费用，减少电子商务管理费用。因此，在线旅行社是对旅游供应商网络直销的替代，是中间商职能和功效在新领域的发展和延伸。

2. 交易主体不同。传统旅行社，特别是旅游批发商，直接参加旅游供应商与旅游者的交易活动，而且是交易的轴心和驱动力。旅行社先与旅游供应商或旅游者进行交易，然后再与另一方进行交易并完成其作为桥梁和纽带的职能。而在线旅行社作为一个独立的主体存在，它不直接参与供需双方的交易活动，但它提供一个媒介和平台，同时为供需双方提供大量的产品和服务信息，传递旅游企业的供给信息和旅游者的需求信息，高效地促成具体旅游交易的实现。

3. 交易内容不同。由于传统旅行社直接参与交易活动，因此需要承担资金、信息等的交换活动及一些旅游组织活动。而在线旅行社作为一种交易媒体，它主要提供的是信息交换的场所，而具体的资金交换和旅游组织等活动则由旅游产品的提供方与旅游者直接进行。

4. 交易沟通形式不同。通过传统旅行社进行的旅游交易活动，使旅游者和最终提供旅游接待的旅游供应商仍难以直接沟通。而在线旅行社提供旅游者与旅游供应商直接沟通的媒介和平台。在传统旅游市场中，旅游供应商—旅游批发商—旅游代理商—旅游者的市场结构决定着旅游者常常被动地接受产品和服务，而通过在线旅行社的桥梁，旅游者拥有了更多主动权、提出需求、参与旅游产品设计的可能性。

# 第五节　旅游中间商信息化的发展历程与趋势

## 一、国外旅游中间商信息化的发展概况

### （一）　美国发展情况

国外旅游中间商的信息化进程始于 20 世纪 50 年代的预订系统。到了 20 世纪 70 年代，随着美国推出航空管制取消法案及游客选择机票范围的日益扩大，计算机预订系统（Computerized Reservations Systems，CRS）延伸至旅行社代理商，并开始在旅行社业发展中独领风骚。经过多年的不断完善，至今已形成多个著名的国际预订系统。其终端已遍及销售客票的各航空公司销售点及各个旅行社，并辅之以开票机和统一结算票款的银行清算系统，形成一个包括订座、出票及结算的庞大、高效的航空客票销售系统。

在 CRS 不断完善的基础上，除机票以外的其他旅游产品，如饭店客房、车票、游船票，机场接送及其他服务项目也可以通过它销售，从而使旅行社的整个销售都实现信息化和自动化。从 20 世纪 50 年代开始，CRS 开始向全球分销体系（Global Distribution System，GDS）过渡。GDS 是应用于民用航空运输及整个旅游业的大型计算机信息服务系统。随着互联网的日益普及，GDS 已经通过互联网遍及世界各处角落。依托开放平台，通过与旅游等领域商务运作，实现了民航和旅游等信息的整合，从而能够为出行者提供包括旅游线路策划、景点选择、机票预订、汽车租赁、网上支付及其他后续服务等一条龙、全方位的服务。

美国于 1994 年开始实行"无票旅行"方式，至 1996 年 7 月，美国已有 53% 的旅行社商提供无票旅行服务，21% 的旅行社商上了互联网。1997 年年底，美国共有 56% 的旅行社接通互联网或加入商业性网络服务。在上网的旅行社中，有 42% 在网上建立起自己的主页，占旅行社总量的 25%。目前，几乎所有的美国旅行社都使用 GDS，整个欧洲大约 40% 的旅行社拥有 GDS。可以说，美国旅行社信息化建设已经步入繁荣阶段。

现代电子商务也发端于美国，从 1994 年开始美国政府宣布国家信息基础设施计划开始，到 2008 年，美国现代信息服务业占整个服务业的比重超过了 1/3。美国旅游电子商务在此期间得到了快速发展。1997 年，美国有超过 600 万旅游者通过互联网进行旅游的在线预订业务，包括航空机票、酒店、汽车租赁和其他旅游产品的在线预订。在线旅游（Online Travel）是旅游消费者通过 Internet 获得旅游目的地信息、旅游产品价格、旅游计划安排等相关旅游信息，进而进行在线旅游咨询、旅游预订、旅游产品购买的旅游活动。2000 年后，美国旅游电子商务市场高速发展，旅游电子商务销售额从 2001 年的 240 亿美元上升到 2007 年的 640 亿美元。美国美林公司的调查显示，到 2005 年 12 月，全美共有拥有机票代理权的旅行社 19871 家。而根据美国劳工部的统计，在 2004 年，美国有各类旅行社 10.3 万家，2005 年全美在线旅游代理市场增长 19%，达到 277 亿美元，直接提供在线服务的旅游供应商收入增长 37%，达到 325 亿美元。2005 年的美国商务旅行者中有 32% 的人是通过旅行社进行预订的，在线旅游销售收入占 2005 年旅游市场收入的 30%，2004 年这个比例是 25%，2003 年为 21%。旅行社的电子商务业务在新形势下有了较大发展。2010 年美国在线旅游销售规模增长 4.6%，达到 925 亿美元。据 eMarketer 预测，2011 年至 2014 年间的美国在线旅游销售规模将平稳增长，2014 年将达到 1190 亿美元。美国的旅行社业全面实现了信息化，几乎所有的代理商都与 Internet 相连接，并拥有自己特色的旅游营销网站，有的旅行社还试行了网上预订、结算和售后服务等业务。

（二）　欧洲发展情况

现代旅游电子商务是欧洲经济一体化中的一个重要战略。2007 年欧洲个人在线旅游预订市场规模已达到 48.5 亿美元，2008 年为 59.5 亿美元，较 2007 年增长 22.7%。至 2011 年，欧洲个人在线旅行预订市场规模将达到 80.7 亿美元，复合增长率（一项投资在特定时期内的年度增长率）达到 10.7%。欧洲作为全球在线旅行预订市场的重要组成部分，其市场规模的增长能够反映全球在线旅行预订市场的发展趋势。

欧洲旅游电子商务的发展，表现出以旅游电子商务为基础的旅游企业合并经营的趋势，这与欧盟政治经济一体化发展战略相一致。例如英国最大的旅游信息门户网站 www.lastminute.com 和法国最大的旅游酒店集团 Accor Group，通过全球酒店分销系统 GDS 联盟了世界范围内 90 多个国家 3200 家酒店，成为欧洲最大的酒店分销商。

（三）　亚洲其他国家情况

根据 PhoCusWright 的研究报告，亚太地区旅游市场在 2010 年增长了 17%，超过了美国成为世界第二大区域旅游市场。多样化的亚太地区旅游市场已经为在线市场的增长做好准备。

印度旅游电子商务市场主要有在线旅游、网络零售等。根据调查①,印度大约有53%的网民通过互联网搜索旅游资讯,见表5-3。

表5-3 印度在线旅游网站的访问目的调查(%)

|  |  | 收集信息 | 将要收集信息 | 过去6个月已订购 | 未来将订购 |
|---|---|---|---|---|---|
| 在线旅游 | 火车票 | 31.62 | 18.06 | 8.25 | 15.76 |
|  | 飞机票 | 16.16 | 7.13 | 2.39 | 5.21 |
|  | 旅馆预订 | 5.41 | 1.46 | 0.26 | 0.99 |
|  | 总计 | 53.19 | 26.65 | 10.90 | 21.96 |

印度的网络零售市场是仅次于在线旅游的 B2C 市场。2006—2007 年,印度网络零售市场规模在 85 亿卢比左右,2008 年年末达到 110.5 亿卢比的规模。印度互联网和移动网络协会(IAMAI)发布的一份研究报告称,到 2011 年年底,印度电子商务市场规模预计将达到 4652 亿卢比(1 美元约合 45 卢比),较一年前增长 47%。包括铁路和航空售票、酒店住宿和旅游等在内的在线旅游业务占到印度电子商务市场的 77%。

## 二、国内旅行社信息化的发展历程与问题

### (一)旅行社信息化的发展历程

我国旅游业的信息化从 20 世纪 80 年代应用计算机技术开始,中国国际旅行社总社是我国最早涉足信息技术应用的旅行社。1981 年,中国国旅引进美国 PRIME550 型超级小型计算机系统,用于旅游团数据处理、财务管理和数据统计。1984 年,上海锦江饭店引入美国 Conic 公司的计算机管理系统,用于饭店的预订排房、查询和客账处理。在此之后,航空公司的计算机订票网络系统、旅游企业办公室自动化系统等适用于旅游企业的计算机系统开始得到逐步推广。

国家旅游局从 1990 年起开始抓信息化管理并筹建信息中心,并建设了一些旅游信息网络及信息传递系统,帮助旅游企业向电子商务化运作转型,在同一时期,国内一些大型旅行社相继以网站的形式向全社会提供旅游信息服务,如中国国际旅行社中青旅控股股份有限公司等。以华夏旅游网络公司为例,它于 1997 年 10 月成立,第二年开通华夏旅游网,2000 年推出多语种版本。华夏网包括饭店预订系统、外联销售系统、出境游销售系统、游船预订系统 4 个系统,可以提供旅游行业 B2B 交易平台,旅行社、航空公司和饭店等旅游相关企业可进行饭

---

① 资料来源:艾瑞咨询,http://ec.iresearch.cn,2011

店、机票、游船、旅游线路预订、网上直销等业务。1994年，上海春秋国际旅行社研发了春秋广域网软件，通过各地的联网计算机终端，不断降低门槛，吸收全国近100个城市的近400家春秋以外的旅行社与之联网，对春秋的产品进行代理。网点的铺设，使得春秋的辐射力也越来越广，以上海地区为例，周边200公里以内都能做到电话预订后免费送票上门。

其后，随着计算机在我国的普及，越来越多的旅行社开始采用计算机进行信息处理，部分旅行社引进中型机或实现微机联网，更多的旅行社则将计算机用于财务和人事等的专项信息处理。我国旅行社在运用信息技术中已渐渐步入了管理信息系统阶段。然而，当时我国旅行社业务运行中的科技含量除了国际旅行社等少数实力强的大型旅行社外，绝大部分都很低。

随着互联网技术的广泛应用和旅游业的不断发展，旅游者的需求也出现了越来越多新的变化，包括旅游者出游次数的增多，旅游动机的多样化，休闲度假比例的提高，旅游者更加强调旅途中感受等。所以这些旅游需求方面的变化都对旅游中间商的服务提出了新的要求，深度游、豪华游等产品被更多旅游者所选择。互联网企业开始进入旅游中介服务领域。2000年后携程网、芒果网、同程网等进入在线旅游代理商市场，并且开始引入多元化的较成熟的线下产品的发展。此时不同旅游代理商的旅游服务和产品的包价差异较大，因此导致同时期产生了提供旅游服务比价的垂直搜索网站——去哪儿网应运而生。在线旅游市场逐渐细分化和社交化，具体表现为游客的度假需求不断出现，如驴妈妈、途牛等在线旅游网站开始结合旅游景点和旅行线路设计，提供在线旅游预订的细分服务。

2010年后，出现了在线旅游市场的众多新竞争者。如QQ、淘宝和京东等大的电商开始加入在线旅游平台市场，提供比价并获得佣金。另外，各大航空公司和酒店纷纷自建网站来加大直销力度，或通过垂直搜索等营销平台直接面向游客提供在线旅游服务。

现代技术降低了旅游者自行安排旅游的难度，对旅游中间商的依赖性降低，传统包价旅游的地位受到挑战，各类自助游类型产品所占比重持续提高，旅游者能够通过旅游中间商实现自主线路设计，其形式包括半包价、小包价、"机票+酒店"式产品、单项委托业务、定制服务等。

目前我国有专业旅游网站300多家，国内主要旅行社以各种形式进行电子商务活动。中青旅遨游网是中国青年旅行社总社控股股份有限公司的线上平台，以中国青年旅行社总社控股的、强大的传统旅行社资源为其提供线下支持。春秋航空公司旅游网是以春秋航空有限公司（以下简称春秋航空）和上海春秋国际旅行社有限公司（以下简称春秋国旅）为实体基础的，以互联网技术为手段的，整合公司实体资源优势，围绕为客户提供方便快捷的航空票务、旅游和酒店等在线预订服务的电子商务网站。芒果网是中国香港中旅国际投资有限公司 2005 年在重组内部资源的基础上，投资 10 亿元人民币打造的旅行服务电子商务平台。主要产品服务覆盖了旅游市场的主要方面，如预订酒店客房服务、预订机票服务、旅游度假产品服务、公司差旅管理服务等。

**（二） 旅行社信息化发展面临的问题**

1. 旅游服务水平提升需要信息化有效支撑

一方面，国内旅行社的进入门槛相对较低，国民旅游需求增加刺激了国内旅行社规模迅速扩张和行业整体营业收入的增加。另一方面，由于缺乏旅游产品的创新设计能力，同类旅行社之间主要依靠价格竞争来获取客源，从而导致行业利润率的下降以及新进入者的减少。

当前还有相当数量的中小旅行社的计算机大部分仅用来进行文字与财务处理，很少用于旅行社的信息化管理与对外经营。信息反馈滞后，旅行社内部各部门之间、部门内部的产品信息，客户信息不能共享，造成重复工作，效率低下和业务成本居高不下。旅行社管理控制滞后，无法及时跟踪客户信息，造成了现有客户的流失和潜在客户难以发掘；经营者监控滞后，经营中的对外报价混乱，财务状况无法及时掌握，从而造成了旅行社对市场变化和内部管理的反应迟钝。

2. 旅行社信息化建设缺少宏观的规划以及观念上缺少更新

旅行社信息化的建设是一个系统工程，标准、规划与法规的制定与贯彻必须先行，要避免盲目上马。必须从应用出发，本着够用、好用的原则，根据当前的主要矛盾和问题来选择管理系统。另外旅行社在信息化建设中观念要更新，目前相当一部分旅行社对信息化建设的价值取向、终极目标仍然不甚明了，旅行社如何密切与信息行业的合作与结合，如何实现信息技术运用效率的最优化上仍然存在着迷茫。旅行社在思想上要重视，经营理念上要转变和更新。

3. 旅行社信息化建设缺少专门的人才

旅行社信息人才应具有特殊的知识智能结构，包括熟悉专业，能较深入地研究科研、旅行社管理所涉及的领域；知识面广，具有社会视野和市场感知能力，对国际国内形势有较强的观察力；掌握信息分析方法，能去粗取精，对竞争对手的意图、实力等因素做出准确判断，成为企业伸向社会的触角的一种复合型人才。但目前这种复合型人才在旅行社企业中比较奇缺，因此各旅行社应该重视信息人才的培养，树立"人才是根本"的信息化人才观。

4. 旅行社信息化建设投资比例的不协调

目前我国许多旅行社的硬软件投资比例严重失调。主要是集中在购买硬件，而忽视了软件的建设和人员培训。结果是造成投资比例严重失调，资源浪费，效益不高，难以发挥硬件在旅行社应用中的作用。在硬件的投资上，一定要根据当前以及稍超前的需要，购置设备，要让每台设备都能充分发挥作用，在软件投资上要加大力度，要控制好软件和硬件投资的比例，注重软件的开发或购置。

## 三、旅游中间商信息化的发展趋势

### （一）普遍运用网络营销等途径

网络技术的发展对旅行社的生存提出了前所未有的挑战。旅游者可以在网上高效地实现信息的收集和比较，并方便地订购各类旅游产品。航空公司、酒店、旅游目的地都越来越多地使用互联网在线推销自己的产品，并结成战略联盟，不仅能够实现和旅游者间的直接沟通，而且由于排除了旅行社的分成，销售成本能够降低10%或更多。

面对这些威胁，以及网络带来的比以往更为巨大的市场，传统的旅行社也逐步介入网络虚拟市场，将在线和非在线产品和服务融合起来，结合网络技术和旅行社的传统优势，实现了旅游中间商的电子化和互联网公司实体化。

针对散客和个性化旅游追求者推出的"定制化产品"尽管有极大的市场吸引力，但其过高的价格仍然会令部分旅游者望而却步。众所周知，在影响消费者的诸因素中，价格始终占据着重要地位。有调查显示，当产品价格降幅超过消费者的心理期望，消费者就有可能被吸引并产生购买行为。因此，对旅游中间商而言，发挥批发采购的优势和信息优势，降低个性化定制化产品的成本，也是展示其专业化服务技能，吸引旅游者，获取利润的重要途径。大公司可考虑利用传统经营网点，开展"网上组团"业务。目前，上海春秋旅行社就推出了通过网络进行散客成团的业务，其宣传是"网上成团，散客享受团队价"，即对一些生僻的旅游项目也能通过系统内销售网络搜索组合成团，做到特殊化、个性化产品的批量生产，大大地提高了直销效果。

### （二）开展特色化、个性化导游服务

导游服务是旅行社独创和特色服务，导游的任务一方面是通过导游的讲解，使旅游者深入了解旅游目的地，提高旅游的知识性和趣味性；另一方面是在出现意外和突发事件时，根据自己的能力和经验帮助游客及时处理问题，增强旅游者的安全感。网络时代尽管人们可以依靠大量网络信息选择旅游产品，实现完全的自助旅游，但导游服务不会消失，因为旅游产品是一种精神产品，人的需求消费中的精神享受，在旅游过程中，导游与游客间的感情交流，满足了现代人渴望真情、希望被尊重、实现自我价值的生理需求，使旅游成为一项充满精神享受的体验活动，而这种享受是互联网无法创造的。国际旅游界认为没有导游的旅游是不完全的旅游，是没有灵魂的旅游，人性化、情感化的导游服务仍将是旅行社信息化同步发展的重要因素。

与以往不同，未来的导游服务除了在传统的大型团队服务外，面向单人或少数游客陪伴服务的导游业务将会增加。另外，旅行社对导游人员素质、科技水平的要求也将要求未来的导游不仅有扎实的语言功底和广博的知识，翻译精良，良好的外界沟通和联系能力，并且能借助先进手段在旅游过程的前、中、后期了解与把握其进程和动向。同时，能够利用资料库事先熟悉游客的特征和旅游目的，在服务过程中尽量满足游客个性化需求，并在旅游结束后保持良好联络，为旅行社巩固客源。

### （三）　线上到线下（O2O）　营销模式广泛应用

线上到线下（Online To Offline，O2O），是线上营销线上购买带动线下经营和线下消费，特别适合必须到店消费的商品和服务，将线下的商务机会与互联网结合，让互联网成为线下交易的前台。早在团购网站兴起时就已经开始出现，2013 年进入高速发展阶段。

一方面，未来在线度假的高速发展和持续渗透主要得益于线上零售商的驱动及传统旅行社的线上业务发展。线上零售是传统旅行社的重要渠道之一，传统旅行社获取订单的核心方式是通过线下门店，但随着互联网和移动互联网时代的到来，门店的投入成本居高和服务半径限制逐渐显现，一些传统旅行社逐渐发展线上渠道并将其作为重要发展战略之一，以期打破单纯依靠门店发展的桎梏。未来线上渠道和传统渠道会各取所长，趋向融合发展，但竞争形态也即将改变。

另一方面，随着移动互联网，以及"连接"概念的兴起，原本处于 OTA 下游的传统旅游服务企业，现在也在逐渐向上延伸，从最初筹建自己的官网，到入驻各大 OTA 平台，再到开发独立的 APP 进行揽客业务。而在线旅行社作为"连接"用户与旅行服务的载体，因缺乏扎实的旅游资源，也将进入 O2O 的营销模式中。

### （四）　旅游中介产业呈虚拟一体化模式发展

在信息和网络技术的影响下，传统的旅游产业链模式受到很大的冲击，有中介旅游产业链模式和无中介旅游产业链模式两种产业链模式的优势将不断融合，形成新的旅游产业链模式。其中，虚拟一体化构建应当是未来旅游产业链的主要发展模式。

虚拟一体化的概念是 20 世纪 90 年代针对制造企业提出的，一经应用于企业实践就显示出其强大的生命力，逐渐成为当今企业赢得竞争的有效合作方式。虚拟一体化经营的中心理念是最大限度地使顾客满意，它使生产者与消费者之间的界限变得模糊，将消费者纳入虚拟一体化企业的界限之内，成为部分的生产者。虚拟一体化组织内部的各个企业之间是以"双赢"的合作观念结合在一起的。截至 2013 年年底，全国旅行社总数为 26054 家，从目前旅行社的现状来看，主要存在两大问题：一是大多数旅行社普遍规模较小，经营手段传统，使得其经营和发展比较脆弱。二是市场竞争非常激烈，竞争手段单一，难以在网络经济市场中发展壮大。

导致我国旅行社业"散、小、弱、差"的弊病，其本质问题并不在于小旅行社过多，而在于这些旅行社之间还缺乏合作精神。国内许多的中、小旅行社之间多竞争而少合作，相互之间的过度竞争，产生了过高的竞争费用，因此我国旅行社业所要解决的不仅是中、小旅行社如何变大的问题，关键在于各旅行社之间如何进行合作的问题。对于许多中小旅行社而言，过度的竞争会使其失去生存空间，而寻求合作相反会打开更广阔的天地。在网络经济中，合作比竞争更为重要，中小旅行社之间通过合作可以提高与大旅行社竞争的能力。随着计算机技术和网络通信技术的迅速发展，企业合作已经突破了传统合作必须以一定实体化因素为前提条件的约束，如果能将虚拟一体化的策略应用于我国的旅行社业，必将为其迎来广阔的发展空间。

旅行社的虚拟一体化是一种非常具有竞争力的组织形式，其最大特点在于它较高的灵活性和较强的市场竞争力，但是虚拟一体化策略也不是把我国旅行社做强的唯一模式，是否选择虚拟一体化的策略要看这些旅行社是否具有实施的条件，就我国旅行社目前的状况而言，虽然初步具备实行虚拟一体化经营的条件和可能性，但并不十分成熟，因此实施旅行社的虚拟一体化经营策略还需要更多的企业实践来验证。

# 【案例分析1】

## 旅游垂直搜索——去哪儿网

去哪儿网目前是全球最大的中文在线旅游网站。通过网站及移动客户端的全平台覆盖，随时随地为旅行者提供国内外机票、酒店、度假、旅游团购及旅行信息的深度搜索，帮助旅行者找到性价比最高的产品和最优质的信息，聪明地安排旅行。同时为旅游行业合作伙伴提供在线技术、移动技术解决方案。可搜索超过700家机票和酒店供应商网站，搜索范围超过10万家酒店和1.1万条国内、国际航线以及4万条度假线路、2.5万个旅游景点。此外，去哪儿网团购频道已针对全国100多个城市开展旅游团购服务。

1. 机票搜索频道

提供全面的国内和国际机票搜索功能，用户能够随时查询国内外各城市之间所有最新航线价格信息，并获得该机票在赠送保险、接送机等服务方面的参考内容。随着人们生活水平的提高以及航空业近几年的快速发展，越来越多的旅游出行会选择飞机。去哪儿网为了能够快速、准确和真实地将航班的机票价格呈现给客户，与国内数百家互联网运营商签订了协议，并且为客户提供多种选择。如果客户认为当天机票过于昂贵，网站还会以柱状或曲线的形式将指定时间段以内的同程航班机票价格展现给客户，客户不需要重复搜索机票，就可以决定选择哪家公司购买机票。除此之外，运营商也可以参与到竞争中来，发挥自己的价格和渠道优势。

针对用户的投诉，去哪儿网推出了金牌机票服务系统。系统包括：100%的CATA认证代理商体系，代理商投诉管理系统，代理商信息查询系统，旅游者评价排序体系。

2. 酒店搜索频道

去哪儿网的酒店频道目前可以实时搜索210个网站，22699个城市，约235700家各种星级与档次的酒店、也包括短期公寓、度假村、青年旅舍、客栈等信息，并提供大类搜索条件（价格，星级，服务设施，品牌，地标，商圈，行政区，酒店特色，酒店名），36种搜索要素以及8种排序方式供用户选择。去哪儿网对各种出游情况进行数据分析，对其影响要素进行综合后给客户提供建议，同时酒店也可以根据消费需求提高自己的服务水平。另外，新推出了团购频道，也推出了全国各地的团购酒店价格，为客户提供了更大的优惠。无论是酒店经营淡季还是旺季，都为客户提供4~8折的优惠。去哪儿网拥有全球最大的酒店点评系统，为客户外出提供更便捷、更快速的服务。

除此之外，去哪儿网还创新性地推出了一些优惠、便民的"新玩意儿"。一些酒店会标出最新的优惠信息，如折扣优惠或者是团购信息。

这些"新玩意儿"，就是去哪儿网推出的一项新功能，是其他旅游网站未曾出现过的酒店优惠信息提示功能。去哪儿网集中了国内近20万家酒店信息，但如何使客户更全面、更有效地了解酒店优惠信息，一直以来是这家全球最大的中文旅游网站所努力攻克的一道难题。去哪儿网对各种优惠信息归类，不仅方便了旅游者进行横向价格比较，而且有利于对优惠信息进行充分比较。根据历史数据显示，在美国酒店业，约60%的营业额都是通过优惠信息推广所产生的，去哪儿网率先对酒店优惠信息进行整合，开了酒店业双网联动营销的先河，这有助于提升酒店营收水平。

3. 火车票搜索频道

2010年1月，去哪儿网推出第四大旅游搜索平台——火车票搜索频道。火车票并不是去哪儿网的主营业务，是作为网站的辅助功能定位的，为了最大限度地方便旅客，去哪儿网首推机票与火车票比较搜索模式。网站在火车票搜索位置前，添加了"搜索匹配"的功能，机票与车票的价格差异在同一平台中一览可以看到有时机票价格要低于火车票价格。此项功能的完善，大大满足了工薪阶层的出行需求。

去哪儿网的垂直搜索和通用搜索的区别：去哪儿网提供非常精准的产品信息，如果在百度、Google等通用搜索引擎搜索，只能搜出大量机票网站，可能包括大量交易风险。和在线旅游的区别：携程是以佣金、代理费为主，所以携程要想获得高额利润，必须营销对它收益最大的产品，其网站上就本能包括所有产品，那些低价产品或是无法带来营销额的产品信息就搜索不到。而去哪儿网刚好相反，由于它是一旅游信息平台，所以在去哪儿网上可以搜索到最全、价格最优的产品，可搜索出全球范围内超过69700条的航线机票，找出最实惠的价格，这些产品在任何分销渠道都找不到。只有选择国航、南航一个一个查。

**【案例提示】**

1. 去哪儿网在商务模式上是否属于在线旅行社？

2. 去哪儿网和携程网有何区别和相同之处？

3. 案例对互联网企业进入旅游中间商行业有哪些启示？

# 【案例分析2】

## 阿里旅行发布 "未来酒店" 计划 称要让酒店告别 OTA[①]

2015 年 3 月 30 日上午，阿里旅行发布了其酝酿已久的"未来酒店"计划，是基于信用体系上一个对酒店体验的改良，同时通过大数据和云服务平台，改造和优化酒店业本身的体系。阿里巴巴航旅事业群总裁李少华称，要让酒店扔掉 OTA 的拐棍。

据已经体验过阿里旅行"信用住"的人表示，入住酒店时需要做的是核实身份，拿房卡。退房时则只需要归还房卡。这和我们传统的酒店体验差异还是比较大的，押金、查房、排队结账等环节都被取消了，用户离店时，支付宝会帮助用户自动结算。根据阿里旅行公布的数据，入住时间大概 47 秒，退房时间大概 18 秒。

据透露，目前阿里旅行签约的信用住酒店大概在 5500 个，包括高端酒店和经济连锁酒店。

李少华说，在 OTA 时代，对酒店来说，存在一系列沉积已久的问题，包括效率低下、缺乏营销平台、用户沉淀困难等。比如信用方面，要求用户交押金或者信用卡预授权，退房时酒店查房等，对用户来说都是一种冷漠、烦琐、不被信任的体验。

效率方面，酒店和消费者中间隔着 OTA。存在需要人工确认订单、前台效率低、月结佣金、对账和打款等问题。用户沉淀方面，酒店无法通过 OTA 建立用户黏性，用户信息在住前被大量截流。

据他介绍，阿里旅行要改变的正是酒店和消费者之间被 OTA 隔开这一痛点。据说之后会推出更多服务，比如用户在网上自助选房、前台自助系统等。

未来可实现用户根据自己的喜好设定酒店，包括房型、音乐、食物等。同时还将打通酒店和平台的会员体系，用户在平台及各家酒店的会员卡可带来更多增值，比如延时退房等额外服务。

【案例提示】

1. 阿里旅行属于哪种类型的在线旅游服务商？
2. 阿里旅行与 OTA 的异同有哪些？

---

① 资料来源：微信论坛，对话旅游圈，2015 - 03 - 31

# 第六章

# 旅游公共部门信息化

## 第一节　旅游公共部门信息化的基本概念

### 一、旅游公共部门的概念

#### （一）私人部门和公共部门

　　私人部门（Private Sector），是指市场经济体制下生产、出售其产品或服务，并以追求利润最大化为目标的组织，通常是各种类型的工商企业组织，也被称为企业部门。公共部门（Public Sector）是指被国家授予公共权力，并以社会的公共利益为组织目标，管理各项社会公共事务，向全体社会成员提供各种公共产品及服务的组织。

　　政府是最主要的公共部门，也是传统意义上的公共部门。政府部门以公共权力为基础，代表一国的国家利益，通过制定和执行国家宪法与法律，维持社会秩序，从事社会公共事务管理，并提供公共产品和公共服务。政府部门由国家各级立法机关、行政机关、司法机关和检察机关构成，其主要职能是行政管理职能，运营经费全部来源于国家公共财政划拨，管理目标是实现公共利益。

第三部门（Third sector）是现代公共部门的重要构成。指由国家政权组织委托和授权的，从事公共服务等非营利活动并承担一定社会管理职能的机构，是政府与企业之外的社会组织。由于政府被称为第一部门，企业被称为第二部门，第三部门既非政府又非企业因而被称为第三部门。第三部门与政府部门和企业部门的具体区别可见表6－1。第三部门的职能是公共事务及公共管理，但第三部门的运行并不排斥企业形式的运营，尤其是近年来，市场经济国家中的第三部门也越来越多地采用企业化经营的模式。国际上的第三部门有多种称谓，如志愿者组织（Voluntary Organization）、非营利性组织（Non-profit Organization）、非政府组织（Non-government Organization）。

表6－1　政府、第三部门与企业的比较[①]

| | 政府 | 第三部门 | 企业 |
|---|---|---|---|
| 目标 | 公共利益最大化 | 公共利益或不以营利为目的 | 利润最大化 |
| 权利获得 | 国家强制力 | 国家行政部门授权或社会群体自发组织并得到政府确认 | 市场机制下内生的组织权力 |
| 职能 | 行政管理职能 | 公共服务职能 | 生产、加工、销售职能 |
| 经费来源 | 财政拨款 | 财政拨款、使用者付费或社会捐助 | 市场交换获得 |

我国的公共部门也包括了政府和第三部门。与市场经济国家从事公益性活动的"第三部门"对应的概念，在我国被称为事业单位（Institutional Organization）。事业单位是指国家为了社会公益目的，国家机关举办或者其他组织利用国有资产举办的，从事教育、科技、文化艺术、卫生及环境保护等活动的社会服务组织。我国的事业单位主要包括公立医院、疗养院、养老院、公立学校、科学研究机构、文化馆、图书馆、美术馆、社区公益服务组织、社会工作的志愿者组织等。这些事业单位，大多都是国际上所说的"第三部门"。

**（二）旅游公共部门**

旅游公共部门是指在旅游生产和消费活动中，为了自己旅游增长，解决旅游增长中的负外部性问题，约束旅游经营者和旅游者的行为，提供立法、执法、公共服务的公共组织。

旅游公共部门存在于国际、国家和区域3个层面。国际层面的旅游公共部门在全球、地区和不同国家间建立起合作伙伴关系，是世界范围内联合起来推进旅游协作的组织；在区域和国家层面，旅游公共部门包括中央和地方层次的执行旅

---

① 张凌云，刘宇．旅游学概论［M］．北京：北京师范大学出版社，2012．299

游公共管理职能的国家行政管理部门和处理旅游公共事务的第三部门(表6-2)。

表6-2 旅游公共部门示例

| 类别 | | 名称 | 简介 |
|---|---|---|---|
| 国际旅游组织 | 综合性旅游组织 | 世界旅游组织(UNWTO) | World Tourism Organization,世界上唯一全面涉及国际间旅游事务的全球性政府间机构,也是全球领先的旅游领域的国际组织 |
| | | 世界旅游业理事会(WTTC) | The World Travel and Tourism Council,全球旅游业的商业领袖论坛组织,其成员是全球旅游业中近百位最著名的企业总裁、董事长和首席执行官。它是全球旅游业中唯一代表私营力量的团体 |
| | 专项旅游组织 | 国际民用航空组织(ICAO) | International CIVL Aviation Organization,是联合国的一个专门机构,是一个以促进世界各地国际民用航空安全有序发展为目的的政府间组织 |
| | | 国际航空运输协会(IATA) | International Air Transport Association,一个由世界各国航空公司所组成的大型国际性组织 |
| | | 世界旅行社协会联合会(UFTAA) | The United Federation of Travel Agents' Associations,世界上最大的民间性国际旅游组织。中国旅游协会是该组织国家级会员,属亚太地区联盟 |
| | | 国际饭店协会(IHA) | International Hospitality Association,一个旅馆和饭店业的非营利性国际组织。中国旅游饭店协会是该协会正式会员 |
| 区域旅游组织 | | 太平洋亚洲旅游协会(PATA) | Pacific Asia Travel Association,一个地区性的非政府间组织。在我国,人们通常将太平洋亚洲旅游协会简称为亚太协会 |
| | | 欧洲旅游委员会(ETC) | European Travel Commission,负责欧洲作为旅游目的地的推广组织。是一个非营利性的国际组织 |
| | | 拉丁美洲旅游机构联合会(LATA) | Latin America Association of travel agencies,拉丁美洲国家旅行社协会的统一指挥中心 |
| 国家级旅游公共部门 | | 中国国家旅游局(CNTA) | China National Tourism Administration,国务院主管旅游工作的直属机构,负责统一管理我国的国际国内旅游业 |
| | | 美国旅游事务署(OTTI) | Office of Travel and Tourism Industries,主管旅游的政府机构,隶属美国商务部国际贸易管理局 |
| | | 中国旅游协会(CTA) | China Tourism Association,全国综合性旅游行业协会,接受国家旅游局的领导以及民政部的业务指导和监督管理 |
| 地方级旅游公共部门 | | 北京旅游发展委员会 | Beijing Tourism Administration,主管北京市旅游业管理工作的北京市政府直属机构 |

## 二、旅游公共部门的职能

### （一）旅游公共管理

#### 1. 公共行政（Public administration）

公共行政与政府的概念同步发展，自从有了政府，就有了某种形式的行政。公共行政传统模式产生于19世纪中期的英国，后受到美国的影响，在1900—1920年初具形态，并一直维持到20世纪的最后25年前。公共行政传统模式的特征是：①部门处于政治领导人的正式控制之下；②建立在严格的官僚制等级模式基础之上；③由常任的、中立的和无个性特征的官员任职；④只受公共利益的激励，不偏不倚地为任何执政党服务；⑤不是制定政策，而是仅仅执行政治官员做出的决策。

公共行政传统模式确定了一套较为严格的职能：①计划：行政人员设定目标的技术或方法，作为制定组织未来行动路线的工具；②组织：以实现特定目的的必不可少的适当方式安排组织结构与过程；③人事：招募和雇用人员以完成机构的基本工作；④指导：监督完成任务的实际过程；⑤协调：在与政府其他单位和人员的合作方面，对完成这些任务的多种复杂要素进行整合；⑥报告：追踪和沟通组织内部的工作进展情况；⑦预算：为经济地支持这些方案、服务或行动而必不可少的会计和财务活动。

公共行政的传统模式尽管是公共部门中持续时间最长且最为成功的理论，但它的理论与实践已经不再适合迅速变化的社会需要。在20世纪70年代和80年代，公共行政传统模式的不足之处已经变得非常明显。从投入与产出的比较来看，官僚制组织的等级制结构并不必然是最有效率的组织形式，它保证了确定性，但行动起来常常显得迟钝；工作可能是标准化的，但却是以牺牲创新为代价。

#### 2. 公共管理（Public management）

在20世纪80年代和90年代，针对许多人所指称的传统行政模式的缺陷，一种新的管理主义方法在公共部门中崭露头角，被称为"公共管理"（Public management）或"新公共管理"。无论在英文和中文中，"administration"（行政）和"management"都是近义词。然而，公共管理不同于公共行政，具体表现在：①代表了与传统公共行政不同的重大转变，更关注结果的实现与管理者的个人责任；②存在脱离古典官僚制的明确意图，并且欲使组织、人事、任期、条件更具灵活性；③明确规定组织和人事目标，这样可以根据绩效指标对工作任务的完成情况进行测量，同样，可以通过对计划方案进行较之于以前更严格、更系统的评估，来检验政府是否实现了其计划方案确立的目标；④资深工作人员更有可能带有政治色彩地致力于政府工作，而不是无党派的或中立的；⑤政府职能更有可能面临市场的检验，把政府服务的购买者与政府服务的提供者分开，政府介入并不总是意味着政府要通过官僚制手段提供服务；⑥通过民营化和市场检验、签订合同等其他方式减少政府职能。

公共管理新模式已经有效地取代了传统的公共行政模式。尽管这种新模式可能产生某些问题，并造成某些风险，但其利可能远大于其弊，且相关的解决方案也将对这种新模式的成熟与发展发挥重要作用。公共管理并不是指要广泛地、不加鉴别地采用私人部门的方法，它所指的应是发展一种独具特色的、区分于私人部门的公共管理。

3. 旅游公共管理

旅游公共管理是指旅游公共部门运用公共管理理论，以提升管理效率和管理效果为重点，以增加旅游的社会福利为目的，对旅游活动进行计划、组织、协调和控制，并提供旅游公共产品和服务的活动的总称。旅游公共管理不是对传统旅游行政管理的全面否定，而是在传统旅游行政管理的基础上所进行的管理理念的转变和管理模式的改进。

在我国，旅游公共管理仍以行政管理为基础，但其内涵和外延都远远超出了传统行政管理的范畴。我国旅游公共管理主要包含如下内容：

（1）拟定旅游宏观发展战略规划

旅游宏观战略规划解决的是一国旅游产业发展、就业、文化安全与社会稳定等宏观问题。一是产业层面的宏观战略规划。旅游行政部门从国家旅游宏观发展的角度，提出全国旅游产业发展、旅游产品开发或专项旅游发展战略，将旅游业纳入国家和地区的社会、经济发展计划中，使旅游产业与国民经济协调、匹配发展；二是空间层面的区域发展规划。旅游行政部门对国家国土资源中的旅游资源进行调研和摸查，在国家的主体功能区规划中，根据允许旅游开发的强度，确定生态保护区和旅游开发区域，分区及分级治理，指导重点旅游区域、旅游目的地和旅游线路的规划开发，进行区域旅游协作，促进落后地区发展，提升旅游城市和旅游目的地的城市经营水平。

（2）制定旅游法律法规体系

立法是许多旅游发达国家或地区都十分重视的旅游行政职能。日本形成了旅游基本法、旅游专门法规、旅游相关法规体系；新加坡建立了旅游促进法及旅行社法等；美国构建了美国旅游政策法及单行法规，以及历时百年的美国国家公园制度。《中华人民共和国旅游法》（简称《旅游法》）自 2013 年 10 月 1 日起施行。《旅游法》分总则、旅游者、旅游规划和促进、旅游经营、旅游服务合同、旅游安全、旅游监督管理、旅游纠纷处理、法律责任、附则共 10 章 112 条。《旅游法》的颁布出台是中国旅游发展的里程碑。现行的其他旅游法规主要有《旅行社条例》和各地方政府出台的《旅游管理条例》等地方性法规。

（3）国家和区域旅游形象推广

旅游形象推广是旅游行政部门的重要职能，旅游行政部门代表国家或地区，进行国家旅游整体形象的对外宣传和重大推广活动，并推动旅游国际交流与合作。如韩国总统金大中作为国家旅游形象大使向世界推销韩国国家旅游。中国在2010年也推出大型的国家旅游形象宣传片，在美国、英国、日本等中国主要的旅游目的地国家展播。营销推广的手段，包括在入境客源国设立海外促销机构，以及广告宣传、营销策划、公共关系、旅游交易会、新闻发布会等活动。

（4）旅游人力资源教育与培训

旅游行政部门从总体上掌握全国旅游人力资源的总体需求状况和供给状况，制定旅游人力资源规划，建立国家级旅游教育和培训体系，组织、实施各级、各类的旅游教育培训计划与课程。同时旅游行政部门还制定旅游从业人员的职业资格标准和等级标准并指导实施。

**（二）　旅游公共服务**

1. 公共产品（Public goods）

公共产品（公共物品、公共品）是一个与私人产品相对应的概念，主要是指为全体社会成员提供，不专门为任何个人所单独消费或使用的产品或服务。公共物品分为纯粹公共产品和非纯粹公共产品（混合公共产品）。纯粹公共产品具有非竞争性（Non-rivalrous）非排他性（Non-cludabilily）。非竞争性是指一个使用者对该产品的消费并不减少它对其他使用者的供应，非排他性是指使用者不能被排除在对该产品的使用或消费之外。非纯粹公共产品不能同时满足非竞争性和非排他性，此类公共产品可以通过市场来提供，具有一定程度的私人产品的属性。

2. 公共服务（Public Service）

传统公共行政学将公共服务定义为提供公共产品的服务形式。这种意义上，公共服务是一个过程概念，是政府履行责任、执行政策的一种途径，是对当事人或选民应尽的义务。随着20世纪80年代公共管理理论的兴起，公共服务的概念与内涵呈现多样化与不断拓展的发展趋势。总结起来，公共服务包括有形的公共产出和无形的公共产出，一方面包括公共服务主体所从事满足公共需求的活动；另一方面也包括这些活动的成果，即公共产品的实物形态。

3. 旅游公共服务

旅游公共服务是指由政府或其他社会组织提供的，以满足旅游者共同需求为核心，不以营利为目的，具有明显公共性的产品和服务的总称。旅游公共服务根据服务对象的受益程度有广义和狭义之分。广义的服务对象不仅包括最终受益者（即潜在的和现实的旅游者），还包括中间受益者（即旅游公共服务的主体，如政府、旅游企业、社会非营利性组织等）。潜在和现实的旅游者不仅包括外地游客的旅游需求，也兼顾了本地居民出行的需要，这一点正体现了旅游公共服务的公共性和公平性所在。狭义的旅游公共服务以旅游者的需求为主，兼顾当地居民出行需要。旅游公共服务的内容包含以下几个方面（张凌云，刘宇，2012）。

（1）公益性旅游区

不同国家对于公益性旅游区的内涵和外延有不同界定，世界上大多数国家的公益性旅游点包括这样 3 种类型：保护区及国家公园体系（Protection Zone and National Park System）、世界遗产（World Heritage Scenic Spot）、城市文博物馆和市民公园（Urban Museum and City Park）。

（2）旅游公共信息服务

随着旅游者出游方式由"团队游"向"自助游"转变，旅游者在出游决策、旅游体验、游后评价等各环节，都对旅游公共信息及信息的传递、组合、应用等公共服务提出要求。

（3）旅游交通设施及服务

①旅游交通网络。旅游交通设施中的一部分与区域或城市基础设施重合，如全国性的铁路网、航空公司、公路系统等；另外一部分旅游交通基础设施，则是专门针对旅游需求提供的旅游交通网络，如旅游公路等修建解决旅游者的"进入性"问题。

②旅游交通规划。美国在 20 世纪 20 年代就开始在道路交通规划中融入旅游交通规划的概念。日本在 1962 年制定的《全国综合开发规划》中首次提到了旅游交通的问题，此后又建立了较为完善的旅游交通规划理论体系。我国目前还尚未制定全国性的旅游交通规划。

③旅游出行服务。旅游交通不仅需要完好的设备、设施和较高的运营管理水平，更主要的是要为方便旅游者而建立一整套与交通有关的服务体系。

（4）旅游公共安全服务

旅游安全是旅游者的基本需求，是一切旅游体验存在的基础。旅游安全服务是旅游公共管理中重要环节，政府应该提供保障游客安全的旅游安全服务。旅游安全服务包括旅游安全信息告知、旅游安全许可、旅游安全设施配备、旅游紧急救援等。旅游安全服务的总体理念是要从事后救援和补偿，转变为事前的预警机制、旅游跟踪体系等的建立。

（5）旅游危机管理

旅游危机是"影响旅游者对一个目的地的信心和扰乱继续正常经营的非预期

事件"。具体可细分为：一是自然危机，如2003年东南亚的海啸；二是政治风险，如2001年美国的"9·11"事件、英国2011年的骚乱、伊拉克和利比亚等国的战争等；三是专门针对旅游者的人为危机，如出境旅游中针对旅游者的犯罪抢劫、酒店火灾、娱乐设施的意外、交通事故等；四是公共卫生危机，如2003年我国的"非典"等。旅游危机管理活动过程包括旅游活动的危机形态、危机分析与判断的方法、危机管理的战略措施、危机计划与组织措施、危机管理工具等。在危机前要充分估计危机对旅游业造成的损害，做好预警、计划和保障工作；危机发生中，要积极解决危机带来的各方面损害问题，减轻危机带来的不利影响，必要的时候，采取危机公关的手段，扭转对旅游企业和旅游目的地的不利影响；危机后，则应开始积极开展市场重振和形象重建计划，建立创新和积极的旅游目的地新形象。

### （三）旅游政府规制

1. 规制

规制（Regulation）是一种广义上的公共管理，是市场经济体制下利用市场手段及价格形成机制来实施的"间接管理"。规制作用的领域是外部性、公共物品、自然垄断、信息不对称等特定的市场失灵区；规制的目标是维护市场竞争秩序，促进经济增长，实现公平和效率的公共目标；规制主体是政府或独立的规制机构；规制对象是企业和个人，但主要是企业；规制手段是市场经济下的干预手段，往往通过一定的立法程序来实现。

规制与行政管理的区别在于：规制职能是政府与独立的市场主体的关系，而行政管理是政府与其下级部门的关系；规制机构主要依靠法律来规范和约束规制对象，行政管理主要依靠行政命令直接控制下级。因此，规制作为公共部门的一种重要职能，并不同于行政管理。

2. 旅游政府规制

旅游规制就是在旅游领域，政府公共部门对于旅游企业及负外部性的干预和控制。根据旅游规制作用的领域可以大致分为经济性规制和社会性规制两类。旅游经济性规制主要是针对旅游产业及产业中经济活动的主体，通过价格、数量、进入退出等规制工具的运用，对于旅游企业可能形成的垄断行为及危害公共利益行为的约束。旅游社会性规制并不完全以旅游产业为规制对象，而是针对环境（Environment）、安全（Security）、健康（Health）（因此，社会性规制也被称为HSE规制），实行跨产业、全方位的规制，规制手段包括禁止特定行为、对营业活动的限制、资格制度确立、标准及认证制度、检查及鉴定制度等规制工具。

## 三、我国旅游公共部门的未来发展趋势

### （一）旅游公共部门：协调治理的新型结构

根据公共治理理论，我国旅游公共部门的未来发展趋势是以旅游行政部门为主，引入消费者、社区居民、学术机构、新闻媒体、民间社团及国际组织等相关利益集团，构成博弈框架结构，协调利益，相互约束和制衡，形成新型的公共治理结构。

1. 旅游行政部门转型为旅游目的地管理组织（DMO）

旅游目的地管理组织（Destination on Management Organizations，DMO）是负有管理旅游目的地或者负有营销旅游目的地责任的组织。根据 WTO 的定义，我国的国家旅游局、地方旅游局未来将逐步演变为：国家级旅游组织（NTO）、区域性、省级旅游目的地组织和地方级旅游目的地管理组织。DMO 的管理范围将从现有的旅游行业管理，仅涉及旅行社、酒店和部分景区点，扩大至整个旅游目的地；DMO 的管理对象将从单一针对旅游企业，转变为面向旅游经营的各相关利益方，如旅游供应商、中间商、消费者及目的地社区居民，尤其重视游客管理和旅游区社区居民管理；旅游目的地管理组织的组织结构将发生根本变化，主要是通过建立协调型的旅游公共机构，来实现旅游行政管理组织协调职能的发挥。目前很多西方发达国家传统上的旅游行政主管部门转型为目的地管理组织（DMO），通过改革现有的旅游行政管理机构的框架，利用信息技术实现管理流程再造，树立目的地整体形象和整合营销，提供公共服务。

2. 第三部门成为重要的旅游公共部门

环保组织、慈善组织、非政府组织（NGO）等第三部门将在旅游公共管理中扮演更多的角色。旅游第三部门将在以下 3 个方面发挥作用：一是扩大旅游公共服务供给的内容，许多过去由政府提供的公共服务或管理，可以由第三部门来承担，如环境保护与监管、旅游公共信息提供、生态旅游教育、文化传播；二是对旅游行政部门形成一种监督和制衡，美国国家公园制度中非常重视民间保护团体与国家公园局的互动，尤其是对国家公园局的监督，成为国家公园体系管理能力和管理效果不断提高的动力；三是成为政府部门与公众直接的桥梁，在加拿大国家公园的市场准入制度中，由于国家公园土地制度是在私有土地制度基础上形成的，公园方首先通过由 NGO 组织代表社区与私人建立相互信任的关系，然后由NGO 出面来收购私人土地再转让给国家公园局或交由公园方管理。

3. 消费者群体进入旅游公共管理程序

目前，我国旅游管理机构（DMO）仍然是一种相对独立的、宏观战略上的服务，如集中于通过各种节庆、活动、参加各种旅游展览会来发布一些宣传册来

推广的形式。而国外的 DMO 是系统的规划和管理，开展很多社区活动，邀请社区的居民来共同讨论旅游的发展问题和具体措施，培养社区公众的旅游意识。应将目前基本上是封闭状态的旅游公共管理程序及促销程序改造为允许社会参与和监督的公开程序，在各环节全面引入听证制度，以体现消费者集团的利益。消费者利益集团参与公共管理及规制过程，是最终的管理及规制成为各方面利益均衡的一致体现。

**（二）　旅游公共管理：提供公共服务和维护竞争秩序**

未来我国旅游公共管理的职能将主要在两个方面：一是公共服务职能，旅游公共部门的职能更加集中于公益性景区、旅游基础设施建设、旅游公共服务供给改善及旅游促销等；二是实现产业效率职能，维护市场竞争秩序，推进旅游产权变革，推进规模化经营，实现旅游产业由传统向现代化升级。

**1. 旅游公共管理更多地体现公共服务性**

国外很多公共部门由单纯的监督检查，转变为各相关利益方提供信息服务、渠道沟通、业务咨询、专业培训、整体营销和旅游市场秩序维护等。在加强旅游公共服务职能方面，巴黎旅游和会议促进局（The Paris Convention and Visitors Bureau，PCVB）是一个很好的范例。PCVB 之所以能为旅游者和旅行社提供细致周到的服务，主要依靠其强大的目的地管理系统（DMS），以及与其他信息系统资源的有效整合和系统集成。其他国际一流的旅游目的地城市如东京、伦敦和纽约等目的地管理组织都具有类似的在线服务功能。

**2. 推进产权变革，实现产业效率**

一方面，强化公共部门的保护功能和公益性功能，重新构建以公益性经营为取向的国家级旅游区体系。另一方面，对于民营旅游企业，通过产权变革建立激励制度，积极鼓励民营企业产权变革，投资进入旅游业各领域。通过产权明晰化来解决公共物品生产及环境负外部性内在化的问题，导引实现将外部性较大地内在化的激励。这可以借鉴国际上通行的公共物品供给中公私部门合伙关系的 PPP 模式，通过运营维护协议（O&M）、管理协议、BOT（Bulid-Operate-Transfer）、TOT（Transfer-Operate-Transfer）、租赁购买、特许经营、非公共机构所有等。

**3. 打破垄断，形成自由竞争的市场秩序**

市场竞争在本质上是不存在特权的自由进入，不受政府人为壁垒管制的市场总是对潜在竞争者和进入者开放。由于我国部分旅游企业仍居于行政垄断地位，造成了高门票等垄断性行为的产生，而且这种垄断性的市场结构还对潜在进入者形成了进入壁垒，不利于效率改进及筹资目的的实现。通过产权与组织形式变革的继续深化，切断经营企业与政府之间的联系，确立经营企业的市场主体地位，并通过多元化的产权结构约束，形成有效竞争的产权基础。

### （三）　旅游公共政策：　市场手段和法制手段

世界各国的公共管理手段趋向市场化，由原来依靠命令与控制的规制、向基于市场和以信息披露与参与机制为特点的规制政策转变，从而更趋灵活和富有弹性。以美国的环境保护规制为例，其政策工具以"利用市场力量"为显著特征，通过市场信号刺激行为人的动机，从而兼顾企业的效率目标和环境规制的公共目标。旅游公共管理将会采取更多的法律、法规手段及标准化条例。西方国家的现代旅游公共管理实践越来越表现为利用法律手段和市场机制来进行公共管理，而不是采取计划和行政手段，公共管理的过程也越来越像是一个立法、执法和司法的过程。通过在立法和执法阶段的旅游企业、旅游者、社会组织、政府等多利益集团之间的博弈关系，形成公共管理的模式。

## 四、旅游公共部门信息化的作用

### （一）　公共治理

信息技术的发展给当今社会的发展带来了深远的影响。在经济发展、公民生活以及民主政治等方面，互联网络正在逐渐改变以往的生活和社会参与模式。信息技术的发展使得官僚制组织形式、形状、性质和活动规则等不得不发生改变。信息技术的发展对公共管理的技术、公共舆论的引导、公共活动的参与以及公共部门的形象等方面构成了挑战和机遇。

传统公共行政的权力运行方向是自上而下的，它运用政府的政治权威，通过发号施令，制定和实施政策，对公共事务实行单一向度的管理。与此不同，新公共管理视角下的公共治理则是一个上下互动的管理过程，它强调顾客导向和结果导向，主张以多元的、民主的、协作的行政模式管理公共事务。公共治理的实质是建立在市场原则、公共利益和合法性认同基础上的合作。而信息技术在公共管理领域的应用则为治理从思维层次上的概念向实践上的操作提供可能。

1. 互联网技术在社会生活领域的逐步推广使得越来越多的公民参与公共事务

研究表明，超过半数的公民均具有比较强烈的公共参与愿望。正如哈贝马斯所提出的"受大众媒体控制的公共领域是否能够以及在多大程度上能够为市民社会的载体提供机会，使他们能够与作为政治和经济入侵者的传媒力量对抗，使他们能够改变、创意性地拓宽和批判性地筛选受外界影响的价值、观点和原因"，从这个意义上讲，基于网络技术的互联网搭建了一个平台，这个平台是一种协调机制，重视和利用好这个机制，对集中民智民力，构建和谐社会具有重要意义。

2. 公共政策在更多的网络空间获得了合法性的讨论

公共治理者认为，单纯依靠政府部门去行使公共领域中所有公共事务管理的模式是行不通的。"今天，国家、非政府以及地方政府都在与成千上万的公民、其他的公共机构、私人以及非营利性组织一道从事治理。"因此，公共政策的产生是由多元行为主体（个人、商业组织、政党组织、利益集团）通过对话、协商、妥协共同参与合作最终达成平衡和整合而成的。在网络空间里传统的统治控制让位于互动和合作，作为公共领域的网络空间已经使得公民有可能获得越来越多的机会接触政策过程，公民找到了参与民主政治的合法性身份。哈贝马斯认为："公共领域的发展可以促进社会整合和群体认同，寻求社会生活的意义和价值；其次，为国家和政治子系统奠定合法性基础，参与公共领域的过程就是认可政治秩序的过程。"

3. 公共部门的信息技术应用不断成熟使得协调治理更加深入

一方面，信息技术在公共部门的应用不断扩大。基于信息技术的电子政务有效改变了科层制的行政流程，缩减政府的层次和规模，提高政府部门的透明度，改变科层制的工作方式、办事方法以及决策程序、服务形态。另一方面，信息资源的整合与共享打破了原有的资源壁垒和信息孤岛，公共服务更多向多方协调方向发展。

（二）服务创新

信息技术的发展催生旅游公共服务方式的深刻变革，为我国旅游公共服务体系的发展提供了良好的技术支撑。在国家旅游局发布的《中国旅游公共服务"十二五"专项规划》中规定，到"十二五"期末，基本建立信息全面准确及时，传播渠道多元化、覆盖面广泛的旅游公共信息服务体系，全面发布游览咨询信息、旅游市场信息、境内外旅游目的地安全风险提示信息、旅游服务质量信息等旅游公共信息。用现代化的新技术、新业态和新的服务方式改造和提升旅游公共服务，提高旅游公共信息收集、整合、发布和反馈以及旅游行政服务等方面的服务效率和水平；完善旅游安全风险的监测、评估和预警，提高安全监控和应急处置能力；完善游客信息反馈分析机制，实现客观、动态评价。

基于信息技术的旅游公共服务创新主要体现在以下几个方面：第一，管理手段的创新。管理创新是旅游公共服务体系创新的基本保证。旅游公共服务在管理手段上应适应信息化趋势，旅游电子政务、智慧旅游等信息化进程的进一步推动将促进旅游公共信息的整合、共享以及充分利用，为建立和完善旅游公共服务体系提供保障。第二，旅游公共产品的创新。如基于信息技术的旅游公共服务平台的重构与再造，旅游消费环境优化，旅游标识配套服务、旅游线路和旅游方式的多样化创新组合等。第三，服务手段创新。信息技术应用可改进、创新交通、通信、食宿、游览、娱乐、安全、督察、旅游商务、受理投诉等与旅游相关的各项服务手段。第四，功能创新。运用最新的高科技手段可多角度地开发旅游地和休闲活动的文化内涵，对某些特殊景点和服务设施（如残疾人通道）进行多功能化的综合设计。第五，模式创新。在上述各种创新的同时，信息技术与公共服务深度融合，在产生新的产品、服务、功能等的同时，演化出新的第三方、公私合作等新型服务模式。

# 第二节　旅游电子政务

## 一、旅游电子政务的基本概念

### （一）　电子政务的概念

联合国经济社会理事会将电子政务定义为，政府通过信息通信技术手段的密集性和战略性应用组织公共管理的方式，旨在提高效率、增强政府的透明度、改善财政约束、改进公共政策的质量和决策的科学性，建立良好的政府之间、政府与社会、社区以及政府与公民之间的关系，提高公共服务的质量，赢得广泛的社会参与度。

电子政务是一个系统工程，应该符合 3 个基本条件：

第一，电子政务是必须借助于电子信息化硬件系统、数字网络技术和相关软件技术的综合服务系统；硬件部分：包括内部局域网、外部互联网、系统通信系统和专用线路等；软件部分：大型数据库管理系统、信息传输平台、权限管理平台、文件形成和审批上传系统、新闻发布系统、服务管理系统、政策法规发布系统、用户服务和管理系统、人事及档案管理系统、福利及住房公积金管理系统等等数十个系统。

第二，电子政务是处理与政府有关的公开事务、内部事务的综合系统。包括政府机关内部的行政事务以外，还包括立法、司法部门以及其他一些公共组织的管理事务，如检务、审查、社区事务等。

第三，电子政务是新型的、先进的、革命性的政务管理系统。电子政务并不是简单地将传统的政府管理事务原封不动地搬到互联网上，而是要对其进行组织结构的重组和业务流程的再造。因此，电子政务在管理方面与传统政府管理之间有显著的区别。

关于电子政务还有另一种提法叫作"电子政府"（Electronic-Government）。1992 年克林顿当选总统后宣布，他的政府将是一个电子政府。当时，他的目的是要将美国联邦政府改造为一个"少纸的"政府；一个利用信息技术提高政府政务的有效性、效率和劳动生产率的政府；一个利用信息技术改造政府内部业务流的"电子政府"。经过近 4 年的努力，至 1996 年 1 月为止，"电子政府"的发展取得了非常明显的效果。

世界银行则认为电子政府主要关注的是政府机构使用信息技术（比如万维网、互联网和移动计算），赋予政府部门以独特的能力，转变其与公民、企业、政府部门之间的关系。这些技术可以服务于不同的目的：向公民提供更加有效的政府服务、改进政府与企业和产业界的关系、通过利用信息更好地履行公民权，以及增加政府管理效能。因此而产生的收益可以减少腐败、提高透明度、促进政府服务更加便利化、增加政府收益或减少政府运行成本。

有学者提出电子政务与电子政府两种概念的区别在于电子政府才是政府创新的目标，而电子政务是一个程序概念。鉴于无论是电子政务，还是电子政府都源于英文 Electronic Government，尽管翻译后存在语义上的差别，但从我国电子政务的建设目标与内容，以及发展趋势来看，本书不严格区分这两种说法。

电子政务的发展之所以受到世界各国政治家的重视，一方面是因为政府是全社会中最大的信息拥有者和处理者、最大的信息技术的用户，有效地利用信息技术，可以极大地提高政府业务的有效性、效率和劳动生产率，建立一个更加勤政、廉政、精简和具有竞争力的政府；另一方面也是因为信息技术确实向各级政府提供了一个极好的机会来建立一个能够更好地为公众和企业服务的政府，能够使公民更好地参与各项决策活动的政府，从而在整体上促进全社会政治、经济和社会的进步。

### （二）　电子政务的运行模式

通常所说的电子政务的运行模式包括政府间电子政务（Government to Government，G2G）、政府与企业间电子政务（Government to Business，G2B）、政府与公众间电子政务（Government to Citizen，G2C）以及政府与其所属雇员间电子政务（Government to Employee，G2E）。如果把这 4 种模式进一步具体化，电子政务的内容就是公共部门内部办公的电子化和自动化、公共部门之间通过计算机网络进行的信息共享与网络化协同办公、公共部门与公众和企业之间以互联网为依托所进行的互动式双向信息交流与服务提供。基于电子政务运行模式，政府与公众、政府与企业、政府与政府之间，通过电子途径实现了互动。

1. 政府间电子政务（G2G）

G2G 是不同层级之间、不同地区政府之间、不同政府公共部门之间的电子政务，主要表现为一个部门内部的电子政务、跨部门之间的电子政务、跨行政层级之间的电子政务。政府间电子政务建设的主要目的在于通过网络连接的功能，进行政府横向或纵向的跨功能整合，实现政府部门之间的信息交换与共享，实现跨部门的行政业务、信息与服务的整合、集成和网络化协同办公，促使相关政府部门得以协同解决共同面对的公共管理问题，提升公共管理效能。政府间的电子政务强调公共部门内部、跨公共部门之间、跨行政层级之间的电子化整合。政府间的电子政务是电子政务建设与深度应用的基础，也是创新公共管理、提高社会服务质量的前提和基础。因此，电子政务首先是从政府间的电子政务建设与应用开始的。

2. 政府与企业间电子政务（G2B）

政府与企业间电子政务模式是指政府公共部门通过网络信息技术在实现精简和优化业务流程、跨部门业务协同和资源共享的基础上，通过一个公平公开的互动平台来简化传统政府与企业之间互动的烦琐程序，应用电子化方式办理公共部门对企业的各项业务，包括电子采购与招标、网上行政审批、网上企业注册登记、网上年检、信息查询等，方便、快捷地为企业提供各种服务。政府与企业间电子政务主要表现为政府对企业经营行为的监管电子化、政府为企业办事的电子化、政府为企业提供各种电子化查询服务3个方面。

3. 政府与公众间电子政务（G2C）

政府与公众间电子政务是指政府公共部门通过网络系统为公众提供各种服务。G2C电子政务模式就是政府公共部门运用先进的网络信息技术，快捷、方便地向公众提供服务。G2C运行模式的着眼点与G2B一样都是强调政府的社会服务功能。因此，在相当程度上说，成熟和完善的G2C电子政务是电子政务发展的高级阶段，是社会信息化的发展目标。

4. 政府对公务员的电子政务（G2E）

政府对公务员的电子政务是指政府与政府公务员（即政府雇员）（employee）之间的电子政务，又称作G2E。G2E电子政务是政府机构通过网络技术实现内部电子化管理的重要形式，也是G2G、G2B和G2C电子政务模式的基础。G2E电子政务主要内容包括政府工作人员利用信息技术办公，与同事通过网络开展协作，利用机构的内部网络接受在职培训，以及政府内部利用电子手段评估工作人员的表现等。G2E模式主要包括建设办公自动化系统、政务管理信息系统和决策支持系统。

**（三） 我国电子政务框架和基本内容**

2006年，《国家电子政务总体框架》出台，该架构明确了我国电子政务发展的思路、目标和重点，如图6-1所示。

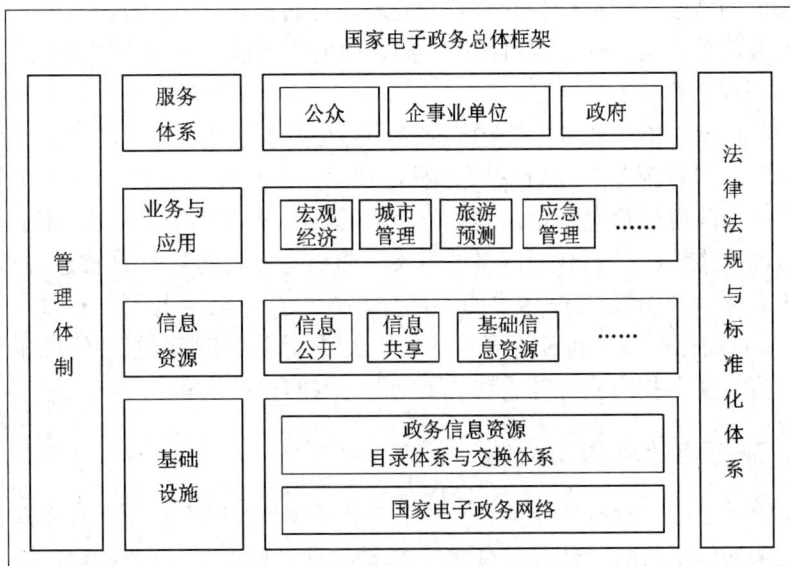

图6-1　国家电子政务总体框架

国家电子政务总体框架由6个部分构成：服务体系、业务与应用系统、信息资源、基础设施、法律法规与标准化体系、管理体制。其中，服务是宗旨，应用是关键，信息资源开发利用是主线，基础设施是支撑，法律法规、标准化体系、管理体制是保障。各地区、各部门应按照中央和地方事权划分，在国家电子政务总体框架指导下，结合实际，突出重点，分工协作，共同推进电子政务建设。

**（四）　旅游电子政务的概念**

旅游电子政务是国家电子政务中的重要组成部分，其概念的提出以上述电子政务基本概念为基础，是电子政务在政府旅游管理部门中的表现。具体而言，旅游电子政务是指各级旅游管理机关，通过构建旅游管理网络和业务数据库，建立一个旅游系统内部信息上传下达的渠道和功能完善的业务管理平台，实现各项旅游管理业务处理的自动化。

旅游政府部门以"以公民为中心""以需求为导向"为核心价值观，发展旅游电子政务是实现这一价值观的重要手段，对推进政务公开、廉政、透明、高效和信息共享等具有重要意义。

①政务公开、廉政：通过网络，将旅游管理部门的机构、职能、工作流程及旅游政策、法规等信息传递给公众，做到政务公开；提升公众及网络的监督机制，促进政府廉政建设。

②政务透明、高效：信息传递不受时间、空间的制约，提高政府工作效率；

信息透明度的增强，使社会公众对政府的监督更加容易、更加全面。

③政务信息共享：通过政府部门之间，政府与企业、公众之间交互式的信息传递，达到真正意义上的共享。

提及我国旅游电子政务，"金旅工程"总是要被重点描述。"金旅工程"是我国"十五"期间旅游信息化建设的核心内容。"金旅工程"包含2个基本内容：一是政府旅游管理电子化，建立覆盖全国旅游部门的国家、省、市、企业四级计算机网络系统；二是利用网络技术发展旅游电子商务。从该描述可以看出，旅游电子政务是"金旅工程"中的一部分。"十五"旅游电子政务以"三网一库"（办公自动化网络、业务管理网络、公众服务网络和综合旅游信息库）为中心建设内容，使得我国旅游电子政务形成了一定的建设规模。

## 二、旅游电子政务的功能

与电子政务的4种服务类型对照，旅游电子政务系统有如下4种形式：政府和公众之间的电子政务（G2C）、政府与旅游企业之间的电子政务（G2B）、政府部门内部的电子政务（G2E）、政府之间的电子政务（G2G）。

### （一）政府和公众之间的电子政务（G2C）

政府与公众之间的电子政务是指政府通过电子网络系统为公众提供的各种服务。包括：旅游教育培训服务、旅游就业服务、旅游投诉服务、公众信息服务、电子证件服务等。

1. 旅游教育培训服务，建立教育平台，为旅游教育机构提供教育资源，提供信息技术能力的教育和培训，适应信息时代的要求。

2. 就业服务，通过互联网向公众提供工作机会和旅游就业培训，促进就业。如网上人才市场或劳动市场，提供相关的工作职位缺口和求职信息；为求职者提供相关的就业培训、就业形势分析、就业方向指导等服务。

3. 公众信息服务，使公众能够方便、容易地连入政府政策、法规、规章和信息数据库；接受、处理公众的投诉，并通过网络查询投诉处理情况；通过在线评论和意见反馈了解公众对政府工作的意见，改进政府工作等。

### （二）政府与旅游企业之间的电子政务（G2B）

政府与旅游企业之间的电子政务实质上是政府向旅游企事业单位提供的各种公共服务。包括：电子采购与招标、电子证照办理、信息咨询服务和中小旅游企业服务。

1. 信息咨询服务，将政府拥有的各种数据库信息对企业开放，方便企业利用，如法律、法规、规章和政策数据库、政府经济白皮书、旅游行业统计数据、国际贸易统计资料等信息。

2. 电子证照办理业务，通过互联网为旅游企业提供申请办理各种证件和执照的服务，缩短办证周期，减轻企业负担，如企业营业执照的申请、受理、审核、发放、年检、登记项目变更、核销，执照审批事项的办理。

3. 电子采购与招标业务，通过网络公布政府采购与招标信息，为旅游企业特别是中小旅游企业参与政府采购提供必要的帮助，向它们提供政府采购的有关政策和程序，降低企业的交易成本，节约政府采购支出。

4. 中小旅游企业电子服务，利用宏观管理优势和集合优势，为提高中小旅游企业竞争力和知名度提供各种帮助，包括为中小旅游企业提供统一的政府网站入口，帮助中小企业同电子商务供应商争取有利的电子商务应用解决方案等。同时开展旅游行业监控监管，规范行业市场，为旅游企业的良性竞争构建公平、合理的环境。

（三） **政府部门内部的电子政务**（G2E）

政府部门内部的电子政务就是通常所说的政府部门办公自动化。通常包括：电子政策法规、电子公文流转、电子财务管理、电子办公、电子培训和公务员业绩评估。

1. 公文收发业务，主要完成收文和发文所涉及的一系列操作，如公文上报、登记、转发、领导审核、承办单位办理、归档、文字复审、领导签发、文书印发等。

2. 文档管理业务，一般通过文档管理系统收录各级单位下发的多种文件及本单位发布的文件。文档管理要及时、准确，能够重复引用，并支持全文搜索和查询功能。

3. 人事管理业务，管理政府部门内部人事档案，为人事招聘、培训和管理提供依据。

4. 公共信息业务，通过公共信息系统完成上报信息收集、采编、网上发布等工作，一般由电子公告牌、电子论坛、电子刊物、电子留言板和通信录服务等子系统组成。

5. 会议管理业务，通过会议管理系统提供建立会议议题库功能，便于会议起草部门方便地查询和组织会议议题，确保议题尽快得到处理；提供领导审核会议议题的功能；提供会议安排、通知、纪要编辑功能；可以对归档库中的内容按指定的方式进行查询和统计。

6. 领导日程安排业务，利用领导日程安排系统辅助安排领导的活动日程表，并通过计算机网络供本单位内部人员进行查询，以便安排本部门的相应工作。

7. 个人办公室业务，包括收发电子邮件、查看事务、安排日程等。

（四） **政府之间的电子政务**（G2G）

政府之间的电子政务是上下级政府、不同地方政府、不同政府部门之间的电子政务，通过计算机网络实现信息共享和实时通信。主要包括：电子公文流转、电子财务管理、电子统计。

1. 旅游电子法规政策，对所有政府部门和工作人员提供相关的现行有效的各项旅游法规、规章、行政命令和政策规范，使所有政府机关和工作人员真正做到有法可依、有法必依。

2. 电子公文业务，在保证信息安全的前提下，在政府上下级部门之间传送有关的政府公文，如报告、请示、批复、公告、通知、通报等，使旅游政务信息在各级政府部门之间和政府内部快捷地流转，提高政府公文处理速度。

3. 电子财政管理业务，向各级国家权力机关、审计部门和相关机构提供分级、分部门的每年政府财政预算及其执行情况，包括从明细到汇总的财政收入、开支、拨款数据以及相关的文字说明和图表，便于有关领导和部门及时掌握和监控财政状况。

4. 电子培训业务，为政府工作人员提供各种综合性和专业性的网络教育课程，加强对员工与信息技术有关的专业培训，员工可以通过网络随时随地注册参加培训、接受培训、参加考试等。

5. 业绩评价业务，按照设定的任务目标、工作标准和完成情况，对各级旅游管理部门业绩进行科学的测量和评估。

## 三、旅游电子政务的评价

随着电子政务在全球范围内的发展，出现了一系列电子政务评价指标体系。可将电子政务评价体系划分为4种类型：①服务导向型，针对国家或地区的政府网站进行电子政务服务水平的评价；②技术导向型，针对电子政务的基础设施进行信息应用水平的评价；③项目导向型，针对电子政务项目进行项目建设、实施以及运维等方面的评价；④综合评价型，针对国家或地区进行电子政务整体发展状况的评价。

Accenture 公司用"总体成熟度"来评价电子政务的服务水平。总体成熟度包含服务成熟度（70%权重）和客户关系管理（30%权重）两个指标。服务成熟度包含广度和深度两个方面："广度"指政府负责提供的服务中已经在网上实现的比例；"深度"指政府服务的完备程度。客户关系管理是指政府将服务提供给用户时达到的精度。

美国 Brown 大学提出的电子政务评价指标体系侧重评价政府网站的在线信息、电子服务、隐私与安全、残疾人通道、外语通道、电子支付以及公众接入等几个方面。美国 New Jersey Newark 大学和韩国 Sungkyunkwan 大学发布的电子政务评价指标包含了安全/隐私、可用性、站点内容、在线服务以及公众参与，也是服务角度的电子政务评价（表6-3）。

表6-3 美国 New Jersey Newark 大学和韩国 Sungkyunkwan 大学的电子政务评价指标

| 总体分类 | 关键特征内容 |
|---|---|
| 安全隐私 | 隐私政策，加解密码，数据管理，安全锁 |
| 可用性 | 有好的用户界面，主页长度合适，站点搜索能力，更新情况 |
| 站点内容 | 获得最新精确的信息，公共文献，新闻报告等 |
| 在线服务 | 在线处理/交易服务，包括：购买、注册、公众/企业和政府之间相互沟通 |
| 公众参与 | 与市民在线政策商议，基于公众利益的政务绩效测评，电话传真参与等 |

IBM 电子政务研究院提出了电子政务的技术评价指标：灵活性（Flexibility）、可升级性（Scalability）以及可靠性（Reliability）。灵活性指能够适应新应用功能的增加及其与系统、应用的整合，支持快速发展的电子政务模型。可升级指能够适应用户需求和工作负荷的波动。可靠性是指保障最终用户应用的安全、连贯和有效。

Gartner 公司提出了针对电子政务项目的有效性评价指标体系。该指标体系包含运作效率（每个事务的处理时间、处理成本、每个雇员的处理成本、组织变革）、对公民的服务水平（成熟性、有用性、可获得和可达性）、政治回报（公众关系、经济发展、增加的公众参与）3 个方面。

综合性评价是一种比较完备的评价方式。从 2001 年起，联合国经济与社会事务部（DPEPA/UNDESA）与美国公共管理协会（ASAP）两大组织联合发起涵盖联合国 190 多个成员国电子政务的调查，对各成员国电子政务的发展现状与发展潜力进行了综合评估和对比分析，并于 2002 年发布了首份基于电子政务完备度指数的《联合国全球电子政务调查报告》。此后，UNDESA 每两年发布一次上一年度的全球电子政务准备度指数评估报告，每次评估指标都不尽相同，是一个动态的不断完善的评估体系，但总体框架保持一致（表6-4）。

表6-4 联合国 2003 年电子政务评价指标

| | 一级指标 | 二级指标 |
|---|---|---|
| 电子政务完备度 | 政府网站 | 是否开通政府网站、在线提供服务的内容（信息发布型、交互型或在线处理型）、关键 5 个领域（保健、教育、劳动就业、社会福利以及金融服务）的政府在线服务质量、是否开通唯一的电子政务网站 |
| | 基础设施 | 每百人个人计算机数、每百人的互联网用户数、每百人的电话线数、每百人的移动电话数、每百人的宽带接入数 |
| | 人力资源 | 成人识字率和总体入学率 |

续表

| | 一级指标 | 二级指标 |
|---|---|---|
| 电子政务参与度 | 电子信息 | 政府网站提供的信息政策、预算、法律、法规和关键的公共利益等。公众通过信息传播手段，及时获取公共信息，包括论坛、社区、电子邮件、新闻组等 |
| | 电子咨询 | 政府网站提供在线咨询的必要工具，实现政府和公众的对话。政府应当允许公众以电子化的方式提出咨询申请或直接在线咨询，政府应保存好咨询记录并多种方式答复咨询申请 |
| | 电子决策 | 政府建立各种渠道，允许公众通过电子化手段发表意见，并将公众的意见纳入政府决策过程，政府反馈公众哪些意见被采纳 |

## 四、我国旅游电子政务的发展现状与趋势

### （一）　我国旅游电子政务的发展现状

新世纪以来，我国电子政务建设进入加速发展时期，其现状呈现出以下几个方面的特点。

1. 旅游电子政务大幅提高旅游管理效率

在国家政策引导和中央政府大力发展电子政务示范项目的带动下，地方政府围绕行政管理体制改革，以行政审批和行政监察业务为主线，建设了一大批业务信息系统。2006年，国家信息化领导小组发布了《国家电子政务总体框架》，提出到2010年"50%以上的行政许可项目能够实现在线处理"的发展目标，各省市积极落实中央的统一部署，大力推进行政许可事项相关业务信息系统建设，到2012年很多省市这个指标已经超过50%，北京、上海、江苏、浙江、山东、广东等省市已经达到80%以上。通过这些业务信息系统的建设，政府行政行为更加规范、透明，行政效率大幅度提高。

2. 旅游电子政务的公共服务能力显著增强

各级政府都在不同程度上加大了网站建设力度，政府网站普及率普遍提升。根据工业和信息化部公布的数据，到2008年，中央、省和地市级政府网站的普及率已分别达到96.1%、100%和99.1%。在政府网站普及率提升的同时，各级各类政府网站普遍具备了信息公开、网上办事、政民互动三大服务功能，政府网站的服务框架已经形成。

3. 旅游电子政务向集约化和统筹化发展

近几年，随着全国旅游电子政务应用热潮的升温，各省市都先后开发了一些电子政务管理模块。但是各省市的早期应用都不可避免地出现为了应用而开发的

现象，缺乏统一规划。各个系统模块只能处理各自内部事务，缺乏信息交流和系统整合。资源整合、信息共享、统一规划，旅游电子政务正向集约化和统筹化方向发展。

4. 旅游电子政务发展参差不齐

中国旅游电子政务的发展，是在中央政府的"推动"和需求的"拉动"下从一些旅游业务管理开始的。目前，全国旅游电子政务发展呈现不均衡的现象，具体表现为东部沿海地区、大城市发展较快，中西部发展相对迟缓。

5. 旅游电子政务呈现多样性特点

旅游电子政务的发展目标不仅在于提高效率和树立形象，而且要促进政务活动本身的改革，满足多重目标的达成。

**（二）我国旅游电子政务的发展趋势**

1. 提升完善旅游业管理类系统、加快建设旅游政务服务类系统

首先，配合旅游电子政务的属地化管理趋势，我国旅游电子政务需要进一步完善旅行社、饭店、景区、导游四大类行业管理系统，逐渐形成全国数据统一、分级授权管理的信息系统架构，基本实现电子档案的属地化管理和全国联网查询，力争旅游管理信息上传下达的时效性、准确性和一致性，有效提高旅游政务管理效率。同时，提高对不规范旅游服务和旅游安全事件的监控，及时公开各级旅游行政管理部门信息和旅游企业相关质量信息，促进旅游服务质量提升。

其次，建立健全省级集中、全国联网的旅游监测预报体系，加强动态信息发布，提高对节假日等旅游高峰期的客流引导能力。完善重点旅游景区视频监控和旅游专业气象、地质灾害、生态环境等领域的监测、预报预警系统，基本实现与各级应急指挥中心信息平台的信息共享、协同联动，提高旅游景区的安全监控和应急调度能力。

最后，加强旅游热线投诉、在线投诉处理机制建设，健全和完善投诉系统和信息发布制度。旅游投诉通道与旅游质监所的功能进行整合，加强与工商、公安、商务、卫生、质检、价格等部门的信息共享与协作，协同相关横向监管执法部门，建立以部门协同、处理流程闭环为主要形式的旅游投诉受理和旅游救援服务机制。

2. 旅游电子政务建设的重心下移

过去20多年旅游电子政务建设主要在国家、省市层面，在下一步旅游电子政务建设中，区县将成为电子政务发展的重点。下一阶段，整个旅游电子政务建设重心会下移，即以县为单位，县、乡（镇），甚至延续到村、社区，这些将可能成为电子政务发展的方向。

3. 旅游电子政务将在促进区域经济增长中发挥重要作用

在一个区域经济内部，政府间要建立横向的互联、互通机制，以此促进区域

间的经济发展。同时，电子政务在互联互通方面的优势也可以促进区域经济增长。

4. 重点发展以游客为中心的服务型旅游电子政务

国家旅游局主要是制定政策和宏观管理，省市、区县政府负责给游客提供主要的公共服务。正是因为大量的服务是由基层政府来提供，所以各级政府在这方面要扮演重要角色，要通过旅游电子政务来提供和改进服务。

5. 大力发展基于互联网的旅游电子政务

基于互联网构建旅游电子政务系统，对基层政府来说是一个趋势。对大量的基层政府来说，发展基于互联网的电子政务不仅可以降低成本，互联互通方面的要求也很容易实现。

6. 适应行政管理体制改革需要，不断完善电子政务的管理机制

中国在过去20多年旅游电子政务的发展过程中，在管理体制比较健全时期，旅游电子政务的推进相对比较快；如果没有一个良好的推进机制和体制，信息化建设就处在低潮。

7. 加强旅游电子政务的法治环境建设

与电子政务的有关法律法规《电子签名法》和《政府信息公开条例》分别于2005年和2008年开始实施。2015年1月国务院已经着手修订《政府信息公开条例》。在电子政务法律法规方面，还有很大的提升空间。旅游电子政务的外部环境还有很多值得改进的地方。

8. 探索低成本、集约化、见实效的中国特色电子政务建设道路

探索低成本、集约化、见实效的中国特色电子政务建设道路是旅游电子政务工作者面临的重大课题。旅游电子政务的发展不能简单照搬外国的模式，要探索出一条适合中国政策环境、法治环境和体制环境的，低成本、集约化、见实效的旅游电子政务发展道路。统筹规划在整个旅游电子政务体系建设中占有重要地位。

## 【案例分析】

### 美国电子政务发展面临的挑战与应对措施

美国是世界上最早推行电子政务建设的国家，也是迄今为止电子政务最发达的国家之一。然而，在建设之初，美国电子政务的发展也面临诸多挑战，如联邦、州和地方政府门户网站的协作问题，网络安全与隐私问题，如何提升政府管理绩效等。问题的原因可以归结为几个方面：

1. 项目绩效如何评价问题。各政府机构都是按照信息技术系统为政府机构本身的流程和

需求服务的好坏来评估电子政务系统的，而不是依据满足公众的需求、为公众服务的好坏来评估的，也不是根据内部和外部的绩效来评估的。因此，绩效评估的标准、评估的指标体系如何确定，成了严重影响电子政务绩效的重要原因。

2. 技术杠杆作用问题。在20世纪90年代，政府机构使用信息技术是为了提高办公自动化的技术水平，提高政府部门内部的办事效率；而不是运用技术来创造更有效率和效力的解决方案来提高行政系统的整体绩效。各级政务的工作流程自动化偏向追求自动化的技术水平，只考虑本部门的业务需求来使用技术，从而使技术杠杆的作用得不到有效发挥。

3. 自动化孤岛问题。在实践中，各政府机构应用技术的目的只是为了解决本机构内部的需求，购买系统和运用技术只注重用来解决每个行政机构内部的需要。各个政府机构所使用的系统和应用技术在标准和规范上都是不一致的，造成政府部门之间、各个应用系统之间不能相互操作或交流、不能互通互动、信息不能共享；导致公民和企业不得不在多个机构间和多个应用系统间寻找服务，公民和企业不得不重复传递基本相同的信息，形成了自动化孤岛，从而影响了公民和企业的办事效率。

4. 抗拒变化的心理障碍问题。各政府机构有一部分人有抗拒变化的心理，不愿意改变传统的官僚主义程序，这是推进电子政务建设的最大障碍。

2001年，美国政府针对这种现实状况，采取了克服电子政务发展障碍的措施，如下表所示。

**美国总统管理委员会签署的克服电子政务发展障碍的行动计划**

| 障碍 | 解决方案 |
| --- | --- |
| 机构文化 | 保持高级领导层及其责任、建立跨机构的管理结构、给出跨机构工作的先后顺序、使机构间的使用者或利益相关者参与 |
| 缺乏联邦体系结构 | OMB领导政府范围的业务流和数据体系结构的合理化、OMB为跨机构项目主持建立体系结构、FirstGov.gov网站将是G2C和G2B交互作用的主要入口 |
| 信任 | 通过电子认证，使电子交易安全，并在所有电子政务行动中使用身份证明；隐私和安全保护合并到各个商业计划里，供公共培训与提高安全系数 |
| 资源 | 资源转移到有高回报和对公众最有影响力的项目上，先制定衡量标准并用于监督实施，提供网上培训以增加员工的新技能 |
| 利益相关者的阻碍 | 国会委员的参与并制定全面战略、总统管理委员会不同的成员进行电子政务行动的集体讨论、跨机构间进行绩效评估、与利益相关者沟通战略 |

（注释：OMB为美国总统办公室管理和预算办公室）

**【案例提示】**

1. 美国电子政务发展中面临的问题在我国是否存在？

2. 对比而言，我国旅游电子政务的发展存在什么问题？

3. 我国政府采取了什么措施设法解决这些问题？

# 第三节　旅游目的地营销系统

## 一、旅游目的地的基本概念

### （一）旅游目的地的概念

目前对旅游目的地还没有一个统一的概念界定。国际上公认程度较高的是英国学者布哈里斯给出的定义：旅游目的地是一个特定的地理区域，被旅游者公认为是一个完整的个体，有统一的旅游业管理与规划的政策司法框架，由统一的目的地管理机构进行管理。

旅游目的地是一个综合体，其构成要素有6A模型和四要素论。布哈里斯认为旅游目的向旅游者提供完整的旅游经历，在英国学者Cooper的4A模型上增加了包价服务（Available Package）和活动（Activities），即6A（表6-5）。

表6-5　旅游目的地的6A要素

| 要素 | 内容 |
| --- | --- |
| 旅游吸引物（Attractions） | 自然的、人造的、出于特殊目的建造的、历史遗留下来的吸引物以及风俗和节庆活动 |
| 交通（Accessibility） | 包括线路、站点和工具在内的整个交通体系 |
| 设施和服务（Amenities） | 住宿、餐饮、零售、其他旅游服务 |
| 包价服务（Available Package） | 由中介和主管机构预先安排的包价 |
| 活动（Activities） | 消费者在目的地逗留期间可以参加的一切活动 |
| 辅助性服务（Ancillary Service） | 旅游者可能需要的一切服务，包括银行、电信、邮政、新闻出版、医疗等 |

中国学者张东亮认为旅游目的地是一个高度复杂的系统，涉及自然、社会、经济、文化等各个方面，这些方面因为有了旅游活动作为中介而具有新型的特殊的关系。旅游目的地的四要素包含：①旅游吸引物（自然风景、历史文化遗产、现代人造景观、各类节事活动等）；②旅游服务设施（住宿业、餐饮业、旅行社以及其他服务设施）；③旅游基础设施（银行、邮政、通信、水电等设施）；④旅游管理机构。四要素之间的关系如图6-2所示。

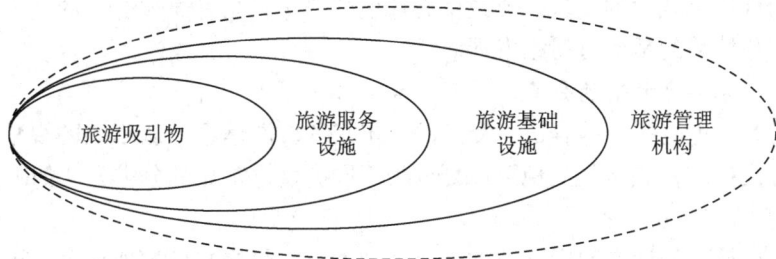

图6-2　旅游目的地构成要素功能关系模型

### （二）　旅游目的地的特征

旅游目的地是旅游体系的核心，是一个庞大的系统，一般具有以下基本特征：综合性、文化性、不可储存性、共享性、脆弱性等。

**1. 综合性**

旅游目的地是综合性很强的集合体，各个组成部分为旅游者提供综合性的服务，并通过这些服务使旅游者获得愉悦的度假体验，得到最大的物质和精神满足。构成旅游目的地的主要因素包括：①旅游吸引物；②旅游接待设施；③易进入性；④具有竞争力的价格优势；⑤良好的信息传播系统。

**2. 文化性**

旅游目的地具有各自独特的文化魅力。例如，澳大利亚的皇家展览馆和卡尔顿园林、加拿大的魁北克古城、美国的自由女神像、北京的长城和故宫、埃及的金字塔等，都是因为具有悠久的文化历史才吸引了来自世界各地的众多游览者。因此，对独特的人文和文化遗产进行妥善合理的管理，才能使之继续保持与客源地之间的差异和不可替代性，使旅游目的地不断具有生命力和竞争力。

**3. 不可储存性**

旅游目的地与其他服务性产品一样具有不可储存性。如果旅游者不使用（或不访问）旅游目的地，旅游目的地的价值就会流失或无法实现。例如，目的地淡季闲置的床位、餐厅闲置的座位和景点未出售的门票等，都不能存储到旺季再销售。

**4. 共享性**

旅游目的地具有共享性，因为它不仅为外来旅游者提供设施和服务，也要满足当地居民的休闲消遣需要。因此，旅游目的地的开发要兼顾这两者的利益，同时要平衡外来旅游者与当地居民之间的各种利益关系。

**5. 脆弱性**

旅游目的地的资源和环境非常脆弱，随着游客的增加，一些旅游目的地就会出现超出环境承载力的现象，导致生态环境的恶化，只有通过有效的规划和管理才能保持旅游目的地的可持续发展。

**（三）　旅游目的地的分类**

旅游目的地是一个综合的、复杂的、丰富的旅游体系。从不同的视角，按照不同的分类标准，旅游目的地可以划分为不同类型。常见的分类方法如下。

**1. 按行政区域划分**

按照旅游目的地空间所涉及的行政区域大小，将旅游目的地划分为国家级旅游目的地、省级旅游目的地、市（县）级旅游目的地及景区型旅游目的地。不同空间大小的旅游目的地的认知与旅游者的出游距离有关，出游距离越远，对旅游目的地的空间认知感越大。

**2. 按旅游资源类型划分**

按照旅游资源的类型不同，旅游目的地可以划分为自然山水型、都市商务型、乡野田园型、宗教历史型、民族民俗型和古城古镇型。自然山水型旅游目的地以自然山水旅游资源为主要吸引物；都市商务型旅游目的地是凭借大城市作为区域政治、经济、文化中心的优势发展起来的；乡野田园型旅游目的地是凭借农村生活环境、农业耕作方式、农田景观及农业产品吸引旅游者；宗教历史型旅游目的地是凭借宗教历史文化、宗教历史建筑、宗教历史遗迹成为具有浓厚文化底蕴的旅游目的地；民族民俗型旅游目的地是凭借不同地区、不同民族之间的民俗文化和民族传统上的差异，依托独特的地方民俗文化和民族特色而发展；古城古镇型旅游目的地是依托在历史发展中所保存下来的完整的古色古香的城镇风貌和天人合一的居民生活环境来吸引旅游者。

**3. 按照功能和用途划分**

按照旅游目的地的功能和用途的不同，旅游目的地可以划分为经济开发型旅游目的地和资源保护型旅游目的地。经济开发型旅游目的地以营利为主，例如主题公园和旅游度假区等，目的地内以人工修建为主。资源保护型目的地往往以公共资源为依托，目的地的社会文化和环境价值往往要超过经济价值，目的地资源具有不可再生性，例如森林公园和历史文物保护区等。

**4. 按照旅游者需要划分**

按照旅游者需求的不同，旅游目的地可以划分为观光型旅游目的地、休闲度假型旅游目的地、商务型旅游目的地和特种旅游型目的地。观光型旅游目的地是指那些资源性质和特点适合于观光旅游活动的特定区域；休闲度假型旅游目的地是那些旅游资源性质和特点能够满足旅游者度假、休闲和休养需要的度假地；商务型旅游目的地是有适当的会展设施，同时又能提供一定的旅游休闲机会的地方，一般是基础设施发达、经济发达和市场活跃的地方；特种旅游型目的地是指那些为特殊旅游需求（如探险、修学、购物等）提供产品服务的旅游地。

## 二、旅游目的地营销系统的基本概念

### （一） 旅游目的地营销的概念

旅游目的地营销是将目的地作为一个有机整体进行旅游市场营销的活动，区分、确定旅游目的地产品的一级市场、二级市场和机会市场，满足目的地利益群体的需要，保持并增加目的地所占的市场份额。具体来讲，旅游目的地营销包含3 个方面的内容：①确定目的地能够向目标市场提供的产品及其总体形象；②确定对该目的地具有出游潜力的目标市场；③确定能使目标市场信任并抵达该目的地的最佳途径。

### （二） 旅游目的地营销的主体

旅游目的地营销的主体存在多样性，不同主体主导的旅游目的地营销在营销理念、方式以及机制等方面有很大的区别。以下列举了目前旅游目的地营销的几类主体。

1. 以旅游目的地营销组织为主体的目的地营销

国际上，旅游目的地营销组织（Destination Marketing Organization，DMO）是旅游目的地营销活动的组织、管理和实施的主体。我国的文献常将旅游目的地营销组织与旅游目的地管理组织（Destination Marketing Organization，DMO）作为同义词互换使用。UNWTO（2004 年）将旅游目的地管理组织定义为"负责旅游目的地管理或者负责旅游目的地营销的组织"，将旅游目的地管理组织的活动分为外部旅游目的地营销和内部旅游目的地管理开发，即旅游目的地管理组织既有营销功能，又有管理功能。随着旅游目的地竞争的加剧，许多旅游目的地管理组织又单独设立了与管理机构合为一体或独立运作的旅游目的地营销组织，专门针对旅游目的地营销开展活动。

2. 以旅游主管部门为主体的目的地营销

在目前我国的旅游目的地营销体系中，国家及各级旅游局扮演着重要角色。旅游局作为旅游目的地的主管部门，借助行政力量，将内外部的资金、信息、人力等各方面资源整合起来，形成一个功能强大的营销平台：一方面，能够根据目的地的特点，对外构建一个总体形象，通过各种渠道发布营销信息；另一方面，能够对内有效地加强政府部门与旅游企业、旅游企业之间的沟通。

3. 以旅游中间商为主体的目的地营销

旅游供应商受自身在资金、人力等方面的限制，直销渠道能力有限。以旅游中间商为主体的旅游目的地营销有两种常见形式：①目的地旅游主管部门或旅游企业与中间商合作开展宣传攻势，提高目的地的市场占有率；②中间商本身根据自己在全国或地区的战略布局，在不同的季节、针对不同的客源，有重点地对几个目的地进行推广。后一种形式避开了来自于目的地本身相关利益体的干扰，是完全以中间商为主体的营销，与旅游主管部门的目的地营销有本质区别。

4. 以旅游联合体为主体的目的地营销

单个旅游供应商基本上不具备旅游目的地营销的能力。旅游联合体是一个目的地区域内多家旅游企业以一定的形式组合而成的合作性松散型组织，其目的是整合旅游资源，实现产品优势互补、分工互补、客源共享，降低沟通成本，增强联合体及成员企业的市场竞争力。常见的旅游联合体有酒店、旅行社＋景区，酒店＋景区、航空公司、旅行社等形式。

**（三）　旅游目的地营销系统的概念**

旅游目的地营销系统由旅游目的地信息系统（Destination Information System，DIS）发展而来。旅游目的地信息系统是对旅游目的地信息进行采集、存储、加工、处理、分析及传输，为旅游活动与旅游决策提供在线支持的信息系统。20世纪90年代，个人计算机、互联网技术的发展以及广泛应用为旅游目的地信息系统在营销方面的扩展带来了新的机遇。世界旅游组织在致力于研究、推广信息技术在旅游中应用的基础上，提出了以旅游知识、产品和顾客信息库为中心，利用先进的客户关系管理技术和网络营销技术，通过互联网进行旅游宣传促销的旅游目的地营销系统（Destination Marketing System，DMS）。由此，旅游目的地信息系统由向游客提供旅游目的地信息向主动营销、旅游预订、同业交易、市场反馈等功能更为复杂的系统发展，旅游目的地营销系统作为旅游目的地信息系统的升级产物由此应运而生。

旅游目的地营销系统指一个采用开放式的体系架构，以互联网为基础平台，结合信息技术手段，进行旅游目的宣传、促销以及旅游服务的一个综合信息化应用系统。旅游目的地营销系统与其他旅游电子商务系统的区别在于：以目的地整体来提供服务、实施管理以及开展营销。在这一模式下，受益的不是某一类企业或者某个企业，而是目的地内所有旅游企业、旅游同业、旅游机构。旅游目的地营销系统不是一个单纯的网站，而是集旅游信息服务、互联网电子商务、旅游行业管理于一体，能够实施顺畅的旅游信息采集、发布、更新流程，具有完整的信息技术标准和管理规范，完善的旅游信息和服务质量保证机制。

## 三、旅游目的地营销系统的功能

一般认为一个完整的旅游目的地营销系统主要包含以下组成部分。

**（一）　信息发布系统**

该系统包括目的地形象设计和信息发布功能等，可将目的地营销信息通过各类媒体，如网站（包含多种客源地语言）、触摸屏、E-mail、电话、传真、手机短信、咨询中心以及酒店预订系统等发布出去。

**（二）　旅游供应商及产品管理系统**

该系统管理供应商，分析供应商产品销售，组织供应商产品营销，提供供应商信息平台等。目的地旅游供应商可通过各类网站、传真、手机短信、触摸屏、咨询中心以及酒店预订系统等发布信息，但所有信息必须通过旅游产品质量控制系统。

**（三）　旅游产品质量控制系统**

该系统负责旅游信息和产品质量监测。

**（四）　旅游产品预订系统**

通过预订系统，客户可预订各类目的地旅游产品，游客可用信用卡预订或通过咨询中心、酒店以及机构客户（如旅行社）等信用实体预订，例如，无信用卡的游客通过酒店触摸屏预订演出门票，酒店需输入密码方可预订，酒店将对此预订承担信用担保。

**（五）　市场和客户分析系统**

该系统主要负责统计及数据挖掘，对旅游者数据进行分析。

**（六）　咨询服务系统**

该系统提供咨询服务。

**（七）　电子地图系统**

该系统提供电子地图功能和接口。

**（八）　标准系统接口**

即系统接口同其他系统，如全球分销系统、酒店预订中心、航空公司预订系统等的接口标准相同，所有接口满足一定的国际旅游标准。

随着移动技术的发展以及移动终端应用的普及，一些目的地营销系统向游客提供各种类型的手机应用（APP），除了包含上述信息服务、预订服务等对客服务之外，还包含电子导航、位置服务等功能。如新西兰旅游目的地营销系统的官方网站（http://www.newzealand.com/）提供多语种、多操作系统手机 APP。同时，随着社交媒体、社交网络的广泛应用，许多旅游目的地营销系统开通了社交媒体账户，如 Twitter、Facebook、微博、微信，进行旅游产品宣传、营销、客户沟通以及品牌构建。

从服务对象角度看，旅游目的地营销系统的功能可以按照 2C（对旅游者）、2B（对企业）、2G（对政府）3 个方面进行划分（表 6-6）。

表6-6 服务对象视角的旅游目的地营销系统功能①

| 对象 | 功能 | 功能简介 |
|---|---|---|
| 2C | 信息服务 | 通过互联网网站、公共场所触摸屏、游客信息中心、电话中心以及出版物等向旅游者提供旅游新闻、文字、图片、影像、视频、音频、三维全景等旅游信息浏览、搜索与查询 |
| | 电子邮件广告 | 向特定人群提供个性化信息、广告、双向沟通话题等 |
| | 在线零售 | 提供在线预订服务，包括机票、火车票、饭店等 |
| | 在线旅游代理与服务 | 为旅游者规划行程，如推荐景点、查找合适的价格、预订机票、饭店以及租车等 |
| | 在线社区服务 | 提供在线社交环境，支持社区成员之间的交易、交流、发布、查找感兴趣的话题、信息等 |
| 2B | 在线交易平台 | 利用系统的集市或交易场所的作用，旅游目的地旅游服务提供商、旅游业运营商可以在该场所进行在线交易 |
| | 云计算应用服务 | 系统可以云计算服务模式向中小旅游企业提供基础设施、平台及软件服务 |
| | 信息资源库 | 旅游服务提供商、旅游业运营商可基于系统记录的消费者在线行为、消费以及反馈等数据，进行数据的分析、处理以及挖掘，辅助商业决策 |
| 2G | 信息发布 | 向公众、旅游者、业界、其他旅游组织发布旅游目的地与旅游相关的政务信息与公告 |
| | 信息共享 | 系统可实现旅游管理部门、旅游企业之间的信息无缝流通，实现统一平台的信息共享 |
| | 内部管理 | 帮助各级旅游管理部门及时、方便地查询了解各类旅游信息，如管理信息、营销信息、营销效果以及旅游者反馈信息等 |
| | 专业培训平台 | 旅游管理部门可通过系统向旅游企业及其员工提供在线专家咨询、教育培训、法律法规与行业规范学习等；提供系统成员之间的在线讨论与交流等功能 |

## 四、旅游目的地营销系统的度量

旅游目的地营销系统需要明确是否能为参与其中的相关利益体带来利益。不同的利益主体对旅游目的地营销系统的衡量标准是不同的。布哈里斯提出了一个对旅游目的地营销系统是否成功的量度指标体系（图6-3）。旅游企业特别是中小旅游企业在系统建设早期就介入并拥有一定的话语权，以及和不同级别旅游管

---

① 张凌云，刘宇. 旅游学概论［M］. 北京：北京师范大学出版社，2012. 394-395.

理机构之间及与其他相关利益体之间的合作和沟通是成功的关键。旅游目的地营销系统只有为相关利益体带来利益，才能吸引更多的主体参加进来，系统的价值才能保持以及不断提升，系统的持续运营和可持续发展才能得到资金支持。

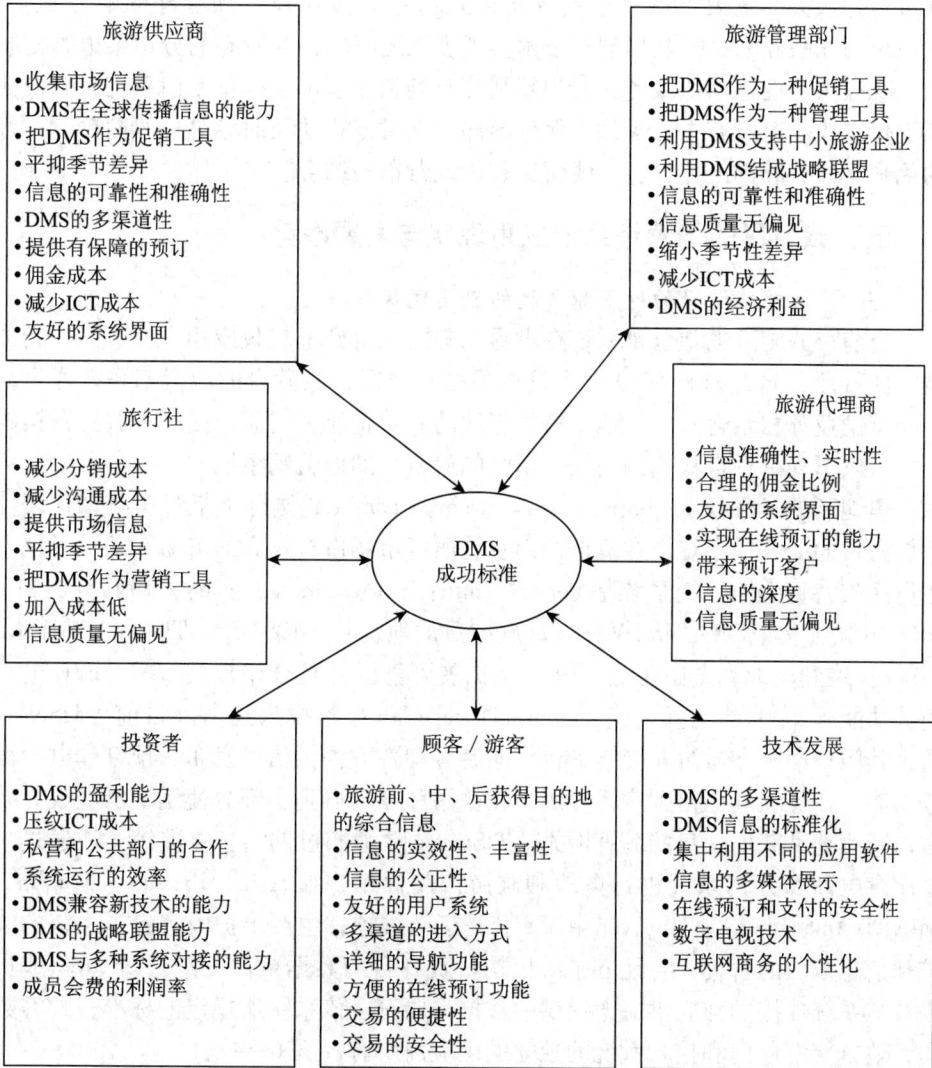

**旅游供应商**
- 收集市场信息
- DMS在全球传播信息的能力
- 把DMS作为促销工具
- 平抑季节差异
- 信息的可靠性和准确性
- DMS的多渠道性
- 提供有保障的预订
- 佣金成本
- 减少ICT成本
- 友好的系统界面

**旅游管理部门**
- 把DMS作为一种促销工具
- 把DMS作为一种管理工具
- 利用DMS支持中小旅游企业
- 利用DMS结成战略联盟
- 信息的可靠性和准确性
- 信息质量无偏见
- 缩小季节性差异
- 减少ICT成本
- DMS的经济利益

**旅行社**
- 减少分销成本
- 减少沟通成本
- 提供市场信息
- 平抑季节差异
- 把DMS作为营销工具
- 加入成本低
- 信息质量无偏见

**DMS 成功标准**

**旅游代理商**
- 信息准确性、实时性
- 合理的佣金比例
- 友好的系统界面
- 实现在线预订的能力
- 带来预订客户
- 信息的深度
- 信息质量无偏见

**投资者**
- DMS的盈利能力
- 压纹ICT成本
- 私营和公共部门的合作
- 系统运行的效率
- DMS兼容新技术的能力
- DMS的战略联盟能力
- DMS与多种系统对接的能力
- 成员会费的利润率

**顾客/游客**
- 旅游前、中、后获得目的地的综合信息
- 信息的实效性、丰富性
- 信息的公正性
- 友好的用户系统
- 多渠道的进入方式
- 详细的导航功能
- 方便的在线预订功能
- 交易的便捷性
- 交易的安全性

**技术发展**
- DMS的多渠道性
- DMS信息的标准化
- 集中利用不同的应用软件
- 信息的多媒体展示
- 在线预订和支付的安全性
- 数字电视技术
- 互联网商务的个性化

**图6-3 旅游目的地营销系统成功的量度指标①**

---

① D Buhalis, A Spada, Destination management systems: criteria for success, Information Technology & Tourism, pp. 3, 41~58

旅游目的地营销系统还可以通过以下指标作为系统开发时的参考因素和系统评估：①领导层对系统的态度、投入程度和战略理解；②旅游企业和设施信息的完整性、客观性和时效性；③准确的信息和产品价格；④有保障的、及时确认的预订；⑤强大的政策支持和行业支持；⑥稳定的商业模式和合理的财务基础；⑦系统的互联互动；⑧利用现有技术实现多渠道战略，与所有的分销渠道紧密联系；⑨提供个性化增值服务；⑩为超细分市场和专项市场提供专门系统；⑪便捷的支付方式，对所有中介提供有保障的佣金支付方式并及时结算；⑫简单、友好的用户界面；⑬标准化；⑭在线营销和传统营销相结合。

## 五、旅游目的地营销系统应用现状与发展趋势

### （一）　国外旅游目的地营销系统的应用现状

目前，旅游目的地营销系统在世界范围内已得到了有效应用。在英国、新加坡、西班牙、澳大利亚等10余个发达国家和地区，旅游目的地营销系统通过与传统营销业务相结合，广泛地支持了当地的旅游企业，明显地提高了旅游营销的效益。以下列举在世界范围内较有影响的旅游目的地营销系统。

奥地利的 TIScover（http：//www.tiscover.com）是国际上最具影响和代表性的旅游目的地营销系统，在奥地利以及德语区市场占有较高的市场份额（另一个德语区旅游目的地营销系统是 Feratel，http：//www.feratel.com）。1991 年，TIScover 开始在奥地利的 Tirol Werbung 旅游目的地运行。1994 年，TIScover 基于 Internet 扩展到奥地利全国各地，1997 年扩展到德国并且开始提供 C2C、B2C 电子商务功能。2000 年，新一代 TIScoverTIScover00 开始投入运营。目前，TIScover 通过其门户网站和旅游业网络平台，向游客和各方提供信息发布、预订和电子商务功能，在奥地利已得到广泛使用，在德国和瑞士得到了部分使用，已经成为游客访问奥地利获取信息的品牌网站。TIScover 除了通过网络直接促销，还通过一些旅游电商和分销系统进行奥地利旅游产品促销，如 AOL、Expedia、T-online、SMART Amadeus 等。TIScover 由 TIS 公司运营维护，主要维护内容包括系统的维护和信息模块的管理；各地方旅游机构负责各自的数据维护工作；TIScover 成员以及与系统连接的独立供应方提供的数据需要符合该系统所规定的标准；顾客数据归地方旅游部门和接入系统的独立的供应商所有（图 6 - 4）。

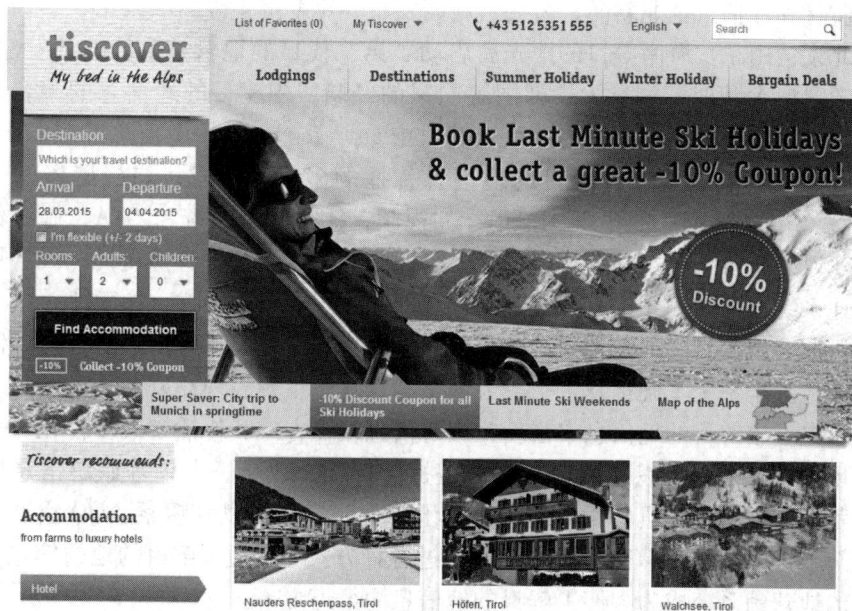

图 6-4　奥地利的 TIScover 网站

**（二）　我国旅游目的地营销系统应用的现状**

旅游目的地营销系统在 2000 年开始进入中国大陆的旅游行业。由于当时国内的旅游电子商务还处于萌芽时期，只有国内少数几个目的地管理机构开始开展相关建设。最初的建设目标实际上就是简单的目的地旅游资讯网站，发布简单分类的目的地六要素信息。2007—2008 年的"山东省旅游目的地数字系统"作为目的地信息化的基础工程，侧重旅游信息的聚合、组织和传播，也还仅仅是目的地信息化的"数字化"阶段，与发达旅游国家的目的地营销系统发展相比还有较大差距。2005 年至 2008 年左右，随着国内线上旅游的发展，旅游电子商务得到广泛应用，各类旅游信息传播模式层出不穷，旅游信息传播渠道呈现多样化的趋势。

目前，中国旅游目的地营销系统按国家、省、市、旅游景区/企业的多层结构设计，各个层次的旅游目的地信息有序组织，并逐级向上汇总。在完善建设国家级主站的同时，以省、市层次为建设重点，主要建设内容包括目的地网络形象设计、目的地旅游网建设、目的地信息系统、旅游电子地图系统、旅游企业黄页系统、旅游行程规划系统、旅游营销系统、电子邮件营销系统、三维实景等系统，通过这些功能的有效组合形成旅游目的地网上宣传平台。除此之外，目的地营销系统还可以支持目的地管理功能，例如项目活动管理、调研、设计和分析、业绩监督和评估、企业新闻、公关、新闻发布、年度报告等。

北京、山东、海南等目的地先后启动了第二代目的地营销系统的开发建设，参考学习澳大利亚、加拿大、韩国等国家的经验，构建目的地信息的聚合、管理、组织和传播机制，在目的地系统建设中重点考虑：①旅游信息的组织方式，如主题旅游、旅游方案；②目的地信息传播的多渠道需求，如旅游咨询电话12301；③目的地形象的多媒体营销，如视频；④目的地系统与OTA、旅游信息运营商以及旅游企业之间的衔接和关联，如旅游企业的电子身份认证；⑤各层级目的地系统之间的关系；⑥探索移动端目的地系统的表现形式，如微博。

目前，旅游目的地营销系统所依赖的旅游行业业态、网络环境、信息环境、传播渠道甚至系统基础都发生了巨大调整和变化。主要表现在以下几个方面。

首先，旅游目的地信息丰富度、旅游信息组织方式和传播模式多样化极大提高。现如今，人们可以在微博、微信等社交媒体，攻略、点评等旅游信息服务商，苹果、安卓等手机应用，优酷、腾讯等视频媒体，以及搜索、QQ空间、豆瓣、知乎，以及各类OTA，随时随地通过各种方式和渠道了解目的地的信息。旅游目的地营销系统成为人们了解目的地信息的渠道之一。

其次，OTA和旅游信息服务商信息组织和产品组织目的地化趋势日益明显。近年来，旅游信息传播渠道多样化、链条化以及目的地化并存，尤其是旅游信息和旅游产品的目的地化越来越明显。国内自由行和周边游的兴起，OTA之间的"门票大战"，驴妈妈、去哪儿、携程、同程以及众多的移动端电商模式快速增加的目的地产品组合证明，OTA与旅游信息服务商、旅游目的地营销系统的目的地营销功能日益趋同。

**（三）　我国旅游目的地营销系统的发展趋势**

1. 旅游目的地信息传播转向移动端

目前我国的旅游目的地系统是建立在传统互联网网络环境和基础之上的，尽管经过一些将移动端与目的地系统关联起来的尝试，如手机网站、微信自定义菜单等，但仍然解决不了根本问题。移动互联网时代，旅游目的地信息的组织、管理和传播都发生了重大变化，旅游目的地系统的构建指导思想、实现路径甚至思维模式也与传统互联网迥然不同。下一代目的地营销系统是以移动互联网为主要基础和表现方式，辅助以PC端。目的地旅游企业与目的地营销系统的关系一直是PC端旅游目的地系统的重点，通过移动端位置的确定，推送目的地旅游企业的信息、应用和功能，为目的地系统营销旅游企业提供了一个有效的工具。

2. 新媒体与社交网络是旅游目的地营销的重要渠道

微博、微信、微视频、微电影等新媒体是展示旅游目的地形象的重要途径。

旅游社交化以 SNS（Social Network Site）社区烘托氛围，以 UGC（User Generated Content）内容服务吸引用户，为更多旅游者提供消费决策帮助。旅游点评和社交网站让用户查询点评攻略、制订旅行计划、分享旅程见闻，是社交、用户生成模式在旅游业的突破。目前，旅游目的地管理机构正在充分利用这些新媒体进行目的地营销。值得注意的是，这些营销渠道各自为战，互不相关，而随着渠道自身的变化与调整，目的地管理机构会疲于追随。因此，除了充分利用新媒体与社交网络开展营销外，目的地系统应与多"渠道"和"入口"保持信息沟通与整合，注重信息传播时的传播信息与客户信息。

3. 客户服务成为目的地营销系统的重点

无论是注重六要素信息的第一代目的地系统，还是注重系统建设本身的第二代目的地系统，都是面向"管理"的，或者以"管理"为中心的。许多旅游目的地营销系统的网站，"管理"信息占据比较重要的比重。所谓的网络营销活动，就是各种"渠道"自己的营销活动，营销活动的开始、进行以及结束都与目的地营销系统没有关联，目的地营销系统无法开展持续的工作。我国的旅游目的地营销系统应将"媒体""渠道"以及各种"入口"的用户客户化。国外的目的地营销系统建设运营过程中，非常注重客户数据库的建设，客户数据库是精准营销的基础。服务的过程就是营销的过程，旅游者也是营销者，旅游目的地营销系统应当通过各种渠道，收集聚合各类客户信息，记录客户服务和交互的过程，配套建设国外目的地营销系统十几年前就有的重要组成部分——客户管理子系统。

4. 关联整合的旅游目的地应用与营销平台

旅游目的地营销系统将围绕三条主线展开。核心主线是形象营销、信息营销、产品营销的流量分发和增值。目前国内部分目的地的网络营销过分依赖于渠道，网民所接收的目的地信息有限，流量增值空间不大。OTA 和旅游信息服务商信息传播的目的地化以及在移动端众多的表现方式，也为目的地系统的流量分流和流量增值提供了巨大的空间。流量要与目的地营销系统衔接，目的地营销系统也要与 OTA 以及旅游企业关联。纵向是省、市、县、旅游企业的协同和认证。横向是与入口渠道、OTA 以及旅游信息服务商展现的导流和互动。省级目的地营销系统将侧重在基础性、关联性和公共服务性系统的开发建设，如统一标准化开发全省旅游景区电子门票营销系统等。同时，要对渠道、功能全面进行模块化，平台将实现横纵支持，如将来驴妈妈的手机应用可以嵌入平台，泰安市旅游局的微信也可以模块化展现等，以此为基础构建与渠道入口、OTA、旅游企业之间，以及省市县各级目的地系统之间的关系。

## 【案例分析】

### 国家旅游局启动国家智慧旅游公共服务平台建设①

2014 年 12 月 31 日，国家旅游局与视觉（中国）文化发展股份有限公司签署了《国家智慧旅游公共服务平台特许经营协议》，正式启动以 12301. cn 及 12301 公共服务号为主要载体的国家智慧旅游公共服务平台项目建设，打造中国旅游权威门户。

国家旅游局智慧旅游公共服务平台项目采用 PPP 模式，于 2014 年 10 月向社会公开招标，视觉（中国）文化发展股份有限公司凭借自身优势及实力中标取得资格，经过双方多轮谈判磋商最终确定了特许经营协议的约定。按照协议约定，国家智慧旅游公共服务平台将于 2015 年 12 月 31 日前正式上线并试运行。平台主要内容以旅游公共服务热线 12301 号码及 12301. cn 为载体，担负旅游公共信息的采集与发布、旅游产业监管信息的采集（包含旅游投诉的受理接口）、景区游客承载量统计与预警、旅游形象海外推广、国家旅游大数据集成分析等功能。

通过 PPP 模式建设国家智慧旅游公共服务平台，将国家旅游局由公共服务的直接提供者转化为社会资本的合作者，以及项目的监管者，充分发挥市场力量实现公共服务质量水平的有效提升，通过整合国家旅游局的公信力和视觉（中国）文化发展股份有限公司的市场能力，打造权威的旅游服务平台。

在"2014 中国智慧旅游年"的最后一天，国家智慧旅游公共服务平台项目的建设正式启动，将在未来一年完成项目初期建设，为游客、涉旅企业、景点和相关管理部门提供更加便捷、丰富的公共服务。

【案例提示】

1. 什么是 PPP 模式？

2. 国内外旅游公共服务的 PPP 模式应用现状是什么？

3. PPP 模式对我国旅游公共服务有什么意义？

# 第四节　旅游资源与旅游规划管理系统

## 一、旅游资源管理系统

### （一）　旅游资源管理系统的基本概念

旅游资源管理系统可以从服务对象、主要应用的技术、主要功能以及所包含的主要信息内容 4 个方面去理解。旅游资源管理系统的服务对象包含旅游者、旅游管理部门、旅游经营者、旅游规划者等；旅游资源管理系统涉及的主

---

① 国家旅游局规划财务司，国家旅游局网站，2015 - 01 - 04.

要技术包含遥感（RS）、美国全球定位系统（GPS）或我国的北斗卫星导航系统（BDS）、地理信息系统（GIS）等；旅游资源管理系统的主要功能包含动态采集、存储、分析以及展示旅游资源信息，进行旅游资源的综合评价、动态预测等；旅游资源信息包含的内容有旅游地的自然旅游资源、人文旅游资源，以及与旅游资源相关的信息，如交通、购物、娱乐以及旅游目的地的社会经济等方面的信息。

**（二）　旅游资源管理系统的主要功能**

旅游资源管理信息系统具备政府公共管理信息系统的一般功能，如信息的采集、加工、处理、分析、共享、利用等，但其自身的特殊功能十分明显，主要表现为以下 3 个方面：

1. 资源调查与评价

旅游资源管理信息系统可通过地理信息系统的空间分析功能实现对旅游资源的科学评价，为旅游资源信息利用提供可靠保障。

2. 资源管理与监控

旅游资源管理信息系统可动态监控旅游资源利用状况，为旅游管理各部门提供准确、可靠的旅游资源信息分析，为旅游业管理部门的日常管理和相关政策的制定提供科学依据。

3. 资源规划与开发

旅游资源管理信息系统不仅能为规划的编制提供大量的信息支持，而且能够以图表、地图等多种形式支持旅游资源的规划、开发，为旅游规划、旅游产品和路线的设计提供服务。

**（三）　旅游资源管理系统涉及的数据**

旅游资源管理系统涉及的数据主要包括旅游资源环境数据和旅游资源单体的数据。

1. 旅游资源环境数据

旅游资源环境数据包括旅游资源所处区域的背景条件以及资源所处环境的保护状况。旅游资源所处区域的背景条件包括该区域的地层构造、地貌、水文、动植物、气象气候、自然灾害、行政归属与区划、人口及居民状况、位置、交通、距离、市场条件、经济条件，以及电力、通信、科技教育水平、医疗卫生状况、安全保障等。旅游资源所处环境的保护状况包括该资源邻近区域的工厂企业、科研医疗、生活设施等的排污、噪声、污染资料，也包括水、空气、土壤中的重要物质等。

2. 旅游资源单体数据

旅游资源单体是指可作为独立观赏或利用的旅游资源基本类型的单独个体。

旅游资源单体数据是指旅游资源的基本信息，如资源的名称、类型、数量、结构、成因、历史、规模、级别、特色、价值和功能、旅游资源的区域组合，以及与资源有关的重大历史事件、社会事件、名人活动、文艺作品等。

**（四）　建设旅游资源管理系统的意义**

**1. 旅游资源管理信息化发展的客观需要**

旅游资源是国家基础资源之一，现代旅游业的管理越来越多地依赖旅游资源信息的支持。旅游资源信息包括资源类型，数量、分布和特色等，这些信息是旅游资源评价、旅游开发规划、旅游业政策制定及旅游产业日常管理的依据。

在我国，旅游资源基础信息的普查、统计、图文资料的制作、资源的评价手段相对落后，随着现代信息技术发展，迫切需要以新技术、新手段来提高旅游资源信息采集和管理的效率及准确性。例如，旅游资源管理信息系统利用遥感技术收集资源相关信息。对旅游资源尤其是自然旅游资源，根据多波段遥感信息的差异，识别出不同类别的旅游资源，可以分别进行各种旅游资源的数量、质量和分布特征的分析评价；而且在人迹罕至、不便调查的地区可达到同样的效果。还可以利用遥感技术视域宽广、便于进行区域对比的优点，分析单项旅游资源之间的相互关系及其空间组合特征。遥感技术还能够对旅游资源作动态观测。利用遥感技术可以方便地对地面同一目标、同一区域进行周期性监测，不断提供该目标区域的最新变化资料，对目标实行动态分析。由于旅游资源的季节性和动态性特征，需要了解旅游资源在时间序列上的变化过程，遥感技术恰好满足了这一要求，为旅游资源的调查评价与开发提供了准确的数据基础。

**2. 促进旅游资源的保护和持续利用**

旅游资源是旅游业发展的前提，是旅游业的基础。学术界按旅游资源的成因或其属性分类，将旅游资源分为自然旅游资源和人文旅游资源两大类型。前者是指地貌、水体、气候、动植物等自然地理要素所构成的、吸引人们前往进行旅游活动的天然景观，具有明显的天赋性质；后者内容广泛、类型多样，包括各种历史古迹、古今伟大建筑、民族风俗等，是人类活动的艺术结晶和文化成就。另外还有复合型旅游资源。

大部分的旅游资源都是不可再生资源，如自然旅游资源中的珍稀物种、人文旅游资源中的文化遗产等，保护不当会引起不可恢复性的损失。在资源开发过程中，旅游资源管理信息系统通过对资源所处环境信息的收集，能够集中反映资源的数量、质量和所处的环境状况，为资源的开发提供科学依据；旅游资源管理信息系统可以利用GIS的空间信息分析技术，分析影响旅游环境质量的因素，寻求相应的保护措施和最佳治理方案；还可以利用遥感技术、定位观测技术对旅游资源进行动态观测，及时获取有关信息，预测其发展趋势，采取适当的措施控制旅游环境遭受破坏的趋势，促进旅游可持续发展。

## 二、旅游规划管理系统

### （一） 旅游规划管理系统的基本概念

旅游规划管理系统是一个运用地理信息系统、遥感技术、多媒体信息等技术对旅游规划相关信息进行收集、存储、分析、管理、维护及辅助决策支持的系统。旅游规划管理系统是为旅游规划服务的，通过对旅游规划地所需各种自然、人文、社会经济等方面信息的存储，并结合专家知识库、数学模型及旅游规划的政策法规，进行快速准确的数据处理与分析，从而辅助规划设计，自动或半自动地完成旅游规划中的复杂工作。旅游规划管理系统实现了动态、网络化、多维的规划方式，改变了传统静态、二维的规划方式的不足，增强了旅游规划的科学性。

### （二） 旅游规划管理系统的功能

旅游规划管理系统的核心结构包括3个层次（图6-5）：①数据共享层，存储和管理旅游区自然、社会、经济等基础信息与旅游规划专题信息，是旅游规划数据共享平台；②规划应用层，包括基础资料子系统、现状分析子系统、旅游产品设计子系统和环境建设子系统，是开展旅游规划具体业务的工作平台；③决策服务层，通过对基础信息和专题信息的查询检索与分析，为旅游规划资源评价、环境容量及客源分析、旅游设施选址、旅游交通网络规划提供决策辅助，是旅游规划的辅助决策平台。

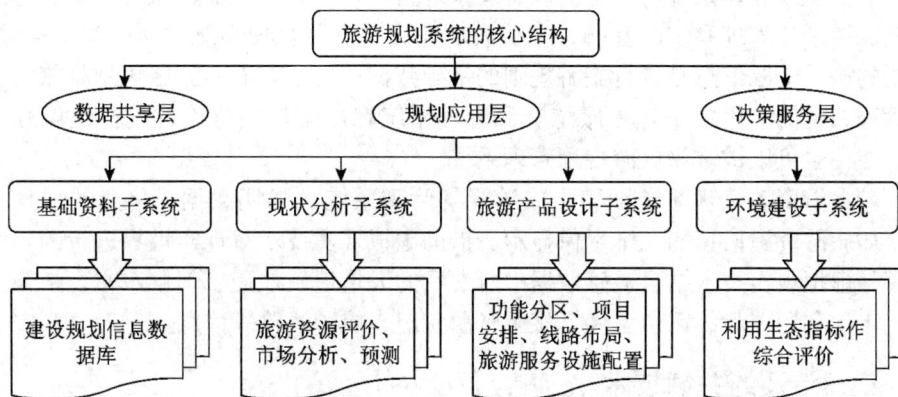

**图6-5 旅游规划系统的结构**

具体说来，旅游规划管理系统又可分为4个既独立又相互联系的子系统。

1. 基础资料子系统

该子系统的核心是规划信息数据库的建立。规划信息分为空间信息和属性信息。属性信息包括旅游区的自然、社会、经济情况，旅游业现状、问题、优势，旅游产业结构，旅游商品和价格，旅游节庆。空间信息是与景区、景点的地理位置有关的信息，包括旅游资源、设施的空间分布，景区容量，游客流向、流量、旅游交通、环境保护等。

2. 现状分析子系统

重点进行旅游资源评价、市场分析与预测。资源评价即从旅游的角度，找出那些具有旅游观赏价值的资源并加以分级。预测旅游市场分布，确定合理的市场规模，为项目经济评价提供可靠、准确的数据。

3. 旅游产品设计子系统

根据现状分析得出的数据，可进行旅游产品设计，主要是进行景区功能分区、旅游项目安排，旅游线路布局以及旅游服务设施的配置等。这一部分是旅游规划的核心内容，规划师应注意在调查研究的基础上，以数字为依据，而不仅仅凭经验进行规划设计。

4. 环境建设子系统

该子系统突出考虑旅游区的生态环境效益，运用生态指标，对景区的发展做出综合评价。同时，测定景区游客容量，从而对游客及时疏导、分流，以利于景区可持续发展。

（三）　与旅游资源管理系统的关系

旅游规划管理系统与旅游资源管理系统密不可分。一方面，旅游资源管理系统是旅游规划管理系统的基础，主要表现在旅游资源管理系统中所采集、存储、分析的旅游资源信息是进行旅游规划的基础数据；另一方面，旅游规划是旅游资源管理系统的应用之一。当旅游资源管理系统在旅游规划方面的功能足够强大时，往往也可以被称为旅游规划管理系统。

较旅游资源管理系统而言，旅游规划管理系统更强调数据、信息的展现技术，如旅游资源信息的三维影像显示，借助虚拟现实技术对现实世界进行的感知仿真，虚拟现实技术结合遥感数据中所展示的大量地质地貌、气候水文、植被土壤、土地利用现状、区位条件、旅游资源状况、旅游线路等信息。

# 三、涉及的关键技术

旅游资源管理信息系统和旅游规划信息系统的技术支撑，主要涉及地理信息系统、全球定位系统、遥感系统、网络技术和虚拟现实技术。

（一）　遥感技术

遥感（Remote Sensing，RS）技术指不接触物体本身，用传感器收集目标物的电磁波信息，经处理、分析后，识别目标物，揭示其几何、物理性质和相互关系及其变化规律的现代科学技术。一般多指从人造卫星或飞机对地面观测，通过电磁波（包括光波）的传播与接收，感知目标的某些特性并加以进行分析的技术。

根据遥感平台分类，遥感可分为机载（airborne）遥感和星载（satellite-borne）遥感，其中机载遥感是飞机携带传感器（CCD 相机或非数码相机等）对地面的观测，星载遥感是指传感器被放置在大气层外的卫星上。根据传感器感知电磁波波长的不同，遥感又可分为可见光－近红外（Visible-Near Infrared）遥感，红外（Infrared）遥感及微波（Microwave）遥感等；根据接收到的电磁波信号的来源，遥感可分为主动式（信号由感应器发出）和被动式（信号由目标物体发出或反射太阳光波）。

遥感的最大优点是能于短时间内取得大范围的数据，信息可以图像与非图像方式表现出来，以及代替人类前往难以抵达或危险的地方观测。目前遥感技术广泛应用于军事侦察、导弹预警、军事测绘、海洋监视、气象观测和侦检等领域；在民用方面，广泛应用于地球资源普查、植被分类、土地利用规划、农作物病虫害和作物产量调查、环境污染监测、海洋研制、地震监测等方面。

### （二） 美国全球定位系统

美国全球定位系统（Global Positioning System，GPS），又称全球卫星定位系统，是美国国防部研制和维护的中距离圆形轨道卫星导航系统。它可以为地球表面绝大部分地区（98%）提供准确的定位、测速和高精度的时间标准。全球定位系统可满足位于全球任何地方或近地空间的军事用户连续精确的确定三维位置、三维运动和时间的需要。该系统包括太空中的 24 颗 GPS 卫星；地面上 1 个主控站、3 个数据注入站和 5 个监测站及作为用户端的 GPS 接收机。最少只需其中 3 颗卫星，就能迅速确定用户端在地球上所处的位置及海拔高度；所能收连接到的卫星数越多，解码出来的位置就越精确。

该系统由美国政府于 20 世纪 70 年代开始进行研制并于 1994 年全面建成。GPS 信号分为民用的标准定位服务（Standard Positioning Service，SPS）和军规的精确定位服务（Precise Positioning Service，PPS）两类。民用标准最终定位精确度大概在 100 米；军规的精度在 10 米以下。2000 年以后，克林顿政府决定取消对民用信号的干扰。因此，现在民用 GPS 也可以达到 10 米左右的定位精度。

GPS 系统拥有如下多种优点：使用低频信号，纵使天候不佳仍能保持相当的信号穿透性；全球覆盖（高达 98%）；三维定速定时高精度；快速、省时、高效率；应用广泛、多功能；可移动定位等（图 6-6）。

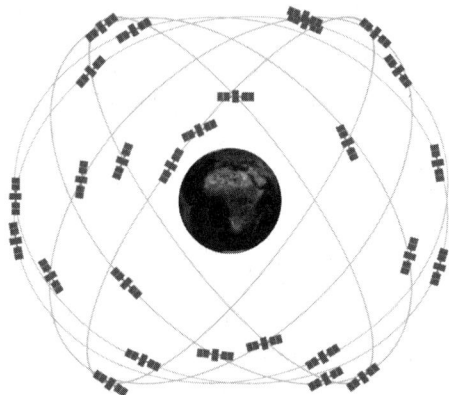

图 6 - 6　GPS 卫星①

### （三）　北斗卫星导航系统

北斗卫星导航系统（BeiDou Navigation Satellite System，BDS）是我国正在实施的自主发展、独立运行的全球卫星导航系统，致力于向全球用户提供高质量的定位、导航、授时服务，并能向有更高要求的授权用户提供进一步服务，军用与民用目的兼具。我国在 2003 年完成了具有区域导航功能的北斗卫星导航试验系统，之后开始构建服务全球的北斗卫星导航系统，于 2012 年起向亚太大部分地区正式提供服务，并计划至 2020 年完成全球系统的构建。

北斗卫星导航系统由空间段、地面段、用户段组成。北斗卫星导航系统空间段计划由 35 颗卫星组成，包括 5 颗静止轨道卫星、27 颗中地球轨道卫星、3 颗倾斜同步轨道卫星。

北斗卫星导航系统、美国全球定位系统（GPS）、俄罗斯格洛纳斯系统（GLONASS）和欧盟伽利略定位系统（Galileo）为联合国卫星导航委员会认定的全球卫星导航系统四大核心供应商（图 6 - 7）。

图 6 - 7　北斗卫星②

①　http：//www. gps. gov/systems/gps/space/，2015 - 03 - 29
②　http：//www. beidou. gov. cn/xtjs. html

## （四） 地理信息系统

地理信息系统（Geographic Information System，GIS）是以地理空间数据库为基础，结合地理学和地图学，在计算机软硬件的支持下，运用系统工程和信息科学的理论，科学管理和综合分析具有空间内涵的地理数据，以提供管理、决策等所需信息的技术系统，目前被广泛应用于资源管理、城市规划和管理、土地信息系统和地籍管理、生态、环境管理与模拟、应急管理与响应、地学研究与应用、商业与市场、基础设施管理等领域。

GIS 属于信息系统的一类，不同在于它能运作和处理地理参照数据。地理参照数据描述地球表面（包括大气层和较浅的地表下空间）空间要素的位置和属性，在 GIS 中的两种地理数据成分：空间数据，与空间要素几何特性有关；属性数据，提供空间要素的信息（图6-8）。

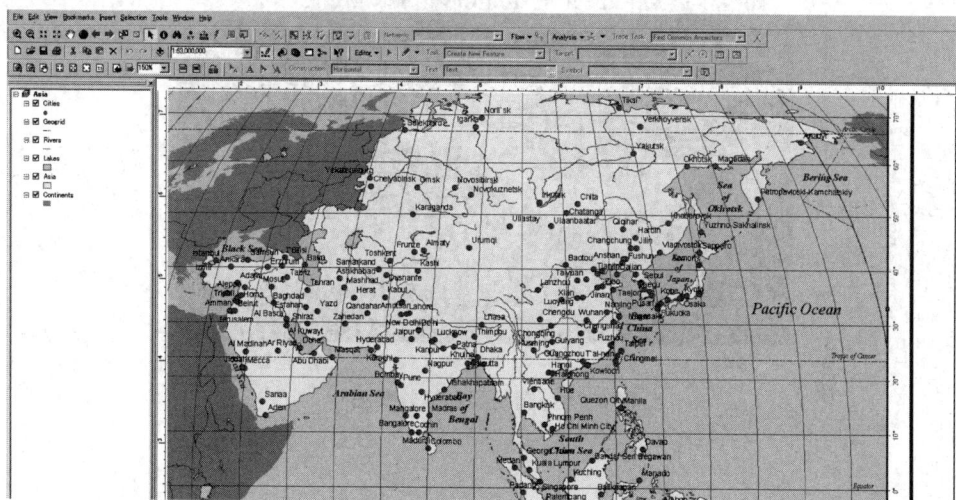

**图6-8 ArcGIS 界面**

## （五） 虚拟现实技术

虚拟现实（Virtual Reality，VR）技术，也称灵境技术或人工环境，是利用计算机模拟产生一个三度空间的虚拟世界，提供用户关于视觉、听觉、触觉等感官的模拟，让用户如同身临其境一般，可以及时、没有限制地观察三度空间内的事物。用户进行位置移动时，计算机可以立即进行复杂的运算，将精确的三维世界视频传回产生临场感。该技术集成了计算机图形、计算机仿真、人工智能、传感、显示及网络并行处理等技术的最新发展成果，是一种由计算机技术辅助生成的高技术模拟系统。

从技术的角度来说，虚拟现实系统具有下面3个基本特征：即3个"I" Immersion-Interaction-Imagination（沉浸—交互—构想），它强调了在虚拟系统中的人的主导作用。从过去人只能从计算机系统的外部去观测处理的结果，到人能够沉浸到计算机系统所创建的环境中；从过去人只能通过键盘、鼠标与计算环境中的单维数字信息发生作用，到人能够用多种传感器与多维信息的环境发生交互作用；从过去的人只能以定量计算为主的结果中启发从而加深对事物的认识，到人有可能从定性和定量综合集成的环境中得到感知和理性的认识从而深化概念和萌发新意。

现在的大部分虚拟现实技术都是视觉体验，一般是通过计算机屏幕、特殊显示设备或立体显示设备获得的，不过一些仿真中还包含了其他的感觉处理，比如从音响和耳机中获得声音效果。在一些高级的触觉系统中还包含了触觉信息。

图6-9　圆明园虚拟效果图①

# 第五节　旅游应急平台系统

## 一、旅游应急管理的基本概念

### （一）突发事件的概念

突发事件从狭义讲，是指在一定区域内突然发生的、规模较大且对社会产生广泛负面影响的，对生命和财产构成严重威胁的事件和灾难。从广义上讲，是指在组织或者个人原定计划之外或者在其认识范围之外突然发生的、对其利益具有

---

① 图片来源：百度图片

损伤性或潜在危害性的一切事件。2007年11月1日起实施的《中华人民共和国突发事件应对法》规定："突发事件是指突然发生，造成或者可能造成严重社会危害，需要采取应急处置措施予以应对的自然灾害、事故灾难、公共卫生事件和社会安全事件。"

自然灾害指那些由于自然原因而导致的突发事件，如地震、龙卷风、海啸、洪水、暴风雪、酷热或寒冷、干旱或昆虫侵袭等。事故灾难主要指由人为原因造成的紧急事件，包括由人类活动或者人类发展所导致的计划外的事件或事故，如化学品泄漏、核放射线泄漏、设备故障、车祸、城市火灾等。公共卫生事件主要指由病菌病毒引起的大面积疾病流行事件，如"非典"疫情、霍乱、多人食物中毒等。社会安全事件主要指由人们主观意愿产生、会危及社会安全的突发事件，如能源和材料短缺导致的紧急事件，暴乱、游行引起的社会动荡，恐怖活动、战争等。

由于突发事件所涵盖的时间外延过于狭窄，国际上经常倾向于采用"危机"这个概念来覆盖"突发事件"。危机比突发事件更能立体反映一个持续过程对社会的影响。突发事件强调事件发生的不可预测性与事件处理的紧急性，危机强调事件的危险性。有些危机并不具有突发性的特征，而表现出渐进性，如有时大洪水的形成是一个逐步推进的过程。

### （二）突发事件对旅游业的影响

#### 1. 自然灾害对旅游业的影响

世界旅游组织认为，热带飓风、风暴潮、洪水、雪崩和地震是旅游业中最严重的自然灾害。自然灾害危机与旅游目的地的地理和生态环境密切相关，通常是可以预见的。一般而言，海岛或海滨度假目的地往往与飓风相伴；山岳型目的地容易受到泥石流、山体滑坡、雪崩等的影响；非洲大陆容易与蝗虫相伴。然而，某些自然灾害又是无法具体预测并且是不可控的，它们会破坏旅游基础设施和接待设施，造成游客和旅游从业人员伤亡，对旅游需求和供给能力产生影响，造成工作机会的减少。

#### 2. 事故灾害对旅游业的影响

#### （1）战争和军事冲突

战争和军事冲突是事故灾难中对旅游业影响最大的突发事件，战争是旅游业的一大天敌。首先，战争给交战各方带来巨大的经济损失，直接影响旅游业的发展。其次，战争摧毁旅游基础。战争不仅导致基础设施被大量破坏，更为严重的是战争造成自然旅游资源和人文旅游资源的大量损毁。例如，阿富汗因为宗教冲突造成巴米扬佛像被摧毁；英法联军对北京的攻占直接导致圆明园的毁坏。最后，战争导致旅游市场的萎缩。如受伊拉克战争爆发的影响，澳大利亚2003年的旅游预订比同期减少了22%，旅游收入减少了24%。

（2）犯罪活动

针对游客的犯罪活动会对当地旅游业产生巨大冲击。1992年发生在美国佛罗里达州戴德县的1.2万多起犯罪并未影响其旅游业，然而，当1993年十多名来自加拿大、英国、德国等重要客源地的游客成为袭击对象后，"阳光之都"形象受到影响，旅游人数骤减，其中德国游客减少1/3。1994年，该州旅游人数从1993年的60.8万人次下降到1994年的41.1万人次。

（3）恐怖主义活动

国际恐怖主义，尤其是针对游客的恐怖活动会给世界旅游业造成上百亿美元的损失。恐怖主义形成的原因多种多样，其中最显著的为宗教种族矛盾或者历史原因导致的区域文化冲撞（culture shock），这些冲突以极端形式反映出来，导致旅游安全危机，从而制约国际旅游业的发展。例如，中东、东南亚、南亚地区时有宗教冲突发生，影响了这些地区国际旅游业的发展。此外，游客与旅游目的地居民间的冲突关系也会成为恐怖活动的导火索。如果区域旅游价值主体之间产生尖锐的矛盾，则会导致比较严重的文化冲撞，甚至演化为严重的恐怖袭击事件。

（4）经济危机

宏观经济剧烈波动所造成的经济衰退乃至经济危机，对旅游需求会产生巨大冲击。首先，由于经济增长停滞或下降，导致人们实际收入减少，进而影响旅游需求。其次，汇率变动导致国际旅游成本变化，从而加大部分国家和地区的旅游成本，进而削弱其旅游消费能力。例如，亚洲金融危机时期的全球旅游收入增长仅为4480亿美元，增长率为3%，而在此前的10年里，这两项指标一直以年平均10%的速度递增。另一方面，为了防止外汇流失，一些客源国也会采取各种措施限制国民出境旅游。例如，英国为避免外汇流失，对出境游客实行征税，导致英国出境游人数急剧减少。最后，经济危机可能引发目的地国家旅游价格发生剧烈波动，也会导致旅游国际购买力下降，进而打击旅游业。例如，石油危机引发的价格上涨，客观上阻碍了旅游业的发展，尤其是国际旅游业的发展。

（5）环境污染

由于技术演进、社会发展和管理失误造成的恶性环境污染事件也是引发旅游危机的重要因素，它们往往摧毁旅游业赖以生存的自然环境和基础设施，损害旅游目的地形象，降低旅游吸引力。由于这种危机大都是人为造成的，其后果远远严重于自然危机，如果处理不当，又会带来新的信任危机，进而打击游客信心。更糟糕的是，在所有的危机解除后，又产生了连锁反应，目的地的负面形象不再局限于水污染，还波及先前被掩盖的消极因素，如秩序混乱、拥挤、噪声、犯罪等。

（6）旅游基础设施、设备故障事故

旅游基础设施、设备故障事故，包括空难、火灾、其他交通事故等。此类事故频繁发生与目的地经营者的管理相关，其对旅游业的影响力取决于灾难产生的后果。由于其可控性，这类危机的防范成为旅游安全管理的重要内容之一。例如，2004 年 7 月，包头空难造成 55 人丧生，促使中国重新审视航空运输安全状况。

3. 公共卫生事件对旅游业的影响

传染性疾病的蔓延会引起全球性或区域性旅游危机。①公共卫生危机会导致人们产生恐慌心理，从而抑制旅游意愿。如艾滋病在南亚、东南亚以及非洲的感染人数迅速增加，引起游客对到该地区旅游的恐惧心理。②公共卫生危机爆发时，政府等组织制定的相关政策会限制人们的旅游行为。一般情况下，世界卫生组织和旅游客源国政府为防止传染病蔓延和保护本地居民安全，通常会发出相应的旅游警告，从而控制因旅游而出现更加恶化的公共卫生危机。

4. 社会安全事件

（1）重大治安事件

重大的旅游活动会积聚大量的游客和车辆，为交通事故、火灾、食物中毒、犯罪活动等治安灾害事故埋下隐患。首先，会造成重大人员伤亡，物质严重损毁。一方面会直接危害社会成员的生命和健康；另一方面会破坏人类长期劳动积累的物质文化财富。其次，会影响旅游目的地形象。事故的发生通常会引起社会的广泛关注，媒体对事故过程及严重性的宣传报道，将这种影响不断扩大，导致游客对目的地失去信心，对目的地的安全持怀疑态度。

（2）客流量失控、交通拥挤对旅游业的影响

客流量失控的问题往往出现在一些知名的或免费开放的旅游景区、景点。客流量失控及交通拥堵对旅游有如下影响：①加大了景区管理的难度，容易造成对旅游资源的破坏，如世界著名文化遗产地敦煌莫高窟曾免费向游客开放，客流超载导致过多的二氧化碳，使得溶洞资源遭到破坏，壁画的颜色发生改变。②影响游客的旅游体验和接待质量，许多著名旅游景区内主要景点人满为患，严重影响了旅游景区的风景观赏效果；由于停车场面积有限，有些自驾车停车无序或乱停车，严重影响交通的流畅；客流过载也严重影响了游客用餐、厕所使用等的接待质量。

（3）骚乱踩踏事件对旅游业的影响

2010 年 11 月 22 日是柬埔寨为期 3 天的传统送水节的最后一天，全国各地有300 万人涌向金边观看在洞里萨河上举行的龙舟大赛以及参与在金边钻石岛等地的庆祝活动。当地时间 23 时左右，由于游人太多，金边市区连接钻石岛的一座

桥产生晃动，引起人们恐慌，导致相互拥挤踩踏，造成至少347人死亡、700多人受伤，大部分人死于窒息与内伤。这起事件被称为"史上最严重的踩踏事件"，受到国际舆论的广泛关注，各国政府以此为鉴，在此后的节庆活动中加强了对游客的疏导工作。这种严重的骚乱踩踏事件使游客的生命安全受到威胁，破坏了旅游目的地的形象，也影响了游客对旅游目的地的选择。

**（三） 应急管理的概念**

应急管理是一门新兴学科。应急管理是在应对突发事件的过程中，为了降低突发事件的危害，达到优化决策的目的，基于对突发事件的原因、过程及后果进行分析，有效集成社会各方的相关资源，对突发事件进行有效预警、控制和处理的过程。应急管理的内容包括事故分析、预测和预警，资源计划、组织、调配，事件的后期处理，应急体系的建设等。应急管理工作不仅仅是事件发生后的后置式的应对工作，而是要基于规划与统一的措施，方法上的系统化、全面化以及制度的完善形成的一整套科学有效的应急管理体系，形成应对突发事件的长效方法。

突发事件发生后的处理流程如图6-10所示。

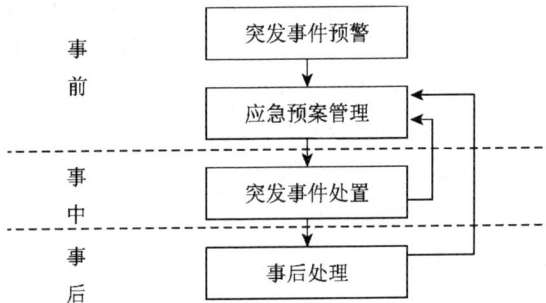

**图6-10 突发事件的处理流程**

1. 突发事件预警

所谓预警，就是根据一些突发事件的特征，对可能出现突发事件的相关信息进行收集、整理和分析，根据分析结果进行设施的规划，给出警示。预警的目的就是对可能发生的事件进行早发现、早处理，从而避免一些事件的发生或最大限度地降低事件带来的伤害和损失。

2. 应急预案管理

预案管理是应急管理中一个重要内容。预案是对具有一定特征的事件进行应对时可能采取的方案的集合。预案由一系列的决策点和措施集合组成。预案管理贯串在应急管理的主要过程中，如预案的准备和制定就是总结突发事件的处理经验，把它们作为案例记录下来，用于指导将来出现的一些可能突发的事件；对事件的处理过程就是预案的实施和调整过程；预案管理还是对一些可能出现事件的规律的分析和预测，通过研究事件相互之间的联系，寻找其中的一些规律性的特征，来指导预案的准备和制订。另外预案的完善程度也反映出一个组织处理突发事件的能力。

3. 突发事件处置

突发事件的处置是应急管理的核心，它表现为对各种资源的组织和利用，在各种方案间进行选择决策。当突发事件出现以后，事件的各种表现形式及特征都将逐步显露出来，这就要求对事件产生的各种影响进行整理分析，对事件未来的发展趋势进行预测，根据分析的结果，对各种应对措施做出相应的决策。还会涉及对各级政府的法规、政令、条例的遵守以及相关的人力资源的调动，物资的调拨等一系列的行动。

4. 事后处理

事后处理是在突发事件的影响减弱或结束之后，对原有状态的恢复以及对事件的相关部门、人员的奖励和追究责任。另外还要对发生的事件及时形成备案，总结经验教训。

**（四） 旅游应急管理的概念**

旅游应急管理，可以理解为旅游管理部门以及旅游行业机构在旅游突发事件的事前预防、事发应对、事中处置和善后管理过程中，通过建立必要的应对机制，采取一系列必要措施，保障游客生命财产安全，促进社会和谐健康发展的有关活动。旅游应急管理首先表现为对旅游突发事件的全过程管理，可根据突发事件的发展分为预测预警、识别控制、紧急处置和善后管理4个环节；其次，旅游应急管理表现为一个动态管理，包括预防、准备、响应和恢复四个阶段；最后，旅游应急管理表现为一个完整的系统工程，可以概括为"一案三制"，即旅游突发事件应急预案及应急机制、体制和法制。旅游应急管理是一门综合应用科学、科技、计划和管理的学科。

## 二、旅游应急平台的基本概念

2006 年《国务院关于全面加强应急管理工作的意见》把"推进国家应急平台体系建设"列为"加强应对突发公共事件的能力建设"的首要工作。旅游应急平台系统是我国国家应急平台体系总体框架中的重要组成部分，在框架中被称为部门应急平台，或称专项应急指挥系统。旅游应急平台的建设是旅游突发公共事件应急管理的一项重要基础性工作。

### （一）旅游应急平台的概念

**1. 应急平台**

应急平台经常会被"应急联动系统""应急指挥系统"和"应急管理信息系统"等替代使用，事实上，这几种说法是对"应急平台系统"不同侧面的描述，也体现了应急平台的一个发展趋势，如图 6 - 11 所示。

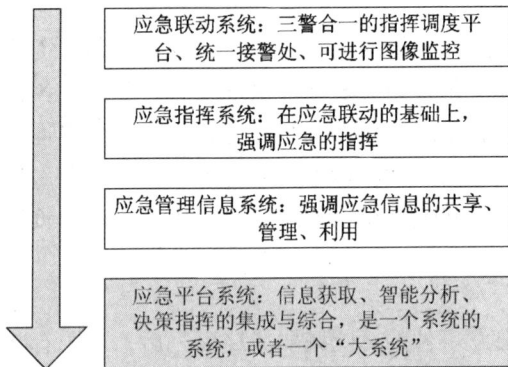

应急联动系统：三警合一的指挥调度平台、统一接警处、可进行图像监控

应急指挥系统：在应急联动的基础上，强调应急的指挥

应急管理信息系统：强调应急信息的共享、管理、利用

应急平台系统：信息获取、智能分析、决策指挥的集成与综合，是一个系统的系统，或者一个"大系统"

**图 6 - 11　应急平台的发展进程与趋势**

（1）应急联动与指挥系统

应急联动与指挥系统侧重于暂时的指挥、调度（联动）、处置，包含决策、向各个相关机构发出指令或进行授权、协调应急管理保障体系的其他系统，动态管理、监控、跟踪预案、指令的实施，是突发事件应急管理的核心和中枢。

（2）应急管理信息系统

应急管理信息系统侧重于对突发事件中涉及的各类信息活动的要素，如信息、人员、资金、设备、技术等进行管理、跟踪和监控，收集、分布信息，保证信息在整个体系内安全、畅通地传递，从而提高体系内外面对重大突发事件的反应速度，加强体系的整体性和联动性。

（3）应急平台系统

应急平台系统既不仅仅是应急管理信息系统，也不仅仅是应急指挥、联动系统，而是它们的系统统一。应急平台系统能对突发公共事件进行科学预测和危险性评估，能动态生成优化的事故处置方案和资源调配方案，形成实施应急预案的交互式实战指南，具备日常管理、风险分析、监测监控、预测预报、动态决策、综合协调、应急联动与总结评估等功能。

**2. 旅游应急平台**

旅游应急平台是旅游应急管理的重要基础，是应急管理主管部门履行应急管理职责的重要载体。旅游应急平台结合旅游应急管理的实际需要，同时综合考虑国家应急管理平台体系的总体需求，是国家应急平台系统中的旅游专业组块。旅游应急平台以各级旅游行政管理部门为核心，协调政府各有关部门和相关单位、各社会团体、旅游从业人员对旅游危机进行事前管理与预测预警，应急处置以及事后的改善与恢复。图 6 - 12 是一个国务院、地方政府二级旅游应急平台结构，该结构基本与国家应急平台体系总体框架相一致，旅游应急平台作为国家应急平台的旅游专业组件，与其他专业组件相互协调与配合。

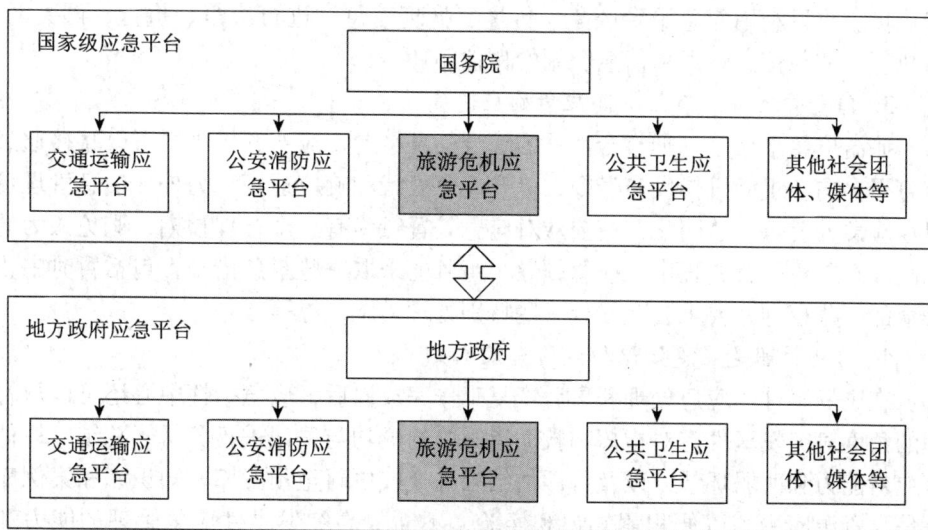

**图 6 - 12　旅游危机应急平台体系架构**

### （二）　旅游信息管理的意义

应急信息管理是有效处理旅游突发事件的必要条件，只有及时、准确地将突发事件信息向社会公布，公众乃至整个社会才可能积极参与，有效应对危机，把危害降到最低。

1. 应急信息管理是旅游应急预警的必要条件

充分、必要、及时、客观、科学、全面的应急信息管理是建立旅游应急预警机制的基础。在应急信息管理中，要求决策者主动去发现危机信息，积极地收集和整理情报并发现和确认问题，而不是消极被动地等待问题的出现。应用旅游应急信息平台，可以对重大危险源特性参数进行数据采集；对重大危险源进行实时视频监控和预警，防止重大事故的发生，确保重大危险源的安全运行，并以网络方式与应急救援指挥信息系统相连。系统可以接受远程客户对实时数据和视频图像的历史存档的访问，在遇到突发事件时能及时发出预警信号。

2. 应急信息管理是进行科学决策的前提

管理部门要进行科学决策就必须加强应急信息管理。决策者要对问题进行科学界定，弄清问题的发展趋势，才能准确陈述和解决问题。应急信息量的大小、时效性和准确性如何，直接影响到决策者的决策质量。要想在决策上不失误、少失误，就必须有丰富可靠的信息来源，而迅速的信息传递、准确的信息分析是决策科学化的重要技术基础。应用应急信息平台，在突发事件发生时，应急领导小组成员就可以利用应急平台收集、传递、处理信息，进行决策、执行、再决策、再执行，实现信息管理和信息利用的良性循环。

3. 信息管理可以有效提高应急响应速度

旅游应急平台是一种整合性强的综合信息平台，应急领导小组可以直接通过应急平台向各组织机构发布号令，提升应急处置和响应速度。另外，信息管理可以让应急处置行为透明化，使公众对应急处置行为有一个合理预期，避免人为的混乱。在应急处置过程中，应急领导小组可能采取一些紧急措施，包括暂时中止公众的一些权利，要求公众配合一些特别处理措施，等等。

4. 信息管理是应急知识积累的有效工具

在突发事件的应急处理和事后恢复工作完成以后，应急指挥中心还可以从管理的角度对突发事件应对指挥和救助措施中的成功与失误进行分析、总结，评估其应对能力和薄弱环节，以及将评估结果补充或更新至预案库、知识库和案例库等信息资源库中，以便积累知识和经验，不断提高突发事件应急管理的能力和水平。

**（三） 旅游应急平台的构建原则**

在旅游应急平台系统的构建过程中，除了遵循信息系统建设中的实用性、先进性、可扩展性、可维护性、安全可靠和标准化的一般原则外，针对旅游应急管理的特点，还应遵循整体性原则、集成性原则、科学性原则和政府主导原则。

1. 整体性原则

整体性原则强调系统内各个部分的协调，使系统形成具有一定结构的有机体，充分发挥整体功能，以达到整体目标。旅游应急平台是由相互联系、相互影响的多个功能子系统组成的，有些子系统还具备相对独立的功能，在系统设计的时候，应充分考虑总体平台的需求，并与系统平台建立密切的联系，进而发挥一些更复杂的功能。

2. 集成性原则

应急管理系统涉及自然因素、社会因素、经济因素、技术因素等，需要综合应用所有相关学科的研究成果，如气象学、地质学、信息技术等学科的专业知识，还包括管理学、数学、工程学、心理学、医学、法律等各方面的知识。旅游应急处置也是一个系统工程，涉及公安、医疗、保险、社会救助机构等方面的系统，因此旅游应急信息平台在设计时应结合应急处置的特点，综合考虑各方面的需求。

### 3. 科学性原则

科学性原则主张从事情的本质和客观规律出发，运用科学方法和手段对旅游应急预警和处置提供科学依据。旅游应急平台应在精确计算和逻辑推理的基础上，应用系统基本理论，对系统、要素、环境进行全面分析研究，以求得整体优化。另外，还要以精确的数学语言描绘系统内各要素的变化规律和相互关系，以数据模型演算应急管理处置的最优方案，并自动生成预警信息。

### 4. 政府主导原则

旅游应急平台建设是关系到中国旅游业全局的发展战略，因此，在旅游应急平台构建过程中，应充分发挥政府的统一主导作用，通过政府的领导和推动，确保各地和各有关组织机构、社会团体、旅游企业积极参与其中，使旅游应急平台得到健康、快速和持续的发展。

## 三、旅游应急平台的功能

总体上，旅游应急平台包含两大功能：①平时应急信息管理，包括在预防阶段的基础数据管理、危险源管理、关键基础设施管理、监测监控信息管理和安全教育管理等；准备阶段的应急资源管理、应急预案管理、应急能力评估、应急演练信息管理和预测预警信息管理等。②战时应急信息管理，包括在响应阶段的接处警信息管理、联合指挥协调管理、现场信息采集与交互、应急资源调度管理、应急辅助决策支持、应急信息发布等，还包括在恢复阶段的灾情统计分析、受灾补助管理和应急救援案例管理等。旅游应急平台系统的具体组件如下：

### （一）　基础数据库子系统

旅游应急管理基础数据库将与应急管理相关的各类基础数据进行统一管理，为预测预报、指挥调度、辅助决策等提供基础信息支持。

1. 政策法规信息库。存储国家、地方、行业各种应急管理法律法规和规章等。

2. 应急预案信息库。存储旅游行政管理部门和各旅游相关企业制订的应急预案以及相应的紧急救助标准化流程。

3. 应急组织体系数据库。存储领导机构、指挥机构、管理机构、工作机构与专家组的设置，以及人员配备和通信联络等方面的信息。

4. 应急调度资源数据库。存储应急物资储备、应急财力分配、应急反应队伍、应急器材装备等方面的信息。

5. 统一接处警数据库。存储报警类型、报警电话、报警地址、报警事由、警情性质以及处警等方面信息。

6. 案例库和知识库。存储国内外历史上发生的类似突发事件信息以及应对的经验和教训、使用的模型与方法、专家知识等信息。以上数据库是从逻辑上进行分类管理，但实质上它们又通过一定的模型系统组成一个整体数据库平台。

（二）　决策支持子系统

应急信息平台中的决策支持子系统涉及突发事件发生前的仿真演练、突发事件处置中的决策指挥以及突发事件后的知识提取，实现危机风险现场模拟、影响范围和趋势分析以及快速处置技术支持等应急决策支持功能。决策支持子系统具体功能一般包括：

1. 联合仿真演练。即演练整体的指挥、协调以及资源调配能力，基于仿真的虚拟演练，可以高效、经济地完成各种演练任务。通过演练，检验由各种设施、组织和人员构成的应急系统的完备性与严密性。

2. 应急风险评估。旅游应急信息平台由不同的系统和组织部门协调完成，任何一个环节的缺陷都将使应急系统整体可靠性下降，因此需要对系统应急风险进行评价。

3. 预案分析、验证。对各种应急预案进行仿真检验，对发现的问题或漏洞及时做出补充和完善。

4. 在线预警。提供在线预测，分析事件发展趋势，优化指挥决策。

5. 效能分析评估。主要评价单个系统或部门在系统运作中是否达到预期效能。上述功能是在旅游应急管理基础数据库的基础上，整合各种知识、模型和系统模块，应用系统论、复杂理论构建而成的。

（三）　综合应用子系统

综合应用子系统是从应急处置流程的角度，对旅游应急管理的流程进行优化再造后，根据实际需要构建的应用业务系统。一般包括以下 8 个子系统：

1. 接处警信息子系统。对突发事件的接警和处警信息进行管理，为各级应急救援人员提供统一的事件信息；对接处警的过程进行记录，为后续调查分析提供原始数据。

2. 联合指挥协调管理子系统。建立现场紧急事件管理系统，为突发事件管理人员、行动人员、计划人员、后勤保障人员和财务行政人员提供标准化的工作表格、信息支持、信息记录与交流手段。

3. 现场信息采集与交互子系统。根据突发事件现场及附近的视频监控系统，实时查询事故现场图像，了解事故救援进展情况，为事件指挥人员提供实时现场信息和决策支持。

4. 应急资源调度管理子系统。根据应急资源管理子系统所提供的各种应急资源信息，结合运输能力等情况，进行应急资源的优化调度和追踪管理。

5. 伤亡人员处置子系统。通过电子地图，查询事故附近的医院以及床位数，并通知其到指定地点抢救并转移伤、病员。同时，查询更大范围内的医院，预防伤亡扩大情况，若有紧急情况，及时调配其他医疗卫生力量。

6. 应急疏散管理子系统。按照应急预案进行应急疏散，根据事故现场的气候、风速、风向，推演和计算重大危险源的扩散进度与区域，分时、分批、有序地组织群众撤离。同时，通过电子地图得到小区、工厂、学校等人员密集区域的分布与人口统计，有针对性地进行人员撤离，联系安置场所，提前做好转移群众的安置工作。

7. 灾情统计分析管理子系统。对灾害所造成的损失、应急资源的消耗情况等进行及时、准确的现场记录和灾后分析，这对于灾后补偿、补助，制定防灾减灾措施等都有重要意义。

8. 受灾补助管理子系统。对受灾民众、企事业单位和应急救援人员进行灾后补偿和补助管理，合理分配救灾资金和物资，对救灾资金和物资的使用情况进行跟踪管理。

**（四）　应急信息发布子系统**

应急信息发布子系统综合应用各种传播手段，及时向受影响人群提供准确的信息，向社会公众提供权威、一致的事件信息，以减少灾害损失，满足公众知情权，稳定社会情绪。例如，基于国家旅游网的信息发布平台、基于与各新闻媒体联动的信息发布平台、基于各种手持通信设备的信息发布平台。

## 【案例分析】

### 12·31 上海外滩踩踏事件①

2014 年 12 月 31 日 23 时 35 分许，正值跨年夜活动，因很多游客市民聚集在上海外滩迎接新年，黄浦区外滩陈毅广场进入和退出的人流对冲，致使有人摔倒，发生踩踏事件。

截至 2015 年 1 月 23 日 11 点，事件造成 36 人死亡 49 人受伤，已有 47 人经诊治后出院，2 名重伤员继续在院治疗，其中 1 名生命体征还不平稳。

2015 年 1 月 21 日，上海市公布 12·31 外滩拥挤踩踏事件调查报告，认定这是一起对群众性活动预防准备不足、现场管理不力、应对处置不当而引发的拥挤踩踏并造成重大伤亡和严重后果的公共安全责任事件。

---

① 资料来源：百度百科

2015 年 1 月 21 日，上海市公布上海外滩踩踏事件遇难者家属将获 80 万元抚慰金。

**【案例提示】**

1. 政府对该突发事件的处理过程包含哪些具体工作？

2. 该突发事件对旅游造成的影响是什么？

3. 你认为政府的旅游应急平台应该具备哪些功能来预防此类事件的发生？

# 第三篇 创新篇

# 第七章

## 人工智能技术的旅游应用创新

【本章目标】

　　学过本章之后，你应该能够
- 了解人工智能基本概念、内容、发展历史以及应用
- 了解人工智能在旅游方面如何进行应用创新

## 第一节　人工智能的基本概念

### 一、人工智能的概念

　　人工智能近些年来被大量应用到旅游领域，对提高旅游工作效率、增强旅游体验以及提高旅游目的地服务质量有着极大的推动作用，特别是作为智慧旅游的一项核心内容，人工智能更是发挥着不可或缺的作用。

　　人工智能并不是近些年才出现的新名词。早在 1956 年美国计算机协会组织的达特莫斯（Dartmouth）学会上就已经提出了"人工智能"这个词。美国斯坦福大学人工智能研究中心尼尔逊教授对人工智能作出的定义是："人工智能是关于知识的学科——怎样表示知识以及怎样获得知识并使用知识的学科。"而美国麻省理工学院的温斯顿教授认为："人工智能就是研究如何使用计算机去做过去只有人才能做到的智能工作。"由于人类的智能存在并不是单方面的，对于智能的研究很可能是多方面共同作用的结果，而且不同学科有不同的研究背景和不同的研究环境，对人工智能的理解不同，提出的观点也不同。这就导致了目前对人工智能的定义还没有一个统一的标准。人工智能作为一门学科，它综合了计算机科学、心理学、生理学以及语言学等多种学科，是一门非常具有挑战性的综合型技术。人工智能技术的研究目的是为了让机器等设备能够代替人类或者人类专家来处理一些相对复杂的问题，因此也被称为机器智能。人工智能是相对于人类智

能和自然智能而言的智能，使机器设备等通过对人类智能活动的模仿、延伸和扩展，实现某些机器思维，完成操作者的命令。

## 二、人工智能的发展阶段

人工智能的发展经历了 5 个阶段：

第一阶段：萌芽期（1956 年之前）自古以来，人类一直在寻找能够提高工作效率、减轻工作强度的工具。限于当时的科学技术水平，人们只能制作一些简单的物品来满足自身的需求。正因如此，人类的历史上留下了很多脍炙人口的传说。传说可以追溯到古埃及时期，人们制造出了可以自己转动的大门，自动涌出圣泉。我国最早的记载是在公元前 900 多年，出现了能歌舞的机器人。这一时期出现了各种大家：法国 17 世纪的物理学家、数学家帕斯卡，德国 18 世纪数学家、哲学家莱布尼英以及 20 世纪的图灵、冯·诺依曼等。他们为人工智能的发展做出了十分重要的贡献。

第二阶段：第一次高潮期（1956 年至 1966 年）1956 年夏季，以麦卡赛、明斯基、罗切斯特和申农等为首的一批有远见卓识的年轻科学家在 Dartmouth 学会上引发一场历史性事件——人工智能学科的诞生。Dartmouth 会议结束后，人工智能进入了一个全新的时代。会议上诞生了几个著名的项目组：Carnegie-RAND 协作组、IBM 公司工程课题研究组和 MIT 研究组。在众多科学家的努力下，人工智能取得了喜人的成果：1956 年，Newell 和 Simon 等人在定理证明工作中首先取得突破，开启了以计算机程序来模拟人类思维的道路；1960 年，McCarthy 建立了人工智能程序设计语言 LISP。此时出现的大量专家系统直到现在仍然被广泛使用，人工智能学科在这样的氛围下茁壮地成长。

第三阶段：低谷发展期（1967 年至 20 世纪 80 年代初期）1967 年之后，人工智能在进行进一步的研究发展时遇到了很大的阻碍。这一时期没有比上一时期更重要的理论诞生，人们被之前取得的成果冲昏了头脑，低估了人工智能学科的发展难度。一时之间人工智能受到了各种责难，人工智能的发展进入到了瓶颈期。尽管如此，众多的人工智能科学家并没有灰心，仍在为下一个时期的到来积极地准备着。

第四阶段：第二次高潮期（20 世纪 80 年代中期至 90 年代初期）随着其他学科的发展，第五代计算机的研制成功，人工智能获得了进一步的发展。人工智能开始进入市场，人工智能在市场中的优秀表现使得人们意识到了人工智能的广阔前景。由此人工智能进入到了第二次高潮期，并且进入发展的黄金期。

第五阶段：平稳发展期（20 世纪 90 年代之后）国际互联网的迅速发展使得人工智能的开发研究由之前的个体人工智能转换为网络环境下的分布式人工智

能，之前出现的问题在这一时期得到了极大的解决。Hopfield 多层神经网络模型的提出，使人工神经网络研究与应用再度出现了欣欣向荣的景象。人工智能已经渗入到了人们生活的方方面面。

## 三、人工智能的内容

人工智能并没有一个权威的分类，因此在本书中简单地介绍一下人工智能在技术层面包括的内容，主要为模式识别、专家系统、智能机器人等几个方面。

### （一）模式识别

识别是人和生物的基本信息处理能力之一。事实上，我们几乎无时无刻不在对周围的世界进行着识别。而所谓模式识别，则指的是用计算机进行物体识别。这里的物体一般指文字、符号、图形、图像、语音、声音及传感器信息等形式的实体对象，而且不包括概念、思想、意识等抽象或虚拟对象，后者的识别属于心理、认知及哲学等学科的研究范畴。也就是说，这里所说的模式识别是狭义的模式识别，它是人和生物的感知能力在计算机上的模拟和扩展。经过多年的研究，模式识别已发展成为一个独立的学科，其应用十分广泛，诸如信息、遥感、医学、影像、安全、军事等领域，模式识别已经取得了重要成效，特别是基于模式识别而出现的生物认证、数字水印等新技术正方兴未艾。

### （二）专家系统

专家系统是应用于某一专门领域，拥有该领域相当数量的专家级知识，能模拟专家的思维，能达到专家级水平，能像专家一样解决困难和复杂的实际问题的计算机（软件）系统。例如，能模拟名医进行辨证施治的诊断医疗系统就是一种专家系统。专家系统的特点是其善于解决那些具有不确定性的、非结构化的、没有算法解或虽有算法解但在现有的机器上无法实施的困难问题。有些专家系统还具有"自学习"能力，即不断对自己的知识进行扩充、完善和提炼。这一点是传统系统所无可比拟的。

### （三）智能机器人

智能机器人是人工智能技术的综合应用和体现，它的研制不仅需要智能技术，而且涉及许多科学技术和领域，如物理、力学、数学、机械、电子、计算机、软件、网络、通信、控制等。一般将机器人的发展分为 3 个阶段。第一阶段的机器人只有"手"，以固定程序工作，不具有外界信息的反馈能力；第二阶段的机器人具有对外界信息的反馈能力，即有了感觉，如力觉、触觉、视觉等；第三阶段，即所谓"智能机器人"阶段，这一阶段的机器人已经具有了自主性，有自行学习、推理、决策、规划等能力。

人工智能在旅游方面的应用较为广泛的有虚拟现实与增强现实、情境感知技术以及大数据，后面章节将对这 3 个方面进行详细介绍。

## 【案例分析】

### IBM 携手 OTA 发布人工智能旅游计划工具①

近日，IBM Watson 集团副总裁 Mike Rhodin 与 Travelocity 创始人兼 Kayak 主席 Terry Jones 联手发布一款基于沃森的旅游计划建议工具 WayBlazer。

**旅游计划建议工具 WayBlazer 发布**

根据旅游行业峰会 PhocusWright 对 2005 年至 2013 年出行前阶段旅游创业企业的调查发现，包括社交旅行、旅程计划、发现和导览手册等在内的这个类型，累计有 200 多个创业企业，占据旅游创业企业第二大类，就每个公司的融资金额而言，略高于会展类和导览活动类。出行前阶段的旅游创业企业容易出现昙花一现的原因在于其业务类型与交易有一段距离，或者重复实践其他创业企业已经累计实践多次的旅游项目。显然，Travelocity 的创始人 Jones 对这个领域并不陌生，并非像其他初创企业那样一无所知。通过与前 IBM Watson 总经理、创业基金 FundIV 总裁，该项目的执行 CEO Monoj Saxena 的合作，令该项目具有不少先机和优势。

该项目 WayBlazer 将授权利用沃森的自然语言和认知搜索技术，结合超级计算机系统的人工智能（AI），将专注于 B2B 的市场，而非 C 端客户。虽然目前该技术还没有完全成型，但首个客户已经敲定为奥斯丁会展和旅游局。WayBlazer 将能帮助客户利用自然语言搜索有哪些景点、活动和航班，然后 IBM 的沃森系统将会对客户询问进行编译，利用计算机采集的结构化数据完成的数据库进行运行，然后 WayBlazer 将提供结论和几个推荐。

该项目目前的主席 Jones 表示，随着客户对 WayBlazer 使用的增加，该系统将能更好地理解客户需求，让推荐更加完善。旅游行业分析师 Henry Harteveldt 认为，WayBlazer 有非常多的

---

① 资料来源：http://tech.meadin.com

潜在机会。"主要优势在于，WayBlazer 能够有潜力帮助旅行者距离他们想搜索的航班信息更加接近，而不是像其他出行前计划攻略类产品那种简单的意向和兴趣。使用 IBM 的沃森感知智能计算，将在未来市场中获得极大的独特性和优势"，WayBlazer 从宏观来看，与其他几个语义搜索（semanticsearch）创业产品有类似之处。例如 Hopper，目前仍然处于研发阶段，还并未成型 Desti，一个目前由诺基亚主导的基于 SRI 的国际化副产品。Hopper 和 Desti 都关注于客户端，但不排除两者都具有潜力，进行 B2B 的拓展。

【案例提示】

结合本案例的介绍，从市场营销角度思考人工智能如何给旅游企业和信息技术企业带来利润增长点。

# 第二节 虚拟现实与增强现实的旅游应用创新

## 一、虚拟现实与增强现实概述

### （一） 虚拟现实与增强现实的概念

随着计算机和通信技术的日新月异，以微电子技术为基础的数字化信息技术的迅速发展，也引发了多媒体技术的广泛应用。人们逐渐不满足于通用的冯·诺依曼式的计算机处理方式，即以计算机为中心，按照规则把信息编译成抽象的数字信息，而试图通过多媒体手段将人们所擅长的视觉、听觉、触觉、嗅觉、味觉以及形体、手势或口令这种多维的形式，渗透到信息处理的环境中去，来打破人与计算机之间的隔阂。而这种以自然感知为基础、以实现人机互动为最终目的的计算机行为涉及信息技术、传感技术、计算机仿真学、生理学、心理学等多学科交叉应用，被称为虚拟现实技术。

虚拟现实的概念有 3 个方面的含义：①虚拟现实是一种基于计算机图形学的多视点、实时动态的三维环境，这个环境可以是现实世界的真实再现，也可以是超越现实的虚构世界；②操作者可以通过人的视、听、触等多种感官，直接以人的自然技能和思维方式与所投入的环境交互；③在操作过程中，人是以一种实时数据源的形式沉浸在虚拟环境中的行为主体，而不仅仅是窗口外部的观察者。

增强现实（Augmented Reality，AR），是一种将虚拟物体与真实的环境相结合，以达到为真实的场景环境提供信息扩展和增强的技术。这种增强的信息可以是在真实环境中与真实环境共存的虚拟物体，也可以是关于存在的真实物体的非几何表现，并能支持客户与其进行交互。它是一种能有效地扩展人类的感知和表达的高级媒体交互手段，也是人机界面技术发展的一个重要方向。

AR 是一个相对较新的研究领域，但它已经开始渗透到人们的生活当中。网络时代的到来预示着人类的交流方式发生质的改变。人机交互也变得越来越人性化、智能化。回顾计算机人机界面的发展，从命令行界面到图形用户界面，而后多媒体界面，又到虚拟现实界面，但始终还是存在着一个不容忽视的问题，即对现实环境的隔离，与人类感知外部世界的方式存在冲突。在寻求解决这类问题的过程中，增强现实技术应运而生。它不仅弥补了以上问题缺陷，同时还具备以下特点：

1. 真实性。AR 的优越性体现在让虚拟世界中的物体与真实环境相结合。操作过程中没有隔离感，环境变成幻境的必要部分。

2. 实时互动性。AR 的最大意义是与真实环境的实时同步，并能与用户产生真实可信的交互。它让虚拟现实成为过去，给人们以真实的体验感和现场感。

3. 实用性。AR 的应用领域也非常地广泛，从人类的日常生活信息辅助到工业产品演示说明；从科普知识展示到军事演练模拟，它可以渗透到各个领域并发挥出举足轻重的作用。

4. 普及性。随着移动终端和个人数码设备越来越智能化，AR 的载体普及化程度提高。目前大多数手持移动终端都内置了百万像素以上的摄像头，并集成了如蓝牙无线接口、Wi-Fi 和 3G 等高速无线通信功能。在一些高端的移动设备中，还内置了与通信基站协同工作的 GPS 定位设备。这些条件为 AR 提供了一个平民化的使用平台。

**（二） 虚拟现实技术与增强现实技术的发展历史**

虚拟现实技术演变发展史大体上可以分为 4 个阶段：1963 年以前是蕴含虚拟现实技术思想的前身阶段；1964 年至 1972 年是虚拟现实技术的萌芽阶段；1973 年至 1989 年是虚拟现实技术概念和理论产生的初步阶段；1990 年至今是虚拟现实技术理论的完善和应用阶段。

第一阶段：虚拟现实技术的前身。虚拟现实技术是对生物在自然环境中的感官和动作等行为的一种模拟交互技术，它与仿真技术的发展是息息相关的。中国古代战国时期的"风筝"，就是模拟飞行动物和人之间互动的大自然场景，风筝的拟声、拟真、互动的行为是仿真技术在中国的早期应用，它也是中国古代人试验飞行器模型的最早发明。西方人利用中国古代风筝原理发明了飞机，发明家 Edwin A. Link 发明了飞行模拟器，使操作者能有乘坐真正飞机的感觉。1962 年，Moron Heilig 的"全传感仿真器"发明，蕴含了虚拟现实技术的思想理论。这 3 个较典型的发明，都蕴含了虚拟现实技术的思想，是虚拟现实技术的前身。

第二阶段：虚拟现实技术的萌芽阶段。1965 年，美国高等研究计划局信息处理技术办公室主任、美国计算机图形学之父 Ivan Sutherland 在其论文终极显示

（the Ultimate Display）中提出使计算机显示屏成为观察客观世界窗口的设想，并研制了第一个计算机图形驱动的头盔显示器 HMD 及头部位置跟踪系统，这被看作是研究虚拟现实技术的开端。此阶段也是虚拟现实技术的探索阶段，为虚拟现实技术的基本思想产生和理论发展奠定了基础。

第三阶段：虚拟现实技术概念和理论产生的初步阶段。这一时期出现了 VIDEOPLACE 与 VIEW 两个比较典型的虚拟现实系统。由 M. W. Krueger 设计的 VIDEOPLACE 系统，可以产生一个虚拟图形环境，使参与者的图像投影能实时地响应参与者的活动。由 M. M Greevy 领导完成的 VIEW 系统，在装备了数据手套和头部跟踪器后，通过语言、手势等交互方式，形成虚拟现实系统。

第四阶段：虚拟现实技术理论的完善和应用阶段。在这一阶段虚拟现实技术从研究型阶段转向为应用型阶段，广泛运用到了科研、航空、医学、军事等人类生活的各个领域中。如美军开发的空军任务支援系统和海军特种作战部队计划和演习系统，VR 应用系统、CCTY 模拟仿真器、AFMSS 任务支援系统、虚拟军事地图、中国军队研发的 DVENET 分布式虚拟环境系统等虚拟现实技术使虚拟的军事演习也能达到真实军事演习的效果。与此同时，浙江大学开发了虚拟故宫虚拟建筑环境系统；CAD & CG 国家重点实验室开发出桌面虚拟建筑环境实时漫游系统；北京航空航天大学开发的虚拟现实与可视化新技术研究室的虚拟环境系统。

表 7-1　虚拟现实系统的发展历史

| 划分角度 | 角度细分 | 类别 |
|---|---|---|
| 1963 年以前 | 虚拟现实技术前身阶段 | 风筝的发明；EdwinA. Link 发明了飞行模拟器；Moron-Heilig 发明了"全传感仿真器" |
| 1964 年至 1972 年 | 虚拟现实技术萌芽阶段 | Ivan Sutherland 开发了第一个计算机图形驱动的头盔显示器 HMD 及头部位置跟踪系统 |
| 1973 年至 1989 年 | 虚拟现实技术概念和理论产生的初步阶段 | M. W. Krueger 设计了 VIDEOPLACE；M. M. Greevy 领导设计了 VIEW 虚拟现实系统 |
| 1990 年至今 | 虚拟现实技术理论的完善和应用阶段 | 科研、航空、医学、军事等领域的全面应用 |

与虚拟现实技术的发展历史相比，增强现实的发展历史较为短暂。增强现实这一概念最早出现在波音公司的 Tom Cauden 等人设计的一个辅助布线系统中。该系统依靠光学透视头盔显示器把由简单线条绘制的布线路径和文字提示信息实时地叠加到用户的视野中，叠加的这些信息可以帮助用户逐步地完成拆卸过程，以减少用户在日常工作中出错的机会。从 20 世纪 90 年代初期开始，AR 的研究进入了快速发展阶段，初期主要实现方式采用头盔式显示器（Head Mounted Display，HMD），其主要原理是通过光学系统将二维显示器的图像放大。随着对增强现实技术的不断深入研究，国内外许多大学实验室和研究机构取得了许多成果，这使得 AR 技术越来越成熟，应用也越来越广泛。美国麻省理工大学的 AI 实验室利用增强现实技术将核磁共振或 CT 扫描成的 3D 图像叠加在病人的身体部位，通过头盔显示器等显示设备扩展医师的视野，使医师能实时地掌握病人身体部位的信息。在医学领域的应用上，增强现实系统还可以通过图像或文字信息的叠加，为医师提供精确的手术导航，医师根据提示逐步完成手术操作，可以大大提高手术的成功率降低手术风险。自波音公司将增强现实技术应用于辅助布线系统后，增强现实技术在机械制造领域内应用日趋成熟，哥伦比亚大学的 Feiners 研究组应用增强现实技术进行了激光打印机的维修跟踪。另外，该研究组还将增强现实技术用于汽车门锁的安装，通过图像叠加逐步地指导毫无经验的用户进行门锁的安装，在安装过程中用户还可以通过语音识别系统与计算机进行交互式对话。国内很多院校对增强现实技术进行了追踪研究，都取得了显著的研究成果。其中北京理工大学王涌天教授等人利用增强现实技术，成功地对圆明园相关遗址进行了复原。目前，已经研制出了可供演示的定点观察式原型系统，用户视野通过该系统在圆明园相关遗址的基础上进行复原增强。增强现实技术有着巨大的应用潜力和价值，随着硬件设备和软件技术的发展以及对增强现实技术研究的不断深入，它必将会得到更广泛的应用。

### （三）　虚拟现实技术的特征与分类

1993 年，Burdea G. 在 Electro 93 国际会议上发表的 "Virtual Reality System and Application" 一文中，提出了虚拟现实技术三角形。即 3 "I" 特征：Immersion（沉浸）、Interaction（交互）、Imagination（构想）。

Immersion（沉浸）是指用户可以沉浸于计算机生成的虚拟环境中和使用户投入到由计算机生成的虚拟场景中的能力，用户在虚拟场景中有 "身临其境" 之感。他所看到的、听到的、嗅到的、触摸到的，完全与真实环境中感受到的一样。它是 VR 系统的核心。

Interaction（交互）是指用户与虚拟场景中各种对象相互作用的能力。它是人机和谐的关键性因素。用户进入虚拟环境后，通过多种传感器与多维化信息的环境发生交互作用，用户可以进行必要的操作，虚拟环境中做出的相应响应，亦与真实的一样，如拿起虚拟环境中的一个篮球，你可以感受到球的重量，扔在地上还可以弹跳。交互性包含对象的可操作程度及用户从环境中得到反馈的自然程度、虚拟场景中对象依据物理学定律运动的程度等；VR 是自主参考系，即以用户的视点变化进行虚拟交换。

Imagination（构想）是指通过用户沉浸在 "真实的" 虚拟环境中，与虚拟环境进行了各种交互作用，从定性和定量综合集成的环境中得到感性和理性的认识，从而可以深化概念，萌发新意，产生认识上的飞跃。因此，虚拟现实不仅仅是一个用户与终端的接口，而且可使用户沉浸于此环境中获取新的知识，提高感性和理性认识，从而产生新的构思。这种构思结果输入到系统中去，系统会将处理后的状态实时显示或由传感装置反馈给用户。如此反复，这是一个学习—创造—再学习—再创造的过程，因此可以说，VR 是启发人的创造性思维的活动。因此，与过去只能在计算机旁等待计算机的处理结果，只能与键盘和鼠标与计算机发生交互作用，只能从一些数值结果得到某些启发相比，虚拟现实技术提供了一个十分理想的人机界面。

根据用户参与 VR 的不同形式以及沉浸的程度不同，可以把各种类型的虚拟现实技术划分为 4 类：桌面虚拟现实、沉浸的虚拟现实、增强现实性的虚拟现实和分布式虚拟现实。

（1）桌面虚拟现实利用个人计算机和低级工作站进行仿真，将计算机的屏幕作为用户观察虚拟境界的一个窗口，通过各种输入设备实现与虚拟现实世界的充分交互。这些外部设备包括鼠标追踪球、力矩球等。它要求参与者使用输入设备通过计算机屏幕观察 360°范围内的虚拟境界，并操纵其中的物体，但这时参与者缺少完全的沉浸，因为它仍然会受到周围现实环境的干扰。桌面虚拟现实最大特点是缺乏真实的现实体验，但是成本也相对较低，因而，应用比较广泛，常见桌面虚拟现实技术有基于静态图像的虚拟现实 QuickTime VR，虚拟现实造型语言 VRML，桌面三维虚拟现实 MUD 等。

（2）沉浸的虚拟现实系统提供完全沉浸的体验使用户有一种置身虚拟境界之中的感觉，它利用头盔式显示器或其他设备把参与者的视觉听觉和其他感觉封闭起来，并提供一个新的、虚拟的感觉空间，并利用位置跟踪器数据手套、其他手控输入设备声音等，使得参与者产生一种身临其境、全身心投入和沉浸其中的感觉。常见的沉浸式系统有：基于头盔式显示器的系统、投影式虚拟现实系统、远程存在系统。

（3）增强现实性的虚拟现实不仅是利用虚拟现实技术来模拟现实世界仿真现实世界，而且要利用它来增强参与者对真实环境的感受，也就是增强现实中无法感知或不方便的感受。典型的实例是战机飞行员的平视显示器，它可以将仪表读数和武器瞄准数据投射到安装在飞行员面前的穿透式屏幕上，它可以使飞行员不必低头读座舱中仪表的数据，从而可集中精力盯着敌人的飞机或导航偏差。

（4）分布式虚拟现实可以看作是基于网络的虚拟现实系统，是可供多用户同时异地参与的分布式虚拟环境，处于不同地理位置的用户如同进入到同一个真实环境中，通过姿势、声音或文字等"在一起"进行交流、学习、训练、娱乐，甚至协同完成同一件复杂产品的设计或进行同一任务的演练。

**（四） 虚拟现实技术与增强现实技术的应用**

虚拟现实技术与增强现实技术在军事、商业、建筑、工业、考古、教育、旅游、娱乐、医疗等领域都有着广泛的应用。

虚拟现实技术与增强现实技术在军事上对未来研究与应用体现在下述几个方面：控制无人作战武器（如飞机、坦克等），利用战场发回各种信息（如实景图像、数据等）生成虚拟战场，通过人机协调共同分析和进行战事指挥；培训官兵，提高他们的作战、指挥、适应和生存能力；虚拟军事地图和已发生的战争再现。

在各种领域的设计上，虚拟环境下产品的研究与开发，以提高企业的创新能力，提高设计制造速度、减少开发人员、开发用的一切硬件资源，使企业降低成本。虚拟环境下的产品研究与开发，未来要解决的关键问题是开发过程中的知识融合（Knowledge Fusion），将不同领域的知识嵌入产品开发过程中、考虑产品初建模和建模过程中零部件的各种公差与误差以及公差评判，从根本上解决虚拟产品模型的精确性、可靠性、实用性、标准性和创新性，并且适应不同层次、类型的企业，使之能获取最大利益。

在医学上，完成医学虚拟系统是 21 世纪的一项有意义的挑战，其中的不同类型的虚拟人体是人类科学工作者一项复杂而艰巨的任务。基于虚拟现实技术与增强现实技术的远程医疗、心理学方面的研究与应用是一项很有潜力的应用领域。

虚拟现实技术与增强现实技术在城市规划、设计、建设、决策等方面有着极大的发展前景，将成为研究的热点。在文化教育上可解决硬件资源的不足，虚拟现实技术与增强现实技术在科学可视化的应用，可在网上进行虚拟实验、虚拟训练，使学习者可以获取、掌握各种科学知识和技能。

## 二、虚拟现实技术与增强现实技术的应用创新

**（一） 虚拟现实技术与增强现实技术在旅游规划的应用**

虚拟现实技术在旅游规划中的应用始于虚拟现实技术在建筑设计者用 CAD 工具对建筑物进行设计和建模，然后将产生的数据库变换成一个虚拟现实系统，客户在设计者的引导下通过虚拟现实系统的人机对话工具进入该建筑物的虚拟模型，在虚拟漫游的过程中针对不足之处提出修改意见，所做的任何修改都会自动地记录在系统数据库中，而不必重新输入就可以画出反映各种修改意见的最终图形。因而，产生了虚拟现实技术在城市规划和旅游规划中的应用。旅游规划人员将一处旅游地的道路、建筑、景点、商业网点等大量信息建成数据库，并变换成

虚拟现实系统，然后通过虚拟现实系统人机对话工具进入该虚拟境界，通过规划人员亲身观察和体验，认识、判断不同主导因素作用下各种规划方案的优劣，并辅助最终决策。例如，一座拟建中的旅游宾馆如何影响人们的视线、商业网点应布置在哪里最佳、污染企业布置于何处对旅游地影响最小。借助虚拟现实技术，无须规划方案的真正实施，就能先期检验该规划方案的实施效果，即是否能达到社会、经济、生态最佳综合效益，并可以反复修改和辅助最终方案的制订施行。

对旅游规划而言，要从多方案中选择具有最佳综合效益的一个。如能借助于虚拟现实技术，不仅能优化各种方案的论证方式，而且有着其他方法所不具有的直观、可经历的特点，同时还可以节约规划时间，提高效率。虚拟现实技术在旅游规划中商业应用的前景广阔。

**（二） 虚拟现实技术与增强现实技术在旅游营销中的应用**

虚拟现实技术在旅游营销中的应用，目前是一些桌面虚拟现实游戏宣传。这些虽然还不是完全投入式的，但有很高的交互程度。当启动游戏程序时，游戏者可以以第一人称的身份通过计算机屏幕上的窗口进入虚拟境界，并参与其中。"旅行者计划"是 Presto Studio 开发的一种时间旅行游戏，游戏者通过虚拟现实技术系统所提供的人机对话工具（接口），可以实现在虚拟境界中的旅行。"神秘"是 Broderbund 开发的另一种旅行游戏，该游戏设置了一个名为乌托邦的虚拟国家，该国有着数不清的建筑奇迹隐藏在神秘的地方，游戏者通过人机对话接口进入该国，不仅会有各种离奇的经历，而且必须竭力发现秘密入口，侦破秘密电码本，然后找到看不见该国住宅的原因。这些虚拟旅游游戏不仅使得参与者有着各种不同的个人经历、体验，而且还能从该虚拟环境中饱览美丽的山水风光和人文景观，给虚拟旅游者以美的享受，类似的旅游探险游戏还有 DrewPictveres 公司的 IronHelix、Disneg 公司的 StuntIsland 等。这些桌面虚拟现实游戏虽不是真正意义上的虚拟现实技术在（实际）旅游营销中的应用，但它为虚拟现实技术在旅游营销中的实际应用提供了极为有益的、富有启发性的思路。例如，通过对现有旅游景观的虚拟旅游可以起到预先宣传、扩大影响力和吸引游客的作用，还能够在一定程度上满足一些没有到过该旅游地或没有能力到该旅游景点的游客的游览和审美的需求，例如故宫虚拟旅游、异国风情游等；虚拟旅游，还能够再现已不存在的旅游景观或即将不复存在的旅游景观，满足一些人好奇的心理和给人们怀旧心理上的抚慰等，例如对于原三峡风景区的虚拟旅游，通过虚拟现实技术，利用原有的从航片、卫片得到的数据和实测数据建成地形地貌模型库，再复合以人文景观信息。在三峡坝区建成之后，通过虚拟现实技术使得原有雄壮美丽的库区自然、人文景观得以另一种方式进行保存，使后人能够通过虚拟旅游的方式重新游览这一奇异旅游景观。

# 【案例分析1】

## Oculus 虚拟现实体验用于旅游营销①

旅游市场营销团队推介旅游目的地时，通常能做的就是大力称赞旅游目的地如何魅力无穷。近日，加拿大的英属哥伦比亚旅游局，为美国城市如纽约和华盛顿等地的旅游媒体、旅游产业分销商，推出了基于 Oculus Rift 虚拟现实体验的产品"走近狂野"（The Wild Within）。

体验者佩戴 Oculus 头盔和耳机后，就能完全沉浸在 360°的体验中。此次的体验产品有两种视觉探险可供选择：一种是让体验者搭船和海狮家族会面；另一个则是有关登山之旅。

英属哥伦比亚省旅游局是最早使用虚拟现实科技，向旅游者推广宣传他们目的地品牌的机构之一。他们借助 Oculus 的头盔作为营销工具。今年秋天，万豪酒店集团也推出了基于 Oculus Rift 的体验，带领游客到夏威夷海滩和伦敦的摩天大楼顶层，享受不同风光。

【案例提示】

思考国内哪些景区适合使用虚拟旅游体验来增加游客访问量。

### （三）　虚拟现实技术与增强现实技术在旅游区域影响评价中的应用

虚拟现实技术在旅游区域影响评价中的应用主要表现在辅助评价模型的建立上。例如旅游区域经济效益评价模型。建立旅游经济效益评价模型的目的，是为了研究旅游发展与区域经济效益之间的可能关系，通过虚拟现实技术，研究者就能够参与到大量的数据之中去，通过虚拟的经历去感受大量数据所代表的旅游的不同发展方向与规模对区域经济的不同贡献率，而不是全部凭借想象推理去分析各种数据之间的可能关系。虚拟现实技术在旅游环境影响评价中也有应用，其通

---

① 资料来源：品橙解读，http：//www. pinchain. com

过建立相关的动态演化模型来实现。例如建立污染影响评价模型，用以研究旅游发展对周围环境的影响以及据此可确定旅游目的地的旅游环境承载力。当然，在旅游环境影响评价中的应用，不单凭借虚拟现实技术所能单独完成的，要达到更好的效果，还要借助于科学可视化（Visualization）功能，通过二者的有效结合，将大量的统计数据转换成更容易理解的各种图像，研究者再通过虚拟现实技术系统的人机对话工具进入这些图像之中，从不同的方向和角度来研究认识该虚拟环境，从而较直观地寻找不同旅游发展方向和水平与环境污染之间的关系。虚拟现实技术与增强现实技术为旅游区域影响评价提供了技术手段和方法，其应用前景和价值巨大，但仍需进一步发掘、开拓。

## 【案例分析2】

### 上海世博会清明上河图①

　　巨幅电子动态版的北宋画家张择端名作《清明上河图》，被称为中国馆的"镇馆之宝"。此作品高6.3米，长130余米。在短短的4分钟的播放过程中，《清明上河图》淋漓尽致地向人们展现了北宋时期都市的繁华。虚拟现实技术的融入，真实再现了历史上的北宋开封府。

　　动态版的《清明上河图》实际上是一幅巨幕投影。这部作品分为日景和夜景两部分，日景部分有691个人物，夜景有377个人物。清晨，脚夫赶着驮炭的毛驴，悠闲地走向城门；夜晚，河岸边的灯一盏一盏亮起来，雕花游船上歌舞宴饮。整个画面栩栩如生，由于影像是原画的30倍，给人以震撼的感觉。数字化展示设计改变传统的展示方式，人们获得视觉、听觉等多维度的体验，对画面内容有一个直观感受与理解。通过技术实现画面的真实感，使外国参观者充分感受中国传统文化的博大精深，并传播到世界各国，增进国内外的文化交流。

---

　　① 资料来源：创意百科，http://creative.zwbk.org

# 【案例分析3】

## 故宫推出首款儿童APP：皇帝的一天是这样度过①

在紫禁城高高的红墙里，昔日的皇帝究竟怎样办公、怎样生活呢？今天凌晨，故宫博物院出品的首款儿童类 iPad 版应用《皇帝的一天》准时在 AppStore 发布，带领孩子们深入清代宫廷，了解皇帝一天的衣食起居、办公学习和休闲娱乐。

**皇帝的一天 APP 界面**（图片来源：**http：//game.163.com**）

继《胤禛美人图》的华美、《紫禁城祥瑞》的清雅之后，故宫博物院将这样一本讲过去的未来"书"作为礼物送给孩子们。活泼的手绘画风，可爱的宫廷人物，趣味还原昔日紫禁城的生活场景，深度爆料皇帝一天的生活细节。"5点就要起床？皇帝不能偷懒多睡一会儿吗""一天两顿饭？堂堂的皇帝竟然得饿着""一生写了4万多首诗？一天射了300多只兔子？文武双全啊""原来紫禁城里也有连续剧看啊"……跟随乾清门外的小狮子，你将从早到晚惊叹连连。

《皇帝的一天》iPad 版采用了有趣的交互式地图，可以探寻皇帝在紫禁城里一天的生活轨迹，玩转养心殿、乾清宫、御花园、畅音阁等重要建筑。200多个大小交互点处处有讲究，一不小心就会错过很多精巧的小设计。应用还结合了解密、收集等流行的游戏元素，需要不断完成各种任务才能进入下一个生活场景。"银牌试毒""百步穿杨""粉墨登场"……一个个精心制作的小游戏趣味横生，更可以将好成绩分享出去，和小伙伴们一起来一场智慧和勇气的大比拼。除此之外，还有鹿角椅、檀木宝玺等众多文物卡片等你尽收囊中，霸气成就一一达成，满足各种收集癖。

【案例提示】

结合以上两个案例，分析虚拟现实技术的应用对旅游营销产生什么样的影响。

---

① 资料来源：http：//news.xinhuanet.com

## 第三节　情境感知的旅游应用创新

### 一、情境感知概述

#### （一）　情境感知技术的概念

情境感知（Context Awareness）技术源于所谓普适计算（ubiquitous compu-ting）的研究，最早由 Schilit 于 1994 年提出。情境感知简单说就是通过传感器及其相关的技术使计算机设备能够"感知"到当前的情境。用户研究和用户体验设计的一个难点在于了解用户使用产品的情境和环境。现在流行的做法是通过实地研究去了解用户情境，这种做法最大的一个问题在于成本过高，且样本量一般不大，如果要获取大样本的数据会耗费大量资源。情境感知计算的应用可以通过传感器获得关于用户所处环境的相关信息，从而进一步了解用户的行为动机等，特别对于移动互联网产品而言，手机的传感器技术对其用户研究具有重大意义。同时，情境感知技术对于用户体验设计一个更加重要的方向是所谓的"主动服务设计"，即计算机（特别是可移动计算机）可以通过情境感知，自适应地改变，特别在用户界面的改变，为用户提供推送式服务。比如，手机铃声根据自适应变更为会议还是户外等。

#### （二）　情境感知技术的内容

情境感知计算涉及许多东西，如传感器技术（Sensor Technology）、情境模型（Context Model）、决策系统（Decision Systems）以及应用支持（Application Sup-port）等。对情境感知的研究可以分为以下几个部分：情境信息获取（Context Acquisition）、情境模型与表示（Context Modeland Representation）、情境信息聚合（Context Aggregation）、情境信息查询（Context Query）、情境信息解释（Context Interpretation）、情境信息发现（Context Discovery）。

1. 情境信息获取（Context Acquisition）：情境信息获取是情境感知计算研究中底层的研究点。情境信息获取是从多样的情境信息源中获取情境数据的重要机制，一般而言，情境信息的获取和硬件传感器是紧密结合的。同时将情境信息获取过程独立出来也便于情境信息的重用。比较典型的情境获取包括：位置获取，即用户的当前位置，可以采用全球定位系统、基站定位、红外获取或射频技术来获取；其他初级情境，比如时间、邻近对象、网络带宽、方位、气候状况等，可以采用相应的获取设备取得信息。其中，健壮性和可靠性是情境获取的重要要求。

2. 情境模型与表示（Context Model and Representation）：关于情境处理与识别首先涉及情境表示和转换问题。根据采取的模型的不同，情境的表示也各不相同，为了表示情境往往需要将情境数据做恰当的转换，转换成与模型相符的形态。情境信息的模型是情境信息表示和高层情境推理的基础，目前很多情境感知系统都提出自己的情境信息模型，情境信息模型的类型选取主要是根据应用需求的特点和选取的情境数据的类型和表示形式决定的。经过几年的研究过程，研究者在设计情境模型上遇到一些问题，比如如何在情境感知系统中实现知识的共享、语义的互操作和模块的重用等问题，因而建立通用的情境信息模型成为研究的热点。

3. 情境信息聚合（Context Aggregation）：情境信息是从多种信息源获取的，情境信息聚合的研究集中在如何将多种情境信息源里的数据收集和存储起来。其中的一种实现方案就是设计集中式的情境信息聚合机制来提供持久性的存储、情境信息的集成和管理以及情境信息的共享和读取。基于统一的情境数据模型，情境信息聚合还能为上层的情境信息解释提供数据关联和查询服务。

4. 情境信息查询（Context Query）：作为情境感知服务的重要组成部分，情境信息查询提供访问情境数据的接口，由于情境数据的异构性和存储的分布性，情境信息查询的研究主要集中在情境查询语言、事件通知和查询优化等方面。

5. 情境信息解释（Context Interpretation）：底层的情境信息（如温度传感器的数据）很难被上层的应用程序所理解，情境信息解释就是将底层信息抽象成高层的情境信息，帮助理解活动和揭示活动的目的。其中研究的方法主要是利用机器学习和知识推理等人工智能方法，目前的研究主要集中在 Description Logic、First-OrderLogic、Bayesian Networks 等方法。

6. 情境信息发现（Context Discovery）：在情境感知系统中，情境感知将作为系统中的服务给用户或者软件模块使用，因而情境感知系统中必须具备情境信息发现机制，其研究主要集中在情境服务的描述、发布和事件订阅机制等。

**（三）　情境感知技术的发展历史**

随着无线网络技术的发展，移动设备拥有了强大的计算能力和更多的传感器，使以往需要专有设备才能完成的工作，现在由普通的移动设备也可以完成；同时智能手机日益普及，几乎成为每一个人的随身必备品。普适计算技术、移动条形码识别、情境感知计算使物理世界和虚拟世界的联系越来越紧密。情境感知是通过传感器及其相关的技术使计算机能够自动感知所处情境，它的研究范围包括用户自身、用户活动以及用户所处的环境。目前基于位置的情境感知计算正在蓬勃发展，而它仅仅只是我们日常生活无数情境中的一种。如何利用手机这一载体，将情境感知更好地应用到我们的生活中去，使我们的生活更加舒适轻松成为研究热点。尽管早在 20 世纪 90 年代中期，情境感知就已经被提出，但是其应用还是在近些年才开始发展。根据用户所在位置提供行动建议的应用是情境感知较为常见的一类应用。

情境感知计算的研究发源于早期学术界出现的普适计算方面的研究，它能够提供一种"随时、随地、任何人"形式的计算，将用户与设备之间的距离进一步降低。感知网络是在已有的感知计算技术基础上，对时序、空间、多尺度知识建模并进行深入的加工处理，提供对用户高度流动性的支持。情境感知是一种采用可以感知当前网络环境的感知过程来进行网络规划、判断、操作的过程，它能够主动地从这种自适应性中学习并据此制定决策。人们可以使用感知技术来提高资源管理性能、服务质量（Quality of Service，QoS）和安全性，以及更好地实现接入控制和其他网络目标。

在 1994 年，情境感知（Context Awareness）的概念由 Schi Hit 提出之后，随着移动计算的发展，越来越多的研究者参与到该课题的研究之中。现在一般研究中均采用的是 Dey 在其毕业论文中的定义，即"能够根据用户的情境信息给用户提供适合于当时人物、时间、位置、活动的信息或服务"。情境感知系统的目的是试图利用人机交互或传感器供给计算设备关于人和设备点的环境等情境信息，并让计算设备给出相应的反馈。一个具备情境感知能力的系统工作时一般包含 3 个主要过程：获取情境，分析情境，使用情境。情境感知概念提出后，关于情境计算系统的设计、关键技术的研究取得很大突破。关于数据获取的研究是指使用传感器来获取情境信息，是移动情境感知计算的基础。目前，很多移动设备终端已经内置了 GPS、蓝牙、温度、光线感应器、倾斜角度感应器等物理传感设备。在关于情境感知系统服务应用中，最常见的情境信息是位置信息，使 GPS 信号获取位置信息后，向用户提供相应的推荐或引导帮助非 GPS 的定位技术包括红外线、超声波、蓝牙、RFID、Wi-Fi、超宽频、ZigBee 和 NFC 技术等，可以根据不同的需要实现不同精确度的定位，清华大学陈兴等人则利用蓝牙等技术完成情境感知技术的移动交互系统的设计。其他的情境信息，如光线、噪声等也可以通过物理传感器来获取。情境感知按照获取信息的方式不同可以分为主动情境感知技术和被动情境感知技术。

### （四）　可穿戴技术

可穿戴技术是情境感知技术在应用技术方面最重要的发展之一。可穿戴技术（wearable technology）是指用户可以穿戴在身上的设备，采用的形式可以是珠宝、太阳眼镜、背包等配饰，甚至是现实的服饰，比如鞋子或一件夹克。可穿戴技术可以方便地集成和连接用户日常生活和行动中使用的工具、设备、电源的需求。

可穿戴技术以增强人们对事物的意识为目的，但又不妨碍日常社交活动。实际上，可穿戴技术拥有的潜力是无限的，它在改善人们生活环境的同时，也最大限度地改变着人们相互间的交流方式。

可穿戴技术具有以下几个特征。

1. 便捷的数据收集与分析：可穿戴设备不仅仅是一种单一的数据记录工具，还将实现更好的数据分享能力，特别是在收集和分析各类健康数据方面，可穿戴设备有着独特的优势。就目前的情况来看，由于可穿戴设备的研发处于早期阶段，在功能上仍然缺乏创新，产业界、研发者和消费者对可穿戴设备的关注，主要集中在实用性较强的健康监控类产品，健康类的产品是可穿戴技术发展较好的领域。可穿戴健康设备和专业医疗设备相比，虽然效果不及专业设备，但其优势就在于可以方便地、随时随地对身体进行保健治疗，并准确记录和反馈身体各项数据。通过对人体自身的实时监测和数据处理，帮助人们改善自身的身体状态和健康状况。在医疗康复等领域的先行可穿戴设备的社会化普及有所帮助。这也说明可穿戴设备想要真正普及，关键在于它能否解决实际问题，能否有效融入我们的生活。随着人们对自身健康的日益重视，可穿戴便携医疗设备的市场将不断扩大。

2. 开启大数据新时代：可穿戴设备之所以可以收集并分析人体各项数据，归根结底还是依靠大数据。随着人机交互、移动操作系统、语音智能等技术的接连突破，可穿戴智能设备正在形成一股新的市场潮流。借助云计算、移动互联网与大数据相关应用，可穿戴设备服务的提供将形成更大的市场机会。正开展得轰轰烈烈的大数据对可穿戴式设备而言，是非常重要的后备力量。大数据时代每个人都可以是数据的创造者，而可穿戴设备将这一设想变为现实。利用大数据技术，将可穿戴设备连接到智能终端，例如手机和平板电脑，然后进行数据处理，可以实现个体与云端的无缝通信，能够产生大量对消费者生活影响深远的信息。可穿戴设备领域看似门槛低，实则竞争壁垒相当高。它不仅仅是一种硬件设备终端，更是通过软件支持以及数据交互、云端交互来实现强大的功能，可穿戴设备将会对我们的生活、感知带来很大的转变。未来大数据、云计算、移动互联网三大技术的完美融合，将给可穿戴设备带来更好的用户体验效果，开启一个大数据利用的新时代。

3. 互联网的新入口：随着苹果、谷歌和微软等公司推出的智能生态系统，成千上万的开发者相继抛出各种关于穿戴设备的奇思妙想，有成熟的云服务和大数据技术作支撑，有相对健全的网络环境以及突飞猛进的生物检测技术做保障，可穿戴设备的梦想蓝图愈发清晰。而人们对可穿戴设备领域的关注，还有一个重要原因是可穿戴设备在未来将是互联网的全新入口。就好像今天我们把智能手机当作移动互联网的入口，在未来，人们将随身携带更多可以介入互联网的设备，这些设备让人们有更多途径与互联网连接，便于探索精彩纷呈的虚拟世界。

4. 与用户身体的高度融合（可穿戴技术的挑战与技术）：可穿戴技术要体现其"可穿戴"，首先要能够与用户身体相融合"穿戴"，不应停留在外表的装饰上面，而应该真正融入用户的生活，犹如近视人群的眼镜一样，戴在头上毫无多余的感觉，不戴却又深感不便。同时，可穿戴技术还要减小使用产品的难度，尽量把设备简单化，加速用户上手的速度，这是由于可穿戴技术面临的受众不仅仅是追求新潮热爱新鲜事物的年轻人，也还有学习能力有待提高的小孩以及慢慢开始拒绝新事物的老人，实际上这两种弱势人群占据了很大比重，对于这一部分人群，简单易学，轻松上手的设备才能使得可穿戴技术真正渗透到人们日常生活中，造福人类。

在具体应用方面，可穿戴技术主要衍生出智能眼镜、智能手表、智能手环以及医学智能系统等可穿戴设备。

智能眼镜：2012 年 6 月 28 日，谷歌通过 I/O 产品发布会发布了这款穿戴式 IT 产品。谷歌眼镜结合了声控、导航、照相与视频聊天等功能，预示了未来世界可能的样貌。一块右眼侧上方的微缩显示屏，一个右眼外侧平行放置的 720p 画质摄像头，一个位于太阳穴上方的触摸板，以及喇叭、麦克风、陀螺仪传感器和可以支撑 6 小时电力的内置电池。Google 在 I/O 大会上公开了研发多时的 Google Glass，一个近似配戴眼镜方式的辅助信息系统。尽管谢尔盖·布林并未更多透露 Google Glass 的工程细节，但 1500 美元的 2013 年预订价格，暗示了 Google Glass 的试验性质，至少按照无线传输和电池系统之间的能耗关系，Google Glass 还无法实现很多以往科幻小说中的诸多设想。对于这款眼镜，谷歌方面自然十分重视，公司多次向公众传达这样一个理念：穿戴式计算将成为未来的趋势。谷歌公司创始人谢尔盖·布林称，这副眼镜改变了他的活动方式。他举了一个例子：将自己的儿子用双手反复抛向空中，谷歌眼镜可以拍照并记录这一时刻。布林说："用智能手机或照相机根本无法做到。"《纽约时报》的专栏作者尼克·比尔顿，甚至将谷歌眼镜与历史上的印刷机和电影的发明相提并论，认为这一技术将改变世界。他说："当这项技术成熟，我们就能获得解放。可穿戴计算机将使我们摆脱紧盯 4 英寸屏幕的生活。我们不再需要时时刻刻看着设备，相反，这些可穿戴设备会回过来看着我们。"

**谷歌眼镜**

智能手表：在 2014 年的 MWC 大展上，三星发布了 GALAXY Gear2 智能手表，由一代的 Android 系统转向 Tizen 系统，拥有更快的 1GHz 的双核处理器，和一代一样，支持免提通话。GALAXY Gear2 可以通过蓝牙与手机连接，可以直接在手表上接收查看各种通知，同时可以拍摄 720p/30fps 的视频。此外，在手表背部嵌入了心率传感器，可实时进行心率监测；内置的计步器也能实现更精准的热量消耗计算。随后的 2014 苹果新产品发布会上，也推出了可穿戴设备——智能手表 Apple Watch，此款设备主打运动、健康功能，搭载多款传感器，并拥有 NFC 芯片，支持移动支付功能。

智能手环：智能手环这里以美国加利福尼亚 Fitbit 公司推出的 Fitbit Flex 为例。FitbitFlex 主要是作为一种健康追踪器，例如它可以在用户睡眠的时候，用于记录睡眠时长和睡眠质量；Fitbit Flex 还可以充当计步器，行走路程和燃烧的卡路里都被记录在内。Fitbit Flex 正面有 5 个灯，以此来显示用户完成目标的百分比，通过敲击两次给出完成目标的成绩，敲击多次则进入睡眠模式。

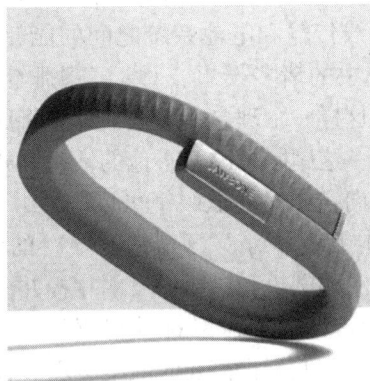

**智能手环**

医学智能系统：在医学领域，可穿戴技术的应用是将传感器技术、蓝牙无线传输技术及 XEK 等技术集于一体的智能医用监护系统，并对其中采用到的关键技术的可行性进行分析，利用各种专用的医用传感器来采集人体的血压、脉搏等生理数据，再利用蓝牙无线传输技术将数据传输给个人手持终端。个人手持终端可以通过 GSM、TD-SCDMA 等远距离无线传输方式将数据传送给远程控制终端，从而实现远程医疗监控与报警，远程医疗监控中心还可以通过 GPS 实时动态地采集病人的状态信息和准确地获取其所在的位置，使得医生能及时对病人的病情做出相应准备和就地治疗，以达到快速、准确、高效的目的。

## 二、情境感知在旅游中的应用创新

### （一） 社会化网络功能交互

如今，人们的物质文化生活水平不断提高，闲暇时间也越来越多，崇尚健康回归自然的愿望越来越成为人们的一种理想生活。因此，越来越多的人选择在节假日外出旅游，大部分人在旅游时都曾经使用过地图或旅行指南来帮助自己。然而，随着手持计算机设备和移动技术的飞速发展，这些传统的旅游辅助工具逐步被更先进的工具所取代。旅游需求量明显增大；需求趋于个性化，个性、自由、展现自我成为时代的新宠；旅游过程更注重知识性和体验性，这些变化使得旅游者不能满足于传统跟随导游的"上车睡觉、下车看庙、走到景点拍拍照"的低质量旅游过程，而是希望通过在旅游过程中全方位地参与或体验，充分理解旅游地的内涵和特色。随着自助游化、个性化和定制化的旅游消费成为普通游客的追求目标，反映在旅游需求上就是追求个性化的旅游线路、旅游经历和旅游体验。而自助旅游者对于即时信息服务、定位和导航服务等有着天然的巨大需求。同时，一些旅游者在旅游结束后，希望把自己的体验与他人分享，希望成为其他旅游者的"导师""旅游权威"等，需要进行信息的发布。

### （二） 可穿戴设备有助于提升用户体验

可穿戴技术由于其独特的舒适性、轻量性、便利性等优势，逐渐显示出了相较于手机"平板电脑"的优势，占有自己的一片市场。作为特殊的旅游群体，舒适性和简便性格外重要，这也就使得可穿戴技术在旅游方面的研究与应用不言而喻。可穿戴技术在旅游方面显示出的高度可融合性体现在以下几个方面：

1. 精确报告旅游者所在位置，并获取相关信息：游客可根据预先设计的旅行路径，通过可穿戴设备中所设置的情境感知系统，对旅游者所在的位置进行精确定位，并在旅游过程中获取周边信息，通过对信息进行过滤，能够对游客所需要得到的信息进行快速传达；比如实时查看周边餐馆、酒店、列车表等信息，方便游客出行。NAVIGATE 是内置了 GPS 的夹克衫，集成了 LED 照明和触觉反馈。而目的地信息则储存在你手机的相关应用上，手机会把方向数据上传到夹克衫。当你往目的地走的时候，夹克衫的袖子会视觉化指引信息。夹克衫上的 LED 灯则会显示出你离下一个拐角多远。在当前的旅途中，夹克衫会通过振动提示你，是时候转弯了以及转弯的方向。NAVIGATE 是一种时尚配件，可以在行走或骑车时用来探索一座城市。

2. 实时显示旅游者旅行情况，包括游客的旅行时间，平均速度；比如基于可穿戴设备技术设计的手套和鞋子，一般像手套与鞋子不会被旁人认为是一种高科技技术，不会带来危险性；另外，可穿戴技术产品的移动性，可使穿戴者在移动中进行操作，特别适合于在走动、跑动、甚至爬行的场合。一个很好的例子是使用可穿戴设备的一个不寻常而又有趣的活动。它来自维多利亚旅游局（Tourism Victoria）。在他们"别样的墨尔本之旅活动"Melbourne Remote Control Tourist（RCT）中，维多利亚旅游局给 4 名旅行者装备了 GPS 摄像头。为期 5 天，在线观众可以通过 Facebook 和 Twitter 给这 4 名旅行者发送指令和请求，例如去一家特定的酒吧或者咖啡厅，又或者和完全陌生的人举手击掌。观众可以通过直播看到他们的指令被执行的过程。最终，这个团队旅行了 109 公里，举手击掌了 205 次，自拍了 62 次，执行了来自 8726 个用户的请求，直播了 27 万秒生活片段。

3. 密切关注游客在旅行途中的身体健康状态：身体状态监测作为可穿戴设备的一项主要功能，同样在旅游过程中也会发挥着重要的作用。通过脉搏、血压等健康指标进行实时跟踪，可穿戴设备能够为游客提供重要的身体信息，帮助游客实现健康出行。

## 【案例分析 1】

### "情景感知"： 下一个智能科技新趋势①

你是否已经受够了长时间盯着智能手机去做一些琐事：下载各种类型的应用软件，然后在合适时机打开它们。苹果 Siri 和谷歌 GoogleNow 可能知道你想要什么，但是它们却不知道你在哪儿，或者你现在正在干吗。这就是"情景感知"技术存在的意义：它将成为一种新生代智能手机或可穿戴设备应用软件，它可以依靠收集到的信息对你的行为进行更细致的"猜测"，从而帮助你完成日常工作。

很快，具备某些"情景感知"功能的应用软件将火起来。"在描述天气变化或者确定两地距离方面，GoogleNow 和 Siri，但是能够让智能手机实时进入相关情景模式的系统将最终被证明更加有用。"Mobiles. co. uk 网站互动媒体经理杰伊·卡撒达斯（Jay Karsandas）表示。

比如，当你坐在市郊往返列车时，你最常用的应用软件（音乐、游戏或者电子邮箱）会自动加载；当你坐在电视机前面时，你的手机上会自动出现 Facebook、Twitter 或者 eBay 应用

---

① 资料来源：http://tech. 91. com

软件，无须你在手机上来回刷屏寻找它们。

### 何为情景感知

可以肯定的是，智能手机和平板电脑将最终支持情景感知功能，但可穿戴设备在这项功能应用方面更有优势。独立研究公司 SmartWatch Group 在其报告中预期，到 2020 年，20 款最具相关应用领域都将是针对智能手表的，其中最为突出的就是个人助手。我们希望智能手表能够以一种情景感知及更高效的方式来管理我们的日历、任务和信息。比如，你的手表依据实时路况信息，可以告诉你什么时候该去参加会议了。

SmartwatchGroup 预期，2020 年智能手表的销量将达到 16 亿部，为了能够支持这类情景感知，其中有一半的智能手表将需要网络连接。

### 为何是可穿戴设备

"可穿戴科技将成为情景感知平台最为重要的数据来源之一，可穿戴设备中的感应器将突破智能手机感应器监测功能，尤其是在健康和物理数据方面。"健康和运动平台 Lifesum 公司 CEO 亨利克·特斯泰森（Henrik Torstensson）表示，"基于人类行为模式和特性，持续的数据积累将会为我们带来更为准确、复杂的服务。"

### 情景感知应用软件如何帮助我们？

特斯泰森表示："情景感知应用可以成为我们文化中不可获取的一部分。它们可以大幅改善我们的生活质量，会有越来越多的人毫不犹豫地去使用它。"他认为，这种高科技能够判断出我们是否需要再去体育馆，是否需要改变我们的睡眠习惯，是否需要为我们日常饮食增加绿色蔬菜。

### 何为情景感知搜索

情景感知搜索将突破现有条形码扫描和谷歌图片搜索，这种新型搜索最典型代表就是 Slyce 虚拟搜索平台。Slyce 公司总裁埃尔芬拜因（Elfenbein）表示："Slyce 使用自助开发的图片识别技术，能够在用户生成的移动图片中辨识产品。Slyce 会评估这些图片属性，并将它们和与之特性最接近的零售品牌相匹配。"这种图片识别技术可能会应用在未来零售商的应用软件中。用户可以使用智能手机对零售店中的鞋子拍照，然后应用软件会打开这个商品所在网站，并向你发送折扣优惠券，或者展示一段演示视频。

不过，埃尔芬拜因也提及了 Slyce 一些其他潜在功能。比如，你可以拍摄某个发型照片，然后就会知道想要拥有这种发型需要什么样的产品；或者你可以拍摄需要维修的家具，然后会获得所需工具信息。因此，未来情景感知搜索是什么？Slyce 认为，"情景感知搜索"的未来是：对物体进行拍照，然后获取有关这种物体的所有有用信息，比如价格、销售渠道、与其他产品的比较、优惠券或者产品展示视频等。

### 情景感知就是关于"个性化"

大数据时代意味着，营销商将获得大量有关消费者信息，只是他们现在还没有利用好这些信息。"目前，大数据在预测用户个性化消费行为方面，只使用了已知用户信息和历史数据。"Webtrends 公司营销总监约翰·弗莱明（John Fleming）表示。营销商所缺失的就是能够将实时信息（比如实时上网数据，消费者所使用的设备，具体的地理位置，以及消费者在某个购物周期内的状态）进行整合的能力。将所有这些因素结合起来，这就是情景感知个性化的定义。

情景感知个性化具体是指：给消费者他们想要的东西，知道他们何时、何地需要这种东西，它将虚拟在线世界和现实世界连接起来。想象一下，如果在你还未踏入某个商铺大门时，老板就知道你的购物习惯、喜好或者购物记录，他何愁卖不出商品呢？弗莱明给我们描述这样一个例子。当一个名叫 Jane 的女孩网购或者在实体店买鞋时，情景感知技术就能让店主知道 Jane 此前在网店上所浏览的产品，她的在线消费习惯，以及当前她所处的地理位置和天气条件。如果她在布莱顿，你就可以给她着重推荐凉鞋，如果她在曼彻斯特，那里正在下雨，你就可以向她推荐最新款长筒雨靴。弗莱明指出，即使她并没有做任何的消费，不要紧，零售店可以使用历史数据和实时数据向她发送邮件，里面的内容将是她此前在网店上浏览的产品信息。这种案例同样也适用于电影院和咖啡馆。弗莱明表示："这就是情景感知个性化技术，它融合了苹果 iBeacon 等最新技术，它使用消费者在线消费行为数据来助推线下产品销量。"

**情景感知应用能否方便我们的生活**

从某种程度上，应用软件已经让我们的生活变得更加舒适和便捷，比如打车应用 Uber 和支付工具 Venmo。但是，我们需要更复杂的应用软件，它能够收集到我们的相关信息，并推算出我们的需求。比如，你可以告诉未来一款应用软件，你正在市场上购买新车，它就会为你安排试驾。未来，应用软件将会变得足够智能来知道你的各种需求。

**谷歌情景感知技术**

尽管大数据在情景感知技术中扮演着至关重要的角色，但像谷歌 GoogleNow 个人语音助手想要更清楚了解用户的互动和地理位置，需要手机配置更加精准的感应器。谷歌 ProjectTango 项目将重点放在了打造能够更精准感知周围环境的设备。"谷歌 Project Tango 正在尝试让移动设备通过先进的感应器来'理解'空间和运动，从而带来一种全新的用户体验，比如 3D 扫描、室内导航和身临其境的游戏体验。"谷歌 ATAP 技术项目负责人乔尼·昌·李（Johnny Chung Lee）表示。

# 【案例分析 2】

## 可穿戴式设备： 你的专用随行翻译①

在这份报告中，有几位专家将谷歌眼镜、索尼公司生产的智能手表（Smart watch）以及三星公司的智能腕表（Galaxy Gear）看作可穿戴式技术进入日常应用的"先遣部队"；另外，市场研究公司 IMS Research 估计，谷歌眼镜每年的出货量将达到 660 万款。

另外，英特尔公司总裁蕾妮·詹姆斯也表示，微型芯片将变得更加纤小，到 2017 年，其宽度仅为 15～20 个原子的宽度。

这就意味着，人们能将某些设备技术植入到以前被认为不可能的地方。比如，未来学家伊恩·约曼博士就在报告中表示，5 年内，谷歌眼镜将移入人们的隐形眼镜内。

---

① 资料来源：http：//www.cpus.gov.cn

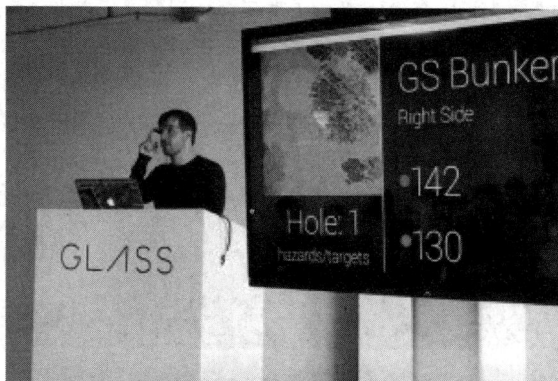

**谷歌眼镜演示**

可穿戴式技术或许是所有技术中，对旅行影响最深远的技术。10 年内，你穿的衣服（佩戴的眼镜）或许能实现语言（不管是口头的还是书面的）的实时翻译。目前，谷歌眼镜团队正在研发一项新功能，能够翻译菜单和街道指示牌。谷歌眼镜和其他类似的产品还有可能对未来的摄影技术带来重大影响，彻底改变其面貌。

威廉姆斯强调："现在，我们需要为在什么地方拍照和拍摄什么照片伤神，但到 2024 年，谷歌眼镜除了能为你拍摄照片外，还能将你的整个旅行行程记录下来，随后，再指导相关设备挑选出最好的相片。"

# 【案例分析3】

## 迪士尼推自家可穿戴设备手环 MagicBand[①]

大多数人们，特别是小孩，心目中完美的假期便是去世界级的主题公园，可是等待时间过长，等待队伍过长以及预订和购买的困难让人们对假期之旅抱怨连连。迪士尼计划用最新穿戴式设备魔力腕带 MagicBand 改变这一现状。魔力腕带采用了蓝牙以及无线射频技术。

**魔力腕带是如何工作的**

迪士尼主题公园董事长 Thomas Staggs，说道，过去的 6 年来，公司一直在研发一种能捆绑于魔力腕带的设备，名叫 MyMagic +。采用了嵌入式无线射频及蓝牙技术，游客只要戴着魔力腕带便能通过彩色的橡胶腕带轻轻一点查看到具体的景点。Staggs 还说道，研发魔力腕带最重要的一个原因也是为了减轻顾客的焦虑。"当我们减少了顾客的焦虑感，他们在主题公园内就会玩得更开心。"

魔力腕带还能够与游客的信用卡以及银行账户相捆绑，并且游客只需在主题公园各大销售商处的支付垫上轻拍腕带便可用于购买商品。为了保障游客信息安全，会产生一个随机码，

---

① 资料来源：http://www.cnbeta.com

而且迪士尼会保留其加密记录，而这些只能供购买者使用。也不必担心腕带丢失而引起的一大堆信用卡账单。魔力腕带很容易与你的账户断开，而且不用 PIN 码的支付上限是 50 美元。它甚至可以被设置为不允许任何购买，或者设置为具体的支出限制。

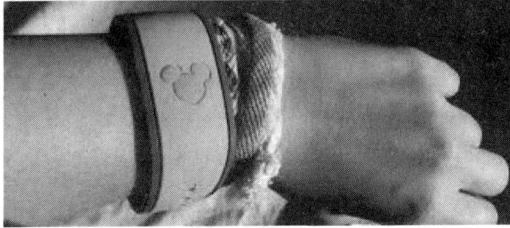

迪士尼的魔力腕带

### 魔力腕带的主要优点

魔力腕带最主要的优点，除了买东西方便以外，还能够提前安排门票、景点以及特别活动，比如烟花大会、巡游以及漫步公园寻找一些有趣的迪士尼卡通人物。魔力腕带也能够变得个性化，一旦遇上迪士尼卡通人物，它便能够马上知道你的姓名以及其他与腕带绑定的一些个人信息（不包括财务信息）。

### 魔力腕带的其他用处

迪士尼主题公园目前打算开发一项能融入魔力腕带的技术，能让公园内的电子动画直接与使用者对话。腕带还能追踪定位，让公园管理者在监控内能看到川流不息的交通。由于客人的隐私问题，所以魔力腕带所有者能够自由选择跟踪服务，而不是默认被打开。

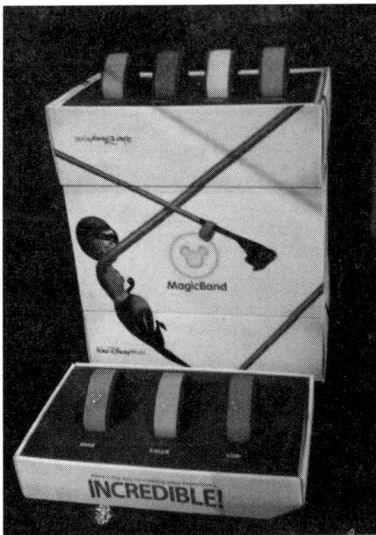

迪士尼的魔力腕带

**如何拥有自己的魔力腕带**

魔力腕带目前还未在主题公园中使用，迪士尼公司期待在接下来的 1 年魔力腕带能全面推广。魔力腕带可以在网上购买，也将会随门票赠送，并且会在你主题公园游玩日期之前送至你的家门。

**【案例提示】**

1. 以上 3 个案例分别提及了哪些信息技术手段在旅游中的应用，具体实现了哪些功能？

2. 结合以上案例，思考情境感知技术和可穿戴设备在未来旅游业中的应用前景。

# 第四节　大数据的旅游应用创新

## 一、大数据的概念、特点、结构和应用

旅游发展进入一个崭新的阶段，迫切需要一个定性与定量、宏观与微观、自然科学与社会科学相结合的决策支持平台。旅游产业的发展离不开旅游研究的支撑，旅游研究离不开各类旅游数据，数据是旅游研究的基础，如当前旅游研究所主要采用的基于文献和调查研究数据。然而，此类传统研究过程受资料来源和资料时滞影响，研究成果的客观性、及时性受到影响，严重脱离信息时代信息快速动态变化的经济与社会环境。通过建立旅游大数据中心，借助互联网技术、搜索引擎技术、数据仓库与挖掘技术等信息技术，对包含互联网、传统信息媒介以及纸质文献资料等在内的信息提供渠道的旅游数据进行全面整合，对旅游业运行的各项指标进行跟踪、分析、预测与预警，将对旅游业的发展提供微观、中观以及微观各个层面的科学决策支持。

旅游业在我国已发展成为重要的经济部门，涉及企业类型广泛，要素繁多，数量十分庞大。高质量的旅游统计数据既是旅游企业投融资、运行状况评价、经济活动效应核算的重要依据，也是旅游科学研究质量的保证。数据要成为旅游研究、政府决策、企业投资的参考依据，要求统计与分析工作提高其准确性、科学性和权威性。随着统计事业的发展和统计资料与社会经济的密切程度的提高，人们对数据质量概念的认识也在发生转变，从过去的只重视提高数据准确性和及时性，向提高数据的科学性、权威性等多维的质量内涵方面转变。在纸质资源环境下，统计年鉴以统计条目作为统计数据的载体，每个指标及其数据是静态的，不方便使用。只有获取了"已激活"的统计指标和统计数据，用户才能挖掘揭示出常见社会现象背后所包含的经济社会发展规律。

### （一）　大数据的概念

业界和学界对大数据（Big Data）的概念并没有统一的界定，维克托·迈尔–舍恩伯格在大数据经典著作《大数据时代》中给出定义：大数据指不用随机分析法（抽样调查）这样的捷径，而采用所有数据的方法。研究机构 Gartner 定义大数据是需要新处理模式才能具有更强的决策力、洞察发现力和流程优化能力的海量、高增长率和多样化的信息资产。麦肯锡将大数据定义为：无法在一定时间内用传统数据库软件工具对其内容进行抓取、管理和处理的数据集合。因此，大数据可以认为是一种数据处理的技术手段，也可以认为是通过数据处理而得到的信息资产。

### （二）　大数据的特点

大数据具有 4V 特征，即大量（Volume）、多样（Variety）、快速（Velocity）和价值（Value）。首先，网络空间中数据的体量不断扩大，数据集合的规模已经从 GB、TB 到了 PB，而网络大数据甚至以 EB 和 ZB 等单位来计数。IDC 的研究报告称，未来 10 年全球大数据将增加 50 倍，管理数据仓库的服务器的数量将增加 10 倍以迎合 50 倍的大数据增长。其次，网络大数据类型繁多，包括结构化数据、半结构化数据和非结构化数据。在现代互联网应用中，呈现出非结构化数据大幅增长的特点，至 2012 年年末非结构化数据占有比例达到互联网整个数据量的 75% 以上。这些非结构化数据的产生往往伴随着社交网络、移动计算和传感器等新技术的不断涌现和应用。再次，网络大数据往往呈现出突发涌现等非线性状态演变现象，因此难以对其变化进行有效评估和预测。另一方面，网络大数据常常以数据流的形式动态、快速地产生，具有很强的时效性，用户只有把握好对数据流的掌控才能充分利用这些数据。最后，大数据里蕴含着价值，而这个价值需要对其进行深入的挖掘，相对于大数据总量来说，其价值是稀疏的存在，因此大数据的价值还具有稀缺性、多样性和不确定性的特点。

### （三）　大数据的应用

随着信息技术的快速发展，大数据技术在各个领域都有较大程度的应用，这里首先将大数据技术的应用做简单的介绍，其次对较为成熟的大数据技术应用——垂直搜索引擎进行具体说明。

1. 大数据的应用概览

基于客户行为分析的产品推荐：产品推荐基于客户社交行为分析的社区营销。通过分析客户在微博、微信、社区里的兴趣、关注、爱好和观点等数据，投其所好，为客户推荐他本人喜欢的或者是他的圈子流行的或推荐给他朋友的相关产品。通过对客户行为数据的分析，产品推荐将更加精准、个性化。传统企业既可以依赖大型电子商务公司和社区网络的产品推荐系统提升销售量，也可以依靠企业内部的客户交易数据、公司自有的电子商务网站等直销渠道、企业社区等进行客户行为数据的采集和分析，实现企业直销渠道的产品推荐。

基于客户评价的产品设计：客户评价数据具有非常大的潜在价值，它是企业改进产品设计、产品定价、运营效率、客户服务等方面的一个很好的数据渠道，也是实现产品创新的重要方式之一。客户的评价既有对产品满意度、物流效率、客户服务质量等方面的建设性改进意见，也有客户对产品的外观、功能、性能等方面的体验和期望，有效采集和分析客户评价数据，将有助于企业改进产品、运营和服务，有助于企业建立以客户为中心的产品创新。

基于社区热点的趋势预测和病毒式营销：社区中热点和热门是大数据分析的结果。在社区中热门话题、在搜索引擎中热点分析，通常具有先兆性的特征，能够成为一种流行趋势的预测。

基于数据分析的产品定价：产品定价的合理性需要进行数据试验和分析，主要研究客户对产品定价的敏感度，将客户按照敏感度进行分类，测量不同价格敏感度的客户群对产品价格变化的直接反应和容忍度。通过这些数据试验，为产品定价提供决策参考。

基于客户异常行为的客户流失预测：客户数据分析中发现客户的投诉增多，客户评价出现负面情绪，客户购买量明显减少等现象，根据客户行为模型，预测客户流失的可能性，并采取针对性措施。

基于环境数据的外部形势分析：从市场竞争者的产品、促销等数据，从外部环境的数据，例如天气（如雾霾）、重大节日、国家大事、热门话题（如中国好声音）、社交媒体上人们的情绪（快乐）等中找到对外部形势演变的先导性的预测，帮助企业应对环境变化。

基于物联网数据分析的产品生命周期管理：条形码、二维码、RFID 等能够唯一标识产品，传感器、可穿戴设备、智能感知、视频采集、增强现实等技术能将产品生命周期的信息进行实时采集和分析，这些数据能够帮助企业在供应链的各个环节跟踪产品，收集产品使用信息，从而实现产品生命周期的管理。

## 【案例分析1】

### 电信公司通过大数据分析挽回核心客户①

法国电信 Orange 集团旗下的波兰电信公司 Telekomunikacja Polska 是波兰最大的语音和宽带固网供应商，希望有效的途径来准确预测并解决客户流失问题。他们决定进行客户细分，

---

① 资料来源：中国信息产业网，http://www.cnii.com.cn

方法是构建一张"社交图谱"分析客户数百万个电话的数据记录，特别关注"谁给谁打了电话"以及"打电话的频率"两个方面。"社交图谱"把公司用户分成几大类，如："联网型""桥梁型""领导型"以及"跟随型"。这样的关系数据有助于电信服务供应商深入洞悉一系列问题，如：哪些人会对可能"弃用"公司服务的客户产生较大的影响，挽留最有价值客户的难度有多大。运用这一方法，公司客户流失预测模型的准确率提升了47%。

# 【案例分析2】

## 电商企业通过大数据制定销售战略

与外国同行相比，国内最大母婴电商宝宝树的办法更简单直接，它直接购买了一款数据可视化分析软件永洪BI。这个软件可以快速分析海量数据，快速响应不同需求，即时生成复杂报表。宝宝树在永洪BI平台上，通过拖拉拽操作，生成关联不同指标的分析模型，包括环比、同比、用户快照分析、沉睡率、唤醒率、平均回购周期等。

有了这些关键数据后，宝宝树的业务团队再来做更进一步的分析，比如上周有多少新用户？推的新品收入怎样？上月的新用户这个月的购买表现如何？用户的平均回购周期相对环比是缩短了还是延长了？各渠道引流占比有何变化？……基于对这些问题的全面回答，他们不断制定和调整产品和销售战略。一次，宝宝树发现关键词排序报表上多了污染这个词，就想到空气净化器可能会火，于是在B端找到客户投放广告，大获成功。现在空气净化器市场基本被母婴电商垄断。

# 【案例分析3】

## 大数据帮能源企业设置发电机地点①

丹麦的维斯塔斯风能系统（Vestas Wind Systems）运用大数据，分析出应该在哪里设置涡轮发电机，事实上这是风能领域的重大挑战。在一个风电场20多年的运营过程中，准确的定位能帮助工厂实现能源产出的最大化。为了锁定最理想的位置，Vestas分析了来自各方面的信息：风力和天气数据、湍流度、地形图、公司遍及全球的2.5万多个受控涡轮机组发回的传感器数据。这样一套信息处理体系赋予了公司独特的竞争优势，帮助其客户实现投资回报的最大化。

【案例提示】

思考以上案例运用大数据分析来发现问题以及解决问题的共性特征。

## 2. 垂直搜索引擎

通用搜索引擎（General Search Engine），也叫水平搜索引擎，是指根据一定

---

① 资料来源：中国大数据，http：//www.thebigdata.cn

的策略，运用特定的计算机程序搜索互联网上的信息，在对信息进行组织和处理后将信息显示给用户，以检索用户所需信息为目的的一种计算机网络系统，如百度、谷歌等。因此，搜索引擎整合了互联网上众多的网页资源，并提供信息导航和信息查询服务，使信息的价值得到了网民和厂商的普遍认可。但是，随着众多专业性网站、行业网站独立于互联网的成功，反映出了这样一个事实：互联网的格局应该是多方面的。而通用搜索引擎的性质，决定了其不能满足特殊领域、特殊人群的精准化信息需求服务。市场需求多元化决定了搜索引擎的服务模式必将出现细分，针对不同行业提供更加精确的行业服务模式。可以说通用搜索引擎的发展为垂直搜索引擎的出现提供了良好的市场空间，势必将出现垂直搜索引擎在互联网中占据部分市场的趋势，也是搜索引擎行业细分化的必然趋势。

具体而言，垂直搜索引擎就是把网页库中的某类专门信息进行了整合，定向分字段地抽取出需要的数据，然后进行深度加工处理，如去重、分类、分词、索引等，最后再以某种特定的形式返回给用户。它能为用户提供针对性更强、精确性更高的信息检索服务。特定行业的用户更加青睐垂直搜索引擎，是垂直搜索引擎的长期、稳定的群体。垂直搜索引擎的应用方向很多，如地图搜索、音乐搜索、图片搜索、文献搜索、企业信息搜索、求职信息搜索……涉及各行各业、各类信息都可被细化成相应垂直搜索对象。相比通用搜索引擎而言，垂直搜索引擎有很多优势：采集的学科范围小，总的信息量相对较少，可以保证用专家分类标引的方法对采集到的信息进行组织整理，进一步提高信息的质量，以建立一个高质量、专业的、能够及时更新的索引数据库；只涉及某一个或几个领域，词汇和用语的一词/一字多义的可能性大大降低，而且利用专业词表进行规范和控制，从而大大提高查全率和准确率；信息采集量小，网络传输量小，有利于网络带宽的有效利用；索引数据库的规模小，有利于缩短查询响应时间，还可采用复杂的查询语法，提高用户的查询精度，等等。

因此垂直搜索引擎的特点就是"专、精、深"，且具有行业色彩，相比较通用搜索引擎的海量信息无序化，垂直搜索引擎则更加专注、具体和深入。垂直搜索引擎主要应用在以下几个方面：

（1）企业中的精准营销

垂直搜索使网络用户可以非常准确、便捷地进入某一特定领域搜索相关主题的内容信息。相比传统的通用类搜索，垂直搜索的优势在于能够对互联网应用和网民兴趣的多元化做出及时的反应。而谁能够发挥垂直搜索的这种灵活、精准的特征，谁就能在众多垂直搜索应用中脱颖而出，赢得独立的细分市场。面对海量的网络用户，如何人为控制访问群体，做到网络中的市场细分，是企业在进行网络营销时首要解决的问题之一，也是网络营销成败的突破口。而垂直搜索引擎的出现恰到好处地解决了这一问题，对企业而言，由于掌握了目标群体的特点，企业网站的针对性更强，营销策略也会更有效，同时节省了通用搜索引擎营销中带来的单纯点击花费，节省了营销成本。垂直搜索引擎使营销更有针对性，也使营销体现出前所未有的个性元素，向着一对一的趋势发展。

垂直搜索引擎的这种精准特性恰恰满足了企业的需求。数据显示，由于外部资源环境及市场竞争的激烈加剧了中小企业生存环境的挑战，中小企业走"拼资源、拼价格、拼环境"的老路已难以为继，必须转变运营方式，只有在巨大的压力之下成功转型的中小企业，才可能在未来的竞争中生存下来。而中小企业生存环境的变化，又在一定程度上激发了垂直搜索营销需求的扩大，逐渐成为中小企业转型利器。

# 【案例分析4】

## Healthline 的医疗垂直搜索平台①

Healthline 的医疗垂直搜索平台（www.healthline.com）使用组合语义查寻技术和全面消费健康分类学。Healthline 分类数据由超过850000项医疗相关元数据和50000条相互关联的医疗概念组成。这些独特的资源使 Healthline 翻译每天用户使用语言以便精确地匹配医疗术语，使得消费者能迅速从结果中判断确切的需要信息。比如，当你点击疾病分类"高血压"进入搜索结果页面后，他把高血压的定义、文章、图片、高血压评估、治疗方法、高血压相关疾病、医生反馈信息等有高血压的所有信息都全部专业地分类列出来了。如果你得了高血压，通过这些信息加上互动完全可以知道你目前的状况，以及怎样治疗，怎样调整生活、饮食习惯，预约附近的医生，各种药物的特点，最终你完全解决了你所有的问题。Healthline 专业的元数据属性构造背后有着一个强大的医疗领域专业人物组成的团队。这些医疗领域的专业人物对该领域的元数据模型进行专业的分析、关联整合、再通过搜索技术按这些元数据模型把这些信息组织呈现给用户。公司的 HealthMaps（健康关系导图），是由超过1100位主要的医师和医疗信息学专家共同开发的，用户直接在"healthmap（健康关系导图）"上点击相关图标就能搜索所有与该疾病相关的信息。

### 【案例提示】

结合本案例的内容思考垂直搜索引擎和水平搜索引擎有哪些不同点？

---

① 资料来源：http://www.idcps.com

**Healthline 医疗垂直搜索平台**

（2）整合政府门户网站的政务资源

面对多如繁星的政府门户网站，用户查询信息和网上办事时往往无所适从，政务垂直搜索引擎的建设恰恰解决了这个问题，用户可以通过搜索引擎的各种检索方式，方便地获取过去需要访问多个网站才能查全的信息。同时也可以通过检索获取网上办事的入口。一站式检索和导航服务，大大方便了市民和企业，提高了政府门户网站的服务水平，是在政治体制改革环境下，"凝聚"组织机构的有效手段。目前，市场格局的变化，按照"大社会、小政府"的思维模式，政府介入微观经济领域越来越少，国家各个行业的部分机构大都由事业型转为企业。这样部委和下面机构之间就没有行政领导职能，但业务上还存在千丝万缕的联系和业务指导关系。垂直搜索引擎的出现将两者有效地"凝聚在一起"，通过"信息的关联"把大家联系在一起，有利于行业内信息的交流和协作。

# 【案例分析5】

## 中国政府公开信息整合服务平台——国图分站①

国图政府信息整合发布平台（govinfonew. nlc. gov. cn）是我国政府信息公开领域的首个垂直搜索系统，它把各级政府网站上的公开信息作为采集对象，以用户需求为导向，将网络上不同来源、格式和版本的政府信息资源和国图馆藏文献信息资源进行有序整合，从而构建一个方便、快捷的政府公开信息整合服务门户。据了解，系统建成后，公众可以像应用 Google 一样搜索到分布在全国各地政府网站上的信息。并且，此系统的建成不仅帮助国图承担起政府信息公开条例赋予的职责，而且它对我国政府信息资源的利用开发也会起到积极的促进作用。

【案例提示】

1. 思考政府机构如何利用垂直搜索引擎来提高工作效率。

2. 结合国内实际情况，思考我国还有哪些政府机构适合使用垂直搜索引擎。

# 二、大数据在旅游领域的应用创新

## （一） 大数据技术在旅游领域应用的总体介绍

1. 旅游需求预测

旅游需求包括游客对设施或服务的需求。需求管理是供应链管理的重要组成部分，连接着供应链的各个流程。旅游需求的研究为更好地了解旅游决策过程的本质提供了有力的证据。旅游需求的准确预测将为政府和业务部门的决策提供重要的信息。未来，对需求的预测将成为所有供应链规划中非常重要的元素。2013年10月九寨沟景区游客大量滞留事件就是由于景区对游客人数预测失误所导致的。因此，依据游客的需求预测而建立的数据储备库是否完备，直接影响了一条供应链的供给是否能维持长期、有效的运用。

旅游需求预测的大部分研究是基于统计方法的，特别是计量经济学和时间序列法。在旅游需求预测中加入对需求灵活性的考察将有利于减小预测风险。这里的灵活性是指有能力应对不断变化的需求，使用或调整额外资源的物理空间。对于服务业而言，则主要指的是能根据突发性的服务需求，及时协调人力和推出不同针对性产品的能力。将大数据技术融合在现有需求预测方法中，一方面可以结合文本、图片、视频及其他媒介数据对游客的旅行需求进行分析和归类，并对用户需求做出快速反应，也可以利用小密度数据为游客制定个性化服务；另一方面可以通过交通、天气、住宿及景区条件等数据为景区及政府部门提供实时的流量

---

① 资料来源：新华网，http：//news. xinhuanet. com

监控、紧急调度和安全预警工作，最终为旅游业发展制定长期战略及短期战术。

2. 政府旅游资源共享

在政府层面，大数据的应用有助于政府部门收集、管理和利用所有的新数据、提高旅游组织间的信息共享，以获得更加综合且相互联系的情报。通过更好地了解各级旅游数据的出处，从而提高历年各级旅游数据的可信度。应用先进的可视化技术、工具和格式表达信息，实现口径统一快速分析，提出创新见解，缩小人力资本的缺口。从根本上说，大数据能够通过越来越成熟的分析和挖掘工具使得旅游公开信息得以有效利用和开发应用，改进政府机构和整个政府的决策，大幅提高政府工作效率，降低政府运行成本。利用各种渠道的各种数据，快速获得关键、准确的解决方案，将显著改进政府的各项关键政策和工作。

3. 旅游产品营销

大数据的出现为旅游企业进行产品营销提供了新的策略和手段，主要表现在：

用户行为与特征分析：游客线上和线下行为数据的积累能够使得旅游企业分析出游客对旅游产品的喜好与购买习惯，这是大数据营销的前提与出发点。

精准营销信息推送支撑：通过游客特征数据的支撑以及详细准确的分析对游客的需求进行预测，使得精准营销在大数据时代真正地被实现。

引导产品及营销活动：如果能在旅游产品生产之前了解潜在用户的主要特征，以及他们对产品的期待，那么旅游产品将更加容易被游客所接受。

竞争对手监测与品牌传播：通过大数据分析可以对旅游企业竞争对手的动向进行监测。品牌传播的有效性亦可通过大数据分析找准方向。例如，可以进行传播趋势分析、内容特征分析、互动用户分析、正负情绪分类、口碑品类分析、产品属性分布等，可以通过监测掌握竞争对手传播态势，并可以参考行业标杆用户策划，根据用户声音策划内容，甚至可以评估微博矩阵运营效果。

改善用户体验：要改善用户体验，关键在于真正了解用户及他们所使用的产品的使用状况，做最适时的提醒。通过大数据分析技术，可以对游客对旅游产品在社交媒体上发布的旅游感受予以抓取和分析，从而了解游客对某项旅游产品的某种特征的偏好，最终达到提升用户体验的目的。

旅游市场预测与决策分析支持：对于数据对市场预测及决策分析的支持，过去早就在数据分析与数据挖掘盛行的年代被提出过。沃尔玛著名的"啤酒与尿布"案例即是那时的杰作。只是由于大数据时代上述 Volume（规模大）及 Variety（类型多）对数据分析与数据挖掘提出了新要求。更全面、速度更及时的大数据，必然为旅游市场预测及决策分析进一步上台阶提供更好的支撑。

# 【案例分析 1】

## 分享在线旅游网站 Expedia 的大数据管理案例①

一提到在线旅游服务提供商你会想到谁？携程？艺龙还是酷讯呢？那么你知道 Expedia.com 吗？它是全球最大的在线旅游公司，是艺龙最大的股东，还收购了酷讯，并在中国成立了全资子公司到到网。在上周举行的 O'ReillyStrata 大会上，来自 Expedia 的高级架构师 EddieSatterly 向我们介绍，公司使用了 Splunk 软件来应对大数据的挑战。尽管没有列出名单，但是 Satterly 透露 Expedia 从三家备选厂商中最终选择了 Splunk 提供的数据管理工具。而其中的原因，Satterly 认为主要包括两点：①Splunk 软件拥有友好的业务用户界面；②其扩展性非常好，能够迅速地使用标准硬件进行扩展。

虽然云计算以及相关的托管服务在成本方面给人们留下了深刻的印象，像 Loggly 公司就能够为用户提供托管软件来管理机器生成的数据，但是 Satterly 表示他选择不考虑托管软件的方式来解决特定问题。"从根本上来讲，Expedia 是一家技术公司，"Satterly 表示，"我们需要把有许多知识产权和商务智能数据放入整体的解决方案当中，所以我们根本就没有考虑托管的方式。"

机器数据（Machine data），也是大数据最原始的数据类型，它通常包括所有设备生产的信息，而这些信息也是保证企业正常运转的关键。Splunk 公司的产品市场副总裁 SanjayMehta 表示："这些数据包括了日志文件、历史记录、Web 服务器日志等。它们会通过网络交换机、企业应用系统、网络以及安全设备等。这些信息几乎包含了所有客户、交易、设备等元素的动作行为。"Splunk 软件能够从任何数据源实时地收集机器数据，然后进行索引并将这部分数据用于搜索、浏览和分析。Mehta 表示，像 Expedia 这样的公司通常会利用机器生成数据来监测安全威胁或者欺诈行为，来分析特定群体的消费行为，来监控新产品或新服务的情况，以提供更高级别的智能运营。Satterly 透露，Expedia 公司大约拥有 4000 名技术人员，目前正在使用 Splunk 工具来收集并索引数据，而数据量达到了每天 6TB 的级别。这些数据源自于 27000 个服务器、网络交换机、设备等终端。Satterly 表示："一年前，公司使用了大概 20 多个工具来管理这些数据。有一些是内部开发的，有一些则是开源的软件。Expedia 用了三个月的时间，把它们全部替换为 Splunk 软件。"

### 将数据转化为竞争优势

Expedia 表示，使用软件来管理机器生成数据的一个好处就是，能够改善整体的用户体验。举个例子，当 Expedia 的潜在客户在访问站点之后，如果酒店的图片无法显示或者网站访问速度太慢，那么这个客户很可能就不会下订单。于是 Expedia 开始监控服务器、应用以及日志，这样就可以在第一时间监测到这样的问题，并迅速地解决。

Satterly 表示："现在我们能够更快速地监测到这些问题，我们对代码进行了严格的编写，从而确保当问题发生我们就可以迅速地反应。"

---

① 资料来源：中国信息化，http://www.ichina.net.cn

选型前要理解用户基础

在进行软件工具评估之前，企业要牢记其用户的需求。在这一点上，Expedia 可以用它们的亲身经历来解读。两年前，Expedia 使用了另外一款工具来监控日志数据。Satterly 并没有透露该产品的名字，但是它让整个公司明白到，在选型之前，一定要与业务部门的用户进行足够的沟通。

"当时使用的工具对运营和开发人员来说是很好的，但是业务用户甚至都无法登录到用户界面上，"Satterly 说，"他们对这一工具抱怨连连，这不是业务部门想要的工具。"

### Expedia：大数据探索永不停息

Expedia 目前正在将 Splunk 产品集成到大数据环境当中，它们运行了开源的 ApacheHadoop 分布式文件系统来存储并分析点击流数据等信息。此外，Expedia 还运行了 NoSQL 数据库 Cassandra，用来收集"高级的"应用数据，包括搜索和应用使用模式的详细信息。Expedia 将使用 Splunk 及其接口作为一个通向大数据环境的网关。

Satterly 表示："我们使用 Splunk 来向 Cassandra 数据存储做基础的 SQL 查询，这样就能够清楚地看到每一件事，从 Windows Server 上的事件日志一直到应用系统。"

【案例提示】

相比其他行业来说，旅游行业运用大数据分析具有哪些独特的优势？

# 【案例分析2】

## 酒店旅游业的大数据和数字智能①

美国的在线旅游市场正在走向成熟。根据 eMarketer 发布的报告，美国的在线旅游销售增长幅度正在放缓，增速从 2011 年的 15.1% 下降到 2013 年的 8.0%，预测在 2017 年的增长幅度为 4.5%。对于酒店和旅游业的公司来说这意味着什么呢？新增的在线消费者人数后继增长乏力——仅仅给用户提供一个带预订功能的网站是不够的，在线的访问体验必须要吸引客户多次回访并在线下单。消费者可以选择在线下单或通过手机进行预订。为了避免你的潜在客户跑到你的竞争对手那里预订酒店与旅游产品，你必须要了解你的潜在客户的意图，并提供相关的、及时的和有见地的互动，从而提升订单转化的概率。

要做到这一点，酒店和旅游机构必须要以数据为基础展开分析，充分利用数据（网络和移动的数据）以识别客户的需求（如他们正在查找哪些内容），并想办法为客户提供他们想要的内容和搜索结果。幸运的是，数据存储和处理能力的进步意味着我们已经可以很好地对网络和移动行为进行预测分析。

在过去的网站分析工作中通常都是把聚合数据作为第一个步骤，然后提供摘要报告。然而，数据存储的成本已经变得相对便宜，而数据的处理能力则呈指数级增长，使企业能够在不牺牲任何速度或精度的情况下存取、处理和分析所有的数据内容。公司可以利用从网站、移动应用和社交媒体数据采集到的原始数据，通过预测分析，把数据转换成真正的有建设性

---

① 资料来源：计世网，http://www.ccw.com.cn

的见解。把这些见解应用到客户身上，就可以获得更多产出。

数字化的行为数据和预测分析可以在以下三方面对营销进行补充：外部推广、内部优化和整合营销。当你在进行外部的市场推广行为时，你可以充分利用好数字化的行为数据、业务规则和预测分析，这可以帮助你识别出哪些工作在电子邮件营销、展示广告或再营销活动中更有效。同样，当用户第 n 次回访的网站中，利用好上边提到的数据、规则和分析结果，我们可以为访问者提供个性化的体验。最后，数字化的行为数据、业务规则和实时预测分析可以作为一个整合营销的方法来使用，从而扩展到每一个客户接触点，比如当用户联系呼叫中心或前台团队预订房间或旅程时，我们的员工都可以根据他们的信息向他们推荐最相关的产品或服务从而形成更多的转化。个性化的网络体验和服务运营体验可以让客户不断回访网站并达成订单转化。

为不同的客户群显示不同的产品，这对于在线销售来说至关重要。哪些产品应该展示给哪些客户，使用的算法也越来越复杂。酒店和旅游公司可以把大量不同的产品展示给用户，从而吸引用户客户搜索他们的网站。而使用个性化的技术，酒店和旅游公司可以在对客户的偏好和行为有所了解的基础上，提出、定制或建议一些具体的相关的产品和服务，这将有助于提升订单的转化。

【案例提示】

结合本案例内容，分析现代旅游业较传统旅游业相比，在数据的使用方面具有哪些新的特点。

### （二） 垂直搜索引擎在旅游中的应用创新

2005 年，我国首家提供旅游搜索引擎服务的网站"去哪儿"网在北京成立。去哪儿网通过与旅游产品服务提供商进行合作，整合有关旅游的信息资讯，向用户提供及时准确的旅游服务信息，全方位地满足用户的旅行需求，向旅游企业展示了一种新的信息推广和营销模式，使旅游企业认识到垂直搜索引擎可以更好地整合行业的相关资源，增强内容资源的相关性，挖掘行业资源的价值；同时，通过搜索可以为用户提供更加个性化的信息服务；并通过把握和分析用户的搜索行为，改进信息服务质量，提高服务水平。垂直搜索引擎在旅游行业的重要性日益凸显。

1. 旅游信息检索

由于垂直搜索引擎针对细分领域的信息进行深度挖掘，专注于细分领域的深度和精确度，并对数据进行结构化的整理，所以能够确保数据的准确度和实用性，以便于有特定需求的消费者利用。在旅游行业，垂直搜索引擎基于机票、酒店等旅游产品供应商的数据，能够为用户提供多个供应商之间的旅游产品价格比较，帮助用户做出消费决策。旅游垂直搜索引擎具有以下几个方面的特点：

（1）基于旅游行业内信息的数据挖掘分析

垂直搜索引擎集中了旅游行业内的信息和数据，基于这些信息和数据的商务智能分析，将为行业创造非常有价值的信息增值服务。另外由于只涉及旅游行业，可以利用专业词语表进行规范和控制搜索关键字，使用户需求易于辨认，大大提高了查准率。

（2）搜索结果的有效性

旅游垂直搜索引擎需要获取的信息来自于某一特定领域，相较于通用搜索引擎漫无边际的信息抓取，垂直搜索引擎实效性更强。除此之外，旅游垂直搜索引擎可以通过数据模板提供结构化的搜索结果数据，能够最大限度地缩减用户辨别需求信息的时间，几乎不需要用户具体打开网页就能判断信息是否是自己所需要的。

（3）搜索结果查询形式灵活多样

旅游垂直搜索引擎可以根据处理中产生的各个特征变量对搜索结果进行提取和结构化的处理，比如可以按照门票价格、房价、距离远近等条件对搜索结果进行排序。这对用户更好、更快地使用需求信息有很大帮助。

2. 旅游线路推荐

旅游垂直搜索引擎提供了旅游目的地、旅游周期、旅游价格、景区类型、景区动态、交通状况、旅游安全、旅游季节、服务质量等一系列游客所关注的信息，在游客出行前制订旅游线路时，游客可以通过旅游搜索引擎对其关注点进行查询、记录和比较，从而制订个性化的旅游线路。基于旅游垂直搜索引擎开发的旅游线路推荐系统往往有以下特色：一是能根据旅客的初始要求搜索满足要求的旅行线路，并能根据线路推荐模型计算推荐值，将推荐度高的旅行线路展示在用户面前；二是系统可以在地图上形象地展示与每条旅行线路相关的所有常见的旅游资讯。

3. 旅行企业网络营销

旅游企业可以通过旅游垂直搜索引擎进行网络营销，其内容分为3个部分：①用户行为分析：首先是通过用户的搜索行为寻找出用户的搜索特征，尤其是对某项旅游产品的关键字描述；其次通过水平搜索引擎营销的经验，判断出搜索用户对最终显示结果的点击选择标准；最后追中用户的有效点击，收集费用以及利润的发生节点。②旅游企业网站建设：主要目的是旅游企业能够快速地得到旅游垂直搜索引擎的响应，主要内容是对关键字的设置、提高网站搜索排名以及用户注意力的吸引。首先在网站的建设过程中，需要对网站的结构、链接以及内容结合用户搜索行为分析，引导用户决策，比如个性化推荐方案、旅游线路制订等，增加与用户之间的互动，如在线答疑，培养长期用户，挖掘潜在顾客；其次，结合目前主流垂直搜索引擎技术特点进行改良。比如，目前的垂直搜索引擎对静态网页的搜索显示效果良好，而对于 asp 等动态网页收录概率相对小的状况，网站在建设时，应尽量使用 html 格式。再者，各旅游企业通过协商、互惠互利等方法，获得相关旅游网站的推荐或是友好链接等，也可增加被垂直搜索引擎收录的机会。③配套服务设置：主要是旅游网站宣传服务的落地及网站的后期维护。这是利润产生的关键，对于取得用户的信任也极其重要。尤其是旅游企业前期进行了规模庞大的网络营销活动，吸引了相当一部分消费者之后，亟须将宣传的理念落地。

## 【案例分析3】

### 在线旅游拐点： 垂直搜索将最终取代 OTA①

　　OTA（在线旅游代理）模式和垂直搜索模式究竟孰优孰劣？美国知名旅游科技网站 Tnooz 日前发表文章称，在成熟的美国市场，产业链上下施压导致 OTA 模式将难以持续，而越来越多的人更愿意使用垂直搜索开始他们的旅行。

　　以 Expedia 为例，Expedia 作为美国最大的 OTA，其市值仅为它 2011 年分拆独立的子公司酒店点评网站 Tripadvisor 的 60%。Tripadvisor 从今年起开始从酒店点评渗透到酒店垂直搜索领域，其股价从年初至今增幅近 80%。在此期间，Tripadvsior 不再向 Expedia 输送巨额流量。Expedia 深受影响，流量损失导致其股票在一天之内暴跌 27%，截至目前，Expedia 的股价下跌了约 20%。该公司可以说是"全面失陷"，唯一的亮点就是它近期对垂直搜索引擎 Trivago 的收购。

　　这只是垂直搜索引擎崛起的一个案例。文章分析认为：一方面，OTA 的供应商已经开始尝试越过 OTA，直接和消费者接触，以获得更低的分销成本以及更多的商业机会。更重要的是，直接和消费者互动拉近了消费者和供应商的距离，使得消费者的参与度提高，忠诚度也随之提高了。此外，供应商正试图利用其较强的议价手段与 OTA 就佣金讨价还价，压低分销成本，压缩 OTA 的利润空间。

【案例提示】

分析垂直搜索引擎和 OTA 相比具有哪些优势。

---

① 资料来源：http://tech.ccidnet.com

# 第八章

## 新一代网络技术和 3S 技术的旅游应用创新

> 【本章目标】
>
> 学过本章之后，你应该能够
> - 了解新一代网络技术和 3S 技术基本概念、内容、发展历史以及应用
> - 了解新一代网络技术和 3S 技术在旅游方面如何进行应用创新

## 第一节　移动互联网的旅游应用创新

### 一、移动互联网概述

随着智能手机的用户数量的激增及其智能终端技术的飞速发展，移动互联网已逐步渗入旅游业，并改变着旅游业原有的传统商业模式，成为旅游业界关注的焦点之一。对旅游者来说，移动互联网正在改变着既往的旅游行为，将旅游者的旅游行为包括搜索、比价、预订、社交网络等逐步转移到移动互联网上进行，另外，移动互联网提供的在途服务应用满足了消费者移动化、位置化、个性化、自助化的需求。对商家来说，旅游者使用移动互联网的习惯养成为商家营销策略的制定提供了更大的平台和更多的渠道，同时旅游者信息为商家的营销提供了更加明确的目标，成为精准营销的一大助力，因此，移动互联网让旅行服务变得更具可预见性和主动性。本节从移动互联网的概念和内容入手，阐释移动互联网在旅游行业的应用创新。

#### （一）　移动互联网的概念

移动互联网，就是将移动通信和互联网二者结合起来，成为一体。是指互联网的技术、平台、商业模式和应用与移动通信技术结合并实践的活动的总称。

### （二）　移动互联网提供的服务

#### 1.移动信息服务

游客出游前不可能把旅游地的信息查得很充分，而且旅途中充满不确定性，需要随时了解旅游地的信息。移动互联网为此提供了可能。游客只要拿出随身携带的手机上网就可以查询到自己需要的信息。由于手机的屏幕小、网上的信息量大，用计算机上查询信息的方式查找信息是很不方便的。因此，为游客提供一种经过筛选、整合、优化之后的针对性服务是很重要的。一款名为"掌中旅游宝"的手机客户端，就为游客提供了全面详尽的旅游信息服务。只要游客手机安装了这款软件，就可以查询到景点的信息（如景点介绍、旅游攻略等），与旅游密切相关的信息（如天气、交通、住宿、餐饮、特产等），及其他应有尽有的信息，极大地方便了游客。

#### 2.移动位置服务

游客到一个陌生的地方旅游，最大的障碍就是人生地不熟。游客可以通过手机获得定位和导航——移动位置服务。移动定位服务也就是基于位置的服务，它是指移动网络通过特定的定位技术来获取移动终端用户的位置信息（经纬度坐标），在电子地图平台的支持下，为终端用户提供相应服务的一种增值业务。例如，游客可以在手机上安装名为"谷歌地图"的应用软件，通过它查询自己的位置或亲友的位置，查询线路，查询交通状况，查询附近的餐馆、宾馆等。它还有卫星视图的模式，方便不会看地图的游客；未来还可以提供街景模式，就更加直观了。另外，还可以给安全救援服务提供准确的位置，争取救援时间。

#### 3.虚拟导游服务

导游服务质量参差不齐，甚至把游客拉去购物。游客可以通过向移动互联网获取大量的景点的文字资料、语音解说、图像资料等多媒体信息，可以使游客在没有导游的陪同下，得到虚拟导游服务，这种服务提供更为逼真的虚拟环境，从而使游客能够享受到更好的导游服务，使整个旅游过程更加丰富生动。例如，利用物联网技术，给景点贴上一个电子标签，游客的手机识别后，自动通过移动互联网连接到该景点的后台。该景点的后台就会通过游客的手机，向游客作"自我介绍"了。游客还可以通过手机对该景点写评论，或者跟景点合影上传，也可以查看以前的游客的评论和合影。

#### 4.移动电子商务

移动电子商务是电子商务在移动领域的延伸和发展，主要特点是灵活、简单、方便，消除了距离和地域的限制，可以为用户提供方便的个性化服务。游客可以通过移动手机自动为旅途中的费用付费，就省去了携带大量现金所带来的很多不必要的麻烦。例如，在旅途中，游客可以刷手机进入景区，省去排队买票的麻烦；通过刷手机付费，省去找零的麻烦。还有，如果看中某件旅游商品，可以通过手机上网下单，直接快递到家。这样既不用当心会被宰，也省得大包小包自己搬回家，还解决了售后之忧。游客还可以通过移动互联网业务，随时对宾馆、餐馆、车辆等进行预订。

## 二、移动互联网的旅游应用创新

### （一）移动互联网促进智慧旅游的发展

#### 1. 社交网络服务

社交网络服务（Social Networking Services，SNS）是建立人与人之间社会关系的网络平台。很多互联网应用利用SNS社交平台来增强用户黏性，智慧旅游应用也整合了SNS社交平台，通过互联网/移动互联网，游客可以直接链接到人人、微博、微信等其他SNS平台，发布即时状态、图片、视频、推荐信息等，分享给朋友或拥有相同兴趣的网友；游客还可以在系统自身的SNS平台上发布旅游攻略、游览体验、旅游日志等，分享给固定的亲友。

#### 2. 基于位置服务

基于位置服务（Location Based Service，LBS）是指通过移动运营商的网络或外部定位方式，获取移动终端用户的位置信息，在GIS平台的支持下，为用户提供相应服务的一种增值业务。将LBS应用到智慧旅游应用中，可以实现实时定位、反馈周边信息、智能路线计算、搜索服务等功能。第一，LBS整合了CPS/GIS智能定位技术，导游在游览过程中可以随时发布旅游状态，旅行社可以通过导游的智能移动终端实时定位在外旅行团位置，当旅行团发生突发事件时，旅行社可以第一时间采取救援行动；第二，旅行社可及时反馈景区周边信息，将酒店、购物、餐饮及娱乐等信息即时推送游客，满足不同群体的个性化需求，在游览之余，游客就可以通过智能移动终端查询最近的酒店地址、用户评价、收费情况等信息；第三，引入LBS，系统可根据景区人流量、天气状况及车流量、路况等实时信息，智能计算出最佳线路，提供给旅行团，提高旅行团旅行品质，避免旅游资源浪费；第四，信息查询是LBS的基础应用，系统为游客提供搜索服务，游客可以随时随地搜索自己感兴趣的信息点，同时也可以智能检索关键词，通过电子地图标记信息点及信息点具体信息。

### （二）移动互联网促进旅游产业链的优化

#### 1. 有效提高旅游产业链的联系度

旅游产业链有别于其他产业链，旅游产业链是横向产业链，彼此之间联系不够强，各自为阵，产业链中企业可以独立为游客提供服务。传统背景下，基于技术限制和旅游产业链自身特点，旅游产业链联系不紧密，造成旅游资源得不到及时有效的分配，出现资源浪费现象。同时产业链之间的各自为阵，缺乏一体化思想，造成游客在"游、购、娱、吃、住、行"上只能分时、分地地完成，无形中加大了游客的旅游成本，同时加剧游客旅游身体、心理负担，为游客的旅游带来不便。移动互联时代，旅游产业链之间可以借助移动互联网，在移动互联技术的支持下，高效、快捷地互相传递、交流信息，合理分配旅游资源。信息的通畅可以实现旅游的虚拟一体化，让游客在一个网页上完成"游、购、娱、吃、住、行"，同时旅游产业链之间积极的信息交流能为旅游产业实体虚拟化提供重要的指导作用。将旅游产业链中的各个企业从虚拟和实体两方面紧密地联系起来，有利于旅游产业集群式发展。

2. 促进旅游产业链的延伸

目前，旅游信息化水平还不高，旅游业务以"半信息化"方式开展。虽绝大部分旅行社都实现了旅游活动、日常管理、数据资料在计算机上操作完成，但并没有充分利用"计算机＋移动互联网＋手机"来创新旅游产业集群式发展旅游业务。旅行社业务的拓展还停留在主要依靠增加门店和连锁加盟商来完成。这种方式的业务拓展，为旅行社增加大量成本，且随着直营门店和连锁加盟商的增加，管理的难度增加，旅游业务开展过程中很难做到统一，管理的不善会对旅行社品牌造成负面影响。随着移动互联网的发展，移动互联技术的成熟，传统方式的旅游业务将会紧缩，收益也会降低，旅游企业都最终会依托移动互联网开展旅游业务，主动适应移动互联时代，逐步更新传统业务方式，积极创新开展旅游业务，延伸旅游产业链，如开展旅游电子商务等。

3. 促进旅游产业链营销模式的转变

过去的旅游营销主要是借助传统媒体来进行的，即通过报刊广告、电台、电视媒体、DM单发放、上门签订协议、大篷车宣传等来开展旅游营销的。传统模式的旅游营销在移动互联网这个信息交互性极强的时代，已经显现出被动状态：这种被动式宣传，接受人群单一，成本昂贵，信息承载量小，宣传效果不理想，逐渐跟不上时代的脚步。营销模式必须转变。移动互联网背景下，新的营销模式包括新媒体旅游营销模式、网络游戏旅游营销模式、旅游电子商务营销模式和智能终端营销模式。

## 【案例分析】

### Airbnb 与移动互联网[①]

Airbnb 是"分享经济"（sharing economy）这一概念的实践者当中名气最大的创业公司，

---

① 资料来源：http://www.daoyoudao.com

其产品将那些拥有空闲房间或公寓出租的人，与旅行者联系起来，后者往往希望以传统酒店打折客房的价格租一间房，或是希望在来到一个新地方时有更浸入式的体验。Airbnb 创办于首款 iPhone 发布之后的那一年，于在线旅游行业中独树一帜，全面进军旅游行业，既没有只做供应商也没有单做信息服务或评论平台。

Airbnb 的供应商角色体现在它为顾客提供客房。同时还提供预订的中介服务，从两方的交易中抽取一笔费用。Airbnb 还是一家信息服务公司，提供内容丰富的居住区指南。通过鼓励用户利用过往评论查看游客和房东，Airbnb 成功打造了一个带有社交维度的活跃社区，并制造了一种激励让那些使用 Airbnb 的人持续反馈。除此之外，其社区指南还鼓励当地人与Airbnb 用户分享他们的经验和知识。这种信息分享帮助塑造了 Airbnb 的品牌，进一步为这家创业公司带来了人性化，避免其成了一个冷酷的预订和交易论坛。移动端在打造这样一个社区互动中扮演了不小的角色——更不必说移动设备的工具作用。

1 年多以前，Airbnb 透露其流量超过 1/4 来自移动端。大约 1 年前只有 12%，已经有两倍还多。该公司联合创始人 Joe Gebbia 在 Strategy Eye Digital Media 的采访中表示："我们流量的很大一部分将会来自移动互联网。这是非常肯定的。"

移动不仅仅只是代表用 APP 应用或移动 Web 的形式提供同样的服务。

如下是 Airbnb 发挥移动优势的一些做法：

1. 实时通信：桌面和移动端的产品界面都能够实现访客和房东的常规通信。除了 APP 应用之外，用户还能用 SMS 收发消息。目的就是为了要加快沟通。对于帮助访客和房东协调好时间、交换钥匙、调整计划等事宜来说，这一点尤其重要。

2. 流畅的支付：Airbnb 与支付公司 Braintree（目前已被 PayPal 收购）合作，让顾客能够很容易地在填写完表格之后完成支付流程。这是为了要让交易处理和授权过程尽可能简便无烦恼，无论是在桌面端还是在 APP 都是如此。

3. 持续改进：Airbnb 在 2013 年 11 月发布了一款重新设计的 APP 应用，改进了房东和访客的使用体验。尽管之前的一个版本功能已经足够了，但这版本 APP 为浏览访客提供了更大的显示照片，改进了发现环节的操作，并在移动端为房东提供了所有需要的工具。在这一版本中，移动端的体验被设计成和桌面端一样好。

所有这些移动端的某一点改进都没有什么特别之处，但是逐一累积叠加，形成了丰富的移动端体验。在 Airbnb 扩大用户规模的同时，帮助其维护了设计精美、技术先进的声誉。

消除 Airbnb 产品中的烦琐是最重要的原则，他补充说道。在采访中，Airbnb 的 CEO 还介绍了实时订房（insta-book）功能，该功能允许访客当即确认订房而不需要等待房东的审核，好像是酒店一样（只要用户订房，就完成操作）。在采访当天，也就是 2013 年 8 月，Airbnb有 2% 的出租屋可以使用实时订房功能。"我们在做的一件事是尝试把每一个房东都吸引到移动端上来。我们最终将在所有出租房实现实时订房功能。我们能做的一个最重要事情就是让每一个房东都使用移动端。"实时订房对于移动端来说尤其适合，因为处在旅途中的游客经常需要马上确认行程。

**【案例提示】**

结合自己作为一个游客对移动互联网的使用习惯，思考 Airbnb 的移动互联实践体现出旅游业在未来发展的哪些趋势。

# 第二节　物联网的旅游应用创新

## 一、物联网概述

在海口举行的"世界电信日"主题论坛上，专家们展示了一个"智慧国际旅游岛"的蓝图：采用泛在的 ID 识别技术，将国际旅游岛上的酒店、景店、商场等都赋予唯一的固有识别码，由后台系统自动识别，用户通过移动装置读取实体位置或物体上的资讯标签，将真实世界的资讯或内容进行数字化处理后与虚拟现实空间结合，以获取便捷、个性化的资讯服务。游客可以通过手机读取二维码，获取包含商店资讯、地图线路、观光资讯、设施导游等旅游信息，在欣赏国际旅游岛优美自然风光的同时，感受另一个智慧国际旅游岛，这就是物联网技术在旅游行业的应用之一。本节将对物联网的概念、发展历史以及如何在旅游行业进行应用创新进行阐述。

### （一）物联网的概念

物联网技术是物体通过射频识别、红外感应器、全球定位系统、激光扫描器等信息传感设备，按约定的协议，与互联网相连接，形成智能网络，物品间可自行进行信息交换和通信，管理者通过电脑或手机可实现智能化识别、定位、跟踪、监控和管理的一种网络概念。通俗来讲，物联网就是物物相连的互联网。

从技术上讲，物联网由终端感知系统、网络连接及后台运算三大部分组成。具体工作过程为：物体上的电子产品码（EPC）通过射频技术（RFID）将信息告知解读器，而后经过分布式处理 Savant 服务器将信息通过无线网络或有线网络分别传输给对象命名服务器和物体标记语言服务器，查阅存放该电子产品码对应产品的服务器 IP 地址，并同时获得该电子产品码对应的物体详细信息。物联网已经开始应用于物流监控、智能家居、安全防卫、远程医疗和电力安全等领域。

### （二）物联网的发展历史

1999 年 MIT AUTO-IDCenter 提出物联网概念，即把所有物品通过射频识别等信息传感设备与互联网连接起来，实现智能化识别和管理。2004 年日本总务省提出的 u-Japan 构想中，希望在 2010 年将日本建设成一个"Anytime，Anywhere，Anything，Anyone"都可以上网的环境。同年，韩国政府制定了 u-Korea 战略，韩国信通部发布《数字时代的人本主义：IT839 战略》以具体呼应 u-Korea。

2005 年 11 月在突尼斯举行的信息社会世界峰会（WSIS）上，国际电信联盟（ITU）发布了《ITU 互联网报告 2005：物联网》，报告指出，无所不在的"物联网"通信时代即将来临,世界上所有的物体从轮胎到牙刷、从房屋到纸巾都可以通过互联网主动进行交换。射频识别技术(RFID)、传感器技术、纳米技术、智能嵌入技术将得到更加广泛的应用。2008 年 11 月 IBM 提出"智慧的地球"概念,即"互联网 + 物联网 = 智慧地球",以此作为经济振兴战略。如果在基础建设的执行中,植入"智慧"的理念,不仅仅能够在短期内有力地刺激经济、促进就业,而且能够在短时间内为中国打造一个成熟的智慧基础设施平台。2009 年 6 月欧盟委员会提出针对物联网行动方案,方案明确表示在技术层面将给予大量资金支持,在政府管理层面将提出与现有法规相适应的网络监管方案。2009 年 8 月温家宝总理在无锡考察传感网产业发展时明确指示要早一点谋划未来,早一点攻破核心技术,并且明确要求尽快建立中国的传感信息中心,或者叫"感知中国"中心。

### (三) 物联网的核心技术

传感技术、射频识别技术、二维码技术、微机电系统和 GPS 技术是实现物联网的五大核心技术。

1. 传感技术:传感技术同计算机技术与通信技术一起被称为信息技术的三大技术。从仿生学观点,如果把计算机看成处理和识别信息的"大脑",把通信系统看成传递信息的"神经系统"的话,那么传感器就是"感觉器官"。微型无线传感技术以及以此组件的传感网是物联网感知层的重要技术手段。

2. 射频识别(RFID)技术:射频识别(Radio Frequency Identification,RFID)是通过无线电信号识别特定目标并读写相关数据的无线通信技术。在国内,RFID 已经在身份证、电子收费系统和物流管理等领域有了广泛应用。RFID 技术市场应用成熟,标签成本低廉,但 RFID 一般不具备数据采集功能,多用来进行物品的甄别和属性的存储,且在金属和液体环境下应用受限,RFID 技术属于物联网的信息采集层技术。

3. 微机电系统(MEMS):微机电系统是指利用大规模集成电路制造工艺,经过微米级加工,得到的集微型传感器、执行器以及信号处理和控制电路、接口电路、通信和电源于一体的微型机电系统。MEMS 技术属于物联网的信息采集层技术。

4. 二维条码/二维码(2-dimensional bar code):二维码是用某种特定的几何图形按一定规律在平面(二维方向上)分布的黑白相间的图形记录数据符号信息的;在代码编制上巧妙地利用构成计算机内部逻辑基础的"0""1"比特流的概念,使用若干个与二进制相对应的几何形体来表示文字数值信息,通过图像输入设备或光电扫描设备自动识读以实现信息自动处理;它具有条码技术的一些共性:每种码制有其特定的字符集;每个字符占有一定的宽度;具有一定的校验功能等。同时还具有对不同行的信息自动识别功能及处理图形旋转变化点。

5. GPS 技术：GPS 技术又称为全球定位系统，是具有海、陆、空全方位实时三维导航与定位能力的新一代卫星导航与定位系统。GPS 作为移动感知技术，是物联网延伸到移动物体采集移动物体信息的重要技术，更是物流智能化、智能交通的重要技术。

### （四）　物联网的应用

随着信息技术的快速发展和推广使用，物联网这一先进的网络技术在生产生活的各个领域得到广泛应用。这里列举 3 个物联网技术较为成熟的应用领域。

1. 生态监控

物联网在生态监视中主要应用于饮用水源地、城市大气、危废品转移及流域管理与生态补偿。通过视频感知或 RFID 技术，或生物、声学、光学、化学、红外及卫星等传感器进行全面感知，通过可靠传输，到达信息处理中心，利用虚拟现实、生态分析、决策支持系统（decision support systems，DSS）、云计算等智能处理实现智能监视。思科公司与美国国家航空和宇宙航行局（national aeronautics and space administration，NASA）2009 年提出星球皮肤（planetary skin）合作项目，该项目针对全球气候变化的挑战，通过开发遍布全球的空中、海洋和陆地传感器网络来获取、分析和报告环境变化情况，建立全球范围的实时环境检测平台，同时，星球皮肤项目被美国时代杂志评为 2009 年度 50 佳创新技术之一。中国移动利用 M2M 技术在广州市部署近 4000 个监控点，重点监控污染源生化数据移动采集，包括餐馆排气、工厂排污、工地噪声等，在厦门利用嵌入传感器的 TD-SCDMA 终端实现对噪声的检测。

2. 智能交通

智能交通运用能降低交通事故致死率，减少堵塞率，加强交通的监管，减少尾气排放。研究表明，传统交通基础设施效费比为 1.68∶2.17，而使用物联网的智能交通的效费比为 9∶1。北京全市各主要街道均埋设有感应线圈，通过无线传感技术优化交通管理，城市道路效率提高 15%。上海延安高架路交通监控系统应用以来，在保持流量不变的情况下，全天的平均车速提高了 15%。斯德哥尔摩在 18 个控制点用各种传感技术，探测车辆并按时段以不同费率收费，将流量、等待时间和尾气排放分别降低 20%、25% 和 12%。

3. 智能物流

在物流业中物联网主要应用在基于 RFID 的产品可追溯系统、基于全球定位系统（global positioning system，GPS）的智能配送可视化管理网络、全自动的物流配送中心以及基于智能配货的物流网络化公共信息平台。使用分析和模拟软件可以优化从原材料至成品的供应链网络。帮助企业确定生产设备的位置，优化采购地点，亦能帮助制定库存分配战略，降低成本、减少碳排放，改善服务。中国2009 年全社会物流总费用与 GDP 的比例为 1813%，相当于每年因物流与供应链管理不畅损失高达 215 万亿元。中远物流公司采用信息化管理成功地将分销中心的数量从 100 个减少至 40 个，分销成本降低了 23%，燃料使用量降低了 25%，也将碳排放量减少了 10% ~15% 。

## 二、物联网在旅游的应用创新

### （一）　提升用户旅游体验

从游客体验角度来说，物联网技术在旅游服务中的应用主要表现在以下几点：首先是导航功能，通过通信平台，将位置服务加入旅游信息中，让旅游者随时随地知道自己的位置，物联网技术可以实现对游客的定位，在游客迷路时可以呼叫管理人员进行帮助；其次是导游功能，当游客到达景点的某一特定区域时，系统感应到游客到达其附近就会对某景点、设施或文物的历史事件及文化背景进行讲解说明；接着是导览功能，应用日益盛行的 3D 虚拟现实技术，旅游者可以充分根据自己的兴趣规划、行走路线和观赏旅游对象，利用物联网技术为游客提供精彩的游览线路信息；最后是在旅游活动结束后，为旅游者提供便捷、及时的渠道来发表对旅游景点的评论、个人旅游攻略、分享旅游过程中的感受。物联网技术在旅游中的应用，让旅游者的旅程更加便捷舒适智能化，让旅游服务更加精彩及人性化。

### （二）　增强旅游景区管理

从旅游景区管理角度来说：首先，引入物联网技术，密切管理人员对景区人流密度监控，从而帮助游客根据密度选择线路，这方面的应用在很大程度上方便了管理人员对旅游景区进行管理，也便于游客有一个更加舒适便捷的旅游环境，景区对游客密集度的分配调控也有利于规避因游客人数超过环境容量带来的危险。其次，对贵重文物防盗措施的管理，运用物联网技术实现对贵重文物跟踪定位，当文物出现不正常移动及文物不法盗窃时会有警报示警，不仅可以维护文物展览的顺利进行，而且可以保护文物的安全和完整；另外，景区管理上可以运用物联网技术将景区路径地图、观光信息、周边公用设施、休憩节点、地下商场导航，甚至发生灾难时撤离逃生路线等信息通过信号台传送到游客手机或手持式无线信号接收器上，为游客游览提供便捷服务，减少景区管理人员工作量。最后，通过物联网技术整合旅游资源，实现旅游经济、社会、环境效益的最大化。运用开发使用的旅游平台，使旅游景区与餐饮、交通、酒店住宿实现整合互动，使旅游景区之间的业务联系更为紧密，从而带动旅游经济的整体全面发展。

1. 门票应用 RFID 信息化技术

相对于信息化应用的其他方面，最容易实现 RFID 信息化的应是 RFID 门票。

不但在防伪方面有独特的优势，能够有效识别未经合法授权的票，甚至可在景区内定点充值进行消费等其他智能化功能，形式上可包括纸质票内嵌 RFID 芯片的门票以及腕带式门票。

（1）纸质票内嵌 RFID 芯片门票。使用该类型门票时整个流程售票作业并未发生变更，只需要将原有的票面信息打印设备更换为 RFID 条码一体化打印机即可完成售票系统的硬件升级。RFID 票务系统严格控制门票在使用过程中的状态变化，直至最后作废，从而确保不会出现任何逃票、串票等现象。

（2）腕带式门票。此类门票已经在国外的一些主题公园和景区中广泛应用。这种门票除了防伪功能外，还可实现充值消费，方便参观者在景区内进行非现金消费支付，结合景区的商业服务内容，可以大大增加景区的收入。在拥有 Wi-Fi 网络或者在 3G 等无线网络的支持下，更可以应用无线 POS 机，其部署成本低，速度快。此外，这种门票系统可以支持简单的区域定位功能，时刻掌握游客所在位置以便提供帮助。以上两种形式的门票，其实质都是内嵌 RFID 芯片，可以实现票务、消费和定位等应用。景区内的主要景点、道路安装 RFID 读卡设备，用以读取门票卡上的信息实现检票、验票和票务统计，不只是门票防伪，还能及时提供基本的客流量控制，系统根据人流量能主动提供报警信息，方便管理者进行疏导。RFID 门票通过智能管理系统中预存现金的方式，方便游客进行园内刷卡消费，同时也实现了园内消费点的统一管理。

2. 导游的 RFID 数字化技术

在景区的旅游服务中，数字化导游是一项重要的需求。改造目前的路标地图指示牌，与信息查询和信息显示系统等相结合，可内置 RFID 标签、GPS 和通信模块，方便实现信息发布、更新和设备管理，完全代替目前的语音导游。可定制集成了 GPS、GIS、RFID 等多种技术的通信定制终端，内置 RFID 读写模块，在景点介绍标牌上安装 RFID 标签，存入相关景点的介绍信息，当游客手持自助终端到达感兴趣的景点后，可以自由方便地获得该景点的大量信息，增强了游客的旅游体验。应用 GPS + GIS，针对目标景区定制开发电子地图，支持在该区域的导航服务，重点标注该景区的旅游资源信息，引导用户浏览相关信息并确定旅游线路。

## 【案例分析】

### 亚安信 Y3 景区一卡通解决方案①

目前许多景区现在使用的还是传统的人工售票和人工检票的方式，在某些特定的高峰时

---

① 资料来源：物联网世界网，http://solution.rfidworld.com.cn

段，售票人员的劳动强度剧增，导致工作效率下降，而管理人员也无法得到准确的统计数据来科学合理地安排工作，于是工作效率与服务质量大打折扣。为了进入智能化管理的新台阶，为了杜绝在门票管理上的漏洞，提高景区整体的社会效益和经济效益，采用景区一卡通管理系统就显得非常有必要了。亚安信 Y3 景区一卡通的主要组成部分就是电子门票综合管理系统，它不再是单一的售检票管理系统，而是一个集智能卡工程、信息安全工程、软件工程、网络工程及机械控制工程于一体的智能化管理系统。它包括了门票制作（景点 CI 及广告收入）、中央管理子系统、证件发行子系统、票证检查子系统、车辆管理子系统、门禁管理子系统、消费管理子系统、实时监控子系统等。它通过 Windows 等软件管理系统平台向用户提供一个集中控制，集中管理且操作简便的集成管理系统，完全可以适应景区的各种需求。

亚安信 Y3 景区一卡通设计要求如下。

①识别准确率高，灵活性强：信息识别准确率为 98%～99%。加上校验位，误读率可达千万分之一，且受外部环境影响小，在条码部位部分缺欠的情况下，仍可正常识读。符号在没有自动识别设备的情况下也可通过手工输入识别，便于在特殊紧急情况下的灵活处理。

②成本低，维护简便：相对与其他介质的电子门票来说，纸质条码门票可以大量外购印制，现场激活或直接现场打印，成本低廉；识别方式为非接触或接触式，设备损耗小，易操作和维护方便。

③满足游客方便使用，工作效率高：游客购买电子门票后，只需通过检票机完成检票，方便快捷，轻松自然地进入景点。系统采用可靠性较高的高速低噪传输技术和识别技术，开发具有国际先进水平的专用高速读卡器、控制模块、物理化控制单元、智能化检测控制单元，结合人机工程学和模拟控制技术，与通道相结合的检票验票系统，在最短的等待时间内满足游客通过，同时满足景区高峰时段游客集中通过的特殊需要。

④系统安全性要求：要求有安全、可靠的防伪措施，保障门票收入的完整。电子门票采用了多重防伪措施，全面保证了门票的使用安全，确保风景区效益的最大化，具体包括如下几点：

数据的安全性：数据可自动备份，并有多级进入密码设置，保密性强。

应用软件必须保证稳定性和安全性强，能实现企业局域网和广域网的连接要求，并有严密的网络授权与权限管理；应用软件和数据库必须能够与信安的财务数据和实现数据的无差错导入、导出。

网络适应性：可通过局域网管理所有设备并可实时查询与自动采集数据。

卡片的兼容性：为了避免全数据丢失或混乱的事件发生，所有卡片和数据必须满足一卡通的需要，达到一卡全通用。

机具的稳定性：所有机具必须具备防雷、防静电、抗干扰的设计要求。

电子门票必须有多重加密防伪方式，分别如下。

第一重：系统防伪：门票在经过道闸时可以通过软件自动检测其有效性，对非有效票予以拒绝。主要休现在：条码智能化电子门票是以条码为载体加印电子编码，属于有价证券，管理十分严格，同时可以按照景区的需求加印其他防伪标识，具有很强的防伪性。

第二重：加密防伪：采用电子编码加密算法及电子门票系统数据库加密。采用不同门票介质有不同的售票、检票方式及不同系统组成结构。

第三重：重复使用防伪：①系统识别：使用过的门票号将在系统中自动删除，二次使用时会被确认为非法票，不能通过；②票面识别：电子门票在被检入时会被自动打孔作为标识（需专用设备及条码卡或磁卡才能实现），通过肉眼可轻易鉴别其是否为作废票。

【案例提示】

思考景区一卡通的设计要求与安全性要求从哪些方面提高了景区工作效率。

# 第三节　3S 技术的旅游应用创新

## 一、3S 技术的概念、内容和应用

### （一）3S 技术的概念

3S 技术是地理信息系统（Geography Information System，GIS）、全球定位系统（Global Positioning System，GPS）和遥感（Remote Sensing，RS）在相互独立的基础上，而在应用上又相互关联的高新技术的统称。3S 技术是空间技术、传感器技术、卫星定位与导航技术和计算机技术、通信技术相结合，多学科高度集成的对空间信息进行采集、处理、管理、分析、表达、传播和应用的现代信息技术。

### （二）3S 技术的内容

地理信息系统（GIS）是在计算机软、硬件系统支持下，对整个或部分地球表面（包括大气层）空间中的有关地理分布数据进行采集、存储、管理、运算、分析和可视化表达的信息处理和管理系统。地理信息系统是以地理空间数据库为基础，采用地理模型分析方法，适时提供多种空间的和动态的地理信息，为地理研究和地理决策服务的计算机技术系统。它具有以下 3 个方面的特征：①具有采集、管理、分析和输出多种地理空间信息的能力，具有空间性和动态性；②以地理研究和地理决策为目的，以地理模型方法为手段，具有区域空间分析、多要素综合分析和动态预测能力，产生高层次的地理信息；③由计算机系统支持进行空间地理数据管理，并由计算机程序模拟常规的或专门的地理分析方法，作用于空间数据，产生有用信息，完成其他技术难以实现的任务。

GPS 即全球卫星导航系统（Global Positioning System，GPS），是 20 世纪 70 年代由美国陆、海、空三军联合研制的新一代空间卫星导航定位系统。它以全球 24 颗定位人造卫星为基础，向全球各地全天候地提供三维位置、三维速度等信息的一种无线电导航定位系统。现在民用的定位精度可达 10 米内，它具有高精度、全天候、全球覆盖能力、性能好、应用广的特点，是迄今最好的导航定位系统。随着 GPS 的不断改进，硬、软件的不断完善，应用领域正在不断地开拓，目前已遍及深入国民经济各个部门，遍及人们的日常生活当中。

遥感（RS）即利用某种装置，在不被研究对象直接接触的情况下，收集对象的信息，并通过处理、分析，最后提取有用信息，并利用其有用信息的一种技术。遥感具有可获取大范围资料、信息量大、快速、周期短和受限制少等特点，目前遥感技术正经历着从定性向定量、从静态向动态的发展变化。遥感技术具有探测范围大、资料新颖、成图迅速、收集资料不受地形限制等优点，可以快速高效地获取批量数据，已经成为地理信息系统的主要信息源与数据更新途径。

### （三）3S 技术的应用

GIS 是在计算机软件和硬件的支持下，对各类空间数据进行输入、存储、检索、显示和综合分析的应用技术系统。地理信息系统是集地球科学、信息科学、计算机科学、环境科学、管理科学于一体的边缘科学。地理信息系统强调空间与实体关系，注重空间分析与模拟操作，它具有空间数据处理能力和空间信息分析能力强，属性数据和图形数据并存的特点，可根据用户的要求迅速地获取满足需要的各种信息，并能以地图、图形或数据的形式表示处理的结果。GIS 包括地理信息的数据显示与结果输出功能、数据更新功能等。地理信息系统一般由计算机、地理信息的计算机软件系统，具有数据输入、预处理功能、数据编辑功能、数据存储与管理功能、数据查询与检索功能、数据分析、空间数据库、分析应用模型图形用户界面及系统人员组成。地理信息系统技术现已在资源调查、数据库建设与管理、土地利用及其适宜性评价、区域规划、生态规划、作物估产、灾害监测与预报、精确农业等方面得到广泛应用。

RS 是指从高空或外层空间接收来自地球表层各类地物的电磁波信息，并通过对这些信息进行扫描、摄影、传输和处理，从而对地表各类地物和现象进行远距离控测和识别的现代综合技术。遥感技术可用于植被资源调查、气候气象观测预报、作物产量估测、病虫害预测、环境质量监测、交通线路网络与旅游景点分布等方面。

GPS 的主要用途包括以下几个方面：①陆地应用，主要包括车辆导航、应急反应、大气物理观测、地球物理资源勘探、工程测量、变形监测、地壳运动监测、市政规划控制等；②海洋应用，包括远洋船最佳航程航线测定、船只实时调度与导航、海洋救援、海洋探宝、水文地质测量以及海洋平台定位、海平面升降监测等；③航空航天应用，包括飞机导航、航空遥感姿态控制、低轨卫星定轨、导弹制导、航空救援和载人航天器防护探测等。GPS 在西方发达国家的应用已非常丰富，由于他们掌握 GPS 的核心技术，在民用领域的拓展领先于国内，应用更为广泛。比如整合 GPS、GIS 与 GSM 的协寻装置在欧美国家已成为风潮，此类协寻装置可置于家中老人、儿童或宠物身上，若发生协寻事件时，家人通过 GSM 联系协寻器，协寻器会自动由发射器送出 GPS 定位讯号，在无 GPS 定位讯号时，亦可通过 GSM 定位方式，在手机或网络地图上得知协寻对象位置。

"3S" 技术三者既相互独立又相互补充，RS 提供最新的影像信息，GPS 提供影像的位置信息，GIS 提供分析处理影像的技术手段，即 RS 是 GIS 重要的数据源和数据更新手段，而 GIS 是 RS 数据分析评价的有力工具，GPS 为 RS 提供地面或空中控制，它的结果又可直接作为 GIS 的数据源，三者紧密结合形成了一套成熟的技术体系，为森林资源的动态监测、生态效益评价和旅游资源调查评价等诸多方面提供技术与信息支撑。总之，3S 技术广泛用于规划管理、地质、土建、旅游、野外勘探、道路、林业等诸多方面。

## 二、3S 技术在旅游的应用创新

3S 技术在旅游中的应用创新主要体现在 3 个方面：生态旅游、旅游开发与规划和旅游个性化推荐。

### （一）3S 技术在生态旅游的应用创新

在生态旅游的发展过程中，要涉及大量的资源勘测、环境监测、绘图、数据处理、工程施工、可视化输出测量以及信息查询等工作。因此，借助于 "3S" 技术在这些方面的优势，可以大大减轻生态旅游开发的管理过程中的工作强度，有利于生态旅游的可持续发展。

1. 3S 与生态旅游资源的调查评价

以 GIS 建立生态旅游资源的调查评价空间数据和属性数据库，不仅可以方便查询、管理和更新这些信息，创建各类专题图，而且还可以借助 GIS 的强大的空间分析能力，方便快捷地完成生态旅游资源的调查评价工作。利用遥感影像可以全面地反映旅游区的地理位置和地理环境，采用高分辨率的遥感影像，对生态旅游区内的资源状况分布可谓一览无余，根据遥感影像上的每种色斑的色调、形状、范围、纹理等就能清楚地知道该生态旅游区的资源数量和质量。利用 GPS 的导航定位功能，可为旅游资源的分布提供准确的定位。

2. 3S 与生态旅游的环境规划

利用遥感影像图片为生态旅游规划制成规划所用的基础底图。因为遥感影像图片上是由卫星直接从高空对地面进行摄影的真彩照片，这种方式制作的影像地图可读性强、立体视觉好，能直观地显示摄影区内的地貌和地物及人文景观，比一般纸质地图的内容丰富，更新也快。

3. 3S 与生态旅游的环境监测

GIS 在环境监测系统中具有重要的作用；追踪和登录珍稀动植物。利用野外调查数据，得到野生动植物的分布地点、种群和群落的数量特征，将这些数据输入 GIS，一旦数据更新时，可以对数据库进行修改。这些数据库可与其他空间属性图如动植物分布图、土地利用图、土地发展趋势图等相结合。这些数据还可与统计程序相结合，进行生态仿真，以预测环境改变对这些动植物的影响，利用这些数据进行生态旅游区的资源保护和经营管理。

4.3S 与生态旅游的信息管理与服务

用 GIS 进行生态旅游的信息管理与服务，可以大大方便信息系统的更新、查询、统计和指挥调度。一个空间型的生态旅游信息系统，能方便输入系统信息，快速提取数据，并能够进行多信息源支持下辅助决策与模拟。随着人们生活水平的提高，旅游活动的内容日新月异，旅游信息系统必须动态维护的功能，随时添加新的数据、删除过时的信息、更改部分变化的信息、及时发布最新消息。这样才能针对游客的不同需求来选择一个合适或满意的旅游方案。利用 GIS 进行生态旅游的信息管理，用户可以在系统中对自己感兴趣的空间特征查询各项属性，也可以查出具有某一属性的所有空间特征的位置和分布。如某些珍稀动植物的特性与位置分布等。用户可在系统中对自己感兴趣的某项内容进行定位查询、标题关键字的查询和组合查询等。所查询的内容以图形、图像、文字、表格的形式显示，以便全方位多层次地提取信息。例如，除常规的文字查询外，还具有灵活多样的地图查询和图像查询，它可以在地图上移动光标，分别以点、线、等距、等时及沿线等方式迅速检索出游客所需的数据。操作简单方便，易于学习掌握。周到的信息服务是当前旅游服务部门吸引客流的主要途径。GIS 可以为游客提供各种关于生态旅游地的信息，例如，在各大旅行社、旅游交易会上常见的多媒体导游系统、互联网上的旅游信息网站等都以图、文、声并茂的形式出现。旅行社、酒店等接待单位可以通过 GIS 查询客源、客流量及旅客的消费情况，来安排旅客的线路、制定服务设施及建设规模。

**（二）　3S 技术在旅游开发与规划中的应用创新**

旅游开发与规划的创新包括规划技术方法的创新，主要体现在 GIS 技术的应用上，这主要在于 GIS 技术有助于解决规划开发、设计建设的三大基本难题：第一，对于规划设计现状环境，进行系统、量化、准确快速的数据信息表达；第二，对于规划设计现状环境及方案，实行理性化、定量化、系统化的分析评价；第三，在建设施工之前，模拟根据规划设计方案建成之后可能出现的情形进行评估预防。通过获取的旅游资源空间数据，应用 GIS 可以进行下列工作：

1. 旅游资源空间分析。目前，GIS 技术在旅游规划中的应用较多集中于旅游资源空间分析方面的研究实践。通过建立旅游资源空间信息数据库，录入旅游地地理信息数据，设计资源评估模型，应用 GIS 软件在原有的地图编制上直观地对资源进行评估。

2. 旅游地发展条件分析。旅游地发展条件分析首要的是可以应用 GIS 技术进行土地适宜性分析,它是景观规划及场地设计中一项重要的前提工程,主要是通过层次分析法选取影响自然、政治、经济、文化等的主要因素应用 GIS 软件进行定量的图形数据分析,然后叠加各种数据的图层,从而在了解当地情况、现有政策、经济现状、环境科学的合理性基础上,对土地适于不同开发利用方案进行评估。其次是旅游地旅游灾害类型和风险分析,主要通过构建旅游地灾害风险指标、效益损失测度指标以及旅游灾害预防体系,再结合监测到变化中的地理环境数据应用 GIS 软件分析、成图,直观地把各类威胁反映到管理部门,以求提早预防与改善旅游地环境,实现可持续发展。

3. 旅游客源市场分析。旅游规划过程中旅游客源市场的分析预测是不可或缺的,旅游地很大一部分设计都是根据目标旅游者的爱好、兴趣、特征等因素来进行的,缺少了对目标旅游群体的研究,就会使规划陷入迷茫,脱离实际。应用 GIS 进行市场分析主要是通过对旅游地人口分布、吸引力影响因素及目标群体分布等的地理信息数据进行空间分析,考虑旅游者空间行为规律的因素,分析出目标市场的地域范围,对分析出的不同目标市场进行客源属性分析,最终提供给规划管理者对于实现不同营销策略的参考方案。

4. 旅游环境的空间分析。旅游环境的空间分析主要是旅游廊道的划分,环境廊道概念由美国景观规划大师提出,即将水体湿地、地形坡度、植被分布等环境决定因素分别绘制成图,然后叠加起来,划分出环境廊道,方法如下:①建立水体层,使用缓冲区分析功能建立环境廊道,比如可以产生一个距河流 100 米的缓冲区,以控制建筑项目保持水土、保护植被;②建立湿地层,使现有的数字化的湿地系统图与其他主题图层相吻合,包括投影方式、坐标系统、单位、精确度等;③建立陡坡层,建立该区域的地表模型,并将这一地表模型转化成光栅文件,然后计算出坡度,利用坡度图,可以建立新的栅格网络来表示具有某一坡度范围的区域;④建立环境廊道,将 3 个主题图层叠加到一起,重叠部分就构成了特征多样并且鲜明的线性环境廊道,利用这个环境廊道图,就可以规划优先保护地区。

5. 旅游景区经营管理中的静态与动态空间配置分析。应用 GIS 可以进行景观视线、视域分析,景观服务设施配置等的分析,景观视线、视域分析对地理空间信息的准确度要求较高,而 GIS 软件可以依据地图数据的采样精度同等准确地表达出景观区域的地理空间信息,对于各种要求的视域、视线设计分析能达到很高的精度,也同时便于宏观与微观设计。对于服务设施配置问题的分析主要是根据游客游览时间与人的生理功能等特征来布置园林小品、洗手间、休息亭,在

GIS 上表现为较普遍的简单宏观布置问题。

GIS 软件同时提供了很好的动态监测旅游地旅游流向的技术，用时空刻度直观表达出的旅游地流向流量问题，更易于管理者从宏观角度及时采取应对补救措施。主要通过各个监测点动态获取的数据表达在 GIS 地图上，提供给管理者直观的旅游流量流向管理问题，有益于景区的设施布置与分流，从而更人性化地管理与设计。旅游业发展对旅游地的经济、社会影响研究，主要应用 GIS 软件对各影响因素在地理空间图层中的体现进行叠加，分析出旅游业发展过程中积极与不利的方面在旅游地空间上所体现出来的特征，以便进行布局管理，优化发展战略的制定。

**（三）　3S 技术在旅游个性化推荐的应用创新**

GPS 技术在旅游个性化推荐的应用中起到了主要的作用，主要体现在基于位置服务（LBS）在旅游行业的应用上。基于位置的服务具体是指移动终端利用各种定位技术获得当前位置信息，再通过无线网络得到某项服务。因此 GPS 在游客实际游览过程中能够通过移动终端获取游客实际位置，通过网络信息中心的位置数据来获取游客周边信息，同时加上一定的推荐系统算法，为游客在实际旅游过程中提供实时的个性化推荐，其内容涵盖餐饮、住宿、娱乐等旅游服务的各个方面。

1. 信息检索与产品预订。交通、住宿、餐饮、门票等旅游相关信息检索、预订等服务是常规旅游商务与推介系统都具备的功能。在为旅游者提供信息检索与商务服务时，可以根据旅游者个性特征和实时位置，动态调整检索结果的排序规则，将适合其个性特征和需求，并在空间上能够容易获取的服务和产品推介给旅游者。

2. 个性旅行计划辅助决策。帮助旅游者制订针对特定旅游地的旅行计划。系统可以根据 ESNs 社区记录的用户年龄、性别、社会文化背景、旅游消费习惯等个性化特征，结合旅游出行方式和目的地，从旅游网站筛选适宜信息，辅助旅游者制订详细的旅行计划。

3. 动态结伴同游。根据旅行计划，游客可以在旅行前几天发布结伴同游意愿信息，实现好友之间结伴同游的自组织。系统也可以为会员提供与其旅行计划类似的其他会员出游信息，实现旅行过程拼车、共用导游等模式，以节约旅行过程费用。系统还可以根据旅游者实时签到位置，为其提供位于签到地点一定范围内的好友信息，实现旅行过程中动态结伴同游；当旅游者移动到新的旅游地时，有可能发现新的好友，并再次实现结伴同游。

4. 商务推介。根据旅游者个性化特征和旅游者实时位置，将其周围一定范围内合适的旅游资源、旅游活动推介给旅游者，并提供价格、折扣等动态对比，供旅游者筛选。旅游者可以根据推介信息进行旅行计划的动态调整，一旦确定新的目的地，系统还可以实时提供旅行线路引导。

5. 景区导航。旅游者在景区内游览过程中，系统可以根据旅游者实时位置，进行观光线路导航，引导旅游者完成旅游过程，并为旅游者提供出发地与目的地之间的过程模拟，或历史观光线路回放等服务。

6. 导游实时到岗。根据旅游者预订的时间地点，提供导游实时到岗服务；导游还可以根据旅游者的时空位置，主动与旅游者共同调整到岗时间和地点。

7. 口碑推介。旅游者能够在自己感兴趣的景点位置签到，将具有地理标签的文字、照片、视频上传至个人空间与好友分享。可以将评价较高的旅游资源与旅游产品推介给他的好友；也可以将社区会员总体评价较高的旅游产品推荐给当前旅游者，实现基于时空位置的会员口碑推介。

8. 游客流量预警。基于位置的个性化推荐系统能够根据旅游地的交通、旅游流状态等，实时向旅游者发布相关信息，尤其是当某些景点的客流量过大时，可以及时向景点附近一定范围内的旅游者发出预警，合理引导游客向人流密度较小的景点移动，避免景区客流超载，提高旅游者的满意度水平。

## 【案例分析】

### 随便走：　最后一公里实景导航①

最后一公里实景导航工具"随便走"近期拿到了由深圳东方汇富旗下的佛山东方汇银领投，广发信德跟投的 500 万元人民币天使轮融资。

**随便走 APP**

"随便走"要解决的就是在"步行"场景下找路的问题，这个工具最大的亮点就是能实

---

① 资料来源：环球资讯网，http：//www.traveldaily.cn

现实景导航，所见即所得。通过调用手机中的 GPS、陀螺仪传感器及手机摄像头，"随便走"根据特定的算法能够算出用户当前位置与目的地经纬度的差值，从而融入当前的实景环境给出前后左右的方位指示，用户无须再费心判别方向了。

【案例提示】

结合所学内容，案例中的 APP 还可以运用哪些信息技术进行改进。

# 参考文献

［1］埃弗雷姆·特班，戴维·金，丹尼斯·维兰，等．电子商务：管理视角（原书第四版）［M］．严建援，等译．北京：机械工业出版社，2007

［2］艾瑞咨询．中国在线旅游度假市场研究报告2014［EB/OL］．http://www.iresearch.cn，2014

［3］陈志辉，陈小春．旅游信息学［M］．北京：中国旅游出版社，2003

［4］陈文力．酒店管理信息系统［M］．北京：机械工业出版社，2012

［5］陈涛，徐晓林，吴余龙．智慧旅游［M］．北京：电子工业出版社，2012

［6］程子彪，蒲小梅，陈国柱，等．移动互联时代旅游产业链优化研究［J］．内江师范学院学报，2012，28（2）：61～65

［7］查尔斯·R.格德纳，等．旅游学［M］.12版．北京：中国人民大学出版社，2014

［8］蔡立辉．电子政务［M］.12版．北京：清华大学出版社，2009

［9］丁宁．科技让你乐享旅游［N］.中国旅游报，2011－06－08

［10］刁志波．基于信息技术的旅游体验问题研究［J］.商业研究，2012（1）：158～162

［11］杜江．旅行社业务［M］．北京：旅游教育出版社，1999

［12］杜文才．新编旅游管理信息系统［M］．天津：南开大学出版社，2008

［13］范业正．中国旅游业信息化发展研究［D］．上海：华东师范大学，2000

［14］冯学钢，黄成林．旅游地理学［M］．北京：高等教育出版社，2006

［15］龚玉明．浅谈旅游信息在经济决策中的地位及其开发利用［J］.旅游学刊，1994（1）：31～34

［16］葛冬雪．电子政务系统评价指标体系的构建［D］.大连：大连理工大学硕士学位论文，2006

［17］谷明．我国旅游者消费模式与行为特征分析［J］.桂林旅游高等专科学校学报，2000，11（4）：21～25

［18］黄羊山，刘文娜，李修福．智慧旅游——面向游客的应用［M］.南京：东南大学出版社，2013

［19］黄羊山．智慧旅游的作用与前景［N］.中国旅游报，2011－02－16

［20］郭鲁芳．关于我国旅行社信息化建设的思考［J］.旅游科学，2003

［21］宫夏屹，李伯虎，柴旭东，谷牧．大数据平台技术综述［J］.系统仿真学报，2014，26（3）：489～496

［22］国家旅游局信息中心．2012—2013 中国旅游信息化发展报告［M］．北京：中国旅游出版社，2013

［23］胡云．我国旅游业的信息化建设与发展［J］．城市问题，2004，24（2）：51～52

［24］胡健．浅析人工智能的应用与研究［J］．电脑知识与技术，2012，8（35）：8481～8483

［25］郝康理，柳建尧，等．智慧旅游导论与实践［M］．北京：科学出版社，2014

［26］姜晶．基于体验质量的消费者生成内容及有效性研究——以工业旅游体验为例［D］．上海：东华大学博士论文，2014

［27］贾云峰．60 分钟成为旅游网络推广高手［M］．北京：中国旅游出版社，2014

［28］雷雯．GIS 在旅游业中的应用［J］．合作经济与科技，2009（9）：14～16

［29］李爽．旅游公共服务体系构建［M］．北京：经济管理出版社，2013

［30］李德仁．论 RS、GPS 与 GIS 集成的定义、理论与关键技术［J］．遥感学报，1997（1）：64～68

［31］李仁杰，路紫．旅游个性化推介服务的未来发展：时空一体化［J］．旅游学刊，2011，10（26）：82～88

［32］黎巎，Dimitrios Buhalis，张凌云．信息科学与旅游的交叉研究：系统综述［J］．旅游学刊，2013，28（1）：114～128

［33］黎巎．面向旅游者的餐饮移动电子商务应用模型［J］．中国商贸，2012（3）：123～124

［34］李君轶，张柳，孙九林，杨敏．旅游信息科学：一个研究框架［J］．旅游学刊，2011，26（6）：72～7

［35］李仁杰，路紫．旅游个性化推介服务的未来发展：时空一体化［J］．旅游学刊，2011（10）：82～88

［36］李昕．旅游管理学［M］．北京：中国旅游出版社，2012

［37］李天顺，张红．旅游业管理［M］．西安：陕西师范大学出版社，1998

［38］李天元．旅游学概论［M］．7 版．天津：南开大学出版社，2013

［39］李璐涵．在线旅游服务商业模式研究［D］．合肥：中国科学技术大学，2014

［40］李东，郑向敏．在线旅行服务：概念分析与模式分类［J］．北京第二外国语学院学报，2011（7）：7～12

［41］李京颐．旅游业务流程原理与实务［M］．北京：电子工业出版社，2013

［42］李江风．旅游信息系统概论［M］．武汉：武汉大学出版社，2010

［43］李洪鹏，高蕴华，赵旭伟．数字景区转型智慧景区的探索［J］．智能建筑与城市信息，2011（7）：112～113

［44］罗高飞．信息化——我国旅游业发展道路的必然选择［J］．旅游科学，1998（3）：22～27

［45］刘晓虹，陈耀．关于旅游业信息化管理的思考［J］．地方政府管理，2001（11）：29－30

［46］倪亚楠，朱轶．基于移动互联技术的智慧旅游应用研发［J］．信息技术，2014

（5）：34～38

［47］彭敏，杨效忠，朱瑞琪．境外信息技术与旅游的交叉研究进展——基于 ENTER 会议文献集（2005－2012）的统计分析［J］．旅游学刊，2014，29（1）：119～126

［48］潘皓波．旅行社业务流程重组［J］．旅行社之友，2003（2）

［49］石韵．刍议人工智能的应用与发展前景［J］．电子技术与软件工程，2014（16）：271～273

［50］孙晔，吴飞扬．人工智能的研究现状及发展趋势［J］．价值工程，2013（28）：5～7

［51］孙义，柴伟莉．旅游管理信息系统［M］．北京：电子工业出版社，2009

［52］宋晓冰．我国智能旅游交通系统的构建［J］．汽车工业研究，2009（9）：34

［53］申葆嘉．旅游学原理［M］．北京：中国旅游出版社，2010

［54］陶雪琴，李婷．虚拟现实技术的历史及发展［J］．中国新通信，2012（23）：41～41

［55］魏军，苏勤．国外旅游信息搜索研究综述［J］．北京第二外国语学院学报，2008（7）：23～28

［56］巫宁．旅游信息化与电子商务经典案例［M］．北京：旅游教育出版社，2006

［57］吴慰慈．我国信息化建设的建站与对策［J］．图书馆论坛，2003，23（6）：13～19，55

［58］吴思．旅游产业信息化创新的理论与实践研究［M］．武汉：武汉大学出版社，2010

［59］王彦峰．旅游信息搜集与旅游促销宣传［J］．南开经济研究，1986（4）：55～56

［60］王璐．浅述我国旅行社集团化研究进展［J］．新疆师范大学学报（自然科学版），2006（3）

［61］王元卓，靳小龙，程学旗．网络大数据：现状与展望［J］．计算机学报，2013，36（6）：1125～1138

［62］谢彦君．基础旅游学［M］．北京：中国旅游出版社，2011

［63］夏琛珍．旅游信息系统［M］．北京：中国林业出版社，2009：78～82

［64］夏新丰．以 3S 技术为基础的生态旅游研究与应用［J］．广东科技，2012，21（19）：152～153

［65］徐玲玉，何利力．浅析垂直搜索引擎的应用［J］．计算机光盘软件与应用，2014，17（10）：101～102

［66］徐晓琳，杨锐．电子政务［M］．武汉：华中科技大学出版社，2009

［67］姚志国，鹿晓龙．智慧旅游：旅游信息化大趋势［M］．北京：旅游教育出版社，2014

［68］叶燕芳．3G 时代旅游信息搜索行为的特点和启示，北京第二外国语学院学报，2010（9）

［69］闫向军．移动互联网时代的目的地营销系统［Z］．环球旅讯，2014－06－02

［70］闫德利，张健．中国旅游信息化研究报告（发展历程）［J］．旅游管理研究，2012

（4）：16～24

[71] 袁剑君，陈志辉．我国旅游信息化发展状况、问题与对策［J］．长沙铁道学院学报，2009，10（1）：166～168

[72] 杨蓓．北京乡村旅游信息化研究［D］．中国农业科学院，2013

[73] 杨军．旅游公共管理［M］．天津：南开大学出版社，2008

[74] 杨路明．现代旅游电子商务［M］．3版．北京：电子工业出版社，2013

[75] 张凌云，黎巎，刘敏．智慧旅游的基本概念和理论体系［J］．旅游学刊，2012，27（5）：66～73

[76] 张凌云，刘宇．旅游学概论［M］．北京：北京师范大学出版社，2012

[77] 张媛，薛兴国，张懿玮．我国在线旅行社的分类管理研究［J］．旅游论坛，2013（11）

[78] 张占龙，罗辞勇，何为．虚拟现实技术概述［J］．计算机仿真，2005，22（3）：1～3

[79] 章牧．旅游电子商务［M］．北京：中国水利水电出版社，2008

[80] 朱华．旅游学概论［M］．北京：北京大学出版社，2014

[81] 朱淼良，姚远，蒋云良．增强现实综述［J］．中国图象图形学报，2004，9（7）：767～774

[82] 中国互联网络信息中心．第34次中国互联网发展报告［EB/OL］2014.6，http://www.cnnic.net

[83] 中国互联网络信息中心．2012—2013中国在线旅游预订行业发展报告［EB/OL］中国互联网信息中心，http://www.cnnic.net

[84] 左美云．知识经济的支柱——信息产业［M］．北京：中国人民大学出版社，1998

[85] 郑建明．信息化指标构建理论及测度分析研究［M］．北京：中国社会科学出版社，2011

[86] 邹统钎，王欣．旅游目的地管理［M］．北京：北京师范大学出版社，2012

[87] 周贺来，等．旅游企业信息化管理［M］．北京：中国水利水电出版社，2010

[88] 周春林，梁中，袁丁，等．旅游管理信息系统［M］．北京：科学出版社，2010

[89] 周宏仁．信息化论［M］．北京：人民出版社，2008

[90] 2012—2016年中国旅行社行业调查及投资前景咨询报告［N］．中国商情报，2012

[91] 2012—2013年中国旅游信息化发展报告［M］．北京：中国旅游出版社，2013

[92] Ahlswede Rudolf, Ning Cai, S-YRLiand Raymond WYeung, Network Information Flow, IEEE Transactions on Information Theory, 2000, 46 (4): 1204～1216

[93] Beni, G., Wang, J. Swarm Intelligence in Cellular Robotic Systems, Proceed. NATO Advanced Workshop on Robots and Biological Systems, Tuscany, Italy, June 26–30 (1989)

[94] Buhalis D, Costa C, Ford F, Tourism Business Frontiers, Butterworth-Heinemann Ltd, 2005.9. The world in 2014, ICT FACTS AND FIGURES, ITU World Telecommunication

[95] Chris Cooper 等．旅游学［M］．2版．北京：高等教育出版社，2010

[96] Dey, AnindKumar, Gregory D. Abowd, Providing Architectural Support for Building Con-

text-Aware Applications, Georgia Institute of Technology, 2000

[97] Mayer-SchönbergerViktor, Kenneth Cukier, BigData: Arevolution That Will Transform How We Live, Work, and Think, Hought on Mifflin Harcourt, 2000

[98] Poon A, Tourism, Technology and Competitive Strategies, CAB International, Wallingford: CABI. 1993.

[99] Xiang Z, Magnini V P, Fesenmaier D R. , Information technology and consumer behavior in travel and tourism: Insights from travel planning using the internet. Journal of Retailing and Consumer Services, 2015, 22: 244~249

[100] Xiang Z, Gretzel U, Role of social media in online travel information search, Tourism Management, 2010, 31 (2): 179~188

项目统筹：付　蓉
责任编辑：郭海燕
责任印制：冯冬青
封面设计：鲁　筱

**图书在版编目（CIP）数据**

旅游信息化导论／黎巎等编著．--北京：中国旅游
出版社，2016.1（2021.9重印）
ISBN 978-7-5032-5531-1

Ⅰ.①旅…　Ⅱ.①黎…　Ⅲ.①旅游业发展—信息化—
教材　Ⅳ.①F590.3-39

中国版本图书馆 CIP 数据核字（2016）第 008094 号

书　　　名：旅游信息化导论
作　　　者：黎巎等编著
出版发行：中国旅游出版社
　　　　　　（北京静安东里 6 号　邮编：100028）
　　　　　　http://www.cttp.net.cn　E-mail:cttp@mct.gov.cn
　　　　　　营销中心电话：010-57377108，010-57377109
　　　　　　读者服务部电话：010-57377151
排　　　版：北京旅教文化传播有限公司
经　　　销：全国各地新华书店
印　　　刷：三河市灵山芝兰印刷有限公司
版　　　次：2016 年 1 月第 1 版　2021 年 9 月第 3 次印刷
开　　　本：720 毫米×970 毫米　1/16
印　　　张：22.25
印　　　数：4001-4800 册
字　　　数：415 千
定　　　价：39.80 元
I S B N　978-7-5032-5531-1